# Tourner en vidéo HD
## avec les reflex Canon

## Chez le même éditeur (Éditions Eyrolles et Éditions VM)

*Vidéo, cinéma et animation*

L. Bellegarde, *Montage vidéo et audio libre*, 2010, 418 pages.

C. Meyer, T. Meyer, *After Effects – Nouvelles master class*, 2009, 368 pages.

P. Bellaïche, *Les secrets de l'image vidéo, 7e édition*, 2008, 540 pages (nouvelle édition prévue début 2011).

G. Cristiano, *L'art du story-board*, 2008, 192 pages.

T. Le Nouvel, *Le doublage*, 2007, 98 pages.

J. Van Sijll, *Les techniques narratives du cinéma*, 2006, 252 pages.

O. Cotte, *Les Oscars du film d'animation – Secrets de fabrication de 13 courts-métrages récompensés à Hollywood*, 2006, 274 pages.

S. D. Katz, *Réaliser ses films plan par plan*, 2005, 332 pages.

R. Williams, *Techniques d'animation*, 2003, 342 pages.

*Techniques de la photo et post-traitement*

V. Luc, *Maîtriser le Canon EOS 7D*, à paraître en 2010.

V. Luc, *Maîtriser le Canon EOS 550D*, à paraître en 2010.

V. Luc, *Maîtriser le Canon EOS 5D Mark II*, 2010, 330 pages.

M. Evening, *Lightroom 3 pour les photographes*, à paraître en 2010.

G. Theophile, *Lightroom 3 par la pratique*, à paraître en 2010.

M. Evening, *Photoshop CS5 pour les photographes*, à paraître en 2010.

P. Labbe, *Photoshop CS5*, à paraître en 2010.

V. Gilbert, *Camera Raw par la pratique*, à paraître en 2010.

J. Delmas, *La gestion des couleurs pas à pas*, 2010, 160 pages.

P. Krogh, *Catalogage et flux de production pour les photographes*, 2010, 460 pages.

S. Kelby, M. Kloskowski, *Photoshop Elements 8 pour les photographes*, 2010, 474 pages.

R. Bouillot, *La pratique du reflex numérique, 3e édition*, 2010, 488 pages.

É. Delamarre, *Profession photographe indépendant*, 2009, 236 pages.

V. Gilbert, *Développer ses fichiers RAW, 3e édition*, 2009, 516 pages.

F. Hunter *et al.*, *Manuel d'éclairage photo*, 2009, 240 pages.

D. Hennemand, *Gérer ses photos numériques*, 2009, 156 pages.

C. Lamotte, S. Zaniol, *Photojournalisme*, 2007, 200 pages.

J. Delmas, *La gestion des couleurs pour les photographes, 2e édition*, 2007, 448 pages.

R. Bouillot, *Le langage de l'image* (avec B. Martinez), 2006, 200 pages.

# Tourner en vidéo HD avec les reflex Canon

Sébastien Devaud

EOS 5D Mark II • EOS 7D • EOS 1D Mark IV

PILON

EYROLLES

Éditions Eyrolles
61, bd Saint-Germain
75240 Paris Cedex 05
www.editions-eyrolles.com

Photos de couverture : © Didier Gauducheau (première de couverture), © NSTY prod (quatrième de couverture)
Maquette et mise en pages : Nord Compo, Villeneuve d'Ascq




ISBN : 978-2-212-12647-1

*Cet ouvrage est dédié à ma sœur Marie-Stéphane,*
*journaliste littéraire, décédée en mai 2006.*

*Elle m'a quotidiennement donné la force et le courage de rédiger ce livre.*
*J'ai souhaité lui rendre hommage à travers cet ouvrage.*

# Avant-propos

En juin 2009, Éric Sulpice, des éditions Eyrolles, m'a contacté pour me proposer de rédiger un ouvrage sur les nouvelles possibilités de tourner en Full HD avec les reflex EOS Canon. Étant réalisateur et non pas auteur de livres, j'ai d'abord été étonné par cette demande, mais après mûre réflexion et un travail sur un chapitre test, j'ai finalement accepté le challenge. Deux raisons majeures ont conditionné ce choix :

- mon métier de réalisateur a radicalement changé depuis que j'utilise ce nouveau procédé, inespéré mais tant attendu. Suite à la stupéfaction générée par le premier film test Full HD de Vincent Laforet, *Rêverie*, réalisé avec le 5D MkII en octobre 2008, j'ai adopté dès décembre 2008 ce nouveau procédé sur l'ensemble de mes productions ; et à ce jour, les qualités de ces reflex photographiques continuent de rendre leurs inconvénients négligeables ;
- les soutiens respectifs des éditions Eyrolles, notamment de Stéphanie Poisson (éditrice, responsable du secteur Graphisme-Photo), et de la société Canon France, avec Stéphane Dery (directeur du service Broadcast Canon France) et Bernard Thomas (responsable du service Professionnels Canon Communication & Image) m'ont motivé pendant cette longue année de rédaction.

D'autres facteurs tels que la cible professionnelle de cet ouvrage orienté « métier » ou la volonté de partager cette révolution numérique avec le plus grand nombre ont également guidé ma décision.

## À qui s'adresse cet ouvrage ?

Redonner du sens à l'image grâce aux optiques photo associées aux grands capteurs, quel que soit le type de production considéré, est aujourd'hui possible. Jouer sur une profondeur de champ de très grande qualité à faible coût est maintenant permis. Ce langage visuel communément associé à l'image cinématographique, jusqu'à présent trop onéreux ou trop compliqué à mettre en œuvre pour les amateurs, est en pleine démocratisation.

Bien que ce livre s'adresse à l'ensemble des utilisateurs de la fonction vidéo des boîtiers HDSLR Canon (producteurs, réalisateurs, directeurs de la photographie, photographes – de même que vidéastes et cinématographes en général), une attention particulière a été apportée aux sociétés de production et aux photographes. L'utilisation intensive de ces reflex m'a en effet permis de rencontrer un certain nombre de photographes, avec lesquels j'ai pu échanger et partager. Leur intérêt pour la réalisation de vidéos Full HD et leur sens du cadre incomparable en font d'excellents opérateurs potentiels, avec lesquels je souhaite travailler. Des explications pouvant apparaître un peu simplistes pour des vidéastes avertis leur seront donc spécifiquement adressées dans l'ouvrage.

**Précision importante**

Afin d'éviter tout prosélytisme, je souhaite clarifier certains points. Ayant récemment obtenu le titre privilégié d'ambassadeur Canon pour cette nouvelle technologie, il serait facile de voir dans la rédaction de cet ouvrage une publicité dissimulée pour la marque. Je peux sincèrement vous certifier que seules ma passion pour les belles images et mon addiction aux nouveaux HDSLR Canon ont guidé et servi mes propos. Les éditions Eyrolles, qui ont commandé ce livre, n'ont également aucun intérêt à privilégier Canon plutôt qu'une autre firme, et c'est bien le *buzz* autour de ces nouveaux reflex et mon statut de réalisateur qui ont favorisé leur démarche.

En ce qui concerne les sociétés de production et leurs producteurs, avec lesquels je travaille quotidiennement, ce livre a pour ambition de fournir des informations précises sur les nouvelles possibilités offertes par ce procédé, et ce, sur l'ensemble des étapes de production.

## Structure de l'ouvrage

Les nouveaux reflex EOS doivent suivre les mêmes étapes de production que les autres caméras professionnelles : pré-production, tournage, postproduction. C'est pourquoi, j'ai choisi de structurer ce livre en suivant une logique pratique (celle d'une production complète), et non théorique.

L'ouvrage se divise ainsi en quatre parties distinctes (« Une révolution dans le monde de la vidéo », « La préparation du tournage », « Le tournage », « La postproduction ») qui, bien qu'elles aient été rédigées pour constituer un ensemble homogène et chronologique, peuvent être consultées indépendamment les unes des autres, selon vos besoins et intérêts. De la composition de l'unité de tournage au workflow idéal en postproduction, en passant par la gestion du point et de la lumière sur le tournage, chaque chapitre a été conçu pour pouvoir répondre aux questions propres aux particularités de chacune de ces étapes.

Pour illustrer les différents chapitres, des photos de configurations diverses, des anecdotes de tournage, des sélections d'équipements dédiés ainsi que des témoignages pertinents de nombreux professionnels viennent compléter le propos principal. Ce sont des sources d'informations rares et pratiques, que vous ne trouverez ainsi rassemblées nulle part ailleurs, le but de ce livre étant de guider et d'accompagner les utilisateurs de l'enregistrement vidéo Full HD quel que soit le type de production qu'ils envisagent (news, TV, fiction, publicité).

En sollicitant votre indulgence pour toutes les maladresses que vous pourrez rencontrer au fil de votre lecture, et qui sont dues encore une fois au fait que je ne suis pas un auteur à part entière mais bien un réalisateur, je souhaite proposer ici à tous les amoureux de cette nouvelle technologie HDSLR (amateurs, avertis ou experts) un livre précis, très documenté, qui puisse leur être utile dans leur pratique, quotidienne ou non, de la vidéo.

Cette expérience d'écriture sera très certainement sans suite pour moi, mais j'ai pris grâce à elle un immense plaisir à partager des informations avec tous ceux qui m'ont permis d'écrire ces lignes, et j'aurai eu le privilège de compter parmi les premiers à vous exposer toutes les facettes de cette nouvelle révolution numérique.

# Remerciements

**Pour leurs précieux témoignages et leur iconographie :**
Grégoire Ausina, Virgil Beljambe, Philip Bloom, Éric Brancherie, Georges Campana, Jean Chesneau, Franck Courrault, Thibaud Danton, Jacques Delacoux, Jean-Marie Delorme, Joséphine Derobe, Baptiste Firroloni, Didier Gauducheau, Olivier Georges « Castor », Dominic Hutton, Shane et Lydia Hurlbut, Vincent Laforet, Michel Nougué, Jean-Charles Marmeleira, Mathieu Misiraca, Clémentine Péron, Thierry Pouffary, Alain Rappoport, Benjamin Steele, Patrick Robert, Alain Tixier.

**Pour avoir accepté de figurer dans cet ouvrage :**
Claire Barsacq, Julia Borst, Fabrice Deville, Lilou Fogli, Véronique Genest, Virginie Guilhaume, Franck Leboeuf, Colonel Nicolas Le Nen, Laura Nell, François Pécheux, Stéphane Plaza, Agnès Soral, Alessandra Sublet, Mélissa Theuriau.

**Pour leurs contributions :**
AdamJ, Eyal B, Dominik Bamberger, Patrice Blanchard, Stéphane Boulay, Alain Boutillot, Emmanuel Carlier, Rodney Charters, Yan Chetrit, Daniel Chung, Guy Cochran, Claire Dabrowski, Danfung Dennis, Laetitia Dery, Danny Dale, Billy DeCola, Édouard Dejay, Luka Crnkovic-Dodig, Bruce Dorn, Maura Dutra, Jon Fauer, Dirk Fletcher, Xavier Forcioli, Jean-Charles Fouché, Illya Friedman, Axel Gimenez, Cenci Goepel et Jens Warnecke, Tim Jackson, Harry Kaufmann, Philippe Labroue, Erwan Le Martelot, Bernard Lefevre, Boniface Leung, Daniel Lonis, François Loubeyre, Keith Loutit, Daniel Metz, Steven S. Miric, Roland Mouron, Eric Oh, Charles Papert, Tobias Pekelharing, Romain Pinel, Xavier Popy, Régis Prosper, François Provendier, Laurent Riobé, Éric Robert, John Saunders, Jan Shim, Philippe Simon, Eirik Solheim, Pete Souza, David Stephenson, Ludovic Siméon, Cyrille Smaha, Gale Tattersal, Matthias Uhlig, Mark-André Voss, Sebastian Wöber.

**Ainsi que les sociétés :**
Canon, et je remercie tout particulièrement l'équipe Canon France : Stéphane Dery, Yvan Leverge, Isabelle Thomas, Pascal Briard, Claire Vidal, Bernard Thomas, Raphaël Rimoux, Guy Dassonville, Alain Tombois, Anthony Cheylan, Jacky Carré, Pierre Bourdoiseau,

Angénieux, ArtFx, BeachTek, BoxingBeats, Castor Equipments, Cartoni France, Chemical Wedding, Chrosziel, Cinema5D, Cinémathèque française, CTM Solutions, D2Visions, Emit, FluidMotion, IDC Photo Video, Fdtimes, ASC Hurlbut Visuals, Light Craft Workshop, Loca Images, Nikon School, Objectif Bastille, P + S Technik, Planipresse, Propulsion, Redrock Micro, Schmidle, Sonovision, Telline, Taïpan, Transpacam, View factor, VidéoPlus, Zacuto, Zeiss, Zxtrem & Glops.

Et enfin un énorme merci à ma chérie Julia Borst qui me supporte quotidiennement et qui a activement contribué à la réalisation de cet ouvrage ainsi qu'à ma meilleure amie, Ève Gasparin, qui m'a permis d'exercer le métier de réalisateur depuis maintenant quinze ans.

# Sommaire

## / Partie 1 / Une révolution dans le monde de la vidéo

# Une révolution dans le monde de la vidéo

Bien que frappé par la crise comme tous les autres pans de l'économie, le marché de la photographie ne cesse de voir apparaître de nouveaux produits. Les EOS Canon proposent ainsi depuis la fin de l'année 2008 un mode vidéo sans équivalence antérieure, qui est à l'origine d'une véritable révolution technologique.

Parallèlement à la démocratisation des supports numériques qui profitent aux EOS en passant de la bande magnétique aux cartes mémoire, l'émergence de ce nouveau procédé a complètement bouleversé les techniques de prise de vues actuelles (aussi bien dans le secteur professionnel que dans celui des amateurs). La possibilité d'enregistrer des vidéos Full HD avec des appareils photo qui n'ont jamais été conçus pour tourner des films ouvre bien sûr de nouveaux horizons créatifs, mais redéfinit surtout les pratiques de gestion de la mise au point, de la prise son et de la lumière en limitant les besoins et en privilégiant le mode manuel à l'automatique. Dotés de capteurs proches du format S35 des caméras film, ces nouveaux hybrides sont proposés aux tarifs usuels des boîtiers reflex, mais apparaissent ultra compétitifs au regard de leur potentiel vidéo. Grâce à eux, l'esthétisme d'un rendu cinématographique est aujourd'hui accessible au grand public.

/ CHAPITRE 1 /

# Des reflex équipés du mode vidéo HD

Au début des années 2000, l'apparition du nouveau format haute définition a entraîné l'émergence progressive des caméras numériques HD dont la qualité et le rendu sont de plus en plus comparables à ceux du 35 mm argentique. Les avancées technologiques actuelles favorisant l'entrée du « tout numérique » sur l'ensemble de la chaîne de production, du tournage à la diffusion, ces caméras (et avec elles les récents et surprenants reflex HDSLR) s'imposent tout naturellement dans le monde des vidéastes et cinématographes professionnels.

Les boîtiers HDSLR *(High Definition Digital Single Lens Reflex)* sont des reflex équipés d'un mode vidéo HD. Le 5D Mark II fut le premier d'entre eux. Dans la suite de cet ouvrage, à chaque fois que nous parlerons de boîtiers reflex pour la vidéo, il s'agira bien sûr de HDSLR.

## Évolutions et caractéristiques de la haute définition

Les progrès considérables enregistrés ces dernières années autorisent aujourd'hui la conception de caméras numériques à grands capteurs, pouvant atteindre les très grandes résolutions adaptées aux diffusions sur grand écran (notamment les résolutions 2K ou 4K, spécifiques à la diffusion cinéma, qui correspondent à des images HD surdéfinies). À l'instar des caméras analogiques, les nouvelles caméras numériques proposent des vitesses variables qui offrent le choix des différentes cadences images standards : 24, 25 et 30 images par seconde (i/s). Les avancées technologiques actuelles permettent même à certaines caméras, très récentes et spécifiques, d'afficher des possibilités de ralentis sans équivalence, pouvant atteindre 2 500 i/s *(slow motion)*.

La disparition des supports magnétiques et analogiques au profit du stockage numérique accompagne et contribue également à démocratiser ce nouveau standard haute définition (enregistrement multimédia sur disque dur et cartes mémoire haute vitesse). Les évolutions simultanées de la postproduction et des stations de montage virtuelles répondent aussi aux besoins de ce format cinq fois plus gourmand en stockage que son prédécesseur SD *(Standard Definition)*.

Face à cette révolution numérique, le cinéma argentique arrive encore à résister grâce à son rendu unique (large plage dynamique et profondeur de champ réduite) et à sa résolution

## TECHNOLOGIE

### Les résolutions 2K et 4K de la diffusion cinéma

À la différence des formats vidéos HD qui sont généralement spécifiés en termes de résolution verticale (1080p = 1 920 × 1 080 pixels), les formats du cinéma numérique sont généralement définis en termes de résolution horizontale. Par exemple, une image 2K est de 2 048 pixels de large et une image 4K est de 4 096 pixels de large d'où l'appellation « 2K » et « 4K ».

Une image 2K de résolution 2 048 par 1 080 pixels, soit un peu plus de 2 millions de pixels, est la résolution minimale que les studios hollywoodiens agréent pour la projection de leurs longs métrages. Toute technique de projection offrant une résolution supérieure est bien sûr acceptée par les studios, pourvu qu'elle respecte l'ensemble des exigences du DCI *(Digital Cinema Initiatives)* : le format 4K notamment (4 096 × 2 160 pixels, soit presque 9 millions de pixels par image), qui améliore la diffusion sur grand écran, mais également le 8K, qui va se démocratiser dans la décennie à venir *(Super High Vision)* (7 680 × 4 320, soit plus de 33 millions de pixels par image). (Pour en savoir plus, reportez-vous à la section « Le format 1080p reconnu par le cinéma ».)

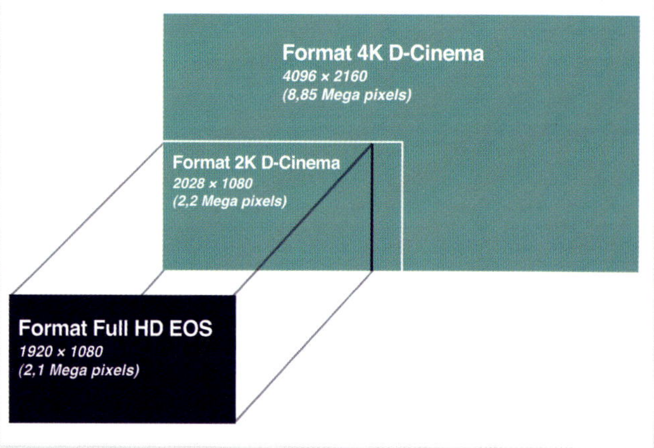


Comparaison du format Full HD des EOS avec les formats de diffusion du cinéma numérique.

(équivalente au 3K) permettant des diffusions sur écran géant, mais ce n'est plus qu'une question de temps. Ce support très onéreux semble voué à un sort funeste au regard des performances équivalentes de certaines caméras numériques.

## Le nouveau standard : le 1080-HD

Le passage à la haute définition s'est opéré progressivement et a apporté de grandes innovations. Avec une définition doublée par rapport au SD, la HD offre de réels avantages et améliorations en termes de qualité d'image, au niveau de l'enregistrement et de la diffusion.

En l'espace d'une décennie, les téléviseurs 4/3 à tube ont été remplacés par des dalles ultra plates 16/9 à LED, les caméscopes DV à bandes par des caméras à disque dur interne ou cartes mémoire, et les disques Blu-Ray remplacent maintenant les DVD. L'évolution de ces différents équipements et la multiplication des normes et formats intermédiaires qui les ont accompagnés, ont cependant généré une véritable confusion.

La reconnaissance du format vidéo 1080-HD à fréquence images variable comme référence du format HD a été opérée par l'UIT (Union internationale des télécommunications) dès mai 2000, mais il a fallu plusieurs années pour que ce format s'impose sur l'ensemble des technologies audiovisuelles numériques. Bien que les professionnels aient bénéficié rapidement de caméras HDCAM, le saut en définition HD était techniquement tellement important que les constructeurs ont dû imaginer des modèles de caméras plus économiques, au format intermédiaire HDV, pour démocratiser ce nouveau standard. De la captation à la diffusion, chaque constructeur a voulu s'approprier le standard HD référence en proposant ses propres

Quelques exemples de caméras HDV : les HVR-Z1 puis Z5 et Z7 de Sony, la XL-H1 et les HX A1 et G1 de Canon, ou les GY-HD110 et 111 de JVC.

Full HD (1 920 × 1 080)

HD 720p (1 280 × 720)

VGA (640 × 480)

Pour se rendre compte des proportions du format Full HD (1 920 × 1 080) disponible sur un boîtier HDSLR, les formats HD 720p (1 280 × 720) et basse définition VGA du mode vidéo (640 × 480 réservé aux caméscopes grand public NTSC), également proposés par les EOS, ont été placés à côté d'une image Full HD. On visualise parfaitement le changement de format 4/3 en 16/9 et les écarts de résolution qui triplent la définition.

supports d'enregistrement et de diffusion HD. Cette concurrence violente s'est opérée, comme d'habitude, au détriment des utilisateurs, mais les avancées technologiques semblent enfin clôturer cette longue période de transition en standardisant le format Full HD sur l'ensemble des équipements de captation et de diffusion grand public (les téléviseurs et moniteurs, les caméscopes, Blu-Ray, la TNT et la VOD HD démocratisent les équipements HD).

À la différence de l'ancien standard universel SD qui générait une image au format 4/3 (résolution de 720 × 480 en NTSC et 720 × 576 en PAL), le nouveau standard HD propose plusieurs résolutions (720p, 1080i, 1080p) au format 16/9. On parlera de « pixels » pour les résolutions informatiques et de « lignes » pour la vidéo. Une image de 1 920 pixels de largeur par 1 080 pixels de hauteur correspondra donc, sur un téléviseur, à l'affichage d'une image de 1 080 × 1 920 pixels par ligne.

## Différentes résolutions

Les différentes résolutions proposées par le format HD sont apparues pour permettre un passage en douceur à la haute définition et pour proposer des solutions pour toutes les cibles (pro, semi-pro, « corporate » et grand public). Différents labels, logos ou normes HD ont donc été établis pour mieux s'y retrouver (ou pour mieux s'y perdre...).

Les appellations « Full HD », « HDTV », « HD Ready » et « Compatible HD » distinguent ainsi les possibilités de diffusion des téléviseurs disponibles sur le marché. Seul le Full HD dispose d'une résolution de 1 920 × 1 080 pixels permettant de restituer pleinement des signaux de 1 080 lignes ; sa résolution est calibrée pour s'adapter idéalement à celle de la vidéo filmée à l'origine par une caméra HD.

## UN PEU DE THÉORIE

### Les différents formats vidéo, cinéma et photo

Afin d'éviter toute confusion entre les différentes résolutions disponibles et les différents formats de diffusion qui leur sont associés (voir encadré suivant), je vous propose un tableau réunissant les principaux ratios d'images existants. Le format correspond au rapport largeur/hauteur de l'image. Le milieu cinématographique définit ses différents formats avec des ratios de type « x, y:1 » qui caractérise la taille de la fenêtre d'impression des caméras film et des rapports de projection (par exemple, un film ayant un format d'image de 2,35:1 présentera une image dont la largeur est 2,35 fois plus grande que sa hauteur qui correspond au 1). En revanche les formats vidéo sont exprimés avec d'autres types de ratios : on parlera plus communément de moniteurs 4/3 ou16/9 plutôt que d'écran au format 1,33 ou 1,77.

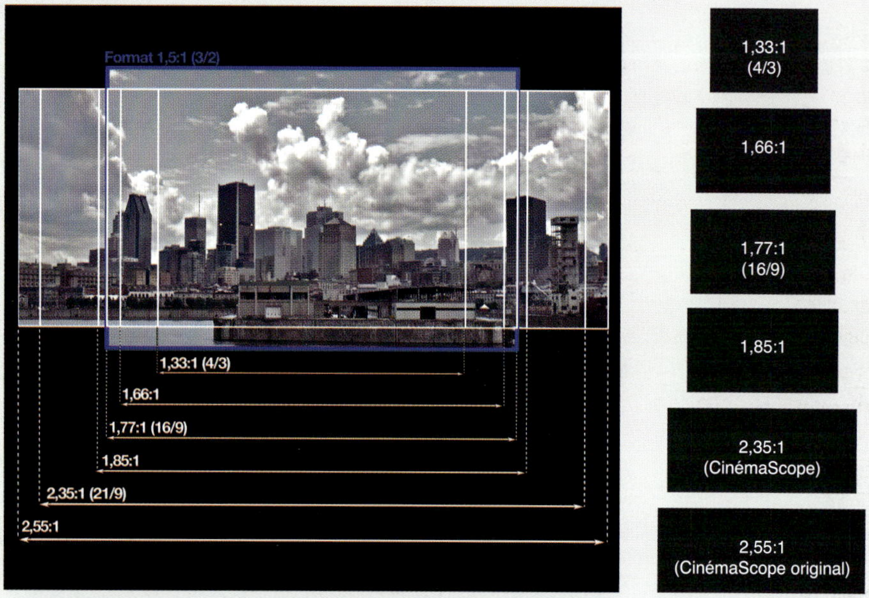


Les différents formats de diffusion cinéma, vidéo et photo. Le format 3/2 réservé à la photo a été délibérément mis en correspondance avec le format 16/9 pour montrer les différences de formats entre le Live view des EOS et le format Full HD des vidéos qu'ils proposent.

| Nom du format | Ratio cinéma | Ratio vidéo | Description |
|---|---|---|---|
| **TV 4/3** | 1,33:1 | 4/3 | Le format 4/3 est l'ancien standard TV, il privilégie la diffusion des contenus SD. C'est le format des téléviseurs conventionnels qui ont accompagné l'ère de la télévision depuis le début des années 1950 jusqu'à l'entente sur le récent format 16/9. |
| **Cinéma Academy** | 1,37:1 | - | Le format Academy fut créé au tout début du cinéma, vers 1910. Il était à l'origine au format 1,33:1 mais, pour laisser la place à la bande son optique, il a été modifié au format 1,37:1 en 1927. Il resta le standard du cinéma jusqu'en 1953. |
| **Photo plein format 24 × 36** | 1,5:1 | 3/2 | C'est le format d'images réservé à la photo plein format 24 × 36, format des photos délivrées par les EOS. L'ancien format cinéma Vistavision à perforations horizontales a également utilisé ce ratio. |
| **Cinéma Standard européen** | 1,66:1 | - | C'est le format d'images cinéma 35 mm européen. Les Européens développèrent leur propre standard, le 1.66:1, en parallèle du 1,85:1 (Panavision), et l'utilisèrent notamment pour la majorité des films de la Nouvelle Vague. Il n'est quasiment plus employé aujourd'hui. |
| **TV 16/9** | 1,77:1 | 16/9 | C'est le nouveau standard utilisé en télévision (format standard des écrans larges), notamment pour la diffusion de contenus en haute définition. En cinéma, son ratio, 1,77:1 très proche du 1,85:1 permet une anamorphose quasiment imperceptible. Quand vous enregistrez des vidéos en Full HD avec les EOS, les bandes grisées visibles sur l'écran de visée des boîtiers correspondent à la différence entre le format 16/9 des vidéos et le format photo 3/2 du Live view. |

| Nom du format | Ratio cinéma | Ratio vidéo | Description |
|---|---|---|---|
| **Cinéma Academy flat ou Panavision** | 1,85:1 | - | Le Panavision 1,85 ou Academy Flat est obtenu en utilisant un film 35 mm (format natif 4/3) auquel on associe des caches noirs en haut et en bas de l'image. C'est le ratio le plus répandu dans l'industrie cinématographique. |
| **Cinéma numérique DCI** | 1,89:1 | - | Ratio du cinéma numérique DCI réservé aux résolutions 2K et 4K. |
| **Cinéma Academy Scope ou Panavision** | 2,35:1 | 21/9 | Tout comme le CinémaScope, ce système utilise l'anamorphose. Avec le format 1,85:1, ce sont les deux formats les plus utilisés actuellement au cinéma. Un nouvel écran TV 21/9 de la marque Phillips est aujourd'hui commercialisé pour privilégier la diffusion des productions cinéma 2,35 sans barre scope à l'écran. |
| **CinémaScope** | 2,55:1 | - | C'est le format panoramique le plus connu. Utilisé pour la première fois par la Fox en 1953, il a été imaginé pour ramener le public dans les salles obscures en se démarquant du format 4/3 réservé à la diffusion TV. Il n'est plus utilisé depuis le milieu des années 1960. |

Actuellement, la quasi-totalité des écrans disponibles sur le marché peut afficher jusqu'à 1 920 × 1 080 pixels, mais si l'on compare un téléviseur HD Ready à un Full HD, on constate qu'il affiche en général une résolution de 1 024 × 720, 1 280 × 768 ou 1 366 × 768 pixels, en fonction des constructeurs. Le HD Ready peut traiter un signal 1080, mais ce dernier sera converti avant d'être affiché.

## Différentes fréquences images

En termes de rafraîchissement moniteur, la fréquence images, exprimée en hertz, peut être imposée par le contexte de diffusion (PAL ou NTSC), afin d'être en phase avec le voltage du courant électrique. Le format PAL 1080p25 correspond par exemple à une fréquence images de 25 Hz, et le format NTSC 1080i60 à une fréquence images de 60 Hz.

La fréquence images est exprimée en hertz ; 1 Hz correspond à peu près à une image/seconde.

La lettre « i » (*interlaced* pour « entrelacé ») signifie que l'image est affichée en deux fois : les lignes impaires puis les lignes paires. Ainsi, le format NTSC affiche 60 « demi-images »/seconde contre 50 « demi-images »/seconde pour le format PAL (60i et 50i), soit respectivement 30 et 25 i/s, alors que pour le mode progressif « p », toutes les lignes de l'image sont affichées en même temps (30p et 25p).

Bien que le format 1080i soit encore proposé comme standard HD, le mode entrelacé va doucement disparaître au profit du mode progressif. À l'origine imaginé pour des raisons purement techniques liées au balayage des téléviseurs à tube cathodique, le mode entrelacé n'apparaît plus adapté aux nouveaux équipements HD qui privilégient la finesse du format 1080p. Les 60 ou 50 images pleines par seconde offertes par ce format progressif (60p NTSC ou 50p PAL) surclassent à présent le format entrelacé en termes de qualité et de fluidité.

L'appellation « D-Cinema » ou « Digital Cinema » recouvre l'ensemble des technologies et des matériels (caméras, projecteurs, lecteurs...) permettant de diffuser un film digital en salle dans des conditions équivalentes voire supérieures à une projection 35 mm (au minimum en 2K). À opposer à l'appellation « E-Cinema » qui regroupe toutes les technologies et matériels vidéo utilisés en salle pour la diffusion de publicités ou de contenus alternatifs (retransmission d'événements, documentaires, programmes TV...). Les formats SD et HD plus petits que le format 2K entrent donc dans cette catégorie.

## Le format 1080p reconnu par le cinéma

L'image en 1080p, avec une résolution proche du standard de cinéma numérique 2K, correspond à la « HD Complète ». La technologie 4K utilisée par le D-Cinema propose quant à elle, une résolution plus de deux fois supérieure au Full HD.

Le format HD 1080p est considéré comme un format cinématographique quand il est associé à la fréquence images de 24 i/s (standard cinéma) propre au film 35 mm. Le balayage progressif et la taille très similaire au 2K ont permis à ce format d'obtenir pour l'industrie du cinéma le statut de format cinéma numérique. À l'instar du film argentique, ce format est le seul standard vidéo qui reste universel.

Bien que les avancées technologiques évoluent actuellement de plus en plus rapidement, personne n'aurait misé, il y a maintenant près de deux ans, sur l'arrivée sur le marché de reflex photographiques capables de rivaliser avec ces caméras professionnelles proche du 35 mm. C'est pourtant leur technologie sans équivalence qui a déclenché une nouvelle révolution numérique jusqu'à devenir leader sur le marché des caméras numériques HD miniaturisées. Pour autant, si on analyse l'histoire de la conception des caméras, on constate que c'est bien la technologie photographique qui a conditionné les grandes révolutions numériques.

## RAPPELS

### Les différentes résolutions vidéo et digital cinéma

- Les formats SD 720 × 480 NTSC et 720 × 576 PAL correspondent à l'ancien standard de diffusion.
- Suite au débat sur les formats disponibles pour les futurs producteurs et stations de télévision HD, la reconnaissance du format vidéo 1080-HD à fréquence images variable (i ou p) s'est imposée en tant que format vidéo standard par l'UIT (Union internationale des télécommunications) et a permis de clarifier la situation.
- Le format D-Cinema 2K est la résolution la plus polyvalente à l'heure actuelle. La caméra Viper de Thomson *(Collateral, Star Wars, Zodiac)*, et plus récemment la SI-2K de P + S Technik *(Slumdog Millionaire)*, comptent parmi les caméras privilégiées pour ce format.

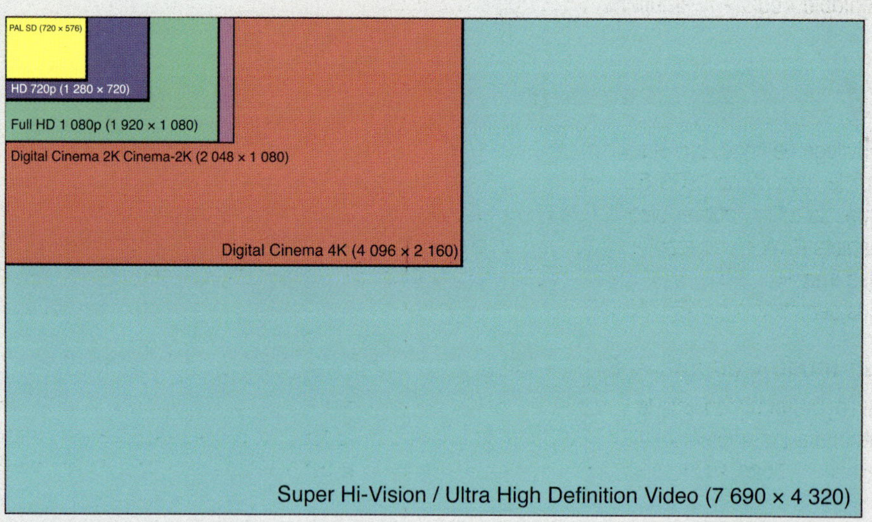


Différence entre les résolutions des formats SD, HD-TV, D-Cinema et Super Hi-Vision.

- Le D-Cinema 4K est le format privilégié pour la diffusion sur grands écrans. Les caméras Genesis de Panavision *(Apocalypto)*, RedOne, Phantom 65 et Dalsa et récemment la Red One permettent de tourner directement en 4K sans passer par le 35 argentique.
- Le Super Hi-Vision, enfin, est un format de 8K ; la télévision japonaise NHK l'expérimente actuellement.

# Les reflex HDSLR

La possibilité de réaliser de petites vidéos avec des appareils compacts n'est pas récente, elle date de la fin des années 1990 et s'est démocratisée sur les appareils photo numériques (APN) compacts à l'usage du grand public. La vidéo sur les appareils compacts (APN ou téléphones portables) a toujours été d'une qualité tout à fait élémentaire, clairement inadaptée à une utilisation professionnelle, les fonctionnalités proposées (fréquence images limitée à 15 i/s, format VGA inexploitable, partie optique surclassée par celle des caméscopes) étant inintéressantes pour les experts.

A contrario, depuis la fin de l'année 2008, un nouveau standard de reflex HDSLR est apparu à la surprise du plus grand nombre. La caractéristique principale de ces nouveaux boîtiers hybrides photo-vidéo réside dans la possibilité d'enregistrer des vidéos Full HD grâce à de grands capteurs associés à de nouveaux processeurs puissants. Les caractéristiques électroniques et optiques offertes par les reflex font bénéficier ce nouveau mode vidéo HD d'une qualité et d'un rendu de l'image sans comparaison.

Le contrôle total de la profondeur de champ lié à la grande taille des capteurs, le choix des focales parmi la large gamme d'objectifs photographiques disponibles, les hautes sensibilités autorisées par les performances de nouveaux capteurs combinés à de puissants processeurs et enfin un rapport qualité/prix sans équivalent constituent les facteurs déclencheurs d'un véritable « buzz » international autour de ces boîtiers.

## Le 5D Mark II, pionnier plein format de référence

Privilège de l'âge, on retiendra que la date du 17 septembre 2008 correspond à l'apparition sur le marché de l'EOS 5D Mark II (5D MkII), pionnier de cette nouvelle révolution numérique. Ce reflex mono-objectif plein format (24 × 36 mm) est un appareil photo délivrant des fichiers RAW d'une résolution pouvant atteindre 21 Mpix effectifs (son capteur CMOS produit des images de 5616 × 3744 pixels, et le nouveau processeur DIGIC 4 permet d'atteindre des sensibilités de 25600 ISO).

### Un mode vidéo initialement développé pour les photographes

Avec l'introduction sur le marché du 5D MkII, Canon annonce clairement sa volonté de répandre les capteurs Full frame dans sa gamme de reflex numériques de type « amateur expert ». Digne successeur du 5D (déjà Full frame), le 5D MkII propose pour la première

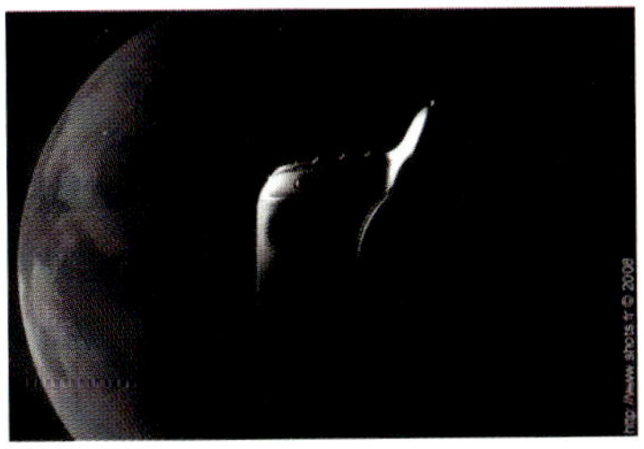

« Destined Evolution » est le nom de la première campagne publicitaire organisée pour la sortie du 5D MkII. Cet effet d'annonce a contribué à alimenter les rumeurs les plus folles autour du boîtier. C'est le lever de lune qui a été retenue pour faire apparaître le 5D MkII le 17/09/08.

© Canon

Le 5D MkII est le digne successeur de la Canon Scoopic 16 mm utilisée par les journalistes dans les années 1960 pour couvrir les événements dignes d'intérêt. L'ère des nouveaux EOS autorise les photographes à capter facilement en vidéo tous les types de production qu'ils couvraient déjà en photo.

fois dans la gamme des EOS une option vidéo Full HD (1 920 × 1 080) utilisant le codec de compression H.264 (MPEG-4 AVC 44 Mbit/s) dans un conteneur .mov (QuickTime) sur un support carte mémoire CompactFlash. Le codec H.264 embarque également l'audio, enregistrement mono avec micro interne, et stéréo avec la prise externe. Le 5D MkII encode le son selon la norme PCM (16 bits, 48 kHz).

Au regard du succès que connaît aujourd'hui le mode vidéo du 5D MkII, il est très intéressant et amusant de relire, après 22 mois d'existence et de productions multiples, le communiqué de presse Canon annonçant les caractéristiques techniques prometteuses de son reflex (voir encadré ci-dessous) : il semble bien confirmer que le développement de cette option vidéo n'était destiné à l'origine qu'à offrir de nouvelles possibilités artistiques aux photographes ! Canon a en effet conçu le 5D MkII à la demande pressante de Reuters et Associated Press, afin que leurs photographes puissent rapporter à la fois des images fixes et de petites séquences vidéo.

## Des capacités vidéo mises en valeur par les vidéastes

Dès la sortie du 5D MkII, de nombreux films « tests », à commencer par *Rêverie*, du photographe Vincent Laforet, ont en effet prouvé que ces boîtiers photo étaient capables de rivaliser avec les performances de leurs cousins vidéo. Les nouvelles capacités d'enregistrement Full HD de ce reflex équipé d'un grand capteur ont ensuite rapidement été adoptées par un très grand nombre de professionnels de l'image. Parmi les pionniers de l'utilisation professionnelle des HDSLR, on trouve les réalisateurs Claude Lelouche et Gérard Pirès, les directeurs de la photographie Shane Hurlbut et Darius Khondji et les ambassadeurs Vincent Laforet et Philip Bloom.

Le 5D MkII a reçu de nombreux prix, dont le prix TIPA 2009 du meilleur reflex numérique expert ou celui du meilleur produit EISA 2009-2010.

## COMMUNIQUÉ CANON

### Communiqué de presse du 5D MkII (17/09/08)

Compact, léger et bénéficiant d'une protection contre les intempéries, le successeur de l'EOS 5D intègre un nouveau capteur Canon CMOS avec une sensibilité maximale pouvant atteindre 25 600 ISO, ce qui permet de photographier dans une quasi-obscurité. Le nouveau processeur DIGIC 4 est associé à ce capteur CMOS optimisé pour produire à 3,9 i/s et sur une rafale de 310 vues maximum, des images d'une qualité équivalente à celle que représentait le film moyen format en argentique. Accessible à partir du mode visée par l'écran, l'enregistrement de vidéos en HD permet d'enregistrer des séquences en résolution 1080 à 30 i/s et d'obtenir des vidéos d'une qualité extraordinaire, merveilleusement détaillées et réalistes. L'intégration de fonctions vidéo HD dans un boîtier haut de gamme 21,1 millions de pixels ouvre une multitude de nouvelles possibilités aux photojournalistes et aux nouvelles générations de photographes. Grâce à son capteur CMOS plein format et à ses performances éblouissantes en matière de sensibilité, le 5D MkII va séduire tous les photographes à la recherche du meilleur équipement photo possible, des photographes de studio et de mariage jusqu'aux reporters documentalistes et naturalistes.

« Les photojournalistes et les photographes de mariage choisissent déjà l'EOS 5D pour ses dimensions compactes et son époustouflante qualité d'image », explique Mogens Jensen, directeur de Canon Communication et Image. « L'ajout d'une nouvelle fonction d'enregistrement vidéo en HD à un boîtier reflex numérique Canon ouvre un nouveau chapitre de l'histoire d'EOS. Cette fonction est à la base de nouvelles possibilités permettant aux photographes EOS de mieux enregistrer et mieux faire connaître leurs sujets et donc de rester pertinents dans un monde numérique en constante évolution. »

## COMMUNIQUÉ CANON

### Avantages de l'utilisation du 5D MkII pour la vidéo (10/09/08)

L'EOS 5D MkII est équipé d'un capteur CMOS plein format 24 × 36 mm, utilisé à la fois pour l'enregistrement de photos et de vidéos. La taille du capteur du 5D MkII est environ 10 à 20 fois plus grande que celle des capteurs utilisés dans la plupart des caméscopes HD grand public. Le capteur est même plus grand que celui présent dans les caméras numériques haut de gamme de Panavision, Red et Arri, employés pour les longs métrages et les documentaires. Cette différence de taille de capteur signifie que pour toute combinaison d'ouverture, de distance du sujet et d'angle de champ, les images réalisées avec le 5D MkII présentent une profondeur de champ beaucoup plus réduite que les images issues d'un caméscope HD classique. Pour obtenir la même profondeur de champ réduite avec le même champ visuel apparent que le 5D MkII, les caméras de cinéma Super 35 mm (dont la caméra Red One) nécessiteront l'utilisation d'une ouverture plus grande de 2 valeurs environ que celle utilisée sur le 5D MkII, c'est-à-dire f/2,8 sur le 5D MkII et f/1,4 sur la caméra Red. Pour les appareils équipés de capteurs plus petits, la différence de profondeur de champ est encore plus importante : jusqu'à 6 valeurs pour un capteur 1/2,5 pouce!

Ce meilleur contrôle de la profondeur de champ garanti par le 5D MkII produit une image qu'il n'est pas possible d'obtenir facilement avec des caméscopes professionnels et constitue l'une des raisons pour lesquelles le 5D MkII suscite un tel engouement de la part des réalisateurs vidéo.

Le 5D MkII permet aux cinéastes d'accéder à l'univers des objectifs EF : non seulement aux objectifs spécialisés tels que les objectifs macro et les objectifs à décentrement et à bascule, mais aussi à l'étendue des focales de la gamme EF, du fish-eye au 800 mm. La gamme des objectifs pour les caméras Super 35 mm utilisées pour réaliser la plupart des films de Hollywood, s'étend de 10 à 300 mm, ce qui correspond environ à la plage 15 à 450 mm en équivalent 24 × 36. (Ceci exclut les objectifs anamorphoseurs, qui produisent des images très larges en les compressant, et nécessitent donc une décompression de l'image lors de la projection, par un logiciel ou par d'autres objectifs.) Rappelons que le système EOS offre aux photographes une gamme s'étendant du fish-eye 15 mm (vue de 180°) au 800 mm (vue de 35°).

En très peu de temps, ces appareils ont donc intéressé les vidéastes qui ont vite compris les avantages de ce nouveau type de caméra. Si on consulte et qu'on analyse les documents techniques Canon du 5D MkII édités peu de temps avant la sortie du boîtier (voir encadré ci-dessus), on comprend mieux la véritable proposition technologique de la firme japonaise. Au regard de la date de rédaction de ce document, la société Canon avait parfaitement conscience du potentiel de son nouveau reflex 5D MkII. Les différentes évolutions de son firmware (contrôle manuel disponible sur les réglages de sensibilité, ouverture et diaphragme en juin 2009 et cadence images disponible en 24p et 25p, au même titre que pour les boîtiers 7D et 1D MkIV, en mars 2010), reflètent bien l'importance accordée à cette nouvelle « option » vidéo, pour répondre au plus grand nombre d'utilisateurs dans le monde. À ce jour, il est encore difficile de savoir si la sortie tardive de la dernière mise à jour très attendue par les utilisateurs du software 5D MkII a été sujette à une volonté marketing ou si Canon a vraiment été prise de cours, victime de son succès…

© Sébastien Devaud

Comparaison du 5D MkII boîtier nu et accessoirisé avec crosse d'épaule, viseur, Follow focus et Mattebox (pour la description de ces accessoires, voir le chapitre 3).

Aujourd'hui, le 5D MkII bénéficie d'une renommée sans précédent ni équivalence ; il a déjà séduit un grand nombre de professionnels de l'image et a suscité l'intérêt unanime des amateurs. Au niveau des ventes, sa fonction vidéo a même surclassé sa fonction principale d'appareil photo. Le nombre exponentiel de forums visibles sur la toile, des accessoires dédiés proposés par les prestataires spécialisés ainsi que la recherche et développement physique et informatique autour de ce procédé (firmware alternatif Magic Lantern, modules et workflows dédiés en postproduction, conception de Rig stéréo 3D...), constituent un ensemble suffisant d'éléments pour pouvoir parler aujourd'hui d'une nouvelle révolution numérique. Après deux ans d'existence, quelles sont les véritables raisons de cette réussite technologique qui a tant marqué les esprits ?

## Les atouts de cette nouvelle technologie

L'accès à toutes les fonctionnalités des appareils photographiques pour filmer, comme les réglages d'exposition (sensibilité, vitesse, ouverture), ou à un large choix dans la gamme optique est à présent possible grâce aux origines hybrides de ces nouveaux HDSLR. Les avancées technologiques en termes de capteur, processeur et écran de visée des reflex permettent de réaliser des vidéos de qualité car vous avez accès à la plus grande gamme d'objectifs existante.

Certes des désagréments d'utilisation en tant que caméra, liés à cet aspect photographique, restent notables mais l'esthétisme de l'image produite, la polyvalence d'utilisation et un rapport qualité/prix imbattable rendent négligeables ces défauts de première génération.

### La polyvalence des reflex accessoirisés

À la différence des caméras numériques, mais à l'instar des caméras film, l'addition d'accessoires spécifiques reste indispensable à l'utilisation des boîtiers reflex pour la prise de vues vidéo. Si les fabricants d'appareils photo se mettent à faire de la vidéo, ils vont devoir adapter leurs produits à toutes les exigences des vidéastes en plus de celles des photographes ; ce sont en effet deux technologies similaires, mais sujettes à des utilisations très différentes.

© Sébastien Deyaud

Le système de visée par l'écran LCD de 3 pouces équipe l'ensemble des HDSLR Canon (550D, 7D, 5D MkII, 1D MkIV).

1. **Une gestion du point facilitée.** Le confort d'utilisation des EOS vidéo est renforcé par un écran de visée de très bonne qualité. Cette visée Live view est un écran LCD de 3 pouces (7,6 cm) de haute résolution (920 000 points), à luminosité ajustable et revêtement anti-reflet. La définition de cette visée par l'écran permet de s'assurer avec certitude de la netteté réelle des images enregistrées.
   Pour cadrer et faire le point de vos images plus précisément, une sortie HDMI est disponible pour un moniteur externe. Des viseurs dédiés au Live view des EOS constituent également des alternatives pour les prises de vues en conditions de reportage. Concernant la gestion du point, l'autofocus haut de gamme destiné aux photographes est à éviter pour le mode vidéo, car il n'est pas adapté. Des systèmes de roues crantées Follow focus, très courantes dans le milieu cinématographique, sont recommandées en complément des moniteurs externes pour cette gestion manuelle du point (pour plus d'information sur le Follow focus, reportez-vous au chapitre 6, « La gestion du point »).

## EN PRATIQUE

### Éviter l'autofocus en vidéo

L'autofocus photo très performant des reflex EOS repose sur un système qui nécessite l'utilisation du viseur. Malheureusement, le mode vidéo des EOS fait appel au système de visée par l'écran (Live view) qui rend indisponible le viseur (le miroir s'escamote pendant toute la durée de la prise de vues vidéo). Bien qu'ils aient le mérite d'exister, les modes autofocus Direct et Direct avec détection de visage, dédiés au système de visée par l'écran, restent inadaptés aux exigences des prises de vues vidéo (dès que les conditions de luminosité ne sont pas optimales, une mauvaise réactivité et des problèmes de pompage condamnent l'utilisation de ce mode).

2. **Des possibilités de tourner en conditions extrêmes.** Pour stabiliser ces appareils photo, des prestataires spécialisés proposent des systèmes dédiés qui commencent à être adaptés aux conditions de terrain réelles. Avec ces supports en complément, il est possible de s'affranchir sans effort des conditions de prises de vues les plus contraignantes, et avec une plus grande précision (pour plus de détails, voir le chapitre 3, « Composition de l'unité de tournage »).
   Les possibilités d'équipement infinies, autour de ces nouveaux boîtiers permettent de répondre à la diversité des productions existantes. Le design robuste et compact de ces reflex EOS, bien que très controversé par les vidéastes amateurs, est un atout majeur de sélection pour un grand nombre de professionnels. La mise en place de caméras embarquées, le choix d'une machinerie plus flexible et légère et les possibilités de tournage dans des conditions extrêmes avec des axes improbables, réservés initialement aux photographes, sont autant de configurations rendues possibles par cette technologie.

3. **Des possibilités de diffusion multiples.** La taille de l'image Full HD 1080P et les fréquences images proposées par ces appareils conviennent également à la majorité

© Electricfilms

La société australienne Electricfilms (www.electricfilms.net.au) propose une solution originale pour le 5D MkII, le Hyper 35 ENG (Sony Betacam Body). Cet équipement unique est constitué d'un 5D MkII combiné à un ensemble conséquent et éprouvé d'accessoires qui lui sont dédiés, le tout regroupé dans le corps d'une ancienne caméra Betacam Sony de type ENG. Cette alternative a pour but de rendre accessible le rendu flatteur du 5D MkII aux opérateurs de prise de vues (reportage, news, TV) qui souhaitent garder un confort d'utilisation propre à l'ergonomie de leurs grosses caméras ENG.

© Clémentine Péron

© Sébastien Devaud

© Ludovic Siméon

© Didier Gauducheau

© Sébastien Devaud

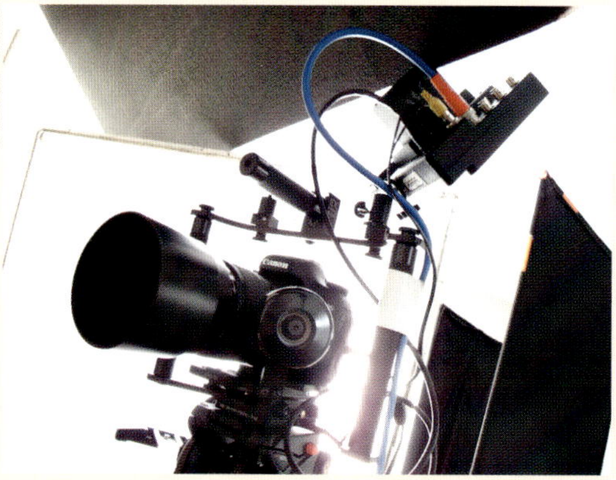

© Mike Svitak (www.hurlbutvisuals.com/team.php). Rudy Harbon, opérateur caméra sur *Act of Valor*, Bandito Brothers Production et Legendary Pictures

Making of de différents tournages avec EOS en configuration Rig multiple.

des tournages qui ne visent pas forcément une diffusion cinéma. À chaque type de production correspond une configuration adaptée. Les productions institutionnelles, publicitaires, documentaires, 3D ou fiction peuvent ainsi être approchées sans appréhension par ce nouveau procédé.

Ces photos extraites de vidéos réalisées en conditions de faible luminosité (éclairage urbain) montrent le rendu incroyable de la sensibilité du capteur CMOS. 5D MkII, 90 mm TS-E 1250 ISO, f/3,5, 1/50 s.

© Sébastien Devaud

© Sébastien Devaud

## Un excellent capteur CMOS

Parmi les avantages à utiliser ces boîtiers pour de la vidéo, le plus plébiscité semble être le contrôle de la profondeur de champ rendu possible par un capteur beaucoup plus grand que celui de la plupart des caméras numériques disponibles sur le marché. Le nouveau capteur CMOS *(Complementary Metal Oxide Semiconductor)* qui équipe les EOS bénéficie en effet d'une architecture entièrement nouvelle pour :

- acquérir davantage de lumière ;
- générer un meilleur rapport signal/bruit (réduction du bruit électronique sur toute la plage de sensibilités).

Ces capteurs sont dotés d'un ratio surface/nombre de photosites avantageux (un photosite représente normalement un pixel sur le capteur). Les reflex EOS bénéficient naturellement d'une meilleure dynamique (capacité d'un capteur électronique à capturer et harmoniser les nuances des couleurs à la fois dans les zones les plus sombres et les plus éclairées de l'image) que les caméras qui proposent des résolutions équivalentes sur des capteurs cinq à dix fois plus petits qu'un capteur Full frame comme celui du 5D MkII.

Les nouveaux capteurs CMOS assurent la capture d'une image de qualité cinématographique en permettant d'atteindre facilement de toutes petites profondeurs de champ. Toutefois, bien que les capteurs des boîtiers HDSLR proposent des résolutions hallucinantes en photographie (21 Mpix pour le 5D MkII, 18 Mpix pour le 7D, 16 Mpix pour le 1D MkIV), seuls les pixels nécessaires à la résolution des images Full HD, soit 2,1 Mpix, seront déterminés par « interpolation soustractive » grâce à un algorithme de réduction de taille.

L'étude détaillée du capteur permet de mieux comprendre l'opération de captation de l'image (acquisition du signal par le capteur et transfert des données vers le processeur).

Traditionnellement les capteurs CMOS étaient considérés de moins bonne qualité en ce qui concerne la sensibilité, la linéarité de la réponse ou le bruit, ce qui les cantonnait à des usages bon marché. Toutefois Canon a démontré que ses capteurs CMOS supportent largement la comparaison avec les capteurs CCD des autres fabricants. (Jean-Pierre Louvet extrait de *La photo numérique : du capteur à l'image* © Futura Sciences 2008)

## UN PEU DE THÉORIE

### Les capteurs photosensibles numériques

Les capteurs photographiques, qu'il s'agisse de CCD *(Charge Coupled Device)* ou de CMOS *(Complementary Metal Oxide Semiconductor)*, sont formés d'alignements d'éléments appelés « photosites ». Les colonnes et rangées de ces photosites composent la « matrice » du capteur.
Ces photosites transforment la lumière reçue en charge électrique, mais ils sont daltoniens. En effet, ils ne savent pas différencier les couleurs. Pour leur faire voir les couleurs, la matrice est recouverte d'une mosaïque de filtres, dite « matrice de Bayer », dédiant chaque photosite à une couleur parmi les trois primaires utilisées, Rouge, Vert et Bleu, désignées sous les initiales RVB ou RGB (Red Green Blue, en anglais). Cette matrice de Bayer a la particularité de présenter deux V pour un B et un R. À ce stade on ne parle pas encore de « pixels ».
Devant chaque photosite, au-dessus de la matrice de Bayer, est installée une lentille collectrice, chargée de focaliser les rayons lumineux sur le photosite. Au moment de la prise de vue, chaque photosite, qu'il soit rouge, vert ou bleu, va recevoir une quantité de lumière plus ou moins grande. Il va transformer l'énergie lumineuse reçue en charge électrique proportionnelle et la stocker. À ce stade, notre capteur n'est pas encore numérique mais seulement analogique.

### La formation de l'image

Tout d'abord il faut « vider » les photosites des charges électriques qui se sont accumulées au cours du temps de pose, puis procéder immédiatement à leur amplification. Le signal de chaque photosite, une fois amplifié, est toujours un signal analogique. Il est ensuite numérisé par un convertisseur analogique/numérique sur 8, 12 ou 14 bits, avant d'être envoyé vers le processeur pour y être traité.

(Source : *RUSh Magazine* n° 39, sur CD-Rom « spécial Photo ». Auteur François Provendier pour l'association RUSh http://plusaccessible.org)



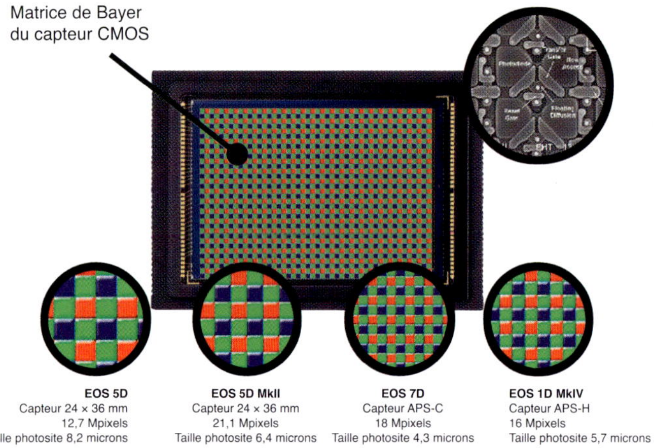


Cette comparaison de la taille des photosites des capteurs EOS HDSLR avec les précédentes générations de capteurs CMOS Canon montre la tendance à la miniaturisation des photosites qui autorise de très hautes résolutions. On distingue parfaitement la réduction de taille des photosites recouverts par la matrice de Bayer. Les ingénieurs Canon ont réduit l'espace entre les microlentilles et rapproché ces dernières des photodiodes, ce qui a optimisé le traitement des signaux optiques (amélioration de la gestion du bruit, par exemple).

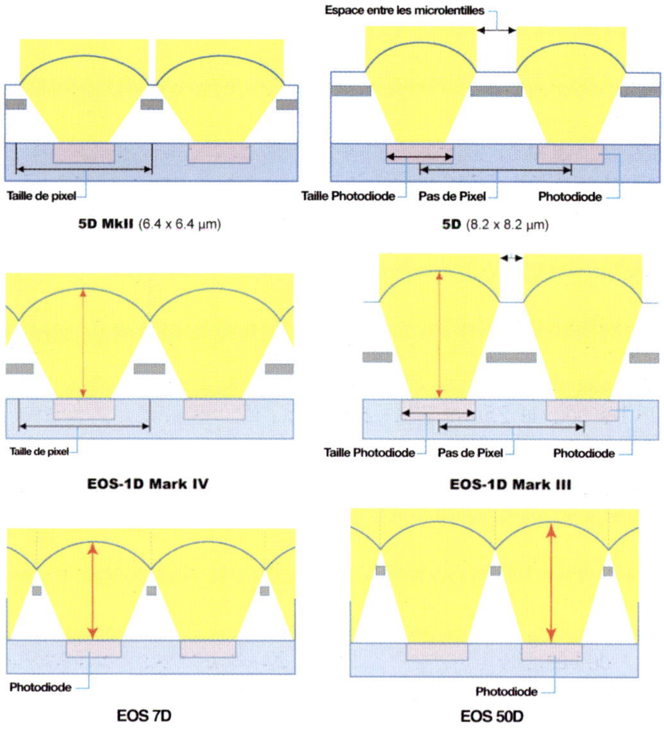

## Un processeur performant

Le processeur DIGIC 4 qui équipe les nouveaux reflex EOS s'associe au capteur pour garantir une superbe reproduction des couleurs en préservant une bonne dynamique de l'image. Les conversions analogique/numérique qu'il réalise sur 14 bits sont uniques et propres à la technologie Canon.

Ce processeur assure également une mise sous tension instantanée et l'enregistrement des vidéos Full HD 1080p. Enfin, il applique des algorithmes de réduction du bruit optimisés qui minimisent encore le bruit des images générées par le capteur CMOS.

© Canon

À la différence du 5D MkII, le 7D et le 1D MkIV sont équipés d'un double processeur DIGIC 4 qui permet de hautes vitesses avec le mode rafale et autorisent la sélection des nouveaux formats HD 720p 50 i/s ou 60 i/s.

## Des mises à jour précieuses pour l'exposition et la cadence images

Bien que son hardware soit exceptionnel, il a fallu deux évolutions majeures du software du 5D MkII pour qu'il puisse réellement être considéré comme un procédé incontournable et international.

Dans un premier temps, l'arrivée du mode manuel (mise à jour du 2 juin 2009) a eu un impact majeur et a été salvateur pour l'ensemble des professionnels, car il a autorisé le contrôle total de l'exposition et donc d'une grande partie de l'esthétique de l'image grâce à :

- une diminution notable du bruit, avec le choix des plages de sensibilité de 100 à 12800 ISO;
- un contrôle du rendu des mouvements, avec le choix de la vitesse d'obturation de 1/30 à 1/4 000 s;
- une gestion de la profondeur de champ, avec le choix de l'ouverture des optiques sélectionnées.

© Canon

Dans un second temps, la standardisation des différentes cadences images sur l'ensemble de la gamme reflex EOS dernière génération (mise à jour 16 mars 2010) a replacé le 5D MkII au premier rang des HDSLR Canon… À la différence du 7D et du 1D MkIV qui ont disposé dès leur sortie d'un ensemble complet de cadences images répondant à tous les standards (NTSC 30p/PAL 25p, cinéma 24p et mode ralenti en 720P/50p et 60p), le 5D MkII a longtemps pâti de ce manque (mode NTSC 30p unique) : les utilisateurs européens ont dû avoir recours pendant 18 mois à des workflows complexes en postproduction pour pouvoir convertir leurs productions afin de les diffuser sur les médias.

Aujourd'hui, l'accès aux fréquences 24p et 25p redonne au 5D MkII sa légitime place de leader parmi les boîtiers HDSLR. Comme le stipule le manuel réadapté de ce boîtier, les cadences réelles d'enregistrement des images sont les suivantes : 29,97 i/s pour le 30p, 25 i/s pour le 25p et 23,976 i/s pour le 24p. (Pour en savoir plus, reportez-vous à la section « La cadence images » du chapitre 7.)

Pour conclure sur le plan de l'esthétisme et du rendu des images, les nouveaux reflex EOS bénéficient donc :

- d'ajustements simples et débrayables similaires à ceux utilisés en photographie (sensibilité/ouverture/vitesse d'obturation) pour contrôler rapidement et précisément l'exposition (pour en savoir plus, reportez-vous au chapitre 7, « La gestion de la lumière »);
- de fréquences images répondant à tous les standards internationaux et à des possibilités de ralenti esthétisantes pour certains modèles;

© Canon

La demande insistante des utilisateurs semble avoir conditionné la conception de la mise à jour du mode manuel. Ces « firmware software » sont tellement attendus que des phénomènes d'annonce leur sont à présent réservés pour alimenter le buzz.

## COMMUNIQUÉ CANON

**Avec le firmware 2.0.4, Canon ajoute l'enregistrement de vidéos HD à 24 et 25 i/s au 5D MkII (le 19/03/10)**

Tailles d'enregistrement vidéo PAL proposées par le 5D MkII depuis mars 2010.

Développé à la demande des photographes et des cinéastes, le firmware 2.0.4 optimise encore les excellentes performances vidéo du 5D MkII et ajoute de nouvelles cadences d'acquisition qui viennent enrichir le potentiel de boîtier en matière de vidéo et offrent aux réalisateurs la possibilité d'enregistrer des séquences en Full HD 1080p à 24 i/s (actuellement : 23,976 i/s), cadence optimale pour obtenir des vidéos de type cinéma. De plus, la compatibilité avec la cadence de 25 i/s en résolution 1 920 × 1 080 et 640 × 480 permettra aux utilisateurs d'enregistrer à la cadence requise par la norme broadcast PAL, tandis que ce nouveau firmware changera également l'option 30 i/s en 29,977 i/s, soit la norme de vidéo NTSC.
Par ailleurs, un nouvel affichage d'histogramme pour l'enregistrement des vidéos en exposition manuelle, priorité à la vitesse (Tv) et priorité à l'ouverture (Av), a été ajouté, et des modes d'exposition seront également disponibles en mode vidéo. Des fonctions audio optimisées permettront de régler les niveaux sonores manuellement à partir d'un curseur type vu-mètre affiché sur l'écran LCD. La fréquence d'échantillonnage audio passe également de 44,1 à 48 kHz, afin de produire le signal audio typiquement requis par les équipements professionnels ou broadcast.
Avec son capteur CMOS plein format et sa compatibilité avec le large éventail des objectifs de haut de gamme Canon EF, l'EOS 5D MkII est déjà reconnu pour ses performances exceptionnelles en termes de vidéo HD. Lancé en septembre 2008, ce reflex a immédiatement ouvert une multitude de nouvelles possibilités aux photographes et aux vidéastes, et l'ajout de ces nouvelles cadences d'acquisition vidéo et d'un réglage manuel des niveaux audio développe encore ces possibilités, permettant ainsi aux réalisateurs d'enregistrer d'époustouflantes vidéos adaptées à pratiquement n'importe quelle application créative.

(N.d.A. : à la fin de la rédaction de cet ouvrage, en juin 2010, le firmware du 5D MkII est déjà disponible en version 2.0.7 !)

- d'une sensibilité et d'une dynamique plus importantes que la plupart des caméras numériques du marché, favorisant ainsi les tournages en faible lumière sans avoir recours à des projecteurs additionnels (voir le chapitre 7) ;
- de nombreux objectifs professionnels qui, associés aux nouveaux capteurs Full frame CMOS et aux processeurs DIGIC 4, permettent d'accéder à de très faibles profondeurs de champ (voir le chapitre 5, « Le choix des optiques »).

### Un meilleur rapport qualité/prix

C'est sans aucun doute le facteur majeur qui a démocratisé l'utilisation exhaustive de cette technologie et qui maintiendra la position de leader de ces EOS sur le marché des caméras HD miniaturisées. Ce rapport qualité/prix est actuellement sans équivalent, les comparaisons improbables mais assez concluantes face à des caméras comme la Red One (huit fois le prix d'un 5D MkII) ou la Genesis de Panavision (un seul jour de location de cette caméra coûte le prix d'un 5D MkII…) laissent présager une longue période de prospérité pour ces nouveaux appareils. Le rendu des caméscopes grand public dont la valeur marchande est similaire à celle des boîtiers EOS n'est pas envisageable au regard de tels écarts de rendu. Seuls les caméscopes broadcast HD, tels que la P2 de Panasonic ou l'EX3 de Sony, peuvent supporter la comparaison et c'est avant tout les fonctionnalités audio et une gestion de la stabilisation plus simple qui semblent encore concurrencer les reflex. L'utilisation d'un adaptateur 35 mm reste nécessaire sur ces caméras pour envisager une comparaison optique avec les EOS,

Photos extraites d'un web documentaire en cours de montage consacré à la créatrice de meubles tendances Ève Gasparin. Sa Tribbu Déco montée au sein de la société Emmaüs Défi a été retranscrite à la manière d'un conte intitulé « Les meubles font leur histoire » (http://histoiredemeubles.e-monsite.com).
Les objectifs utilisés pour réaliser ce web documentaire font uniquement partie de la gamme optique EF dédiée au capteur 24 × 36 mm. Le capteur Full frame du 5D MkII permet d'utiliser les optiques EF à leur focale nominale. Avec cette taille de capteur, le privilège réservé pendant longtemps à l'argentique s'est à présent démocratisé dans le monde numérique. Les faibles profondeurs de champ sont enfin accessibles au monde vidéo !
5D MkII, 45 mm TS-E, 70-200 m et 16-35 mm.

car les performances des grands capteurs équipant les reflex surclassent largement le rendu de ces caméras réservées au secteur TV (profondeur de champ, définition, ouverture).

L'économie de marché actuelle privilégie la conception de produits économiques compétitifs pour répondre à l'émergence des productions de flux au détriment des autres solutions qualitatives plus onéreuses. Les lois du marché ont changé, on préfère actuellement vendre 1 million de produits à 50 € plutôt que 150 produits à 20 000 €.

Outre sa place de leader sur le marché des optiques professionnelles, la société Canon a toujours eu l'image d'un constructeur grand public et a décidé de passer la porte du broad-

© Sébastien Devaud

Des applications iPhone destinées aux EOS Canon sont disponibles sur l'Apple Store. Des manuels comme Handi 5D MkII des télécommandes comme DSLRemote de la société OneOne, des viseurs de champs comme Artemis constituent quelques exemples concluant de cette association.

cast avec cette nouvelle génération d'hybride photo-vidéo. La notion de service par rapport à leurs caméras précédentes n'étant pas adaptée aux professionnels, rares sont les loueurs à avoir proposé leurs gammes de caméras à la location.

A contrario, le mouvement initié par ce boîtier unique Full frame à 2 500 € n'autorise plus aujourd'hui les diverses compagnies à vanter les mérites de caméras moyennes plus coûteuses et qui sont positionnées en suivant des logiques marketing (bridage volontaire de certaines fonctionnalités).

La possibilité de tourner des vidéos HD avec des appareils photographiques est aujourd'hui considérée comme une technologie à part entière, seuls des perfectionnements, et des adaptations de ce mode peuvent à présent alimenter l'évolution de cette nouvelle gamme de caméra.

L'avenir des boîtiers HDSLR étant quasiment assuré, on s'aperçoit en regardant de manière plus large que la révolution du tout numérique a favorisé la naissance d'une nouvelle communauté de producteurs/réalisateurs indépendants, dont je fais partie, qui peuvent aujourd'hui investir dans des équipements professionnels jusqu'à présent trop onéreux. Au même titre que l'évolution de la chaîne de postproduction qui propose des systèmes de montage broadcast économiques et utilisables sur de simples portables, l'apparition de ces nouveaux EOS permet l'acquisition personnelle d'une unité de tournage complète composée d'un ou de plusieurs boîtiers, d'une machinerie variée et d'une large gamme d'objectifs à des coûts jamais imaginables auparavant.

La haute technologie miniature a écrit ses lettres de noblesse ces dix dernières années. Le développement, la conception et l'émergence hallucinante d'un portable comme l'iPhone par la société Apple ou d'un appareil photo-vidéo comme le 5D MkII par la société Canon constituent les références d'une *success story* qui ne fait que commencer.

## Des inconvénients notables

Malgré ses atouts considérables, ce mode vidéo présente de grosses contraintes face aux caméscopes. On ne peut effectivement pas ajouter un mode vidéo à un appareil photo sans être confronté à quelques difficultés...

### Les risques de surchauffe

Une anecdote raconte que, dans un grand studio américain, l'utilisation continue de trois 7D en mode Live view (miroirs remontés) pendant trois jours et trois nuits a fait fondre les capteurs des trois reflex !

Le défaut majeur de ces reflex réside dans la conception même des boîtiers photo qui ne sont pas prévus pour tourner pendant de très longues périodes. En effet, le mode vidéo fonctionne avec l'écran de visée qui utilise le capteur en continu, à l'inverse du mode photo. Cette utilisation continue du capteur augmente les besoins en énergie et peut faire chauffer dangereusement la partie électronique du boîtier, comme le stipule précisément le manuel d'utilisation. Une icône d'information de surchauffe apparaît sur l'écran de visée des reflex quand la température augmente trop.

### L'effet de « jello »

Les nouveaux capteurs CMOS apparaissent donc révolutionnaires par leurs grandes tailles (Full frame, APS C et APS H) et leurs hautes sensibilités, cependant des défauts liés à leur conception et caractéristiques photographiques limitent notablement les possibilités vidéo.

## EN PRATIQUE

**Augmentation de la température interne du boîtier et dégradation de l'image**

- Si vous filmez une vidéo sans interruption pendant une période prolongée, la température interne de l'appareil photo augmente, ce qui peut nuire à la qualité de l'image. Mettez l'appareil hors tension pendant que vous ne filmez pas.
- Si vous filmez en plein soleil ou à une température élevée, l'icône d'avertissement de température interne élevée peut apparaître sur l'écran. Si vous poursuivez l'enregistrement vidéo alors que l'icône d'avertissement est affichée, la qualité de l'image peut se dégrader. Il est recommandé de mettre l'appareil photo hors tension pour lui laisser le temps de refroidir.
- Si l'icône est affichée et que vous continuez à filmer alors que la température interne de l'appareil photo augmente davantage, l'enregistrement vidéo s'arrête automatiquement. Si cela se produit, vous ne pourrez pas filmer tant que la température interne de l'appareil photo n'a pas diminué. Mettez l'appareil photo hors tension pour lui laisser le temps de refroidir.

(Source : manuel d'utilisation du Canon EOS 7D)

À la différence des capteurs traditionnels CCD qui équipent un grand nombre de caméscopes professionnels et adoptent tous un mode Global shutter, les capteurs CMOS des reflex EOS fonctionnent avec un mode Rolling shutter pour accroître leurs sensibilités. Cette méthode pose un problème reconnu lors des prises de vues avec des mouvements rapides : un effet de « jello », distorsion et déformation de l'image qui s'étire et se compacte le long du mouvement du sujet est visible.

Cette distorsion est causée par le décalage horaire entre l'information dans le haut et le bas du capteur.

En mode Rolling shutter, le transfert et l'acquisition des données se fait ligne par ligne sur le capteur, donc pratiquement simultanément, alors qu'avec le mode Global shutter, les deux étapes sont opérées successivement. C'est cette méthodologie Acquisition/Transfert de données ligne par ligne qui est responsable de cette distorsion. En contrepartie de ce désagrément, cette méthode d'obturation permet une meilleure gestion de la sensibilité des reflex EOS, car les photodiodes du capteur sont du coup exposées plus longtemps (voir l'encadré « Les capteurs photosensibles numériques », page 18.)

Pour se consoler, il est important de spécifier que ce phénomène n'est pas propre aux EOS puisqu'il touche toutes les caméras CMOS à divers degrés. Les capteurs des caméras Red

Sur ces deux photos extraites de vidéos, j'ai réalisé des mouvements panoramiques lent (à gauche) et rapide (à droite). Sur la seconde photo, on distingue parfaitement les désagréments du mode Rolling shutter sur les barreaux de la balustrade.

ou XDCAM EX, par exemple, affichent également cette distorsion à un moindre degré. Pour parer cet effet de « jello », quelques modules de logiciels de traitement d'images proposent des solutions pertinentes pour limiter et corriger le problème (voir le chapitre 9). Mais la meilleure alternative pour pallier ce désagrément est d'éviter les mouvements panoramiques violents.

> Le but du filtre passe-bas est d'éviter que le capteur n'enregistre des détails inférieurs à ce qu'il peut résoudre. Il ne sert donc pas à corriger un aliasing existant mais c'est au contraire une mesure préventive qui évite l'apparition de cet effet.

## L'aliasing

L'effet d'aliasing se produit au cours de l'échantillonnage numérique, c'est-à-dire au cours de la transformation du signal analogique en signal numérique, donc avant son enregistrement par le capteur et sa transposition sous forme de pixels. L'aliasing apparaît lorsque la fréquence spatiale d'échantillonnage est inférieure aux plus petits détails présents dans le signal : ce n'est pas un défaut technique mais plutôt la conséquence d'un très fort contraste des micro-détails.

### TECHNOLOGIE

**Le filtre anti-aliasing**

Devant le capteur est disposé un filtre passe-bas (parfois appelé « filtre anti-aliasing »). C'est une lame transparente dont la structure est conçue pour ne pas laisser passer de détails approximativement inférieurs à la taille des photosites. Imaginons en effet un point blanc de taille égale ou inférieure à un seul photosite : il pourra tomber au hasard sur un photosite rouge, vert ou bleu et ne pourra en aucun cas être interprété par l'appareil comme un point blanc. Imaginons maintenant une ligne blanche fine et plus ou moins oblique : certaines zones de la ligne vont coïncider avec des photosites couleurs. De plus, si ces détails de petite taille sont disposés de manière périodique, ils peuvent entraîner un effet de moiré (c'est la raison pour laquelle les présentateurs de télévision ne portent pas de costumes à rayures). Le rôle du filtre passe-bas est d'étaler légèrement l'image de ces petits détails pour qu'elle couvre plusieurs photosites afin que leur couleur puisse être interprétée correctement. Bien entendu, ce filtre entraîne une légère baisse de la définition, mais il est indispensable et le léger flou introduit est ensuite corrigé par le traitement numérique de l'image.

(Source : Jean-Pierre Louvet, extrait de *La photo numérique : du capteur à l'image* © Futura sciences 2008 – www.futura-sciences.com)

Les boîtiers HDSLR ont comme particularité d'offrir la double fonction photo et vidéo et c'est là que les problèmes interviennent. Pour créer les images vidéo, l'algorithme de réduction de taille utilisé par le capteur « saute des pixels » et en regroupe d'autres : les plus hautes résolutions des EOS peuvent par exemple atteindre 21 MPix (5616 × 3744) sur le 5D MkII, tandis que les images vidéo Full HD sont composées de 2,1 MPix au maximum. Dans ce cas précis, le filtre anti-aliasing n'est plus adapté au pas de l'échantillonnage et le micro-contraste très élevé produit un crénelage (des effets d'escaliers disgracieux) détectable sur les lignes faiblement inclinées, souvent doublé d'effets de moiré.

> À la différence de la caméra Red, qui propose une résolution identique pour ses deux modes photo et vidéo (DSMC *Digital Still Camera and Motion*), la vidéo Full HD 1920 × 1080 des EOS correspond tout au plus à une image de 2,1 Mpix, alors que ces reflex sont conçus pour traiter des photos de 16 Mpix (1D MkIV), 18 Mpix (7D) et 21 Mpix (5D MkII). Si le filtre passe-bas des reflex EOS était remplacé pour privilégier le mode vidéo, vos photographies hautes résolutions seraient horribles…

La grande taille des capteurs a conditionné le type du filtre passe-bas (ou filtre anti-aliasing) en privilégiant les hautes résolutions du mode photographique. La firme Canon a volontairement limité la fréquence sur laquelle agit le filtre qui adoucit les transitions de pixel à pixel. Selon eux, si cette plage était augmentée, l'image produite serait trop adoucie.

La fixation d'un filtre anti-aliasing ou Soft/Fx sur l'objectif ou une mise au point légèrement molle pourront limiter ces défauts mais cela apparaît réellement contre-productif au regard des performances optiques des reflex. La réelle solution réside dans le développement d'un filtre passe-bas à fréquence variable et d'un meilleur équilibre avec l'algorithme de réduction de taille qui est également responsable de ces aberrations numériques.

### Autres inconvénients

Les autres défauts spécifiques au mode vidéo des reflex sont principalement des défauts de première génération. Les réglages limités notamment au niveau du *shutter* (plage limitée), l'échantillonnage basique disponible uniquement en 4:2:0 et la taille maximale des durées de séquences limitée à 14 minutes en Full HD sont essentiellement issus de bridages constructeurs (format de compression et formatage des cartes) qui pourront être résolus dès la prochaine génération.

Pour conclure cette section dédiée à l'émergence des boîtiers HDSLR dans le monde de la vidéo professionnelle, il apparaît clair que l'ensemble des amateurs qui souhaitent retrouver les fonctionnalités pratiques et automatiques de leurs caméscopes seront totalement désorientés face à la gestion manuelle préconisée pour utiliser ces nouveaux appareils HDSLR. L'avantage de la profondeur de champ restreinte peut vite devenir un défaut majeur pour les amoureux de l'autofocus en vidéo. Les reproches sur le manque de stabilisation, la durée limitée des prises de vues (voir le chapitre 3) et la qualité médiocre des possibilités audio intégrées (voir le chapitre 4) soulignent les véritables limites du positionnement de cette technologie.

Victimes de leurs propres succès, les 7D, 5D MkII et 1D MkIV restent avant tout des appareils photo répertoriés dans les gammes expert et professionnel du fabricant. Ces catégories sont également valables pour le mode vidéo, ce qui implique comme toute caméra professionnelle, la connaissance et la maîtrise des techniques de prise de vues. Additionné à l'approche cinématographique de leur conception, le statut professionnel de ces HDSLR exige donc certaines compétences pour optimiser leurs utilisations et exclut de ce fait un certain nombre d'utilisateurs potentiels. L'impact majeur du mode manuel de la première mise à jour ainsi que le positionnement professionnel des boîtiers par la firme, constituent en revanche des gages de qualité pour l'ensemble des professionnels.

© Sébastien Devaud

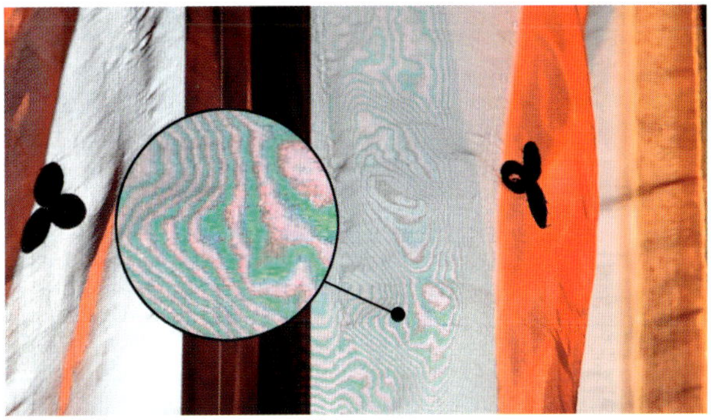

© Sébastien Devaud

© Sébastien Devaud

Ces images extraites de vidéos mettent bien en évidence les problèmes d'aliasing : on distingue parfaitement les effets de moiré sur l'écran, le rideau ou le toit.

## Spécificités des boîtiers Canon

La volonté d'opter pour un rendu cinéma à coût réduit avec l'adoption d'adaptateurs et d'objectifs 35 mm sur les caméscopes est devenue à la mode. En effet, depuis la standardisation du format Full HD, l'association des caméscopes professionnels « low cost » et du format 35 mm s'est popularisée. Malheureusement pour les caméscopes actuels, les surfaces sensibles des capteurs sont très petites, voire minuscules en comparaison des appareils photo reflex et, a fortiori, des capteurs plein format.

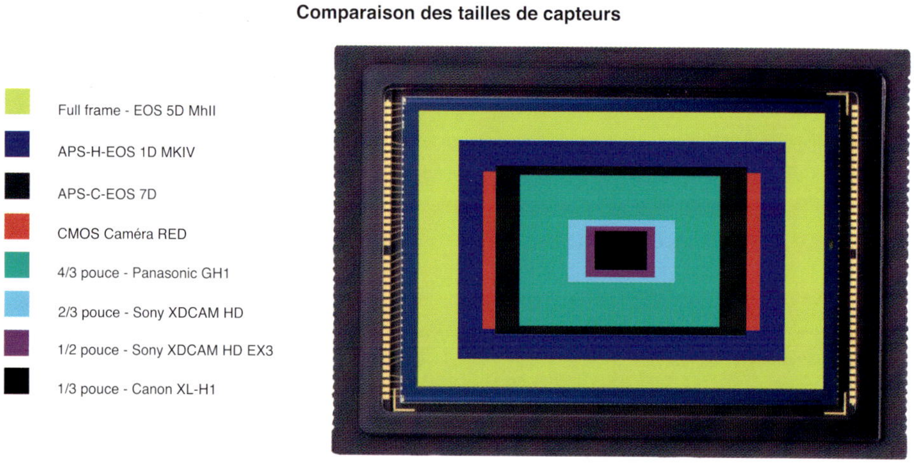


Comparatif des différentes tailles de capteurs disponibles sur le marché. Le caméscope Canon XL-H1 utilise par exemple trois capteurs CCD de 1/3″ (6 × 4,8 mm), largement plus petits que le capteur 24 × 36 mm du reflex. La profondeur de champ très convoitée sur le 5D MkII sera irréalisable sur ces caméscopes semi-professionnels.

Le rendu esthétique très prisé que permet la partie optique des reflex conjugué à de faibles coûts de production s'est traduit par l'apparition inattendue du mode vidéo sur les boîtiers HDSLR. Les modèles proposés par Canon (le 5D MkII, le 7D et le 1D MkIV) ont rapidement été adoptés comme de véritables références pour la réalisation de vidéos Full HD de qualité professionnelle. Pourquoi et comment cette alternative a-t-elle réussi à s'imposer sans laisser le temps et les moyens de réagir à la concurrence ?

## Canon face à la concurrence

Depuis des années, un duel titanesque a lieu entre les deux plus grands constructeurs japonais d'appareils photo, Canon et Nikon. Une concurrence parfaite aurait pu rendre cette émulation profitable, mais l'industrie photographique préfère naviguer dans une situation d'oligopole obligeant les utilisateurs à payer le prix fort pour rester à la pointe des évolutions technologiques.

### Des boîtiers Nikon inadaptés aux exigences de la vidéo Full HD

Les courses technologiques entre ces deux constructeurs ont réduit de manière considérable les durées de vie des boîtiers reflex. Il faut compter aujourd'hui entre 8 et 18 mois pour voir apparaître un modèle de substitution à son appareil, qui propose des évolutions technologiques notables. L'ensemble des quatre gammes distinguées par les constructeurs (entrée de gamme, milieu de gamme, haut de gamme, professionnel) ne fait qu'augmenter le nombre de boîtiers à faire évoluer.

Les sorties consécutives de nouveaux boîtiers plus performants les uns que les autres relèvent plus d'opérations marketing que de véritables avancées technologiques. Les critères de concurrence concernent essentiellement les évolutions du capteur (avec la course aux millions de pixels) et à la sensibilité, mais aussi celle du processeur (avec la course à la dynamique et à la compression).

1. Dans la première vague de reflex pouvant enregistrer de la vidéo, fin 2008, deux modèles se sont distingués, le Canon EOS 5D MkII et le Nikon D90.

Pour Nikon, la sortie du 5D MkII a sonné comme une réponse à leur boîtier professionnel D3 (12,1 Mpix face aux 21,1 Mpix du 5D MkII) dans la course aux appareils proposant les plus hautes résolutions d'images. Mais ce boîtier dissimulait surtout un mode vidéo époustouflant : la possibilité de tourner des vidéos Full HD a laissé dans l'ombre le mode D-Movie 720p du milieu de gamme Nikon D90 à capteur DX (23,6 × 15,8 mm, plus petit que APS-C). Le mode automatique de l'exposition du D90, ses possibilités audio quasi nulles (micro interne 11 kHz et pas d'entrée audio), sa durée de séquences vidéo limitée à 5 minutes ainsi que la décharge du capteur trop lente et sa compression Motion-JPEG controversée constituent trop de points perfectibles pour concurrencer le mode vidéo Canon. Seule la fréquence images de 24 i/s proposée par le D90 constituait à l'époque un atout pour les utilisateurs européens face au 30 i/s du 5D MkII.

2. Durant l'année 2009, le mode vidéo de ces HDLSR s'est répandu et s'est développé à grande vitesse, trois nouveaux duels d'appareils ont fait leur entrée sur le marché :
– les entrées de gamme Nikon D5000 et Canon 500D (février 2009) forment la seconde vague de reflex proposant le mode vidéo. Leurs statuts de reflex « entrée de gamme » suffisent à ce que leurs spécificités ne soient pas évoquées, mais concernant le mode vidéo, le 500D a facilement surclassé le D5000 grâce à la disponibilité de son mode Full HD ;
– dans la course à la dynamique, l'EOS 7D (septembre 2009) haut de gamme Canon au capteur APS-C s'est attaqué au Nikon D300s. Le 7D, en offrant des évolutions notables de contrôle pour la vidéo (apparition de plusieurs formats et fréquences images 30p, 24p et 25p, meilleure dynamique grâce au double processeur DIGIC 4 et un prix très abordable pour un reflex haut de gamme) a réussi à imposer son mode vidéo, même face au modèle référence Full frame, le 5D MkII (l'accès aux différences cadences images a séduit les utilisateurs). Chez Nikon, l'intégration d'une prise audio pour un micro optionnel du D300s n'autorise toujours pas de comparaison raisonnable entre les deux modes vidéo ;
– du côté de la gamme professionnelle, le Canon 1D MkIV et le Nikon D3s ont repris la course à la sensibilité en présentant des appareils capables de la meilleure amplification de l'image jamais obtenue. Malheureusement, les valeurs ISO telles que ISO 102 400 proposées aujourd'hui par les constructeurs sont

Lors du développement, Canon a tenu compte des suggestions de plus de 5 000 photographes du monde entier pour que le 7D réponde à leurs attentes spécifiques.

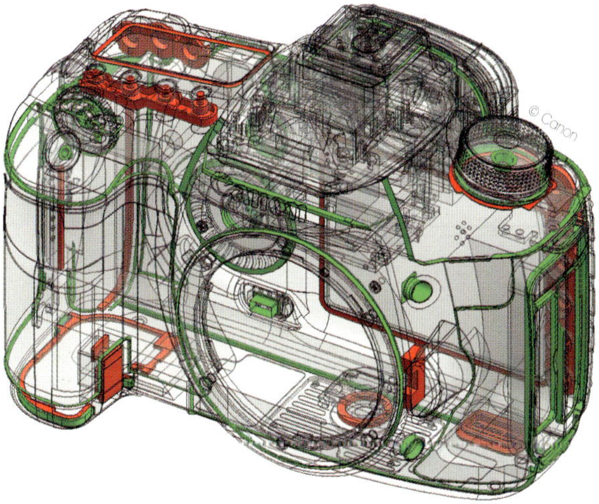

Le design du 1D MkIV, modèle professionnel de la gamme, face au très beau Full frame Nikon D3s. Bien qu'il soit optimisé pour travailler avec de hautes sensibilités, le D3s est malheureusement toujours associé aux caractéristiques limitées du mode vidéo D-Movie apparu avec le D90.

davantage un argument marketing qu'une véritable avancée technologique. Toutefois, moins de 6 mois après son lancement, le 1D MkIV semble déjà avoir trouvé sa place sur le marché des HDSLR. Le secteur cinéma privilégie aujourd'hui son utilisation pour son ergonomie et son autonomie, sa compatibilité avec la gamme optique cinéma et sa robustesse inégalée.

3. En mars 2010 la sortie du boîtier amateur EOS 550D est venue renforcer la gamme des HDSLR Canon, rendant accessible le mode vidéo au grand public. La firme japonaise a bien compris l'importance accordée à cette fonction plébiscitée.

   À l'instar du 500D auquel il succède, ce nouveau boîtier amateur ne sera pas traité en détail dans cet ouvrage, toutefois les similitudes avec le 7D sont tellement importantes qu'il devrait être difficile de distinguer les images réalisées avec l'un ou l'autre. Si les deux appareils ne ciblent pas le même public, (gamme expert pour le 7D et amateur pour le 550D), ils partagent le même capteur de taille APS-C 18 Mpix et un mode vidéo Full HD identique. Bien qu'il soit presque deux fois plus cher (1 349 € contre les 799 € du 550D boîtier nu), le 7D conserve pour lui les avantages de la gamme expert, sa réalisation mécanique excellente, sa semi-tropicalisation, son viseur 100 %, sa double molette, son AF performant et très rapide et son mode rafale (8 i/s contre 3,7 i/s pour le 550D). Le nouvel EOS 550D est cependant pour les vidéastes amateurs la solution vidéo idéale et unique pour accéder au rendu 35 mm avec un budget réduit.
   La réplique de Nikon n'a pas tardé avec deux nouveaux grands-angles destinés aux capteurs AF-S. Le mode photographique des boîtiers D90 et D5000 (gamme équivalente) est encore jugé plus performant que celui du couple concurrent Canon 7D/550D : au regard du retard accumulé sur leur mode vidéo, ils ont préféré mettre en avant de nouveaux objectifs, secteur où Nikon reste ultra compétitif.

Parmi les bonnes surprises du 550D, l'apparition exclusive d'une fonction zoom électronique *(Movie crop function)* est une bonne alternative économique aux longues focales, mais son utilisation reste inconcevable sur des productions professionnelles (car contre-productive quand on recherche la qualité optique des objectifs).

Pour conclure avec les sorties des boîtiers, notez que le modèle 60D qui a été annoncé par Canon pour remplacer le milieu de gamme 50D proposera également un mode vidéo Full HD.

Les deux firmes japonaises continuent donc de se livrer une concurrence effrénée, mais tant que Nikon ne proposera pas le format 1080p disponible sur les reflex Canon, les pro-

© Canon

© Canon

Le 550D est le petit frère du 7D. Bien que de nombreux points communs tels que le Live view 3 pouces ou le capteur CMOS, par exemple, légitiment totalement le mode vidéo du 550D, l'absence de molettes est un inconvénient à prendre en compte pour effectuer les réglages manuels de manière professionnelle.

fessionnels continueront de bouder ces boîtiers qui produisent des vidéos 720p. La durée d'enregistrement limitée à 5 minutes et le format Motion-JPEG encapsulé dans un conteneur AVI contribuent également à isoler le mode vidéo des reflex Nikon. Leurs fonctionnalités apparaissent aujourd'hui insuffisantes pour être considérées comme professionnelles ; ils ne concurrencent pleinement les reflex EOS que sur le domaine des performances purement photographiques.

© Canon (Kwanon)

© Canon

© Canon (Canonflex)

Goro Yoshida crée en 1933 le premier prototype d'appareil photo 35 mm jamais fabriqué au Japon, le Kwanon, qui s'inspire des modèles Leica fabriqués en Europe. Il fonde le laboratoire d'instruments optiques de précision. La nouvelle société adopte le nom commercial « Canon » en février 1936 et commercialise le premier appareil photo de haute technologie produit au Japon : le Canon Hansa. Cet appareil a été réalisé grâce à la coopération de Nikon qui équipe le Canon Hansa d'un 50 mm Nikkor f/3,5. Canon commence à fabriquer ses propres objectifs en 1937, ils vont s'appeler « Serenar ». La société est réorganisée et change de nom. Le 10 août 1937 marque la date officielle de la fondation de Canon. En mai 1959, Canon introduit son premier reflex mono-objectif (SLR) à objectifs interchangeables, le Canonflex, alors qu'il n'existe que huit appareils de ce type au monde. Nikon introduira son Nikon F en juin de la même année.

Concernant la postproduction, le GH1 produit une image de bonne qualité au format MTS ou M2TS avec une compression AVCHD très limitée à 17 Mbit/s (en dessous du format HDV à 25 Mbit/s).

Un film comparatif entre une caméra Red, un 5D MkII et un GH1 a été réalisé par la société Birns and Sawyer (http://vimeo.com/598142). Et un forum dédié au duel 5D MkII/Red One est consultable à l'adresse : http://vimeo.com/groups/5dmk2/forumthread:3032. Bien que la qualité des rendus soit comparable, la différence considérable de prix de la caméra Red face aux HDSLR et leurs statuts différents (caméra contre appareil photo) interdit une comparaison raisonnable. Le codec RAW, avec ses larges plages dynamiques et sa résolution en 4K, sont des avantages séduisants pour le système Red, mais méritent-ils qu'on y investisse dix fois le prix d'un 5D MkII?

## Des boîtiers Panasonic en embuscade

À la différence de Nikon, l'entrée sur le marché en mai 2009 du GH1 de Panasonic a marqué les esprits et continue d'attirer l'attention avec un prix imbattable de 1 250 €. Les spécificités particulières de ce petit boîtier équipé d'un mode vidéo HD et d'un capteur 4/3 anamorphique (17,3 × 13,0 mm) permettent-elles de rivaliser avec la référence HDSLR qu'est le 5D MkII?

Le GH1 ne peut être classé dans la catégorie des reflex numériques mais plutôt en hybride micro 4/3 (mi-bridge/mi-reflex), en partie à cause de l'absence de système de miroirs (le LCD prend la place de viseur optique). Bien que le mode 720p à 60 i/s soit recommandé par les utilisateurs, le plus intéressant sur le mode vidéo de ce boîtier réside dans la possibilité d'enregistrement Full HD (1 920 × 1 080) à une fréquence de 24p.

En mai 2009, le GH1 fut le premier à proposer cette fonctionnalité. Le mode manuel de l'exposition, le système autofocus, ainsi que le contrôle de l'audio ont été pensés dès la conception du boîtier. Panasonic semble avoir pris le temps de consulter son département vidéo avant de mettre son boîtier sur le marché. À cause de son capteur 4/3, seuls une dizaine d'objectifs composent la gamme limitée de cette caméra, mais la possibilité récente de fixer des objectifs cinéma, grâce à une monture PL dédiée, décuple ce choix.

En résumé, même si la comparaison avec le 5D MkII reste délicate (le 5D MkII demeure plus professionnel), les atouts du GH1 (très bon marché, mode Full HD et possibilité de réaliser de très faibles profondeurs de champ) confère à ce boîtier une très bonne alternative du marché actuel HDSLR face aux caméras HD grand public. L'absence du mode Rolling shutter grâce à son capteur CCD lui octroie même une place privilégiée pour les scènes nerveuses. Au regard du succès de son mode vidéo, Panasonic a profité du salon NAB 2010 pour annoncer un nouveau type de caméra Full HD (modèle AG-AF100), également basé sur la monture micro 4/3, disponible en fin d'année.

### AVIS D'EXPERT

**Matthieu Misiraca, directeur photo, possesseur d'une caméra Red One**

La caméra Red et les appareils photo vidéo Canon présentent un atout commun, celui des capteurs. Ces derniers ont la même taille (super 35 mm), voire les mêmes origine et fabrication. Red propose en sortie de capteur la possibilité de traiter le signal en RAW (compressé 12 bits), ce qui permet un traitement plus facile et plus développé en postproduction.

De plus, ce fichier présente l'avantage (s'il est traité nativement) d'avoir une réversibilité sur les paramètres de réglage de la caméra qui ont été définis lors de la prise de vues. La résolution maximale constitue également un de ses atouts (maximum 4 480 × 1 920 pixels).

Les EOS Canon, en revanche, présentent l'avantage d'être très maniables, compacts, légers et plus facilement transportables que la Red, ils sont actuellement les plus légères des «caméras» au format super 35!

Nous attendons avec impatience le jour où Canon développera un fichier d'enregistrement en mode RAW qui ouvrira les portes de la postproduction avancée. En attendant, continuons à tourner comme à l'époque du film inversible, l'Ektachrome.

(Matthieu Misiraca est fondateur du site www.camera-forum.fr)

La standardisation du format Full HD 1 920 × 1 080, les grands capteurs et la disponibilité de larges gammes d'optiques 35 mm de grande qualité permettent donc aux EOS Canon de surclasser les modèles HDSLR des autres marques. Toutefois la taille de ces capteurs CMOS Canon diffère selon les modèles de reflex, cette caractéristique constitue-t-elle le seul critère de comparaison pour opérer une sélection parmi les trois EOS professionnels ?

## Comparatif des 7D, 5D MkII et 1D MkIV

Les modes vidéo du 7D et du 1D MkIV ont bénéficié des avis critiques et des nombreuses expériences des utilisateurs du 5D MkII. La présence d'un double capteur DIGIC 4 sur les deux boîtiers pour garantir une haute qualité de résultat quelles que soient les conditions de lumière et une rapidité exceptionnelle de *process image* constituent de parfaits exemples d'améliorations notables. Cependant, une des différences majeure entre ces trois reflex réside effectivement dans la différence de taille de leurs capteurs respectifs et de leurs cellules photosensibles (photodiodes ou photosites) associées.

Les trois boîtiers EOS HDSLR.

D'après documents Canon

### Trois tailles de capteur pour trois EOS

On l'a dit, le 5D MkII est équipé d'un capteur CMOS Full frame qui permet d'utiliser les optiques à leur focale nominale en s'affranchissant des fameux coefficients de conversion induits par le « recadrage » des capteurs au format APS-C (pour le 7D) et APS-H (pour le 1D MkIV). Le capteur plein format du 5D MkII présente les mêmes dimensions que celles d'une pellicule 24 × 36 mm, cela signifie que les objectifs de la gamme EF dédiés à ce format ne subissent pas la réduction d'angle de champ inhérente aux boîtiers équipés d'un capteur de format plus petit (on exploite pleinement les performances des grands angulaires).

En revanche, les capteurs APS-C et APS-H bénéficient, avec leurs coefficients de conversion respectifs ×1,6 et ×1,3, de longues focales très lumineuses, à faible coût. Un objectif EF 400 mm f/2,8 associé à un extender ×2, le tout monté sur un 7D, correspondra à peu près à un 1 300 mm ouvrant à f/5,6.

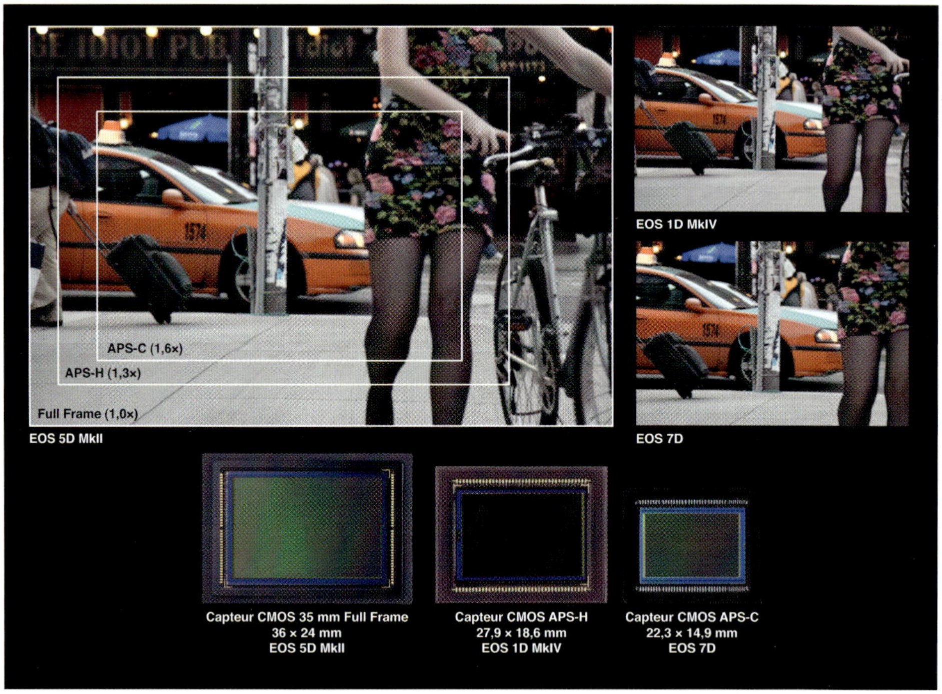


© Sébastien Devaud

Quand on utilise la gamme d'objectifs EF avec les différents HDSLR, l'angle de champ varie selon la taille des capteurs CMOS. Des recadrages ont été simulés en appliquant les coefficients de conversion du 5D MkII (Full frame), du 1D MkIV (APS-H) et du 7D (APS-C).

Le capteur du 5D MkII est également plus exigeant au niveau optique que les capteurs EOS APS-C et APS-H, et si l'on souhaite profiter du plein potentiel de ce reflex, il est impératif d'utiliser des objectifs de très bonne qualité (série L recommandée) afin d'obtenir une couverture homogène de l'image, notamment sur les bords et dans les angles.

## Une question de sensibilité

Le menu des sensibilités ISO du 1D MkIV.

Des rumeurs persistantes diffusées sur le Web supposent, au regard de certains bénéfices constatés sur le rendu des vidéos, que les niveaux « natifs » de sensibilité ISO des EOS correspondent aux valeurs suivantes : ISO 160, ISO 320, ISO 640, ISO 1 250, et ISO 2 500.

Toutefois, il est clairement affirmé et prouvé par Canon que la véritable sensibilité native des capteurs CMOS équipant les EOS correspond à ISO 100. Ce niveau référence privilégie après amplification le choix de ses multiples comme autres valeurs « natives » : ISO 200, ISO 400, ISO 800... Les autres niveaux de sensibilité disponibles sur les boîtiers sont tous stimulés artificiellement à partir de ces valeurs « natives » et subissent donc une seconde amplification (par exemple, ISO 160 est juste une compensation de l'exposition native ISO 200).

Pour approfondir la question traitant des différences entre les niveaux « natifs » et les expositions compensées, reportez-vous à la page 250 du chapitre 7.

Concernant les très hautes sensibilités disponibles pour le mode vidéo, les valeurs maximales ISO 12 800 pour le 7D, ISO 25 600 pour le 5D MkII et ISO 102 400 pour le 1D MkIV relèvent plus d'argumentaires marketing que d'autre chose, car les images réalisées dans ces conditions apparaissent très dégradées. D'après mes essais et ceux d'un grand nombre de professionnels, pour optimiser les rendus en limitant les bruits numériques au maximum, il est déconseillé d'utiliser les sensibilités dépassant 800 ISO sur le 7D, 1 600 ISO sur le

5D MkII et 3 200 ISO sur le 1D MkIV. Ces valeurs correspondent aux sensibilités où le rapport signal/bruit apparaît encore tolérable pour des productions professionnelles.

Bien qu'annoncés surprenants en haute sensibilité, les rendus vidéo du 7D apparaissent un peu plus bruités à tous les ISO que ceux du 5D MkII. Mais ceux du 1D MkIV sont supérieurs à ceux du 5D MkII pour les très hautes sensibilités (et uniquement pour elles), cependant, là aussi, les écarts ne sont pas si frappants.
De haut en bas : 5D MkII, f/4, 1/50 s, ISO 3 200
1D MkIV, f/4, 1/50 s, ISO 3 200
7D, f/4, 1/50 s, ISO 3 200.

© Sébastien Devaud

Photo d'une mise à niveau du 7D grâce à la fonction de niveau électronique disponible sur le Live view. Cette option exclusive du 7D est très pratique pour équilibrer le boîtier sur un Steadicam, par exemple.

## De nouvelles options dédiées au mode vidéo

De nouvelles fonctionnalités qui ont bénéficié des avancées technologiques des nouvelles générations et des analyses sur les expériences du 5D MkII sont proposées sur le 7D et le 1D MkIV.

- Présence d'un niveau électronique sur deux axes internes au 7D : idéal pour équilibrer des systèmes de stabilisation comme le Steadicam, ce niveau peut remplacer les niveaux à bulles proposés sur les pieds. Bien qu'il soit équipé d'un flash, l'ergonomie du 7D a également prévu un accès dédié aux bagues de diaphragme que proposent certaines optiques privilégiées par le mode vidéo.
- Les touches d'enregistrement du mode vidéo sont différentes sur les trois boîtiers :
  - touche (SET) sur le 5D MkII,
  - touche dédiée START STOP sur le 7D (avantage réel),
  - touche **FEL** sur le 1D MkIV.
- Les touches paramétrables SET et FEL sont moins appréciables que la touche dédiée START STOP du 7D, car leurs fonctions multiples peuvent parfois prêter à confusion.

© Sébastien Devaud

© Canon

© Sébastien Devaud

Les touches d'enregistrement des trois EOS HDSLR.

- Concernant la gestion des rushs interne, un petit module de montage minimaliste est proposé sur le 7D et sur le 1D MkIV. Trois nouveaux transmetteurs sans fil WFT sont également disponibles, spécialement conçus pour les trois boîtiers EOS vidéo avec des performances de transfert optimisées pour le mode vidéo.
- L'étanchéité et la robustesse du 1D MkIV font de ce boîtier le char d'assaut de la gamme. Ses finitions impressionnent et apparaissent même plus solides que la carrosserie de certains caméscopes professionnels (Sony EX3 par exemple.) Son poids de 1 180 g lui confère une meilleure prise en main avec plus d'inertie; la stabilisation et le processus de Rolling shutter sont ainsi améliorés. (Pour information, poids du 550D = 520 g, poids du 5D MkII = 850 g, poids du 7D = 860 g.)
- Le mode rafale du 1D MkIV de 10 i/s autorise un mixage privilégié des deux modes photo et vidéo. Il offre un moyen efficace d'incorporer des Time-lapse à des séquences vidéo (voir le chapitre 8). Cependant, les évolutions telles que le viseur 100 %, le système autofocus optimisé à 63 zones et les fameux modes rafales améliorés à 10 i/s

© Canon

Le corps du 1D MkIV est réalisé en magnésium, c'est là l'origine de la robustesse du boîtier.

© Sébastien Devaud

Comparaison entre une batterie LP-E6 qui équipe le 5D MkII et le 7D, et une batterie LP-E4 qui équipe le 1D MkIV. Les LP-E4 ont une autonomie (et une taille) double des LP-E6.

(1D MkIV) et 8 i/s (7D), disponibles sur les deux boîtiers, concernent essentiellement des évolutions notables du mode photographique.

- Les batteries du 1D MkIV sont plus fonctionnelles pour le mode vidéo que celles du 7D et du 5D MkII, bien qu'elles soient de dernière génération. Les LP-E4 permettent 2 à 3 heures de tournage sans interruption, alors que les LP-E6 proposent seulement la moitié de cette durée. L'option des poignées grips doublant l'autonomie du 5D MkII et du 7D est recommandée si vous souhaitez concurrencer l'autonomie des batteries du 1D MkIV (qui intègrent ces poignées grips par construction).

Le 1D MkIV, reflex de la gamme professionnelle destiné aux photographes de sport et aux reporters, reste le mieux fini et le plus solide pour les tournages EOS extérieurs. Son ergonomie, son mode rafale, ses hautes sensibilités et les capacités de ses batteries sont supérieures aux fonctionnalités des autres reflex EOS. Seuls son prix (4 900 €) et la taille de son capteur APS-H peuvent encore limiter son intérêt au profit du capteur plein format du 5D MkII.

Toutefois, pour donner accès à l'ensemble de son parc optique Cine-style, le secteur cinéma privilégie les tailles de capteurs proches du S35 (APS-C pour le 7D et APS-H pour le 1D MkIV). Ce sont donc les caractéristiques des boîtiers 7D et 1D MkIV qui ont été retenues par les cinématographes comme « adaptées ». Un autre avantage de ces deux boîtiers demeure la stabilité du signal de la sortie HDMI pendant l'enregistrement qui autorise l'utilisation de viseur électronique (à l'inverse du 5D MkII qui passe en 480p, voir les chapitres 6 et 8).

Au-delà de son prix compétitif, l'atout majeur du 7D réside dans l'accès aux longues focales lumineuses à coût réduit qu'il propose. Les fréquences images 24p et 25p (format PAL) disponibles dès sa sortie en septembre 2009 ont également participé à son succès ; avec son mode 720p 50 i/s et 60 i/s qui permet de réaliser des ralentis (disponible également sur le 1D MkIV), il garde encore aujourd'hui un avantage sur le 5D MkII.

Les boîtiers 1D MkIV (à gauche) et 7D (à droite) équipés d'objectifs cinéma à monture PL (pour le détail de ces équipements, reportez-vous au chapitre 5).

La mise à jour du 16 mars 2010 a redonné au 5D MkII et à son capteur Full frame unique son statut de leader des HDSLR. Bien qu'il soit délaissé par une partie du secteur cinématographique pour des raisons de compatibilité optique, il reste actuellement la référence plein format de la gamme, imbattable par son rapport qualité/prix. Mais pendant combien de temps arrivera-t-il à garder ce monopole privilégié?

# De nouvelles caméras

Le marché des boîtiers HDSLR ne présente encore aucun signe d'essoufflement. Toutefois, les avancées technologiques rapides permettent chaque année la mise sur le marché de nouveaux produits. Les évolutions de gamme sont très attendues et sujettes à de nombreuses rumeurs avant leurs sorties. L'apparition de ce nouveau mode vidéo haut de gamme sur les reflex photographiques a notamment parfaitement camouflé l'absence d'évolution dans le domaine des caméscopes broadcast Canon. La dernière caméra XL-H1s souffre aujourd'hui de ses 16 mois d'existence; sans remplaçante, elle ne peut plus concurrencer les derniers modèles P2 de Panasonic ou EX3 de Sony.

Ne disposant pas d'image officielle des futures caméras Canon, je vous présente une image réalisée par un bloggeur initié des sites de rumeurs. Il nous propose son modèle imaginaire CF35 qui reprend l'ergonomie de l'XL-H1 mais semble accepter le montage des objectifs EF.

## Les nouvelles caméras Canon

Au moment où ces lignes sont rédigées (avril 2010), la sortie des nouvelles caméras Canon n'est plus une rumeur : il s'agit des modèles XF305 et XF300 présentés pour la première fois au NAB 2010. Pour remplacer la XLH1S vieillissante avec son format HDV déjà bien éprouvé, cette nouvelle caméra semble destinée au secteur télévisuel (capteur 1/3 de pouces et nouveau codec MPEG-2 Full HD 4:2:2).

En offrant un workflow privilégiant une postproduction compétitive, cette caméra va très vite se positionner et concurrencer le marché des caméscopes moyenne gamme de type Panasonic P2 ou XDCAM EX3 qui se partagent les nombreuses productions de flux destinées à la diffusion TV ou Web.

## Communiqué Canon

**Extrait du communiqué de presse Canon France (07/04/10)**

*Premiers caméscopes Canon Full HD MPEG-2 (4:2:2) générant des fichiers MXF : une nouvelle définition de la vidéo professionnelle à main levée*

Conçus pour produire une qualité d'image exceptionnelle et pour assurer une compatibilité parfaite des flux de production pour un large éventail d'utilisations professionnelles, ces nouveaux modèles XF sont équipés de technologies inédites dans leur catégorie.

Ce nouveau système vidéo exceptionnel intègre un objectif vidéo Canon HD de série L, trois capteurs CMOS (tri-CMOS) et un processeur DIGIC DV III ultra perfectionné. Les vidéos Full HD MPEG-2 sont enregistrées sous forme de fichiers MXF *(Material eXchange Format)* sur carte mémoire Compact-Flash, avec un débit de transfert de données allant jusqu'à 50 Mbit/s et un échantillonnage de couleurs de type 4:2:2, ce qui permet d'enregistrer davantage d'informations de couleurs en vue d'une postproduction.

Les XF305 et XF300 reposent sur un système qui produit une excellente qualité d'image dans un design qui assure à la fois mobilité et polyvalence. La multitude de fonctions et la large adaptabilité de ces modèles permettent aux utilisateurs d'enregistrer dans pratiquement toutes les situations et pour n'importe quelle application, de la réalisation de films indépendants aux tournages de programmes broadcast.

*Des performances inégalées sur le marché*

Les XF305 et XF300 ont été conçus pour produire une qualité d'image exceptionnelle. Pour la première fois sur des caméscopes professionnels de type « à main levée », le codec d'enregistrement Full HD MPEG-2 apparaît avec échantillonnage de couleurs de type 4:2:2 jusqu'à 50 Mbit/s pour l'enregistrement de séquences de qualité broadcast avec une richesse de détails époustouflante.

Afin de tirer pleinement parti de ce codec perfectionné qui assure une résolution des couleurs deux fois supérieure à celle du HDV et d'autres formats d'enregistrement 4:2:0, Canon a développé un nouveau système vidéo HD basé sur l'association du puissant processeur DIGIC DV III, d'un capteur perfectionné et d'un zoom Canon 18× de série L, développés pour répondre à des normes broadcast strictes. Le système de tri-capteur Canon CMOS de type 1/3 garantit une exceptionnelle précision des couleurs, une large plage dynamique et un faible bruit électronique. La technologie de lecture des données à haute vitesse développée par Canon limite également le phénomène de « Rolling shutter skew » (effet de distorsion des sujets à motifs verticaux) qui peut apparaître avec d'autres caméscopes à capteur CMOS.

*Intégration facile dans les flux de production*

Les deux nouveaux modèles XF enregistrent des fichiers MXF, un format de fichier compatible avec les principaux systèmes de flux de travail basés sur les fichiers images actuellement utilisés par les professionnels. Dès leur lancement, ces caméscopes XF sont totalement compatibles avec les principales suites logicielles de montage et de traitement proposées par Adobe Systems Incorporated, Apple Inc., Avid Technology Inc. et Grass Valley, ce qui permet aux vidéastes d'intégrer immédiatement les XF305 et XF300 dans leur flux de production.

Les vidéos enregistrées avec les nouveaux caméscopes Canon XF sont écrites directement sur une carte CompactFlash (CF) insérée dans l'un des deux logements disponibles. Pour garantir des heures d'enregistrement vidéo ininterrompu, avec deux cartes, celle qui n'est pas en cours d'utilisation peut être remplacée alors que l'enregistrement est en cours sur l'autre. Les deux caméscopes proposent en effet également une fonction d'enregistrement relais qui permet de continuer à enregistrer sur une seconde carte dès que la première est pleine.

Pour une visualisation et une gestion faciles des séquences lors de missions de reportage extérieur, les deux modèles sont fournis avec l'utilitaire Canon XF pour PC et Mac, grâce auquel les vidéastes peuvent sauvegarder leurs vidéos, modifier les métadonnées stockées dans les fichiers MXF, prévisualiser les clips et les réécrire sur carte CF si nécessaire.

(Pour consulter l'intégralité du communiqué de presse : www.canon.fr/About_Us/Press_Centre/Press_Releases/Consumer_News/Camcorders/XF300_XF305_Press_Release.aspx)

Comme dans la gamme professionnelle 1D où la sortie d'une nouvelle caméra est souvent suivie quelques mois plus tard d'un second modèle, plus perfectionné, Canon va sûrement continuer à surfer sur la vague des grands capteurs en proposant une caméra au procédé technologique HDSLR dans le corps d'un caméscope traditionnel pour une utilisation simplifiée (présence de fonctionnalités propres aux caméras vidéo et équipements audio broadcast). Affaire à suivre…

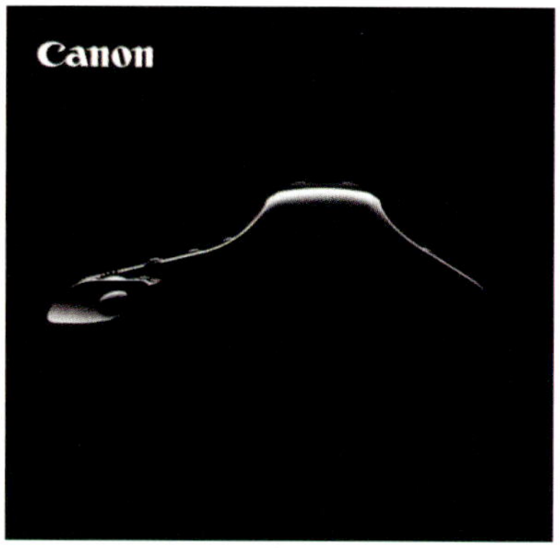


Au même titre que l'image précédente, cette bannière a été créée par des utilisateurs pour encourager la sortie de cet éventuel 1Ds MkIV.

## Un éventuel 1Ds MkIV Full frame en Raw vidéo ?

Seule la sortie du 1Ds MkIV, s'il propose un mode vidéo, pourrait aujourd'hui détrôner le 5D MkII sur le marché des HDSLR, car le capteur 24 × 36 Full frame est une particularité que l'on retrouve sur l'ensemble de la gamme des reflex 1Ds. S'il reprend les avantages vidéo proposés sur le 1D MkIV (robustesse, énergie, hautes sensibilités), ce boîtier aura le privilège d'être le premier Full frame produisant des vidéos Full HD de grande qualité à toutes les fréquences images. Son prix élevé serait du coup très justifié.

Les premières rumeurs révélées à ce jour parlent :

- d'un capteur CMOS Full frame d'une résolution de 32 Mpix avec de nouveaux modes sRAW ;
- d'une meilleure ergonomie (bosse plus importante sur le dessus que sur le 1D MkIV), mais d'une utilisation, d'une gestion de la sensibilité et de l'autofocus similaires au 1D MkIV ;
- pas d'annonce particulière concernant le mode vidéo de ce potentiel boîtier.

## Scarlet, l'arlésienne de chez Red

La société Red ne surprend plus avec l'annonce de ses produits qui tardent à apparaître sur le marché. Il serait pourtant intéressant de voir comment l'hypothétique Red Scarlet concurrencerait l'évolution des boîtiers HDSLR qui seront disponibles l'année prochaine dès 2011. La concurrence serait directe puisqu'à la fois les prix et les tailles seraient assez équivalents et compétitifs.

Comme concurrente du 5D MkII, la Scarlet 2/3" proposera apparemment des séquences en 3K (probablement aussi nettes qu'en 1080p), pouvant atteindre jusqu'à 120 i/s *(slow motion)*. De nouvelles fonctionnalités telles que le détecteur de mouvement interne, l'enregistreur GPS et des possibilités de mises à jour sans fil seront disponibles. La Scarlet 2/3» devrait être vendue 2 750 $ (boîtier seulement) ou 4 750 $ (kit), mais encore aucune annonce de sortie...

Comme concurrente du potentiel 1Ds MkIV, la Scarlet S35 (sortie non annoncée) proposerait les mêmes fonctionnalités que sa petite sœur, mais serait dotée d'un capteur de la même taille que la Red One (à peu près équivalent au S35). Le prix annoncé tournerait autour de 7 000 $.

La Scarlet de la société Red. Les capteurs 2/3" ne sont plus privilégiés depuis l'apparition des grands capteurs, mais la super production *L'étrange histoire de Benjamin Button*, tournée sur un capteur 2/3", a été le premier film numérique à être nommé pour le Prix de la meilleure image aux oscars.

La nouvelle génération d'appareils hybrides photo-vidéo offre une combinaison alléchante entre faibles coûts de fonctionnement et images renversantes. Les boîtiers HDSLR constituent une nouvelle référence, une véritable industrie et toute une communauté contrôlent aujourd'hui les recherches et le développement de ces appareils.

Même s'ils sont parfaits pour travailler dans des environnements contrôlés, quand chaque mouvement est calculé et dirigé, leur statut de reflex photographique expert et professionnel n'autorise pas une utilisation grand public du mode vidéo. Une certaine prudence et une planification détaillée sont par ailleurs nécessaires pour la réalisation de vidéos en conditions de reportage.

Ces nouveaux outils ne sont donc pas adaptés à toutes les applications, mais pour tous ceux qui souhaitent s'équiper, la solution idéale pour optimiser les performances de ces nouveaux appareils reste l'approche cinématographique des productions, et ce quel que soit le type de tournage.

L'alchimie parfaite des performances du capteur combinées à celles du processeur et à l'ensemble de la gamme optique photo constitue la trinité digitale la plus « tendance » du moment.

D'après documents Canon

Canon
EOS
5D

/ CHAPITRE 2 /

# Les reflex EOS, meilleurs caméscopes vidéo HD du moment ou nouvelles caméras cinéma HD ?

Le rendu cinématographique, avec sa très faible profondeur de champ, le fameux *filmlook*, est le type de rendu que de nombreuses productions cherchent aujourd'hui à obtenir. Le côté « aseptisé » de la vidéo, avec ses trames interlacées, est délaissé au profit d'une image progressive plus esthétique, qui privilégie les trois dimensions. En effet, bien que le cinéma et la vidéo soient des supports de diffusion en 2D, les caractéristiques du support cinéma offrent la possibilité de simuler la troisième dimension en isolant les sujets du premier plan ou de l'arrière-plan de l'image grâce à une profondeur de champ réduite. L'émergence de l'industrie 3D confirme également cette volonté affirmée de donner du relief à l'image.

© Sébastien Devaud

Une profondeur de champ sans équivalence.
Photo extraite d'un film publicitaire pour Sony Ericsson, avec Alessandra Sublet.
5D MkII, 70/200mm 600 ISO, f/3,5, 1/50 s.

# Une approche cinématographique de la vidéo

La démocratisation du « tout numérique » a bousculé l'industrie du cinéma et de la vidéo, mais deux types de technologies de caméras coexistent toujours, quelles qu'en soient les applications.

/ Depuis une petite dizaine d'années, les caméras vidéo HD se sont installées sur le marché. Elles continuent d'alimenter le secteur de la télévision TV-HD et de l'ensemble des productions vidéo professionnelles, mais ne sont pas pour autant délaissées par le secteur cinématographique.
L'acceptation de petites caméras sur les productions professionnelles a décollé avec les caméras DV et DVCAM au début des années 2000 ; très ponctuellement, elles ont même été détournées de leur caractère grand public pour être utilisées sur des productions cinéma (les caméras Sony PD150/PD170 et la Panasonic AG-DVX100 ont notamment marqué les esprits). En parallèle, le Digital Betacam, apparu en 1998, a été retenu comme la norme professionnelle des tournages TV. Les solutions « corporate » DV et DVCAM ont ensuite évolué avec les formats intermédiaires HDV (2006) (Sony HVRZ1/Canon XL-H1/JVC GY-HD100) pour finalement proposer des formats Full HD et des enregistrements sur cartes mémoire propriétaires, avec la première Panasonic P2 AG-HVX200 et les Sony XDCAM EX1 et EX3.

Les premières caméras HD grand public ont commencé à se démocratiser en 2008. Les reflex HDSLR ont accompagné la sortie de cette nouvelle vague de caméscopes HD miniaturisés.

Ci-contre et page précédente, tournage des plateaux des émissions *Zone interdite* de l'été 2007 présentées par Mélissa Theuriau, réalisé avec des unités ENG Digital Betacam Sony.

/ Avec leur format D-Cinema (format HD à partir des recommandations DCI, 2K ou plus) privilégiant une qualité comparable au 35 mm, les caméras film numériques demeurent essentiellement réservées aux productions cinéma professionnelles, qui les utilisent à présent de manière courante (le support film argentique était encore majoritaire en 2009 pour le tournage).

Le format D-Cinema favorise l'intégration d'une chaîne complètement numérique et offre une grande souplesse d'utilisation, de la captation d'images à leur projection en salle. La fin annoncée de la pellicule argentique semble donc inévitable, bien que ses performances soient encore très impressionnantes face aux avancées de cette redoutable technologie numérique.

Des productions internationales, comme *Star Wars* de George Lucas ou *Deux frères* de Jean-Jacques Annaud ont joué un rôle pionnier, car elles ont été entièrement tournées en haute définition avec le caméscope numérique HDCamSR HDW 900 (2K) de Sony.

## TECHNIQUE ET MATÉRIELS

### La caméra

La caméra est un appareil de prises de vues animées pour le cinéma, la télévision ou la vidéo, professionnelle ou grand public. Le terme « caméra » est issu du latin *camera* (en français « chambre »). La *camera obscura* (chambre noire) désignait un dispositif que les peintres de la Renaissance utilisaient pour le dessin en perspective, conservé dans l'appellation « chambre photographique ». En langue anglaise, *camera* désigne un appareil photo et *movie camera* une caméra.

(Source : Wikipédia)

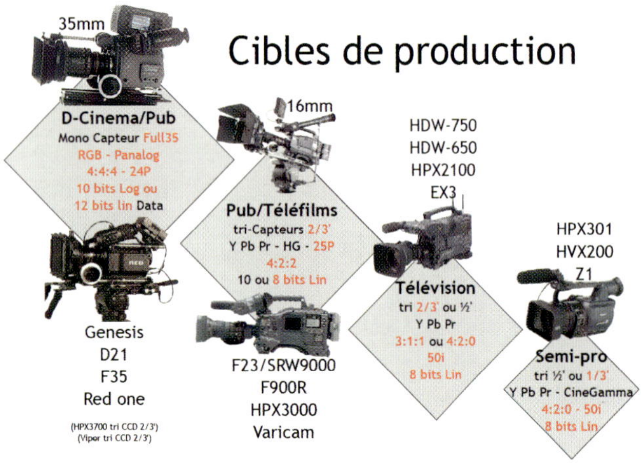




Cibles des différents marchés des caméras numériques.

Malheureusement pour le cinéma numérique, qui demeure toujours en phase d'installation, tourner avec ces caméras performantes revient encore aussi cher que de tourner avec de la pellicule. Seuls des modèles récents, comme la Red One et la SI-2K, offrent à présent une alternative économique des plus concrètes à la pellicule, puisqu'ils coûtent pratiquement la moitié du prix des caméras haut de gamme dédiées au cinéma numérique : Arriflex D21 (Arri), Cinealta (Sony), Genesis (Panavision), Varicam (Panasonic), Viper (Thomson), Origin (Dalsa). Ces deux récents modèles, plus compacts et moins chers, ouvrent de nouvelles perspectives et permettent d'envisager une désacralisation des productions cinéma réservées jusqu'à présent au seul secteur professionnel.

## Un rendu cinéma de plus en plus accessible

Bien qu'il existe deux types distincts de caméras, une révolution semble en route pour proposer des solutions alliant rendu cinéma, flexibilité et faibles coûts de production. Les nouveaux boîtiers hybrides HDSLR et les caméras telles que la Red One ou la SI-2K sont les pionniers symboliques de cette nouvelle tendance. Une esthétique recherchée ainsi que la possibilité de renouer avec le subtil est maintenant accessible pour quelques milliers d'euros.

Depuis plus d'une décennie, la révolution numérique donne une nouvelle impulsion à la cinématographie. Dès 1998, l'utilisation de caméras DV et HDV comme caméras principales sur certaines productions cinéma ont fait émerger un nouveau style de narration (très moderne à l'époque) ; des fictions comme *Festen* de Lars Von Trier (1998) ou *Pardonnez-moi* de Maïwenn Le Besco (2006) ont fait appel à ces techniques numériques, plus compactes, qui permettent d'alléger le tournage des films, de se rapprocher le plus possible du sujet, de privilégier le jeu des acteurs et de donner davantage d'autonomie au réalisateur, du tournage jusqu'à la postproduction.

Néanmoins, que le choix de technologie ait été fait par souci économique ou pour retranscrire un hyper réalisme, la richesse de ces longs métrages vient davantage du propos que de la force esthétique des films. La qualité moyenne de l'image résultante (sans réelle dynamique ni définition, image très plate avec une grande profondeur de champ) requiert un lourd traitement en postproduction avant qu'une diffusion sur grand écran ne soit envisageable.

À l'heure actuelle, obtenir a contrario un « rendu cinématographique » semble être devenu la plus grande obsession des vidéastes. Le passage au numérique a favorisé l'émergence de quelques solutions alternatives économiques pour faire profiter les caméras vidéo de la profondeur de champ cinéma. Pouvoir se rapprocher d'une image cinéma avec des caméscopes moyenne gamme est devenu possible avec des adaptateurs 35 mm. Ils permettent de monter des objectifs haut de gamme sur les caméras « corporate » DV, HDV ou DVCPRO HD. Au départ un peu lourds à mettre en œuvre, ces systèmes sont de plus en plus simples à utiliser.

Le site très détaillé http://35mmadapter.blogspot.com, dédié aux adaptateurs 35 mm, vous permettra d'y voir plus clair dans l'offre proposée.

Configuration caméra Canon XL-H1 équipée d'un kit mini-35 que j'ai utilisée sur un concert à Dakar en 2008.

© Canon

© Sébastien Devaud

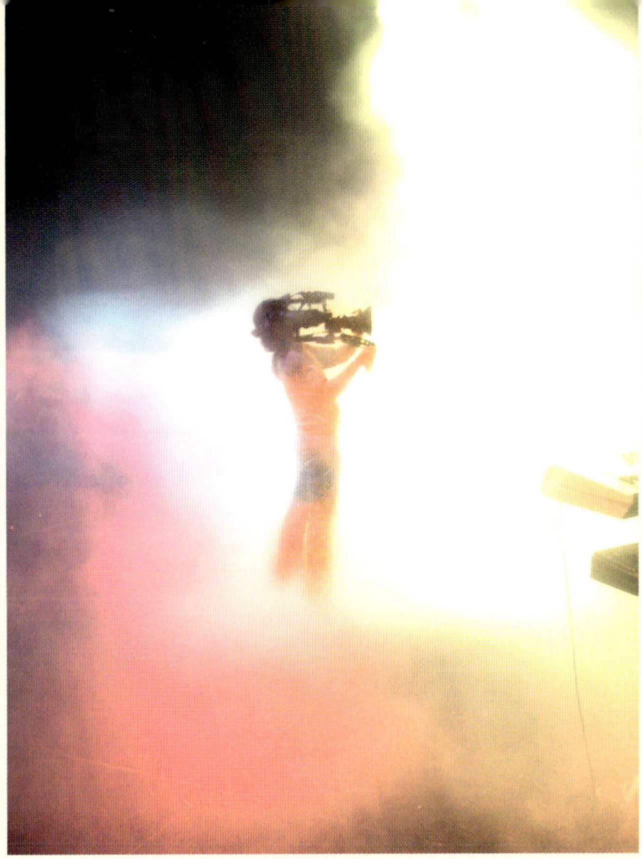

© Claire Dabrowski

Le nombre d'adaptateurs disponibles (une trentaine) montre bien que le marché est très demandeur : au lieu de racheter une caméra tous les deux ans, les vidéastes préfèrent optimiser le rendu de leur ancien matériel. Mais bien qu'il existe de nombreux modèles d'adaptateurs faisant appel à des technologies variées, ils ne remédient pas pour autant aux inconvénients que présentent les caméras film en termes de poids et d'encombrement.

Images extraites d'une autopromo réalisées avec un adaptateur mini 35 mm fixé sur une Sony HVR-Z1 (http://vimeo.com/4579106).

© Sébastien Devaud

© Sébastien Devaud

L'apparition des boîtiers HDSLR Canon sur le marché a permis de rendre accessible la vidéo Full HD au rendu cinématographique au grand public. La très bonne qualité des rendus, l'enregistrement sur carte mémoire, les différentes fréquences images proposées ainsi que la fonction principale du boîtier qui reste un appareil photo professionnel ont très vite suscité l'intérêt de l'ensemble des acteurs des métiers de l'image. Comment en est-on arrivé là ?

## Une nouvelle pellicule numérique

> Le passage de la SD à la HD a multiplié par 5 le poids numérique de nos flux vidéo ; c'est pourquoi la volonté d'une réduction du débit tout en conservant un haut niveau qualitatif reste actuellement la priorité des constructeurs.

L'intérêt porté au mode vidéo des reflex EOS ne fait que s'intensifier depuis fin 2008. Les vidéastes sont aujourd'hui tiraillés entre deux révolutions : l'enregistrement sur support numérique et l'utilisation de ces nouvelles « caméras » vidéo de type boîtier HDSLR.

L'avenir du « sans bande » est né avec l'apparition des cartes mémoire Panasonic P2 et SxS ExpressCard de Sony, ainsi que des disques Sony XDCAM Blu-Ray. Ces dispositifs de stockage ont rapidement été rejoints par les nouvelles générations (haute vitesse) des cartes mémoire traditionnelles, dont les cartes CompactFlash CF, SDHC et récemment SDXC. Les codecs modernes actuels retenus par ces caméras aux nouveaux supports numériques permettent de compresser et d'enregistrer les séquences Full HD de haute qualité.

Cette évolution a participé à l'apparition du mode vidéo sur les boîtier reflex. Les vitesses d'enregistrement et les capacités de stockage des cartes CompactFlash (CF) destinées au support des EOS ont sûrement conditionné et limité le choix du format de compression. Avec l'expérience acquise par Canon sur ses caméscopes grand public Full HD, un compromis qualité/compression a été trouvé pour garantir le meilleur rendu définition/colorimétrie des vidéos 1 920 × 1 080 produites par les reflex.

Aujourd'hui, les reflex EOS sont même jugés par certains comme les meilleurs petits caméscopes numériques HDTV du moment. Toutefois, si l'on considère leur conception initiale d'appareil photo et les volontés réelles de la firme Canon, la partie optique (objectif et grand capteur) semble plutôt être assimilée à la conception des caméras cinéma. Mais avant de voir où se situe le véritable positionnement de ces hybrides, penchons-nous sur les caractéristiques de leur mode vidéo.

## Caractéristiques vidéo des reflex EOS

En suivant sa politique de formats universels, Canon a retenu le format AVCHD comme un format universel disponible et adapté à l'enregistrement des vidéos Full HD sur carte mémoire – la plupart des autres formats existants étant des formats propriétaires (Sony SxS ExpressCard et AVC-intra de Panasonic, par exemple). Et même si en termes de postproduction et de forte compression le AVCHD pose un certains nombre de soucis, ce format destiné à l'origine au grand public, pour les applications de diffusion et de stockage, s'est développé pour répondre aux besoins des modèles haut de gamme de la firme (notamment en déclinant son profil pour les EOS en MPEG-4 AVC/H.264). Le secteur professionnel n'étant pas le cœur de cible de Canon (secteur plutôt réservé aux optiques des caméras vraiment broadcast – plateau et ENG, *Electronic News Gathering*), la société a toujours misé sur certains produits haut de gamme grand public qui ont su intéresser les professionnels. C'est le cas des reflex EOS.

## Enregistrement et compression sans prétention

Les caractéristiques des fichiers vidéo enregistrés sur les reflex répondent aux critères du format d'enregistrement HD. Les cadences 30p, 25p et 24p images progressives par seconde (ips, ou fps en anglais) favorisent la fluidité de l'image et le rendu colorimétrique. De même, le format de la vidéo et la qualité de l'encodage jouent un rôle capital. Mais attention à bien distinguer le conteneur du codec :

- le conteneur est l'enveloppe qui englobe les flux vidéo et audio dans un format de fichier (.avi, .mp4, .mov...) dans le cas des reflex EOS c'est le conteneur .mov (QuickTime) qui a été retenu ;
- toutes les caméras enregistrent un format qui leur est propre, c'est le codec qui joue un rôle assez décisif. Le codec breveté H.264 s'avère assez performant puisqu'il procure encore à ce jour une des meilleures compressions disponibles, avec le moins de perte de qualité.

Codec : algorithme utilisé pour coder et décoder la vidéo et l'audio.

### Un format de compression bien positionné face aux caméscopes HD

Le débit de 44 Mbit/s (5,6 Mo/s) du flux MPEG-4/AVC H.264 qui embarque le signal Full HD des vidéos EOS est associé à une compression inter-image assez importante (long GOP de 15 ou 12 images prédictives simples de type P pour une image intégrale I, voir encadré ci-dessous) et à un *pixel aspect ratio* de 1:1 carré. Le mode vidéo exploite pleinement les possibilités de ce format de compression, mais peut également apparaître assez limité au regard des performances optiques exceptionnelles proposées par ces boîtiers.

### UN PEU DE THÉORIE

#### Compression inter-image et GOP

La compression inter-image est une compression vidéo générant les images prédictives compressées à partir des informations de plusieurs images successives. La compression MPEG-4 avec un GOP supérieur à 1 constitue un exemple typique de compression inter-image.

Le GOP ou *Group Of Pictures* (groupe d'images) est donc le terme utilisé notamment dans la compression vidéo des flux MPEG-2 et MPEG-4. Il correspond au nombre d'images intercalées entre deux images I intégrales : les images intermédiaires sont des images prédictives, de type B (prédiction bidirectionnelle) et P (prédiction simple). Les images prédictives ne peuvent pas être décodées séparément des autres images du GOP ; c'est donc l'ensemble du GOP qui doit être décompressé. Le « GOP long » désigne en principe le codage MPEG-2 et 4. Pour la transmission, le GOP atteint souvent une demi-seconde, 13 ou 15 images (25 ou 30 i/s), ce qui permet d'obtenir le taux de compression requis.

Ce système de codage offre donc des performances satisfaisantes pour la transmission, mais ne possède pas la flexibilité nécessaire aux opérations de montage avancées (le montage s'effectue uniquement au niveau des limites du GOP). Le format HDV utilise la compression MPEG-2 avec un GOP de 6 images (format HDV1) ou de 15 images (format HDV2) permettant un montage basé sur des intervalles de 1/4 ou 1/2 seconde. Un GOP de 1 correspond à une vidéo « image I uniquement » modifiable à chaque image sans nécessité de traitement supplémentaire. Cette opération peut s'avérer à la fois très complexe et peu fiable, et générer des artefacts de blocs au niveau de l'image.

Les applications studio de la compression MPEG-2 utilisent des GOP extrêmement réduits, de l'ordre de 2 pour le Betacam SX et de 1 pour l'IMX (image I uniquement, sans image prédictive), ce qui permet de simplifier le montage au niveau de chaque image. D'autres formats (par exemple, les formats DV, DVCPRO HD, HDCAM et D5-HD) n'utilisent pas la compression MPEG mais se basent également sur un découpage en image I uniquement.

(Source : CTM Solutions)

Sur les EOS, c'est plus du double pour un échantillonnage et un signal source quasiment identiques.

À titre de comparaison, les caméras proposant le format Full HD exploitent généralement :

- 24 Mbit/s en AVCHD (caméra grand public, comme la HF11) dans leur profil de très haute qualité 1 920 × 1 080 (4:2:0/8 bits/long GOP/MPEG-4 H.264), sur disque dur ou cartes mémoire ;
- 25 Mbit/s en HDV (3,125 Mo/s) 1 920 × 1 080 (4:2:0/8 bits/long GOP/MPEG-2), sur bandes DV ;
- 35 Mbit/s en XDCAM EX 1 920 × 1 080 (4:2:0/8 bits/long GOP/MPEG-2 MXF), sur cartes SxS ;
- 100 Mbit/s en AVC Intra 1 920 × 1 080 (4:2:2/10 bits/Iframes only/MPEG-4 H.264), sur cartes P2, et 200 Mbit/s en AVC Ultra 1 920 × 1 080 24p (4:4:4/10 bits/Iframes only/H.264), sur cartes P2 également.

Les reflex HDSLR, avec leur format MPGEG-4/AVC H.264 associé à un très bon débit, proposent donc une des plus hautes qualités de compression que l'on peut obtenir sans avoir à dépenser beaucoup d'argent. Les fichiers compressés en H.264 des EOS sont idéals comme format de captation, en revanche ils ne sont pas recommandés comme format d'édition. Il faut donc s'assurer que le format de fichier soit compatible (ou conversion possible) avec votre solution de postproduction (voir le chapitre 9).

## Un échantillonnage limité

L'espace colorimétrique 8 bits avec échantillonnage 4:2:0 délivré par les EOS est à l'origine destiné au format DVD-Vidéo ou DV PAL. Il constitue actuellement le type d'échantillonnage propre aux caméras HDV et XDCAM (cible « corporate »), mais au regard des performances colorimétriques du mode RAW photographique des boîtiers, il apparaît très insuffisant.

Certaines cartes CF peuvent aujourd'hui atteindre des vitesses de 90 Mbit/s, pourquoi ne pas imaginer un format avec un débit plus important pouvant supporter un échantillonnage de type 4:2:2, moins sous-échantillonné, comme le proposent déjà les caméras Panasonic au format AVC Intra avec leurs cartes P2 ? La majorité des types d'échantillonnages proposés par les caméras D-Cinema professionnelles sont de type 4:4:4 et généralement de type 4:2:2 pour les caméras HDTV broadcast. Les supports dédiés à ces formats très peu compressés sont souvent volumineux et absolument pas économiques face aux petites cartes CF des HDSLR.

Seul le mode progressif des vidéos produites par les reflex garantit un bon rendu colorimétrique, même en 4:2:0.

## UN PEU DE THÉORIE

### Les types échantillonnages

Le type 4:2:0 est la méthode d'échantillonnage d'un signal vidéo RVB en codage YUV, utilisée pour le format DVD-Vidéo ou le format « corporate » DV PAL. Pour un bloc de 4 pixels, on aura sur chaque ligne 4 échantillons de luminance (Y) et 2 échantillons de chrominance rouge (U), ou 2 échantillons de chrominance bleue (V). Dans ce cas, chaque couleur est codée une ligne sur deux.

Le type 4:2:2 est la méthode d'échantillonnage utilisée pour la vidéo HDTV professionnelle. Pour un bloc de 4 pixels, on aura sur chaque ligne 4 échantillons de luminance (Y), 2 échantillons de chrominance rouge (U) et 2 échantillons de chrominance bleue (V).

Le type 4:4:4 est la référence d'échantillonnage utilisée pour le D-Cinema. Pour un bloc de 4 pixels, on aura sur chaque ligne 4 échantillons de luminance (Y), 4 échantillons de chrominance rouge (U) et 4 échantillons de chrominance bleue (V).

## Compenser l'absence d'enregistrement au format RAW

Pour rivaliser avec les plus performantes des caméras actuelles, l'absence du format RAW à l'enregistrement demeure une grande faiblesse des boîtiers EOS. En effet, à l'instar des formats RAW et JPEG en photographie, le format RAW en vidéo autorise un retour sur les réglages des images sans perte de qualité (à l'inverse du format MPEG-4/AVC H.264 qui doit être optimisé en tournage). Pour pallier ce manque, un outil très performant conçu à l'origine pour la photographie est proposé par Canon : l'application logicielle PictureStyleEditor.

Le PictureStyleEditor permet un réglage précis de l'ensemble des courbes colorimétriques, luminosité, contraste, etc., un peu comme quand on choisit une émulsion plutôt qu'une autre dans le milieu photo et cinéma argentique. Au même titre que les LUT qui agissent comme pré-étalonnage sur les réglages des caméras professionnelles, l'utilisation de Styles d'image (jeux de réglages, préenregistrés pour certains – voir le chapitre 7) permet aux utilisateurs d'affiner les réglages de netteté de l'image, le contraste, la saturation des couleurs ainsi que la teinte des vidéos.

L'éditeur de Styles d'image permet également de créer des jeux de réglages que vous pourrez télécharger dans l'appareil, option qui offre des possibilités illimitées pour personnaliser les rendus de vos vidéos ou, au contraire, pour neutraliser ces réglages et privilégier ainsi un étalonnage en postproduction. Les Styles d'image Super Flat, Genesis Panalog, Velvia et Marvel's Cine Style sont ainsi téléchargeables sur le Web.

Le format RAW très lourd à stocker et à traiter doit être « développé » (un peu comme un film argentique) pour que vous puissiez « sculpter » l'image en postproduction. En revanche, les formats compressés très légers, comme le format H.264 des EOS, sont lisibles immédiatement mais limitent considérablement les interventions en postproduction, comme le format JPEG en photo.

Deux images extraites d'un très bon tutoriel qui montre les avantages qu'il y a à utiliser l'éditeur de Styles d'image (http://vimeo.com/7256322).

© Luka Crnkovic-Dodig

# Un stockage performant mais restreint en durée

Les cartes CompactFlash constituent depuis longtemps le support privilégié des reflex Canon, leurs capacités de stockage ainsi que leur vitesse d'écriture/lecture sont parfaitement adaptées aux besoins du mode photographique. Mais conviennent-elles aussi bien au mode vidéo ?

- Les cartes CF sont les nouvelles pellicules numériques, leur capacité de stockage reste supérieure à la durée des magasins de film argentique pour le S35 cinéma. Comme en cinéma, une pré-production avec établissement d'un découpage et planification d'une liste de plans permettra de rester dans la limite de durée des fichiers actuels.
- Concernant les capacités de stockage, la plupart des caméras utilisent un support d'enregistrement formaté en FAT32 qui limite la taille maximale des fichiers à 4 Go ; c'est le cas des cartes CF destinées au stockage des vidéos des reflex EOS Canon. L'enregistrement de vidéo Full HD (1 920 × 1 080p) est ainsi limité à des séquences maximales comprises entre 12 et 14 minutes.
- La sauvegarde *back up* : il est plus que recommandé de toujours sauvegarder les rushs dans le format du fichier original sur deux dispositifs au moins. Sur le tournage, le déchargement successif des rushs sur un ordinateur portable puis sur un lecteur/enregistreur de cartes est le seul moyen de pouvoir tourner avec un nombre limité

Pour en savoir plus, reportez-vous à la section « Stocker ses images » du chapitre 3.

C'est le formatage des cartes mémoire qui limite la taille maximale des fichiers (Microsoft est responsable de cette brillante limitation). Une segmentation des fichiers, comme sur les caméras Panasonic P2 ou les caméras Sony XDCAM EX, conviendrait pourtant parfaitement aux EOS.

Pour en savoir plus sur les procédés de sauvegarde, reportez-vous à la section « Sauvegarder et visionner : la gestion des rushs », du chapitre 3.

de cartes. Une fois les rushs sauvegardés (donc sécurisés), les cartes pourront être reformatées pour être réutilisées sur le tournage.

Les expériences et productions multiples ont prouvé que cette double sécurité n'était pas inutile quelle que soit la station de montage utilisée : aucun système ne garantit une protection concrète de vos médias. Il faut donc traiter le support original carte CF des reflex Canon avec autant d'attention que la pellicule argentique d'une caméra film. Choisir une carte à usage unique reste la priorité si le budget de la production le permet.

Pour conclure sur les possibilités d'enregistrement du signal vidéo des reflex, il faut signaler l'existence de mises à jour et de solutions alternatives qui ont pour fonction d'*upgrader* le signal brut en passant par des voies détournées. Les jeunes sociétés Syndicate ou Magic Lantern proposent toutes les deux des procédés qui permettent d'enregistrer le signal par l'intermédiaire de la sortie HDMI (voir le chapitre 8).

Même si ces courants demeurent alternatifs, on constate que tout est mis en œuvre pour récupérer et transformer la source native de ces boîtiers. Mais pourquoi s'acharne-t-on à vouloir optimiser l'option vidéo de simples reflex photo à 2 500 € qui n'ont jamais été conçus pour filmer, alors que le marché est saturé par une gamme sans cesse renouvelée de caméras performantes ?

© Sébastien Devaud

Sur le Live view des EOS, des informations très utiles renseignent sur la durée restante avant l'enregistrement de vidéos (en haut) et sur la durée écoulée pendant l'enregistrement (en bas). On constate sur la première photo que la carte peut encore accepter 17 minutes et 56 secondes de vidéo et sur la seconde que l'enregistrement a débuté depuis 6 secondes.

# Les reflex, concurrents sérieux des caméscopes ?

L'apparition d'un mode vidéo qualitatif sur les reflex EOS a répondu à un manque que les constructeurs n'avaient jusque-là jamais identifié. Le choix d'un format de compression propre aux caméscopes HD pour les HDSLR associé à une partie optique photo très proche du S35 a semé le trouble parmi les critiques. On ne peut pas pour autant parler de « scepticisme », mais plutôt d'une « période de confusion » où nos anciens repères semblent balayés par les progrès du numérique.

## De meilleures qualités techniques

Ces appareils économiques surclassent presque en tous points les équipements vidéo actuels, ce qui sème le trouble. Les nombreuses similitudes avec les caractéristiques des caméras cinéma sont en grande partie à l'origine de ces points forts.

Un système d'enregistrement performant ne constitue pas à lui seul la garantie de résultats optimaux. La qualité de l'optique et des capteurs constituent également des facteurs essentiels.

- La taille du capteur supérieure (24 × 36 pour le 5D MkII) ou très proche (APS-C pour le 7D et APS-H pour le 1D MkIV) du S35 cinéma autorise un jeu extrême sur la

profondeur de champ et les cadres. Ces capteurs sont plus larges, plus dynamiques et plus sensibles que la majorité des caméras vidéo HD du marché.
Ce type de rendu n'est pas possible avec les caméscopes actuels, même sur les modèles destinés aux professionnels. Pour retrouver ce résultat, il faut se tourner vers le matériel de cinéma bien plus onéreux (le prix des reflex est faible par rapport aux équipements vidéo et minime, voire anecdotique, par rapport aux équipements D-Cinema).

- Une large gamme d'optiques de qualité somptueuse à prix photo ouvre des horizons très larges au niveau créatif. Comme dans le milieu cinématographique, on dispose de nombreuses focales, d'objectifs lumineux et on peut réexploiter un parc d'objectifs déjà acquis pour la photo.
Dans le secteur professionnel, les chefs opérateurs ont tendance à privilégier des optiques disposant de bagues de diaphragme manuelles et fluides ainsi qu'avec une grande course de mise au point. La volonté de fixer des objectifs cinéma à monture PL (qui répondent à ces critères) sur ces boîtiers semble également avoir abouti et commence à s'officialiser : plusieurs sociétés proposent des reflex modifiés équipés de monture PL (au prix d'une perte de la garantie…) (voir le chapitre 5).
- Les caméras film utilisent depuis toujours le principe de la photographie et impressionnent 24 images par seconde (standard réservé au cinéma). La démocratisation de cette cadence images à 24p sur l'ensemble de la gamme des EOS vidéo est un atout indéniable et la garantie d'une grande polyvalence. La fréquence images de 24 Hz et le mode progressif permettent de fournir des images directement utilisables dans une chaîne de cinéma numérique.

Bien qu'elles soient plus chères que les EOS, les récentes caméras D-Cinema, telles que la Red One ou la SI-2K, sont également, grâce à leurs performances, des solutions alternatives aux configurations très lourdes et onéreuses. À l'instar des reflex, les fonctionnalités de ces caméras contribuent à déstabiliser l'industrie cinématographique elle-même.

Le mode vidéo de ces HDSLR profite donc de la qualité sans compromis du mode photo grâce à leurs grands capteurs très performants. Les nombreuses fonctionnalités et caractéristiques liées à cet aspect « photo » des boîtiers leurs confèrent un statut de « caméra film » plutôt que de « caméscope ». Pour envisager de bons résultats avec le mode vidéo des EOS, il va donc falloir suivre et respecter les méthodologies couramment appliquées avec les caméras cinéma.

La partie optique des HDSLR confère aux boîtiers EOS Canon un statut de caméra cinéma numérique.

© Eirik Solheim, eirikso.com

## AVIS D'EXPERTS

**Prise de vues : des résistances au changement?**

*La fonction principale d'appareils photographiques des EOS demeure le lien indissociable avec les caméras film qui utilisent les mêmes principes de fonctionnement. Le passage de l'argentique au numérique, révolu et éprouvé dans le milieu photographique, met en revanche plus de temps à opérer concernant la pellicule qui reste encore majoritaire sur les productions cinéma. L'analyse de cet extrait d'un document Sonovision datant de 2004 évoque clairement les raisons de cette résistance mais insiste surtout sur les bénéfices du passage au tout numérique.*

Pour la captation de l'image animée en numérique, les résistances au changement ont été plus fortes. Le film argentique est la technologie la plus ancienne et la mieux maîtrisée par les opérateurs. La distance induite par la texture, le grain ainsi qu'un certain romantisme de la pellicule disparaissent. Le spectateur reçoit des images de façon beaucoup plus directe, frontale et les fictions se rapprochent ainsi, dans leur forme, des documentaires.

La prise de vues est longtemps restée majoritairement argentique, mais la haute définition et l'innovation en matière de prise de vues, notamment l'arrivée des caméras non compressées (2K et 4K), viennent remettre en cause les comparaisons entre le 35 mm et le numérique.

Par ailleurs, les avantages du tournage en numérique se multiplient, le principal étant d'unifier la chaîne de production du film. Cette dernière permet de disposer d'une image d'origine sous forme digitale et de bénéficier par la suite des possibilités infinies de réglages offertes par l'étalonnage numérique sans avoir besoin de scanner entièrement le film, comme cela avait été le cas pour *Le Pacte des Loups* et *Le fabuleux destin d'Amélie Poulain*. La captation de l'image en numérique permet, en outre, de multiplier les prises de vues, éventuellement de filmer plus longtemps, sans coupure et surtout sans risque de coût supplémentaire important. Dès lors, toutes les expérimentations deviennent possibles : lumière, cadre, jeu d'acteur.

(Source : Sonovision/CST, *Cinéma et postproduction numérique*, mai 2004)

## Un tournage plus difficile

Les reflex n'ont pas été prévus pour filmer, pourtant les forums regorgent de reproches et de réclamations sur le manque d'automatisation des fonctionnalités (la gestion du point, par exemple). Il s'agit d'une confusion due au fait que les boîtiers sont vendus à des prix comparables aux caméscopes grand public, sur lesquels les fonctions automatiques sont de rigueur. Le meilleur conseil que l'on puisse donner aux vidéastes amateurs se plaignant sur ces points est de garder leurs anciens caméscopes ou d'investir dans un produit récent, qui leur est plus approprié. Le mode manuel et certaines compétences sont en effet indispensables pour envisager l'utilisation du mode vidéo des EOS.

> Seuls les professionnels du cinéma ont adopté ces boîtiers sans aucune appréhension, car l'utilisation idéale des HDSLR répond parfaitement à la méthodologie de leurs tournages traditionnels.

La problématique est différente pour les photographes qui possèdent une très bonne connaissance des boîtiers et des nombreuses focales disponibles, mais qui sont encore dans l'inconnu en ce qui concerne les techniques de prise de vues vidéo. Pour ceux qui souhaiteraient utiliser les deux modes, photo et vidéo, je ne saurais trop vous recommander d'échanger et de partager un maximum d'informations avec les professionnels de l'image animée, pour que ces deux mondes si proches n'en forment plus qu'un.

> C'est la connaissance précise des fonctionnalités de votre appareil et de son mode vidéo qui vous permettra de vous concentrer uniquement sur l'aspect artistique de votre projet lors de vos futures productions professionnelles.

Pour travailler avec la fonction vidéo des HDSLR, il est primordial de comprendre leur fonctionnement de base en tant que « caméra ». Une prise en main, ainsi que la découverte de certaines de leurs fonctions, reste primordiale. La visée par l'écran, le choix du format et du standard de diffusion, le choix des optiques, la gestion de l'autofocus et le contrôle du son et de l'exposition doivent être étudiés en détail dans le manuel de l'utilisateur prévu à cet effet.

L'assimilation des aspects techniques demeure parfois complexe et rébarbative pour certains amateurs, c'est pourquoi, avant d'explorer en détail les tenants et aboutissants de ces nombreuses fonctionnalités tout au long des prochains chapitres, je vous propose un petit éclairage sur trois points cruciaux pour la prise en main technique.

© Sébastien Devaud

En conditions, de news sur un terrain hostile, il est impératif que les aspects techniques soient assimilés pour pouvoir être à la fois réactif tout en restant très vigilant. Photos extraites de séquences vidéo réalisées sur le front afghan à bord du véhicule de l'avant blindé (VAB) du 27e bataillon de Chasseurs alpins.

## Une gestion du point subtile

La gestion du point des HDSLR peut apparaître comme une arme à double tranchant lorsque l'on couvre un événement ponctuel où réactivité et mobilité sont nécessaires. L'autofocus des reflex EOS est très performant pour le mode photo, en revanche pour la vidéo, il s'avère trop lent, trop bruyant et doit même être évité. Néanmoins, les optiques photo ne sont pas mécaniquement conçues pour zoomer et faire le point en continu, comme les objectifs des caméscopes, il faut donc posséder certaines compétences pour réaliser manuellement une mise au point précise. Pour les applications professionnelles, cette gestion du point implique l'utilisation de systèmes Follow focus et de moniteurs externes gérés le plus souvent par les assistants opérateurs. Dans des conditions de reportage, la fixation de viseurs sur l'écran de visée des HDSLR permet de mieux juger le point avec le boîtier accessoirisé sur l'épaule. Enfin, l'utilisation de machinerie, comme des grues, nécessite des systèmes sans fil HF pour faire fonctionner le Follow focus.

Pour en savoir davantage sur la gestion du point et ses accessoires dédiés, reportez-vous au chapitre 6.

Photos extraites du pilote du programme court *Merci Dr Plume*. On distingue parfaitement le système Follow focus et moniteur externe qui privilégie une gestion du point délicate des boîtiers EOS (comédienne Lilou Fogli).

5D MkII en configuration caméra embarquée sur un film institutionnel Michelin. Le montage de cette configuration a été réalisé par la société Propulsion.

## Une stabilisation délicate

Les petits caméscopes et les HDSLR sont des caméras de poing sans réelle possibilité de stabilisation sur l'épaule. D'un autre côté, à la différence des caméras Red et Genesis, il est très facile de transporter plusieurs boîtiers dans un simple sac à dos… Leur ergonomie ne privilégie pas les tournages en mouvement, car ces systèmes n'ont jamais été conçus pour filmer. Afin d'obtenir la meilleure image possible, une machinerie dédiée ou adaptée à ces nouveaux boîtiers est vivement recommandée.

L'investissement dans un trépied approprié associé à une bonne tête fluide est une base incontournable. Pour les opérations plus avancées, le nombre exponentiel de supports dédiés à ces boîtiers et l'assistance de personnel spécialisé (les chefs machinistes) peut à présent répondre à tous les types de productions. Preuve que ce procédé est pris très au sérieux par les prestataires spécialisés et les constructeurs qui n'ont de cesse d'élaborer et d'adapter de nouveaux systèmes spécifiques aux EOS, une véritable industrie a été créée pour combler les faiblesses de ces boîtiers (voir le chapitre 3).

## Une prise de son limitée

Les possibilités d'enregistrement audio des caméscopes sont supérieures à celles des EOS. Au même titre que les caméras cinéma, un enregistrement séparé est préconisé. Un ingénieur du son équipé d'une mixette autonome demeure la meilleure alternative professionnelle. Toutefois, à la différence de certaines caméras film, les reflex disposent de micros internes qui, bien qu'étant très sensibles aux bruits de manipulation et de fonctionnement, font office de micros témoins facilitant la synchronisation de l'image et du son, en post-production.

À l'instar du filtre anti-souffle, le niveau d'enregistrement sonore est ajusté automatiquement et ne peut être annulé sur le 7D et le 1D MkIV. Seul le complément d'une mini-mixette dédiée aux boîtiers EOS autorisera un réglage manuel du son. La mise à jour alternative du 16 mars 2010 a annulé le mode automatique du 5D MkII et propose à présent un réglage manuel du niveau sonore, ainsi qu'une visibilité sur le contrôle du niveau. De nouvelles mises à jour destinées aux EOS 7D et 1D MkIV devraient bientôt proposer cette fonctionnalité sur l'ensemble de la gamme (voir le chapitre 4).

© Sébastien Devaud

Unité « news » 5D MkII équipée pour travailler avec un système HF Senheiser.

Le son enregistré par le micro intégré de l'appareil est un son mono, l'enregistrement de son stéréo est possible en connectant un micro externe équipé d'une mini-broche stéréo (3,5 mm de diamètre) à l'entrée du micro externe des EOS.

## En pratique

### L'enregistrement des vidéos sur le 5D MkII

1. Activez la visée par l'écran. Appuyez sur la touche [appareil photo].
2. Effectuez la mise au point sur le sujet (avant d'enregistrer une vidéo, il est en effet recommandé d'effectuer une mise au point autofocus en mode Rapide ou manuelle).
3. Commencez l'enregistrement de la vidéo :
   – appuyez sur SET pour commencer à enregistrer : le symbole "●" s'affiche dans le coin supérieur droit de l'écran ;
   – appuyez sur la touche Info pour afficher la durée de vidéo en cours d'enregistrement et le réglage d'enregistrement vidéo ; une nouvelle pression sur cette touche désactivera l'affichage des informations.
   (Les informations comme le réglage de l'écran, le Style d'image, le mode AF et l'histogramme en temps réel ne s'affichent pas lors de l'enregistrement des vidéos.)
4. Pour arêter l'enregistrement, appuyez à nouveau sur SET.

La procédure d'enregistrement est identique sur les EOS 7D et 1D MkIV, seuls les touches d'activation de la visée par l'écran et de déclencheurs diffèrent.

***Opérations d'enregistrement pendant l'affichage en visée par l'écran***

Appuyez sur la touche MENU pour afficher l'écran du menu, ce qui permettra de régler les fonctions du menu. Appuyez à nouveau sur la touche pour revenir à l'image en visée par l'écran. Si la commande Réglages écran a été réglée sur l'option Affichage photos ou sur l'option Simulation de l'exposition, le début de l'enregistrement vidéo peut afficher momentanément un changement d'exposition.

Principe du Bullet-time sur une production publicitaire (voir aussi le chapitre 8).

# La photo au service de la vidéo

Outre les atouts optiques des reflex EOS qui profitent au mode vidéo (technologie proche des caméras S35), l'alliance des modes photo et vidéo crée beaucoup d'effervescence au niveau artistique. La tendance est en effet aux nouvelles productions vidéo utilisant des techniques d'animation photo haute résolution (mode rafale, Time-lapse, Bullet-time, pixilation, Light painting – voir le chapitre 8), qui sont presque autant à la mode que le travail avec une profondeur de champ ultra réduite. Les productions institutionnelles haut de gamme, les clips, la publicité et même la fiction sont très friands de ces animations qu'ils utilisent, pour la majorité d'entre eux, pour produire des transitions originales ou elliptiques (modifications temporelles significatives).

La possibilité supplémentaire offerte par les HDSLR de photographier pendant l'enregistrement de vidéo va totalement dans le sens de cette nouvelle démarche artistique du « mixage » des deux modes, et ouvre donc de larges horizons créatifs, comme nous le verrons au chapitre 8. Mais elle donne également, en pratique, d'autres types de libertés.

## Une équipe de tournage allégée

La polyvalence des EOS qui s'adaptent à tous les types de productions laisse une grande liberté dans la composition des équipes de tournage : un réalisateur ou un chef opérateur peuvent aussi bien utiliser le boîtier en solo qu'être assistés d'une équipe complète de techniciens spécialisés. Si ces équipes constituent en effet le meilleur environnement de travail pour optimiser les fonctionnalités des HDSLR sur les productions cinéma, les grosses productions publicitaires ou les fictions (où la mise en place et l'utilisation du boîtier en tant que caméra embarquée peuvent facilement mobiliser quatre à cinq techniciens), la compacité des boîtiers permet logiquement d'accéder à une nouvelle gamme de supports dédiés, légers et compacts, qui facilite l'utilisation en solo.

Mais attention, ce n'est pas parce qu'ils affichent une faible compacité et un prix sans équivalence que les EOS doivent être systématiquement associés à des productions « low cost ». À chaque type de production correspond sa configuration matérielle et son équipe technique plus ou moins nombreuse. Le choix de ces configurations est conditionné par le budget des productions et la nature éditoriale des projets.

Le cas particulier des photographes confirme que l'utilisation en solo doit être considérée comme majoritaire sur le marché des HDSLR. Conçue à l'origine pour le photojournalisme, l'option mode vidéo a été proposée comme réponse aux attentes des reporters habitués à travailler seuls. Certains d'entre eux prennent le temps de s'adapter aux accessoires dédiés à la prise de vues vidéo (viseur, tête fluide, Follow focus…) et déjà de nombreuses créations originales, surprenantes et très esthétisantes sont visibles sur la toile. Visionnez par exemple les vidéos :

- www.pixfan.com/canon-interview-le-photojournaliste-samuel-bollendorff
- www.usa.canon.com/dlc/controller?act=GetArticleAct&articleID=3228
- www.usa.canon.com/dlc/controller?act=GetArticleAct&articleID=2327

Avec les cinématographes, les photographes comptent parmi les seuls artisans de l'image à pouvoir bénéficier des réelles performances des boîtiers HDSLR. Leur culture de l'image

## ANECDOTE DE TOURNAGE

### Une équipe réduite au strict minimum

La composition de l'équipe technique sur les tournages peut aujourd'hui être réduite à son plus strict minimum. Lors du tournage de la publicité Sony Ericsson avec Alessandra Sublet, l'équipe technique était composée de deux personnes : le directeur de la photo, qui a implanté et contrôlé toute la lumière sur le set, et moi-même, pour la réalisation et le cadrage des plans. Nous n'étions donc pas plus nombreux que l'équipe beauté composée d'une maquilleuse et d'un coiffeur…

© NSTY prod

© NSTY prod

Photos making of du tournage de la publicité Sony Ericsson.

et de la lumière combinée à leur sens aigu du cadre ainsi que leur patience associée à leur connaissance parfaite des reflex demeurent les garanties d'une exploitation optimale du mode vidéo des EOS.

Comparaison entre les configurations des boîtiers EOS utilisés en solo et en équipe complète.

## Une discrétion assurée (un plus pour les news sensibles)

Les reporters d'images sont souvent confrontés à des sujets d'actualités sensibles, sur des territoires accidentés et hostiles. La possibilité de tourner sans attirer l'attention, sans générer de soupçons est encore possible aujourd'hui, car la plupart des gens n'ont pas encore assimilé que l'on pouvait enregistrer des vidéos sonores (de qualité) avec un appareil photo reflex... Il est clair que tout un chacun, quelle que soit sa nationalité, accepte plus facilement aujourd'hui encore d'être braqué par l'objectif d'un appareil photo plutôt que par celui d'une caméra qui provoque immédiatement le sentiment d'une réelle intrusion dans sa vie personnelle.

Les reflex équipés de longues focales peuvent néanmoins très vite être associés à l'image déplorable des paparazzi qui harcèlent sans scrupules les célébrités aux quatre coins de la planète...

Images extraites de vidéos que j'ai tournées en Afghanistan avec un 5D MkII. Ces Afghans prenaient la pose sans se douter que l'appareil immortalisait l'intégralité de notre rencontre.

© Canon

Avec un passe de photographe, il est aujourd'hui très simple de réaliser des séquences vidéo EOS sur les grands événements sportifs.

© Grégoire Ausina

Cherchez l'intrus. Sur les défilés de mode de l'été 2009, le directeur de la photo Jean-Marie Delorme s'est noyé dans la nuée des photographes présents sur l'événement pour réaliser des séquences vidéo avec le 5D MkII. Un indice : c'est le seul à utiliser un Follow focus !

Pour autant, l'accès prioritaire réservé aux photographes sur les sites privilégiés d'événements sportifs, de défilés de mode ou encore de concerts est aujourd'hui accessible aux boîtiers HDSLR. La réalisation de séquences vidéo en toute discrétion dans ces environnements ultra surveillés pose de sérieux problèmes juridiques, notamment en matière de droit à l'image (match de football ou défilés des grands couturiers, par exemple). Passer inaperçu reste un réel avantage, faut-il encore s'assurer que les séquences tournées puissent être diffusées librement.

Le témoignage du directeur artistique de la chaîne hertzienne M6, Michel Nougué, constitue une excellente conclusion à cette section. Sa perception du procédé HDSLR, qu'il a analysé et utilisé, place l'alliance des deux modes photo et vidéo au premier plan de son intérêt pour ce procédé et privilégie une approche qualitative des rendus.

« Il y a une chose formidable dans nos métiers, c'est que nous avons toujours la chance de pouvoir expérimenter et tenter de nouvelles aventures, sans être certain du résultat mais en se disant qu'au moins « on l'aura fait ». Utiliser un appareil photo pour faire de la vidéo n'était pas incongru comme démarche : nombre de films circulent sur Internet, tournés par un appareil photo ou un mobile... Mais l'exigence d'une chaîne de télévision dépasse d'un point de vue qualitatif toutes les propositions des sites communautaires. La question essentielle était donc de pouvoir franchir l'étape dite « broadcast ».

Après avoir vu le travail de Sébastien Devaud sur grand écran au sein de M6, nous savions que cette étape ne poserait aucun problème. Nous avons donc décidé de tester le 5D MkII sur une production pour la rentrée de la chaîne. Chaque année, nous réalisons une série de portraits photo de nos animateurs, ainsi qu'un clip vidéo traduisant l'esprit de la chaîne. L'envie était grande de réaliser une production « 2 en 1 », photo et vidéo. Ce travail fut confié à Ade Adjou, un photographe de mode qui avait l'habitude de travailler sur boîtier Canon mais découvrait le 5D MkII.

Nous avons pu cette fois obtenir la cohérence artistique qui nous manquait chaque année entre le travail de la Direction artistique et du Service photo. Mais surtout, la production plus légère nous a permis de gagner en souplesse, en spontanéité et en fraîcheur avec des animateurs qui, certes ont l'habitude de la caméra, mais pas forcément d'un objectif photo...

Le travail d'Ade fut incroyablement riche, il a en effet très rapidement appréhendé l'appareil dans sa fonction vidéo. Le 5D MkII exploité avec la gamme professionnelle d'optiques Canon, en particulier le 50 mm et le 70-200 mm stabilisé et leur très grande ouverture, ont autorisé un travail total en lumière naturelle. Mouvement, jeu avec la profondeur de champ, rendu des matières et des couleurs : l'ensemble offrait une proposition nouvelle dans laquelle chaque animateur a réussi à s'exprimer différemment de d'habitude. Probablement que la caméra s'étant transformée en appareil photo ou inversement, le rapport à l'objet a simplifié le travail.

Aujourd'hui, cette évolution risque de bouleverser l'approche broadcast dans sa globalité, parce qu'elle offre une réelle avancée tant esthétique que technique dans sa simplicité de mise en œuvre. Il est probable qu'il s'agisse d'un réel point d'inflexion dans notre métier. Une étape a été franchie où la photo et la vidéo se sont unies pour le meilleur mais, on l'espère, pas pour le pire. »

# Les retours des professionnels

L'apparition au cours de l'été 2008 des premiers reflex disposant d'un mode vidéo HD a créé un tel cataclysme qu'il est difficile de comprendre comment l'usage mixte photo-vidéo des appareils compacts grand public s'est démocratisé dans le plus grand silence. Pour autant, le mode vidéo proposé sur les reflex de la gamme pro n'a rien de comparable avec celui destiné au grand public, puisqu'il s'adresse désormais aux professionnels. Face aux réticences de certains d'entre eux, et pour éliminer tout complexe lié aux caractéristiques de ces « simples » appareils photo, il reste préférable de consulter l'avis éclairé des spécialistes de cette nouvelle industrie pour se faire son propre jugement.

## Le milieu cinématographique est unanime

Au début des années 1980, la conception de la prise de vues consistait pour la plupart des réalisateurs cinéma à disposer d'une caméra très mobile qui pouvait s'adapter à toutes les positions imaginables. La plus légère de toutes fut la Aaton 8/35. Ce prototype fut construit en 1979 par Jean-Pierre Beauviala pour Jean-Luc Godard, qui souhaitait donner plus de liberté à son écriture cinématographique. Elle avait été appelée « 8-35 » parce que c'était une 35 mm qui avait la taille d'une Super-8.

Au même titre que cette caméra hybride conçue par un réalisateur de la Nouvelle vague, les reflex EOS, même 30 ans plus tard, sont toujours l'un des meilleurs outils caméra

Le conservatoire des techniques cinématographiques conserve et expose grâce au don de Jean-Pierre Beauviala et de sa société Aaton, la camera Aaton 8/35 conçue avec Jean-Luc Godard.

© Danny Daie, D2Visions

Robert Rodriguez sur le plateau extérieur du tournage d'un clip à Los Angeles. Il est équipé d'un Rig artisanal professionnel.

des indépendants. La technologie HDSLR est effectivement à l'origine d'une nouvelle étape esthétique et créative, d'une nouvelle écriture qui semble répondre aux attentes de la majorité des utilisateurs.

Néanmoins, il serait inexact de cantonner le cataclysme EOS au seul secteur indépendant. Par l'intermédiaire des réalisateurs et des chefs opérateurs qui ont très vite testé et adopté ce procédé, l'industrie du cinéma professionnel profite aujourd'hui largement des bénéfices de cette technologie très économique. Les récentes possibilités de fixer des objectifs zooms cinéma grâce à la disponibilité sur le marché de bague EOS en monture PL (monture réservée aux optiques cinéma, voir le chapitre 5) ne fait qu'augmenter le potentiel des reflex pour les productions cinématographiques. L'intérêt confirmé de certains protagonistes célèbres pour ce procédé a contribué à crédibiliser l'utilisation professionnelle de ces boîtiers, dont le prix ne dépasse pas celui de certains consommables sur les grosses productions.

- En France plusieurs réalisateurs (Claude Lelouche, Cédric Klapisch, Jean-Jacques Annaud, Quentin Dupieux) ont déjà réalisé certaines scènes de leurs longs métrages en utilisant simultanément plusieurs boîtiers EOS.
- Les célèbres directeurs de la photo, Darius Khondji *(Seven)*, Rodney Charters *(24 h Chrono)*, ont utilisé à plusieurs reprises des boîtiers 5D MkII adaptés et préparés par Panavision sur des productions publicitaires. En février 2010, le réalisateur Robert Rodriguez a également tourné un clip avec deux boîtiers EOS 7D qu'il souhaitait tester.
- Le médiatique Jon Fauer (réalisateur, directeur photo, auteur à succès) fait régulièrement référence au procédé EOS dans son fameux journal *Film and Digital Times*. Il a notamment testé récemment la série de zooms Optimo de la société Angénieux sur les EOS 1D MkIV et 7D.

Pour analyser l'origine et l'évolution du bouleversement technologique qui s'opère, sept acteurs et spécialistes de l'industrie cinématographique ont accepté de témoigner sur leurs diverses expériences EOS. Ils évoquent à leurs manières les raisons qui ont séduit et conduit l'ensemble des protagonistes du secteur cinéma à s'intéresser au mode vidéo des reflex EOS.

## Georges Campana, producteur de Breakout Films

En septembre 2009, j'ai eu l'occasion de présenter le potentiel du mode vidéo du 5D MkII au producteur de Breakout Films, Georges Campana. Il cherchait à l'époque une configuration de tournage souple et moderne pour réaliser un téléfilm de fiction « historique » pour France Télévisions. Voici son témoignage (30/09/2009).

Avec l'avènement du numérique, pas un mois de l'année sans qu'une nouvelle caméra, un nouveau format HD ne se profile à l'horizon : anticiper à un terme de plus de six mois un tournage et ses équipements de prise de vues devient aujourd'hui un casse-tête nécessitant la boule de cristal d'une voyante pour être résolu… Et puis j'ai eu l'occasion de découvrir grâce au directeur de la photographie Éric Brancherie et au réalisateur Sébastien Devaud le Canon EOS 5D MkII : ce fut un choc. Car tout d'un coup il m'a semblé qu'on changeait d'univers, tant par les normes de résolution que par l'ergonomie de l'équipement.

Ayant à produire pour France 2 un téléfilm de fiction « historique », je recherchais un moyen de donner à la narration une forme et une modernité qui repoussait les traditionnelles approches stylistiques du film d'époque. On a tous en tête les défis de Kubrick lorsqu'il réalisa *Barry Lindon*…

Nous avons donc décidé de faire des essais, principalement focalisés sur la sensibilité et la résolution de l'appareil : en utilisant des sources nouvelles (LED), nous avons progressivement réduit l'intensité lumineuse jusqu'à n'éclairer un visage qu'avec une bougie, en calant la sensibilité de l'appareil sur 800 ISO pour voir quel type de bruit pouvait résulter d'un tel challenge. Et là, surprise ! La qualité HD de l'image était époustouflante…

Fort de ces essais, mon idée était donc de tourner ce téléfilm dans des normes HD requises par la chaîne en bénéficiant de l'extrême légèreté de l'équipement de prise de vues fourni par le Canon… Nos objectifs sont donc :

- de bénéficier d'une sensibilité exceptionnelle pour tourner avec des sources naturelles ;
- de multiplier les appareils EOS dans des scènes de cascades pour avoir des points de vues souvent compliqués à mettre en œuvre de par la lourdeur et le coût des caméras traditionnelles ;
- de permettre à certaines scènes de foules (procès, etc.) d'être tournées en continu en incluant des appareils HDSLR, dissimulés dans la foule, ce qui favorise la mise en scène et le jeu des acteurs ;
- de manière générale, de bénéficier de la légèreté des équipements.

On l'aura compris, notre propos est de donner un aspect « news » à ce téléfilm de fiction historique. Une grande aventure commence donc !

Un tutoriel surprenant d'Howard Preston est consultable sur le Web (www.fdtimes.com/news/?p=1113). Il propose un savant calcul pour connaître le nombre de bougies nécessaires pour éclairer les visages des acteurs à la manière de *Barry Lyndon* mais en utilisant un EOS 7D.

© Sébastien Devaud

Photo extraite d'une vidéo test réalisée avec un 5D MkII pour analyser les rendus résultant de l'éclairage unique d'une bougie.

## Jean-Marie Delorme, directeur photo en cinéma et publicité (film et vidéo)

J'ai rencontré Jean-Marie Delorme par l'intermédiaire du chef machiniste Olivier Georges « Castor », que nous avons comme ami commun. Ce talentueux directeur de la photographie a très vite été conquis par les possibilités esthétiques et pratiques offertes par les EOS qu'il utilise à présent sur la majorité de ses productions (témoignage du 03/01/2010).

« J'ai travaillé pendant plus de 10 ans comme assistant opérateur en film, puis en SD et enfin en HD. J'ai donc suivi toutes les évolutions techniques des caméras numériques. Depuis que l'on demande aux opérateurs une image « film » avec un support vidéo, ceux-ci se démènent pour casser la profondeur de champ, d'où la quête des grands capteurs. Mais l'image, c'est l'optique plus que le capteur, et les caméras vidéo de reportage ne nous offraient que peu de choix concernant les optiques.

Lorsque j'ai assisté à la projection du travail du photographe JR sur les favelas de Rio, par la société Digimage sur un projecteur 2K et l'écran de la Fémis en 2009, j'ai été littéralement subjugué par la matière, la densité et la force de l'image. Je me suis alors lancé dans la photo à 30 images par seconde. Avec mon expérience du film, j'ai approché l'EOS comme une caméra de cinéma, qu'il a fallu accessoiriser pour travailler avec les contraintes de l'image de fiction. Je vois le reflex EOS comme LA caméra HD du moment, qui répond à toutes mes attentes, et je la place sur tous mes projets qui n'appellent pas le support film.

L'image c'est l'optique, le capteur, lui, va poser la question de la distance au sujet dans le cadre d'une profondeur de champ dite « cinéma ». Le grand capteur apporte également plus de détails, de couleurs et de définition à l'image. Enfin, la gamme pléthorique des optiques photo répond très bien aux besoins des clips, des pubs, ou des documentaires. Cependant, elle ne répond absolument pas aux contraintes de la fiction. Seules les possibilités récentes d'adaptation des objectifs cinéma autorisent l'introduction d'une écriture cinématographique pour les EOS.

Pour le rendu final, la différence des trois capteurs n'est pas spectaculaire, j'aurais même tendance à la réduire en 5D MkII, c'est-à-dire à travailler avec un diaph plus fermé qu'en 7D ou 1D MkIV. Ma préférence va toujours au 5D MkII car la profondeur de champ n'est pas la seule variable en jeu. Je trouve notamment la gestion des basses lumières dans les tons moyens mieux maîtrisée qu'avec le 7D. »

© François Loubeyre

Le directeur de la photographie Jean-Marie Delorme sur une production où il a utilisé sept boîtiers EOS simultanément. Il est entouré des deux chefs machinistes (Olivier Georges de la société Castor Equipment, totalement à gauche, et Jean Chesneau de la société Propulsion, à sa droite) et de son collaborateur Grégoire Ausina, à l'extrême droite.

## Thierry Pouffary, premier assistant opérateur

Premier assistant opérateur prise de vues film, photo et relief, Thierry Pouffary a utilisé les HDSLR Canon en mode vidéo sur de multiples tournages (clips musicaux, films publicitaires, téléfilms, captations 3D). Il nous fait part de ses impressions et réflexions sur leur maniement (29/03/2010).

« Grâce aux HDLSR Canon, j'ai pu dès la sortie du 5D MkII, fin 2008, allier mes compétences de premier assistant opérateur cinéma à celles d'assistant photographe, car bien que captant de la vidéo, ces appareils se règlent comme des boîtiers photo.

La fonction à ne pas négliger est la customisation des Styles d'image. N'enregistrant pas du RAW, on peut s'approcher d'une image plus douce que celle d'usine en jouant sur ces Styles d'image et surtout en ayant la possibilité d'en créer de nouveaux (avec le logiciel PictureProfileEditor), appropriés à ses conditions de tournage. On peut ainsi améliorer sensiblement la gestion du rendu des peaux.

Les essais caméra sont différents : le travail d'accessoirisation devient primordial, chaque loueur ayant développé ses spécificités et chaque film répondant à ses exigences :

- conversion du signal HDMI en HD-SDI pour bénéficier de l'utilisation de Waveform et de retour image de qualité (il est à noter que seul le 5D MkII bascule en PAL pour la preview lorsque l'on enregistre, mais qu'il vient de bénéficier d'une mise à jour lui permettant de gérer le 24/25p et d'avoir l'histogramme en live. Certains firmwares indépendants permettent l'affichage des niveaux sonores, de zébras, de tracés 1,85 et 2,40 et de la durée d'enregistrement restant) ;
- adjonction de viseur HD pour le cadreur ;
- enregistrement sur d'autres supports via la sortie HDMI ;
- Follow focus à butée pour l'utilisation des focales photo Canon ;
- choix de Rigs pour cadrer à l'épaule, à la main, sur grue...

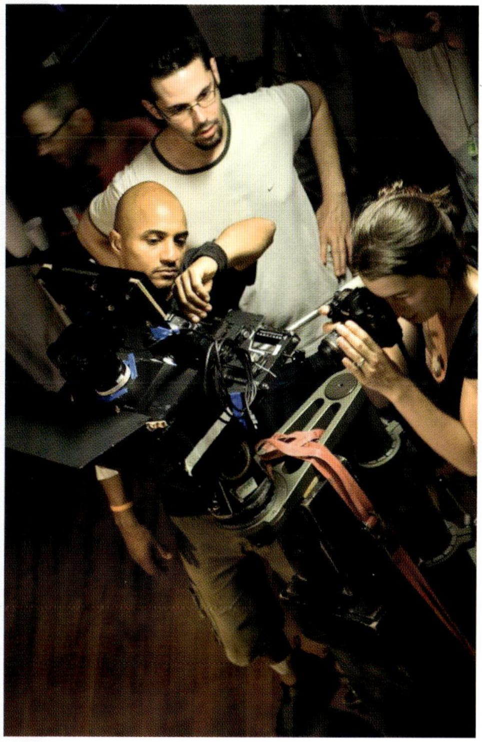

© Édouard Dejay

Photo du tournage de *Frigo*, production 3D réalisée par Joséphine Derobe avec deux 5D MkII. Thierry Pouffary maîtrise également le contrôle et le réglage des Rigs stéréo nécessaires à la réalisation des prises de vues en 3D.

En relief, les Canon autorisent une utilisation sur des modules bien plus petits que des caméras conventionnelles et l'exploitation d'une taille d'image bien plus intéressante que des paluches – mais pour la captation de mouvements rapides, des progrès restent encore à faire sur la synchronisation de plusieurs appareils.

Avec le 5D MkII, le 7D et le 1D MkIV, on peut couvrir tous les projets, le boîtier le plus robuste étant le 1D MkIV et sa patte d'accroche bien pratique pour la prise HDMI.

Connaissant leurs qualités inhérentes (faible encombrement, haute sensibilité, possibilité d'utiliser toutes les focales du parc photographique et même du parc cinéma avec la création de monture PL et Panavision), il y a fort à parier que l'on retrouvera de plus en plus souvent ces appareils sur les plateaux. J'ai pour ma part couplé ces boîtiers avec des caméras de tout bord (2/3 HD, Red, Phantom...), sur différents projets et sans rencontrer aucun problème. »

## Les prestataires spécialisés se sont adaptés

Depuis l'apparition de la HD, les prestataires spécialisés ne cessent de voir le matériel évoluer et devoir être remplacé tous les six mois. Il devient très compliqué d'investir sans perte ; seuls les anciens prestataires expérimentés, et qui ont acquis une solide réputation, arrivent à tirer leur épingle du jeu en s'adaptant aux demandes des utilisateurs.

### Alain Rappoport (PDG) et Jean-Charles Marmeleira (directeur technique) de la société Planipresse

« Planipresse est un prestataire dirigé par Alain Rappoport depuis 1988, qui s'est spécialisé dans le matériel de tournage reportage, magazines et news dont la tendance actuelle est d'utiliser de petites caméras « corporate » type Z7 ou EX3 de Sony. À côté de ce marché, la volonté de réaliser de la belle image les a également poussé à se développer vers la publicité, le documentaire et la captation institutionnelle. Ils ont notamment été parmi les premiers à proposer des systèmes Pro 35 à la location comme alternative économique aux tournages films. En restant très à l'écoute des techniciens de terrain, ils arrivent à proposer rapidement des solutions techniques tendances et de qualité. Depuis peu, ils ont également créer la société Planimonteur qui propose tous les services de postproduction avec des workflows complets adaptés aux différents types de productions.

Planipresse a découvert la technologie EOS sur un tournage HD institutionnel de 10 minutes pour Alstom, produit par Auditoire, qui était destiné à une diffusion internationale. Début juillet 2009, au bout de trois semaines de tournage avec de gros moyens techniques (Panasonic HDX900, Pro 35, série Zeiss, Swing and tilt), le client a préféré mettre en « stand by » la production pour des raisons esthétiques, méthodologiques et financières. Pour éviter de bloquer le tournage trop longtemps, l'équipe de Planipresse ainsi que le chef opérateur du film, Roland Mouron, ont décidé de chercher une solution économique qui réponde parfaitement à l'esthétisme du film. Après avoir réalisé quelques tests très concluants avec le 5D MkII, la décision de reprendre et de finaliser la production avec ce procédé a rapidement fait l'unanimité. Au terme du tournage, seules les images réalisées avec le 5D MkII ont été retenues par le réalisateur pour le montage, la première partie réalisée avec le matériel traditionnel HD n'a absolument pas été reprise.

Au regard des résultats positifs de cette production, la location de kits EOS 5D MkII est donc apparue chez Planipresse qui a décidé d'investir sérieusement dans cette technologie (boîtiers, gamme optique complète et supports dédiés) pour se donner les moyens de réussir. Planipresse a notamment été le premier à proposer une sortie HDSDI à la place de la sortie HDMI pour privilégier l'utilisation de monitoring professionnelle (type Astro). Ils recommandent leurs utilisations pour toutes les productions statiques ayant une exigence esthétique (institutionnel haut de gamme, publicités, clips et mini-fictions). Pour sécuriser ces productions, un assistant spécialisé de Planipresse accompagne souvent les tournages EOS.

Au vu des retours d'exploitation (problématique de l'enregistrement sonore ou de la difficulté à réaliser une mise au point précise), Planipresse a bien conscience que les EOS restent des appareils photo qui nécessitent une maîtrise technique complexe, limitant naturellement la cible des utilisateurs. C'est pourquoi, dans certains cas, les kits EOS seront proposés comme

Photos extraites du film Alstom, produit par la société Auditoire et réalisé avec le reflex EOS 5D MkII en juillet 2009. Cette production constitue le point de départ de l'aventure EOS chez Planipresse.

caméra de complément plutôt que comme caméra principale. Néanmoins, la décision d'investissement a été motivée par la réelle demande de ces nouvelles générations de matériel hybride, même si le modèle économique de cette technologie peut apparaître contre-productif pour les spécialistes du tournage professionnel.

Pour remédier également aux problématiques de postproduction et maîtriser cette technologie, l'alliance de Planipresse et Planimonteur propose un suivi complet des différentes étapes de production, de la composition de l'unité de tournage à la sortie définitive du film, en passant par le montage, l'étalonnage et les différentes étapes de compositing. Aujourd'hui, parmi la trentaine de locations d'unités de tournage quotidienne, trois sont des kits EOS. Planipresse se doit, en plus de ses prestations de location, de proposer une valeur ajoutée technique, avec un savoir-faire de broadcaster éprouvé, car l'investissement personnel de ce matériel est accessible à l'ensemble des utilisateurs. Tranquilliser et sécuriser l'utilisateur, ainsi qu'anticiper et régler les éventuels problèmes, sont les mots d'ordre de Planipresse.

La sortie du 7D a diminué brutalement les locations du kit EOS 5D MkII, mais au bout d'un mois seulement, un équilibre s'est opéré. Certains utilisateurs ont préféré revenir à l'image produite par le capteur Full Frame du 5D plutôt que de bénéficier de la facilité de postproduction offerte par la cadence images européenne disponible sur le 7D. Pour Alain Rappoport, ce qui a marqué les esprits, c'est le prix et le côté « post-moderne » des HDSLR : « Paris étant le centre mondial de la mode, la personne qui vient nous voir veut avoir l'habit de l'année et ce dernier pour la caméra correspond à l'EOS 5D MkII collection 2009/2010 ! »

## Benjamin Steele, directeur général de la société Emit

Importateur agréé depuis plus de 25 ans, Emit offre aux professionnels de l'image des solutions de prise de vues innovantes, en partenariat avec des fabricants de renommée mondiale : P + S Technik, Abakus, Betz Tools, Chrosziel, C-Motion, Cooke, Easyrig, Pag, Panther, 16X9 INC, Transvideo, Zeiss HD. Couvrant tous les formats, 35 mm, Super 16, HD, vidéo 2/3 et HDV, Emit conseille en amont dans le choix d'accessoires caméras, optiques, porte-filtres, alimentations, machinerie.

« Nous avons découvert le 5D MkII début 2009, quand le fabricant d'accessoires professionnels allemand Chrosziel a développé et adapté tout une gamme comprenant Mattebox et Follow focus, Fluid zoom, crosses d'épaule et poignées dédiés à l'utilisation des HDSLR. Deux raisons majeures expliquent concrètement la révolution technologique qui s'opère actuellement autour des EOS :

- leur rapport prix/qualité inégalable dans un contexte de crise économique ;
- le fait que notre industrie est souvent marquée par des phénomènes de mode (Pro 35, Red, EOS).

La clientèle de ces caméras hybrides est essentiellement composée de productions qui souhaitent posséder leur propre caméra afin d'améliorer leur réactivité, leur compétitivité et leur rentabilité, et du même coup s'affranchir quand cela est possible d'un prestataire ou d'une sous-traitance. Pour autant, ces clients comptent parmi les premiers à nous solliciter pour savoir comment adapter les outils ou accessoires traditionnels à l'ergonomie inadéquate de cet appareil.

À ce jour, et à en croire les chiffres de ventes annoncés, il apparaît que l'essentiel du marché est destiné à la vente. Néanmoins, il est possible de trouver ces appareils chez la quasi-totalité des loueurs de caméras. Au regard de la clientèle ayant accessoirisé leur boîtier avec nos produits, le mode vidéo semble bien être le premier critère de sélection. À leur sortie, on pouvait penser que les EOS seraient uniquement utilisés comme caméras de complément, mais très rapidement, certains utilisateurs de ces appareils ont imaginé une utilisation plus polyvalente, leur assignant très vite le rôle de caméra principale. »

Le 7D équipé du kit Chrosziel comprenant la Mattebox, le support léger, le Follow focus et le Fluid zoom.

© Ludovic Siméon

# Deux célèbres ambassadeurs du 5D MkII témoignent

## Philip Bloom, réalisateur et directeur photo

Philip Bloom, réalisateur et directeur de la photographie britannique basé à Londres, s'est spécialisé dans les caméras HD haute technologie. Son incroyable talent de bloggeur, ses travaux multiples sur les possibilités de jouer avec la profondeur de champ ainsi que ses divers tutoriels dédiés aux EOS (DVD training/F-Stop Academy) lui confèrent aujourd'hui le statut d'ambassadeur incontournable des différentes technologies HDSLR.

En fin d'année 2009, il a été contacté par Rick McCallum (producteur de Star Wars Lucasfilm) et Mike Blanchard (directeur de postproduction Lucasfilm) qui souhaitaient le consulter au sujet de la possibilité d'utiliser des reflex numériques vidéo sur leurs productions. Rick McCallum et George Lucas recherchaient des caméras qui donneraient les meilleurs résultats possibles sur écran pour leurs prochaines productions, notamment pour les derniers plans de *Red Tails* et pour la prochaine série *live, Star Wars*.

Photos du Ranch Skywalker extraites d'une séquence test réalisée par Philip Bloom.

© Philip Bloom

© Philip Bloom

Un accord rapide pour un séjour de cinq jours au Ranch Skywalker a été conclu pour réaliser des tests et leur montrer comment tirer le meilleur parti des EOS 5D MkII et 7D. Après avoir réalisé sur place un ensemble de séquences tests privilégiant aussi bien le mode vidéo Full HD que les techniques d'animation photo (voir le chapitre 8), Philip Bloom a réalisé un montage en vue d'une projection dans la salle référence du Ranch Skywalker.

Voici un extrait du blog de Philip Bloom, traduit en français.

J'étais très nerveux, n'ayant encore jamais vu mon travail projeté sur un grand écran aussi bon que celui-ci, ça allait être un véritable test pour ces caméras. Rick et Mike voulaient voir comment les images allaient se comporter sur grand écran. Ils avaient réalisé quelques séquences et n'étaient pas satisfaits de ce qu'ils avaient obtenu jusque-là. Ils ont donc converti mon montage dans un format MXF grâce à une station Avid, et je me suis assis pour regarder le résultat.

Consultez le blog de Philip Bloom, à l'adresse : http://philipbloom.co.uk/2009/12/12/skywalker.

Le célèbre réalisateur/producteur George Lucas nous a rejoint, accompagné du légendaire ingénieur du son, Ben Burtt, pour visionner ce test. Mon cœur battait la chamade. J'ai regardé défiler les séquences et ils ont finalement été très impressionnés par le rendu. Mon moment préféré, c'est quand le Time-lapse de la nuit étoilée est arrivé et que Ben Burtt a déclaré : « Maintenant, accrochez-vous ! ». Puis, Quentin Tarantino est entré : il devait ce jour-là préparer la sortie du DVD *Inglorious Bastards* et George lui a dit « Viens voir ça ! ». Quentin Tarantino a été dithyrambique, qualifiant le montage « d'épique », mais il a été choqué quand il a su que des reflex numériques étaient à l'origine de ces images. Il n'avait encore aucune idée des possibilités et de la qualité d'enregistrement Full HD des HDSLR. Nous avons tout regardé dans le théâtre Stag du Ranch Skywalker, probablement l'un des meilleurs écrans au monde : un écran de 40 pieds... Et c'est aujourd'hui un souvenir incroyable ! »

## Vincent Laforet, photographe

L'histoire de Vincent Laforet est l'exemple parfait d'une transition réussie entre la photographie et le cinéma. Photographe réputé en photojournalisme depuis 18 ans (avec 4 ans d'expérience en photo publicitaire), l'Américain Vincent Laforet voit sa popularité exploser grâce au tournage du premier film HD issu d'un boîtier reflex numérique, *Rêverie*.

Découvrez l'interview complète sur le travail de Vincent Laforet (en anglais) à l'adresse : www.usa.canon.com/dlc/controller?act=GetArticleAct&articleID=2446

Vincent Laforet fut en effet un des premiers à utiliser le prototype EOS 5D MkII aux États-Unis. Sans notice, sans support, sans équipe et avec seulement 72 heures pour le tournage, il s'est lancé dans sa première « vraie » réalisation d'un film court. Voici un extrait d'un témoignage sur son travail (traduit en français), publié sur le site de Canon États-Unis.

« Un tournage est alors rapidement improvisé avec l'assistant et la femme de Vincent Laforet qui font appel à deux mannequins. Au tout début donc, il n'y a pas de scénario, pas même d'idée particulière, mais juste la volonté de très rapidement réunir les meilleures conditions d'un tournage... Dans le courant de la nuit, Vincent appelle son ami Yoni Brook avec qui il établit une trame narrative et construit son scénario et un découpage. Les mannequins arrivent le samedi matin, il faut leur acheter une tenue (et des lunettes d'aviateur pour l'homme) ; enfin les premiers plans sont tournés à 16 h et se prolongeront toute la nuit de façon assez légère, à l'instinct. Pas de stress, la seule *deadline* étant la restitution de l'appareil... Cette improvisation inhabituelle leur semble assez *fun* ! Pas de pression de la part d'un client puisque Canon n'est pas commanditaire... et n'attend rien de particulier.

Le tournage dans New York est léger : dans les endroits surpeuplés comme Times Square, on peut éviter d'utiliser pied et éclairage pour passer inaperçu, c'est un des atouts du 5D MkII. Ce mélange de professionnalisme et d'improvisation est probablement l'un des facteurs du succès de *Rêverie*, une esthétique efficace ; plus beau que la plupart des assemblages de plans d'amateurs éclairés (ou pro) que l'on trouve sur Vimeo et plus technique que les habituelles vidéos virales.

Les conditions de lumière ont été assez naturelles, correspondant au goût de Vincent Laforet pour les ambiances « réelles ». Le 5D MkII étant particulièrement adapté aux faibles lumières, la majorité des plans ont été filmés de nuit avec une ouverture régulière à f/2 ou f/2,8. Dans les zones plus lumineuses, ils ont utilisé des filtres ND *(Neutral Density)* forçant l'ouverture à f/2,8 ou f/4 afin de conserver une faible profondeur de champ. Sa grande expérience du reportage lui permettant de jongler efficacement avec différents objectifs, Vincent a utilisé depuis le fish-eye 15 mm (sur le capot de la voiture) jusqu'à l'EF 16-35 mm f/2,8L dans l'hélicoptère, ou l'EF 50 mm f/1,2L pour beaucoup de plans ; l'EF 85 mm f/1,2L pour les plans du réveil et de la salle de bains, mais aussi un EF 200 mm f/2L...

Bref un appareil très souple d'usage et permettant des tournages hyper légers tout en assurant une qualité d'image extrêmement intéressante...

Images extraites des films tests, *Rêverie* pour le 5D MkII et *Nocturne* pour le 1D MkIV. Ces films constituent de véritables références pour les internautes qui souhaitent découvrir les performances de la technologie EOS.

© Sébastien

/ PARTIE 2 /

# La préparation du tournage

Avant d'aborder cette deuxième partie qui nous fait entrer dans l'univers des productions professionnelles, il est important de rappeler que la prise en main et les spécificités techniques des HDSLR doivent à ce stade être complètement maîtrisées. En effet, partant du principe que la composition d'une unité de tournage induit une notion de production (personnelle ou professionnelle), elle a un coût qu'il serait dommage d'alourdir par un manque de maîtrise et de méthodologie (il ne faudrait pas risquer non plus les foudres d'un client)... La période nécessaire à cet apprentissage est relative, et dépendra du niveau initial de chacun et de sa capacité à absorber et dépasser les notions techniques de la photographie, très similaires à celles de la vidéo (ouverture, vitesse, sensibilité).

Nous allons dans la suite de cet ouvrage privilégier une utilisation des EOS pour les experts et les professionnels, toutefois les accessoires recommandés pour la composition de l'unité de tournage ainsi que quelques astuces seront plutôt destinés aux photographes et aux vidéastes indépendants qui souhaitent investir pour s'équiper personnellement. Nous verrons aussi, dans les chapitres consacrés au son et aux optiques, que la polyvalence des HDSLR Canon et une accessoirisation adaptée permettent de nombreuses configurations qui répondent aux exigences de tous les types de productions.

# / CHAPITRE 3 /

# Composition de l'unité de tournage

L'un des atouts majeurs des reflex HDSLR est leur polyvalence, c'est-à-dire leur capacité à répondre à tous les types de productions (fiction, news, publicité). Il serait donc facile de croire que l'on peut aisément utiliser ce genre de boîtier comme une simple caméra standard, mais une connaissance des tenants et aboutissants de la chaîne de production reste nécessaire pour optimiser l'utilisation des EOS. Ce chapitre a pour but de vous aiguiller sur les différentes configurations d'unités de tournage possibles selon les types de productions que vous pourrez rencontrer.

Avant toute chose, commencez par réaliser plusieurs productions personnelles pour tester toutes les fonctionnalités des boîtiers qui seront nécessaires à vos productions professionnelles.

Les premières questions qui conditionnent le choix du matériel, quand on compose une unité, restent :

- / la connaissance du lieu de tournage, préalablement repéré (intérieur/extérieur/étranger), qui déterminera votre mobilité (trépied/machinerie), les besoins en lumière additionnelle et le choix des optiques ;
- / la durée du tournage (interviews, news de 10 minutes ou fiction sur deux mois), qui définira vos besoins en énergie et la façon dont vous gérerez les rushs (cartes et sauvegardes) ;
- / la nécessité d'une prise de son (interne ou externe), qui impliquera de connaître le nombre de protagonistes à équiper et les conditions de tournage (lieu avec interférences, champs des caméras larges...) ;
- / la composition de l'équipe de tournage, qui se constituera en fonction des critères précédemment énumérés.

Avec les boîtiers et les objectifs, les cartes mémoire et les batteries constituent les éléments de base de l'unité de tournage.

© Sébastien Devaud

La composition des unités de tournage en fonction des différents types de productions repose en premier lieu sur la mobilité du tournage : en restant fixe sur un périmètre assez restreint, on choisira souvent un matériel plus lourd et encombrant que sur un tournage en mouvement, couvrant un grand périmètre, où la légèreté et le côté pratique du matériel sont à privilégier. Le nombre de techniciens composant l'équipe de tournage de telle ou telle production est également un excellent reflet du volume du matériel choisi. Un JRI (Journaliste reporter d'images) sur le

Le journaliste reporter d'images doit maîtriser la technique de prise de vues caméra aussi bien que la partie éditoriale de sa production.

terrain sera logiquement équipé plus légèrement qu'une équipe de fiction. Mais il faut également tenir compte de l'alimentation en énergie des matériels, c'est ce que nous verrons un peu plus loin dans ce chapitre.

## S'équiper pour réaliser des mouvements stabilisés en fonction du type de tournage

Dans *The Blair Witch project*, par exemple, le style caméra épaule très peu stabilisée est artistiquement voulu pour accentuer l'effet ultra réaliste de la narration.

À de très rares exceptions artistiques près, la stabilisation de l'image est universellement reconnue comme un critère de sélection majeur du matériel de tournage. Des images tremblées peuvent être admises si elles sont voulues, c'est-à-dire si elles apportent quelque chose à l'histoire, mais cela reste rare. Si ces images tremblées sont involontaires, le visionnage est un cauchemar pour le spectateur.

Un utilisateur du 5D MkII (ou d'un des autres reflex Canon) qui veut stabiliser son image :

- doit avoir de la pratique et de l'expérience, et s'atteler à des projets réalistes (il serait risqué de s'équiper de reflex EOS comme caméra principale sur un long métrage sans avoir au préalable réalisé quelques formats courts, type publicitaires ou institutionnels) ;
- doit bien choisir son pied et ses têtes fluides en fonction de la configuration caméra (boîtier nu ou équipé d'accessoires externes : système audio autonome, moniteur externe...) et des objectifs retenus pour le tournage (objectif photo – focale fixe légère – ou zoom cinéma à monture PL, excessivement lourd) ;
- doit s'appuyer sur des équipements et machineries professionnels pour la prise de vues en mouvement (travelling, grue, Steadicam...) – sujet qui va constituer l'essentiel de ce chapitre ;
- doit privilégier les optiques stabilisées pour la prise de vues en caméra portée (voir l'encadré ci-contre et le chapitre 5) ;
- peut faire appel à des plug-ins spécifiques (un plug-in est petit filtre d'effet qui complète un logiciel hôte, comme Final Cut Pro, et lui apporte de nouvelles fonctionnalités qui ont pour fonction de stabiliser en postproduction des images heurtées au tournage, par exemple les plug-ins Smoothcam ou Motion-track – voir le chapitre 9).

Pour en savoir plus sur le matériel optique, reportez-vous au chapitre 5.

Les moyens de stabilisation de l'image sont donc répartis sur toutes les différentes étapes de production. Nous allons nous concentrer ici sur ceux qui ont trait à la stabilisation de l'image en fonction du mouvement de la caméra. Ceux qui concernent la postproduction et les optiques seront étudiés dans les chapitres suivants, toutefois il est important de mentionner dès à présent le système IS des optiques (voir encadré) : les appareils EOS ne sont pas équipés d'un système de stabilisation électronique intégré, il faudra compter sur les optiques pour assurer le travail. Les stabilisations numériques proposées sur certains boîtiers restent moins performantes que les stabilisations optiques coûteuses qui donnent des résultats bien supérieurs. Elles sont vivement recommandées en conditions de reportage, mais doivent être désactivées pour les prises de vues sur pied.

S'il apporte une dynamique indéniable à une séquence, un mouvement de caméra doit se justifier. De plus, il est souvent difficile à mettre en œuvre car il demande du temps et de l'expérience – mais quand il est réussi, il donne une nouvelle dimension à un plan...

## TECHNOLOGIE

**Principe de l'IS** *(Image Stabilizer)*

La stabilisation optique intervient directement au niveau de l'objectif, avant toute conversion numérique. Aussi ce type de stabilisation nécessite-t-il une implémentation matérielle. De même qu'il existe plusieurs méthodes de stabilisation numérique, il existe plusieurs technologies de stabilisation optique. On trouvera couramment dans les appareils vidéo présents sur le marché ces deux techniques : *Shift method* et *Vari-Angle Prism*. Le positionnement au niveau de l'objectif permet de transmettre aux capteurs CCD une image stabilisée, et résout de manière topologique le problème de la perte de qualité. La technologie mise en œuvre au sein de l'objectif est nettement plus coûteuse et se retrouve davantage dans les appareils professionnels.

(Source : *Stabilisation d'Images*, Erwan Le Martelot, 23/03/05)

© Sébastien Devaud

Images extraites de vidéos avec (en haut) et sans stabilisation optique IS (en bas). Les vidéos ont été volontairement réalisées à main levée pour accentuer les différences de stabilisation. On distingue parfaitement le flou de bougé sur la voiture sans stabilisation IS. 1D MkIV, EF 50 mm, f/1,4.

## Le point de vue des chefs machinistes

La confusion la plus courante associée aux nouveaux modes vidéo des boîtiers EOS consiste à comparer ces systèmes légers et économiques à de petits caméscopes automatiques. Bien qu'un boîtier puisse être géré manuellement par une seule personne, utiliser des EOS sur un tournage peut requérir des équipes complètes de cinq ou six personnes (par exemple pour un tournage en 3D avec Rig stéréo, voir le chapitre 8). Pour autant, le mode manuel nécessite dans tous les cas une accessoirisation spécifique des appareils photo, impliquant un équipement dont l'optimisation fait le plus souvent appel à des spécialistes.

En plus de leur rôle sur les tournages, les chefs machinistes ont décidé de concevoir et d'adapter leur matériel pour répondre encore plus précisément aux caractéristiques et fonctionnalités de ces nouveaux reflex vidéo. Certains d'entre eux ont ainsi décidé de monter leur propre société ; Propulsion, Fluid Motion ou Castor Equipment en font partie. Avant d'aborder en détail l'ensemble des mouvements de caméra existants et l'accessoirisation qu'ils imposent, voici quelques témoignages et analyses que ces chefs machinistes portent sur cette nouvelle industrie.

## Jean Chesneau, société Propulsion

Jean Chesneau, de la société Propulsion basée en région parisienne (www.propulsion.biz), nous livre sa vision du procédé HDSLR.

« Début 2009, le réalisateur Stéphane Leloutre et le directeur de la photographie Éric Dumage nous ont appelés sur une production institutionnelle pour installer le 5D MkII et analyser ses performances en conditions de tournage. Nous n'avions pas d'appréhension, étant habitués à fixer des paluches de quelques centaines de grammes sur des TGV roulant à 600 km/h, comme des Arri III sur des hélicoptères; nous considérions le boîtier comme un nouveau produit pour lequel il allait falloir mettre en place des montages appropriés.

En qualité de chef machino, je trouve que les atouts principaux de cet appareil sont sa compacité, son coût et la prise de risque qu'il permet : dans des conditions extrêmes, on n'hésitera pas à choisir un couple optique-appareil qui se chiffre entre 3000 et 5000 €, alors que pour une caméra il faut investir au minimum un, voire deux zéros supplémentaires... Beaucoup de chefs machinistes pensaient a priori que c'était un appareil qui n'avait besoin de personne pour le faire fonctionner, mais ils ont rapidement déchanté parce que ce boîtier a les inconvénients de ses avantages : il est très léger et donc n'a aucune inertie. S'il n'est pas correctement fixé ou maintenu (voire alourdi), on peut rencontrer des problèmes de stabilité.

Sur des plans caméra embarquée voiture, nous avons fixé une masse en dessous de l'appareil suspendu à des benjee pour donner de l'inertie et stabiliser le boîtier (des caméras 35 mm pesant 20 à 25 kg équipées bénéficient naturellement d'une inertie qui limite l'entrée en vibration par rapport à un boîtier d'environ 1 Kg qui n'a pas une ergonomie dédiée à cet usage). Sur le montage voiture, nous installons des Rigs qui sont au moins aussi rigides que pour une 35 mm avec autant de tubes et de poids de matériel que pour une 35 mm. Il est même plus difficile de faire un montage stable avec un boîtier HDSLR qu'avec une Arri III des années 1980. Les optiques sont équipées de « Clear » pour parer aux projections.

Le quad travelling 4 roues motrices proposé par les sociétés Propulsion/ETC autorise un montage de tous types de pneus (pour le bitume, la terre ou la glace).

Pour l'utilisation de machinerie avec les HDSLR, notre société Propulsion offre plusieurs possibilités. La conception et la réalisation d'équipements dédiés aux boîtiers en fonction des besoins (et de notre expérience), l'adaptation de machineries traditionnelles louées chez les prestataires spécialisés ou un mix des deux. Notre atelier nous permet de construire des équipements au plus proche de nos besoins. Nous créons les interfaces quand c'est nécessaire, et nous fournissons des prestations de machinerie complètes, clés en main. Notre travail est de servir la mise en scène, nous prenons la responsabilité du matériel loué pour obtenir et garantir un résultat quel que soit le type de machinerie : grue, Dolly... Hormis le fait que les HDSLR sont des caméras plus petites pour des définitions comparables, elles restent des caméras comme les autres. Leur compacité offre des possibilités nouvelles, comme celle d'atteindre des endroits difficilement accessibles auparavant, sans négliger pour autant la qualité optique. L'utilisation de périscopes, miroirs et autres accessoires pas toujours très pratiques est ainsi souvent évitée.

Depuis juillet 2010, Propulsion propose un support cage pour prises de vues embarquées dynamiques, ainsi qu'un Rig stéréo 3D dédié aux réflex EOS.

Dans notre industrie, les petits supports proposés par des marques comme Zacuto, Chroziel et autres peuvent apparaître chers par rapport au prix de l'appareil, mais la fabrication (usinage en commande numérique) et les matériaux utilisés par ces spécialistes de l'accessoire expliquent ces tarifs élevés.

Pour l'utilisation avec des Steadicams, nous recommandons de lester le boîtier pour lui donner de l'inertie, au même titre que les autres supports. »

## Franck Courrault, société Fluid Motion

Franck Courrault, chef machiniste et créateur de la société Fluid Motion située à Paris (www.fluidmotion.fr), nous explique pourquoi le matériel de machinerie destiné aux caméras légères (moins de 5 ou 6 Kg) est encore aujourd'hui assez peu répandu.

« *Des raisons liées aux équipes et/ou aux opérateurs*

Dans un premier temps (il y a déjà plus de 10 ans), les sociétés de production ont utilisé les caméras DV puis HDV, uniquement pour des raisons de coût. Les grosses équipes de tournage se sont alors réduites ; l'ingénieur du son n'étant plus forcément de la partie, le machiniste s'est souvent transformé en assistant plus polyvalent et moins spécialisé. Les accessoires de machinerie se sont donc parfois limités à ce que peut porter un cadreur une fois qu'il tient la caméra et le pied (facultatif pour certains). Dans cette configuration solo, on retrouve les accessoires de préhension : poignées en tout genre, monopods, Crazy Handle... Cette configuration est souvent retrouvée en reportage news ou en petit documentaire.

*Des raisons liées à l'offre de matériel*

L'offre est très récente, souvent composée de produits américains de qualité et de fabrication très variables – les constructeurs américains ont toujours été très réactifs (pour des raisons de marché). On retrouve dans cette catégorie toute la machinerie existant pour le cinéma, mais en taille réduite, et quelques gadgets (ceci dit sans connotation péjorative). C'est une des raisons de la disparité des matériels. Mal fabriqués mais de coût abordable, ils peuvent rendre service dans certaines situations. Toutefois, les grands fabricants d'accessoires (Chrosziel, Arri...) ont adapté leur matériel et ont vu dans l'arrivée des appareils photo une opportunité unique d'un nouveau développement.

Des sociétés américaines (Zacuto, Redrock...) proposent une gamme assez complète d'accessoires de qualité variable (de la pièce usinée et anodisée à la pièce de fonderie aluminium peinte...). Récemment importés en France via Internet, ils inondent le marché mais leur mode de distribution (vente à distance) ne permet aucun essai avant l'achat. À méditer... Penser également au service après vente et ne pas oublier que les droits de douanes peuvent alourdir le prix d'achat – et pourtant la conversion dollar/euro est encore favorable.

Bien fabriqués, ces nouveaux équipements sont d'un usage satisfaisant, mais les accessoires coûtent quasiment aussi cher que pour les plus grosses caméras, et leur prix à la location est toujours élevé. Les économies d'échelle et de coût des caméras DV, HDV et appareils photo ne sont en effet pas répercutées sur les accessoires fabriqués par des sociétés de taille réduite.

Aujourd'hui, l'achat de tous les accessoires « indispensables » représente un investissement équivalant à 2 ou 3 fois le prix du boîtier nu. Que les accessoires coûtent plus que l'appareil de prise de vues est une première dans l'histoire de la photo/cinéma... À prendre en compte pour ceux qui devront faire preuve de discernement lors de l'achat des Mattebox, Follow focus ou autres accessoires (afin qu'ils puissent les réutiliser sur plusieurs générations de boîtiers). Il faut se montrer malin et avoir une très bonne connaissance (grâce aux forums Internet, par exemple) des acteurs d'un marché qui évolue très vite.

*Avenir et avantages de la machinerie légère*

La machinerie dédiée reste encore discrète dans sa diffusion. De surcroît, sa location ou distribution n'est pas connue de tous les opérateurs ou même des sociétés de production qui restent dans un circuit de location déjà identifié (Alga, TSF ou autres). C'est pour cette raison que certaines productions ou certains opérateurs utilisent un matériel cinéma disproportionné pour mettre la caméra en mouvement.

Cette configuration en équipe complète (avec au moins un machiniste ou un assistant) est souvent retrouvée pour les publicités destinées à Internet, les productions de courts et moyens métrages, c'est-à-dire les films où la prise de vues est soignée et élaborée par une équipe plus complète.

Quand il ne s'agit pas de stabilisation d'image « pure », le faible poids de la caméra devient un avantage considérable pour tout ce qui concerne les accroches : il est toujours plus simple de suspendre 3 Kg que 12 ou 20 (cas des caméras vidéo lourdes ou des caméras film). Il me semble que l'avenir de la « petite machinerie » se situe dans ce domaine, car elle permet des prises de vues originales et surprenantes.

Il est intéressant de constater que les images sont de plus en plus faites à hauteur de bras, car l'opérateur porte de moins en moins la caméra sur l'épaule. Traditionnellement, on filmait à la hauteur des yeux du comédien; désormais, on voit beaucoup de légères contre-plongées.

*Où accrocher la caméra?*

– Sur une structure existante : mur, mobilier.

– Sur une structure en mouvement : voiture (intérieur, extérieur en déport...), vélo, moto... tout ce qui roule!

– Sur le comédien en caméra subjective : *body mount*, torse, bras, jambe (n'est-ce pas un bonheur de remplacer un gros tube de 50 mm de diamètre par un simple tube de 16 mm en standard ?).

Bref, n'importe où et surtout rapidement ! Mes interventions en machinerie nécessitent rarement plus de 10 minutes de mise en place.

Et légèrement : avant, le tube de base d'un machino était un tube de 50 mm de diamètre, maintenant, dans la plupart des cas, des tubes de 16 font l'affaire. Les montages avec les déports rotules de 50 cm et 1 m (utilisés par les électros) font partie de la « bijoute » des machinos.

Mon métier aujourd'hui est d'imaginer le « comment », c'est-à-dire des solutions simples pour que les opérateurs aient des dispositifs qu'ils pourront mettre en œuvre sans avoir reçu de formation approfondie. Considérer les appareils photo comme de nouveaux moyens de filmer est devenu une réalité, il nous reste à nous, machinistes, à développer des systèmes spécifiques et proportionnés. Nos solutions dépendent de notre imagination et de notre capacité à concevoir et fabriquer ces systèmes grâce à l'expérience que nous avons acquise dans le cinéma ou la vidéo.

*Les outils à disposition*

En gros, tout ce qui peut être porté par une seule personne :

– un Crazy Handle, un Jib (Porta-jib Losmandy) ou un Steadicam (Provid), qui nécessitent d'être gueusés (au moins 5 à 7 Kg). Les résultats sont plus probants que d'utiliser un Stead dont la capacité de bras serait de 3 ou 4 Kg (mais les fabricants ont développé des petits Steads pour leur chiffre d'affaires… N'est-il pas ridicule d'imaginer un Steadicam pour iPhone ?) ;

– un harnais solidaire *(body mount)*, diverses accroches spécifiques, une Dolly de table bol 100 mm (Mini Skater), des sacs à billes, une cage de protection pour accrocher le boîtier, des ventouses, des adaptations et fixations diverses pour positionner les nombreux accessoires sur le boîtier.

Bien évidemment, les productions trouveront utile de rappeler qu'un budget est limité, qu'un salaire doit être raisonnable et, ce faisant, elles oublieront souvent que le machiniste est aussi le loueur de matériel dans bien des cas… Ce qui pour le machiniste pose un problème de facturation, car le matériel ne trouve pas sa place dans une fiche de paye. Le machiniste qui se retrouve par conséquent loueur de matériel devrait en théorie adopter un statut d'entrepreneur indépendant. Certains considèrent ce statut comme un avantage, d'autres préféreront conserver un statut d'intermittent.

Que de changements en perspective… Décidément, l'avènement de ces boîtiers risque fort de bouleverser quelques habitudes.

Le recours à un personnel qualifié proposant un matériel professionnel adapté reste donc la meilleure recommandation que nous puissions vous donner pour réaliser des mouvements de caméra faisant appel à de la machinerie. Cependant, la multitude des supports dédiés à l'utilisation des boîtiers EOS en solo ne peut pas être ignorée. Ces équipements sont en effet à l'image de la grande polyvalence d'utilisation de ces reflex, leur classification s'est opérée selon les différents mouvements de caméra existants.

> Dans tous les cas, l'association d'un support aux EOS oblige une fois de plus à pratiquer avant d'accepter toute production professionnelle.

Un nombre conséquent de supports spécifiques pour le 5D MkII existe déjà (privilège de l'âge), de nombreux équipements et adaptations sont également disponibles ou prévus pour le 7D. Au moment de l'écriture de ces lignes (avril 2010), seuls les produits destinés au 1D MkIV restent rares. Les prix pratiqués par les distributeurs de ces supports sont dérisoires au regard du matériel nécessaire aux grosses unités de tournage, mais ils dépassent pour la plupart le prix des boîtiers eux-mêmes. Leur qualité demeure très variable en fonction des marques, certains produits pouvant même être considérés comme des jouets.

## Les équipements (ou le matériel) dédiés aux mouvements panoramiques

Le panoramique est le mouvement le plus simple à réaliser. Dans la plupart des cas, la caméra n'a pas à se déplacer : fixée sur une tête, elle effectue une rotation soit autour de son axe vertical (panoramique vertical ou *tilt*), soit autour de son axe horizontal (panoramique horizontal ou *pan*).

### TECHNIQUES DE TOURNAGE

**Le mouvement panoramique**

La caméra restant fixe, le panoramique n'entraîne pas de changement de perspective, mais il peut couvrir facilement un espace important. Son rôle est généralement descriptif : c'est une bonne alternative à une série de plans fixes. Il permet notamment de parcourir des espaces qui ne rentrent pas dans un rapport d'image classique (4:3 ou 16:9), de décrire un paysage (plan de situation), de suivre facilement une action, ou encore d'indiquer implicitement un lien entre deux ou plusieurs éléments.

Le panoramique reste souvent un mouvement lent, qui doit être parfaitement limpide, éviter les sautes et être amorti en début et en fin. Ce mouvement peut également être réalisé de manière très dynamique, mais dans ce cas l'utilisation des EOS n'est pas recommandée (problème du mode Rolling shutter, voir le chapitre 1).

(D'après Stéphane Nicolle, Xplorer studio, www.xplorerstudio.com)

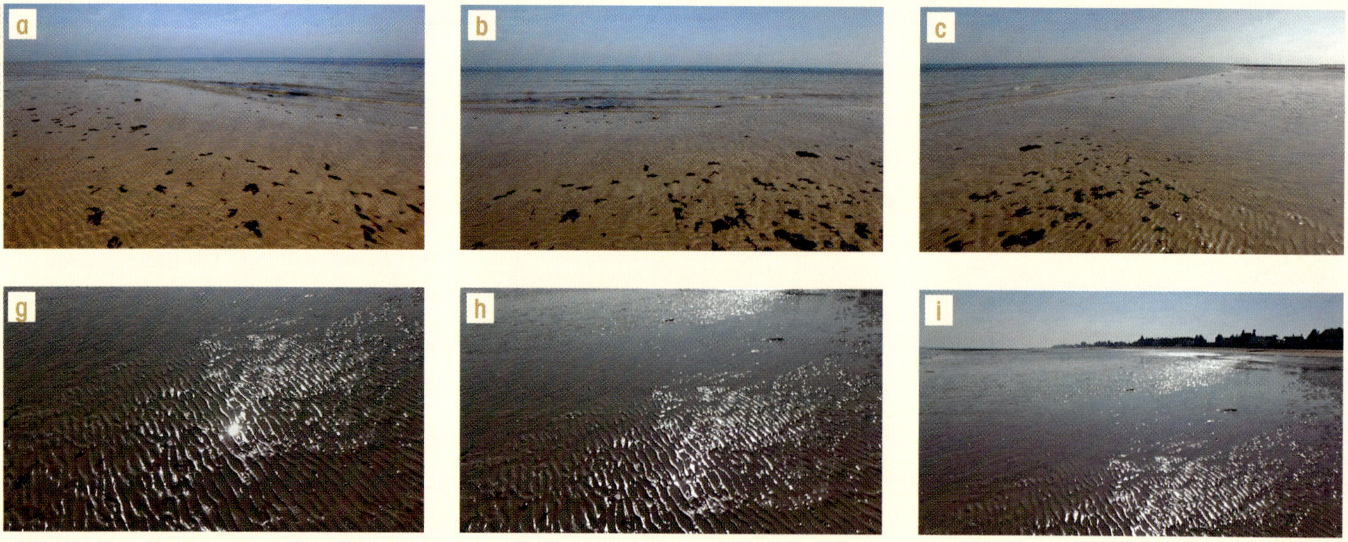


© Sébastien Devaud

## Les pieds et têtes fluides traditionnels

La méthode la plus classique et la plus courante de stabilisation de l'image reste l'utilisation d'un pied ; elle a aussi le mérite d'être simple et efficace dans 100 % des cas. Bien que les pieds soient les accessoires incontournables de toute caméra, utiliser des pieds standards présente des inconvénients : il faut transporter un matériel souvent lourd et encombrant et trouver la place nécessaire pour l'installer en un minimum de temps. Les reflex EOS bénéficient bien sûr de toute la gamme des trépieds photo légers, mais attention : pour réaliser des vidéos, plus un trépied sera lourd, plus sa stabilité sera renforcée et plus les mouvements seront élégants.

Même avec les reflex, les trépieds lourds, haut de gamme (ceux des caméras cinéma par exemple), sont donc préconisés pour garantir fluidité et stabilisation. Quand le poids est un inconvénient, comme en reportage, il existe des trépieds en fibre de carbone à gueuser. Certains trépieds spéciaux présentent, eux, de nombreuses articulations qui permettent de

L'usage de trépieds pour stabiliser l'appareil, l'élever à une hauteur souhaitée et réaliser des mouvements panoramiques est surtout réservé aux productions où le temps est suffisant pour implanter le matériel.

## TECHNIQUE ET MATÉRIELS

### Principe de construction des trépieds photo

Pour être aussi stables que possible, les trépieds photo sont en général organisés autour d'une plate-forme centrale d'où partent trois pieds télescopiques et une section télescopique qui porte la tête, laquelle peut être levée ou abaissée.

La tête est le dispositif de fixation à l'appareil. Les têtes modernes sont souvent dotées d'un système de platines permettant de fixer et d'enlever rapidement le boîtier : la partie mâle se visse à l'appareil et vient s'emboîter dans la partie femelle sur la tête. Cette platine peut être comparée à la semelle des pieds proposés pour les tournages avec des caméras ENG classiques (XDCAM HD, par exemple). Elle évite d'avoir à visser et dévisser complètement le boîtier à chaque fois.

La tête est munie d'un nombre plus ou moins important d'articulations, qui permettent de régler l'azimut, la hausse et l'orientation du boîtier. Il existe également certaines têtes dotées de systèmes électroniques pour la télécommande des mouvements du boîtier.

Séquence d'images extraite d'une vidéo décrivant un mouvement de « pan » horizontal 360° (photos a à f) et de « tilt » vertical 90° (photos g à k).
5D MkII, objectif EF 16-35 mm, f/2,8 L II USM.

monter la tête à l'envers ou d'incliner leur tige de support pour arriver entre les montants du trépied : grâce à eux, on peut par exemple filmer en macro dans la nature.

Les meilleurs trépieds ont des têtes interchangeables et des pieds auxquels on peut fixer des accessoires pour les terrains difficiles. Leurs têtes permettent des mouvements fluides grâce à une finition soignée. Dans le cas des EOS Canon, les têtes préconisées pour réaliser des mouvements panoramiques précis sont les têtes à axe (les têtes à rotule, très utiles dans le monde de la photo, sont à proscrire pour la vidéo car elles rendent impossible toute linéarité dans la réalisation de mouvements). À noter que tous les trépieds de qualité disposent de niveaux à bulle pour un réglage fin de l'inclinaison de la tête.

Outre les systèmes type Oconnor ou Sachtler que l'on trouve à la location chez les prestataires spécialisés (ces modèles sont recommandés par les professionnels comme les références en termes de performances), voici ci-contre une sélection de trois pieds légers associés à des têtes fluides, adaptés aux HDSLR et abordables pour un investissement personnel :

a

b

Opposition très notable entre les légers trépieds photo (ci-dessus) et les lourds trépieds cinéma très stables. (Sur la photo ci-contre, vous pouvez apercevoir un zoom Panavision Primo 3:1 monté sur le 5D MkII pour le film *Act of Valor*, réalisé par Scott Waugh et Mike McCoy pour Bandito Brothers Production Company et Legendary Pictures.)



c

d

- le système le plus convoité par les utilisateurs indépendants des EOS est le **Miller Compass15 Fluid Head** (1 700 $), avec un bol de 75 mm (Série DV Solo) ;
- le meilleur rapport qualité/prix est le pied **Cartoni Status Pro**, qui propose une nouvelle tête fluide pour caméras légères de moins de 6 Kg (790 €), la tête reposant sur un bol de 75 mm ;
- le système le plus économique est le **Manfrotto 503 HDV 525 Pkit** (749 €) : à la différence des deux autres, la tête fluide est à vis, elle n'autorise pas de réglage du niveau du pied (réservé aux têtes à bol), mais elle se fixe directement sur de nombreuses petites machineries, comme les Sliders (voir la section « Les équipements (ou le matériel) dédiés aux mouvements de travelling classiques », à la page 87) ;
- une toute nouvelle tête **Manfrotto 504 HD** avec un bol de 75 mm a été spécialement imaginée pour une utilisation avec les EOS. Elle a été présentée au NAB 2010 avec la nouvelle crosse d'épaule Genus (http://vimeo.com/10903579).

Les pieds lourds des caméras volumineuses restent recommandés pour les HDSLR. Toutefois, la volonté d'acquisition de trépieds légers par la majorité des utilisateurs oblige les fabricants à imaginer des solutions légères, de plus en plus performantes. La sélection de ces trois trépieds Cartoni (a), Miller (b) et Manfrotto (c, d, e, f) a privilégié la qualité des nouvelles têtes fluides destinées aux caméras entre 2 et 6 Kg. Pour optimiser la stabilisation des trépieds légers, l'ajout de gueuses, même artisanales, reste indispensable (g).

a

b

Les Gorillapods SLR-Zoom et Focus de la marque Joby (photos a et b) ainsi que le mini-trépied Optera 460 Pro de la société Trek-Tech (photos c et d) ont des pieds articulés pour s'adapter au relief des terrains accidentés. La légèreté de l'Optera 460, la robustesse et flexibilité du Gorillapod SLR-Zoom ainsi que la possibilité de fixer une tête fluide sur le Gorillapod Focus offrent dans tous les cas une amélioration notable de la stabilisation de l'image dans des axes auparavant inaccessibles. Ces solutions sont idéales pour l'enregistrement des vidéos d'un plan large autonome lors des captations multicaméras.

c

d

Quelques alternatives existent également pour ceux qui souhaitent bénéficier de la stabilisation offerte par le trépied mais qui, par manque de temps et d'espace, ne peuvent pas choisir les trépieds traditionnels : les mini-trépieds et les mono-pieds.

## Les mini-trépieds

On trouve de petits trépieds de poche, de modèles relativement branlants à quelques euros jusqu'à des modèles à plusieurs centaines d'euros capables de porter 25 Kg. On les utilise dans les situations où un trépied complet est trop encombrant, trop lourd ou si l'on souhaite des axes très proches du sol. Des nouvelles technologies de petits trépieds souples apparues récemment (chez Joby ou Trek-Tech notamment) permettent une stabilisation efficace sur des terrains accidentés et inaccessibles.

## Les mono-pieds

Dans le milieu photo, il est courant de voir certains professionnels utiliser des supports à un pied télescopique unique. En plus de permettre un montage et un démontage accélérés, ce système reste léger. Pour le vidéaste, le désavantage majeur du mono-pied vient de ce qu'il doit tenir l'appareil, ce qui lui bloque au moins une main – toutefois, comme le vidéaste n'a plus à supporter le poids de l'appareil et que la distance entre le sol et le boîtier est fixée, ce système offre tout de même une stabilisation appréciable. En revanche, ces systèmes ne sont pas prévus pour réaliser des mouvements panoramiques car, pour la grande majorité d'entre eux, ils ne disposent pas de têtes fluides mais uniquement de simples attaches rapides.

Dans les deux cas (mini-trépieds et mono-pieds), un niveau à bulle en accessoire fixé sur la griffe du flash des boîtiers est recommandé pour redresser l'inclinaison de l'appareil jusqu'au niveau désiré.

Le niveau à bulle Kaiser (à gauche) sur deux axes pour griffe flash et le produit Light Craft Workshop double emploi (protection de la griffe et niveau à bulle).

## TECHNOLOGIE

**Niveau électronique interne réservé au 7D**

Le 7D est pour le moment le seul EOS de la gamme HDSLR à proposer un double niveau électronique axial, visible dans le viseur et sur l'écran LCD, qui indique l'inclinaison latérale et longitudinale (tangage et roulis) de l'appareil. Ce niveau se révèle particulièrement utile pour les prises de vues embarquées ou réalisées avec un Steadicam, pour régler et contrôler facilement et précisément le niveau.

# Les équipements (ou le matériel) dédiés aux mouvements de travelling classiques

Le travelling est un déplacement de la caméra au cours de la prise de vues. Son objectif est soit de suivre un sujet en mouvement, soit de s'en rapprocher ou de s'en éloigner. Les types de travellings les plus répandus sont le travelling latéral, le travelling avant ou arrière (aussi appelés *dolly*), les travellings latéraux (aussi appelés *tracking*), le travelling haut ou bas et le travelling circulaire.

## Principe optique du travelling

Lors d'un travelling avant, la caméra avance en visant un point fixe : ce mouvement permet de rentrer dans l'action ou d'explorer un espace. Le mouvement est inversé pour le travelling arrière : on se retire ainsi d'un lieu, cela peut par exemple conclure une séquence. Contrairement à un zoom, appelé aussi «travelling optique» (mais qui n'est pas à proprement parler un mouvement de caméra car c'est la focale qui varie), le travelling avant (ou arrière) présente une variation de perspective au fur et à mesure du déplacement de la caméra. Bien que de natures complètement différentes, les techniques de travelling et de zoom aboutissent cependant à un résultat proche si la perspective est faible.

Un travelling avant ou arrière est souvent réalisé au grand-angle, la distance entre l'objectif et le sujet variant continuellement (rappel : plus la focale est courte, plus la profondeur de champ est élevée).

Dans un travelling latéral, la caméra est orientée à 90° par rapport à son axe de déplacement. Ce mouvement est souvent utilisé pour suivre un personnage qui se déplace; par rapport à un panoramique horizontal, il offre l'avantage, d'induire un changement de perspective.

Un travelling compensé, lui, est la combinaison d'un travelling et d'un zoom. Cela donne un effet surprenant : le sujet ne change pas d'échelle de plan alors que le fond se voit élargi.

## DES PLANS CÉLÈBRES

***Vertigo* d'Alfred Hitchcock**

Si les cinéastes privilégient le travelling avant-arrière au zoom, ils associent parfois les deux dans ce que l'on appelle «un plan Vertigo», du nom du film d'Alfred Hitchcock. La synchronisation parfaite entre le travelling et le zoom (qui compense le travelling dans le sens opposé) se traduit par le fait que le sujet reste à la même taille. Seul l'arrière-plan change radicalement de taille, ce qui confère à ce type de plan son caractère dramatique si recherché. Ce mouvement est difficile à obtenir, mais pas impossible (avec une bonne coordination)!

(Source : Stéphane Nicolle, Xplorer studio, www.xplorerstudio.com)

Ces photos sont extraites d'un test de générique destiné à un docu fiction sur les attentats du 11 septembre 2001. Réaliser un « trans trav » ou travelling compensé avec une basse lumière a été retenu pour renforcer la dramaturgie. Au cours du travelling avant effectué tout en dézoomant, la caméra se déplace vers les tours jumelles dont les proportions restent inchangées grâce au dézoom : seules les perspectives varient.

La clé d'un bon mouvement de caméra réside dans l'amplification de notre appréciation de la perspective : nous évoluons dans un espace tridimensionnel que la caméra décrit en une image bidimensionnelle, il faut donc compenser cette perte de profondeur en amplifiant la perspective. Si vous réalisez un travelling avant dans un large couloir où les murs sont éloignés de la caméra, vous obtiendrez peu de perspective. Ajoutez quelques objets sur le chemin de la caméra (meubles, plantes…) et aussitôt le mouvement prendra toute son ampleur, ces objets ayant une incidence sur notre perception de l'espace.

S'il reste classique en cinéma, le travelling est peu usité en vidéo. Il a en effet la mauvaise réputation d'être assez complexe à mettre en œuvre, d'être coûteux et de requérir un matériel assez perfectionné. Mais on trouve aujourd'hui des systèmes de travelling spécifiquement développés pour les petits caméscopes et les reflex EOS, beaucoup plus abordables que leurs grands frères destinés au monde du cinéma. Une sélection de différents systèmes peut ainsi être établie, c'est ce que nous allons présenter maintenant ; même si leurs performances restent limitées, ils ont comme avantage de pouvoir être utilisés en solo avec de simples pieds traditionnels.

Le réalisateur anglais Phillip Bloom, notamment, privilégie l'utilisation des modèles Glidetrack et Kessler CineSlider sur l'ensemble de ses tournages.

## Les systèmes de travelling Sliders

Ces systèmes permettent de réaliser des travellings sur des distances allant de 50 cm à 2 m, pour les plus grands modèles. On distingue deux catégories de Sliders, les modèles issus de la machinerie traditionnelle, adaptés aux poids des caméras professionnelles, et leurs récentes adaptations pour les reflex EOS et les petits caméscopes. Comme pour les autres équipements, les Sliders professionnels lourds et encombrants restent cantonnés aux tournages en équipe complète, alors que les nouveaux modèles légers et très faciles à mettre en place sont plutôt destinés aux indépendants.

- Le bras **U-Bangui II Panther** disponible à la location fait partie des équipements de machinerie traditionnelle. Ce modèle professionnel accepte des charges pouvant atteindre 60 Kg et privilégie ainsi la fluidité et l'absence de vibrations pendant la réalisation des travellings. Cependant, son ergonomie (qui ne favorise pas le transport) conjuguée à un temps d'installation assez important sont des facteurs qui préconisent son utilisation en équipe.
- Les **Glidetrack shooter** (230 €) et **SD range** (200 €), l'**indiSLIDERmini deluxe** (169 $) et le nouveau **Kessler CineSlider** (900 $) sont des petits modèles légers, idéals pour

les utilisations en solo sur n'importe quel terrain : entièrement portatifs, ils peuvent être mis en place en moins de 30 secondes sur votre trépied. Grâce aux deux patins fixés à leurs extrémités, ils peuvent également être directement placés sur une surface dure et plane.

Photos du tournage d'une publicité réalisée au 7D avec une configuration Slider (tête Manfrotto 501 fixée sur un Glidetrack de 1 mètre). Ces systèmes compacts et légers ne sont pas conçus pour produire des mouvements de travelling complexes, mais restent idéals pour réaliser de petits mouvement sans changements d'axe.

© Didier Gauducheau

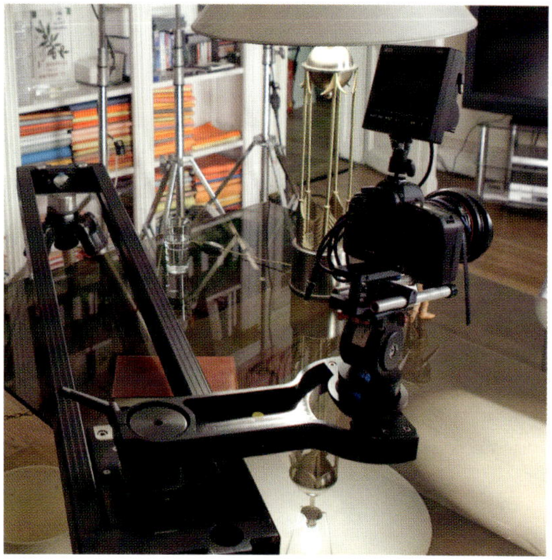

© Didier Gauducheau

Photos prises lors du pilote d'un programme court réalisé avec deux boîtiers 5D MkII. Le bras U-Bangui II Panther, lourd (80 Kg avec gueuses) et volumineux (L200 × 140 × H30) est la référence professionnelle de la famille des Sliders. Ce modèle n'est pas réellement adapté à l'ergonomie des boîtiers photo, mais, équipé d'une bonne tête, il garantit une excellente fluidité même avec des changements d'axes.

© Glidetrack

© Cinevate

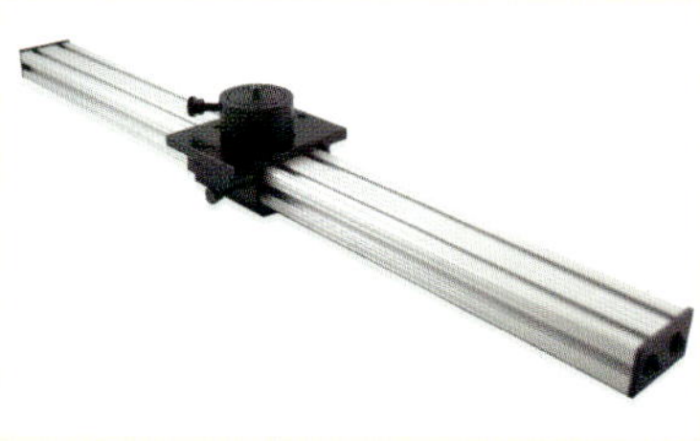

© Indisystem

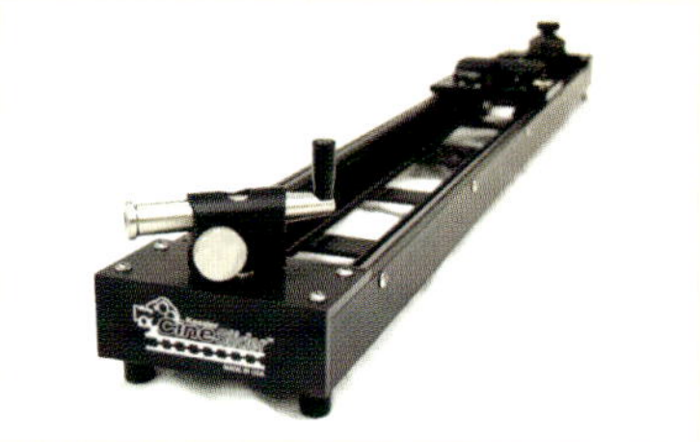

© Kessler

© Cinevate

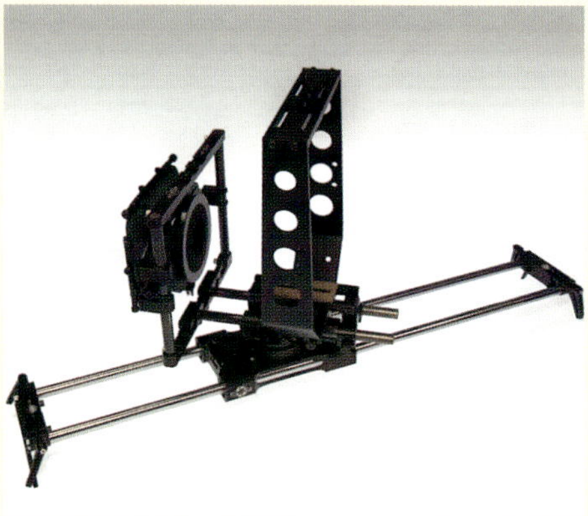

© Cinevate

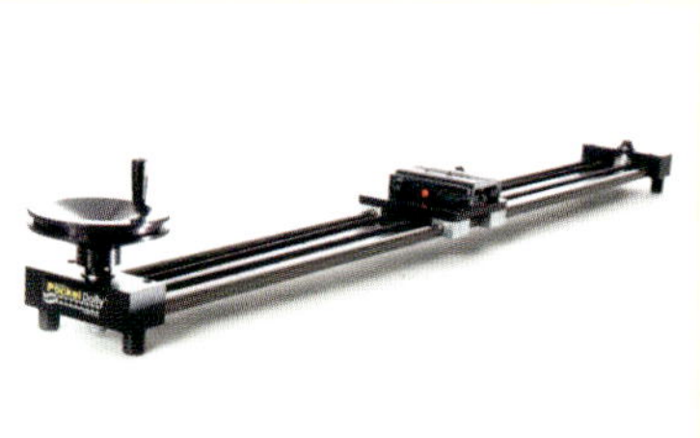

© Kessler

Les Sliders constituent aujourd'hui la nouvelle alternative pratique, légère et efficace pour réaliser des petits travellings avec les boîtiers EOS. De nombreuses marques l'ont bien compris et proposent de nombreux modèles.

## Les systèmes de travelling Dolly sur rails

Une Dolly est un support de caméra relativement lourd sur roues ou sur rails permettant de réaliser un travelling sans à-coups lors d'une prise de vues cinéma. Le mouvement de la Dolly est normalement exécuté par un machiniste qui, grâce à sa maîtrise du système, saura correctement l'installer et optimiser ses rendus (vitesse, fluidité et précision). Pour envisager un investissement ou privilégier une utilisation en équipe réduite, des systèmes de Dolly compacts et légers sont disponibles à la vente et la location. Destinés à l'origine aux caméscopes type ENG, ils conviennent aux unités de tournage HDSLR ; en voici trois :

- le **Losmandy Spider Dolly** (1 500 €) est un ensemble complet comprenant un rail souple de 11 m pour Dolly (kit Flextrack), le Spider Dolly 3 roulettes pouvant recevoir votre trépied personnel, une travée d'espacement ainsi qu'un guide d'alignement ;
- le **Willy Go** (2 500 €) est une Dolly légère et compacte conçue pour une utilisation simple et rapide : en deux minutes, la Dolly est montée sur des rails droits ou courbes. Le Willy Go permet ainsi d'effectuer des travellings avec une caméra montée sur trépied ou encore sur grue. Il est fourni avec 6,4 m de rails droits et un *flight case* ;
- le **Universal Tracking Dolly**, de la firme britannique Hague, est le système le plus économique mais également le plus amateur ; on pose directement le trépied de la caméra dessus. Le kit comprend 2 × 6 mètres de rails (tubes PVC) sur lesquels repose un chariot à roulettes qui supporte le trépied. Il est proposé à moins de 200 £.

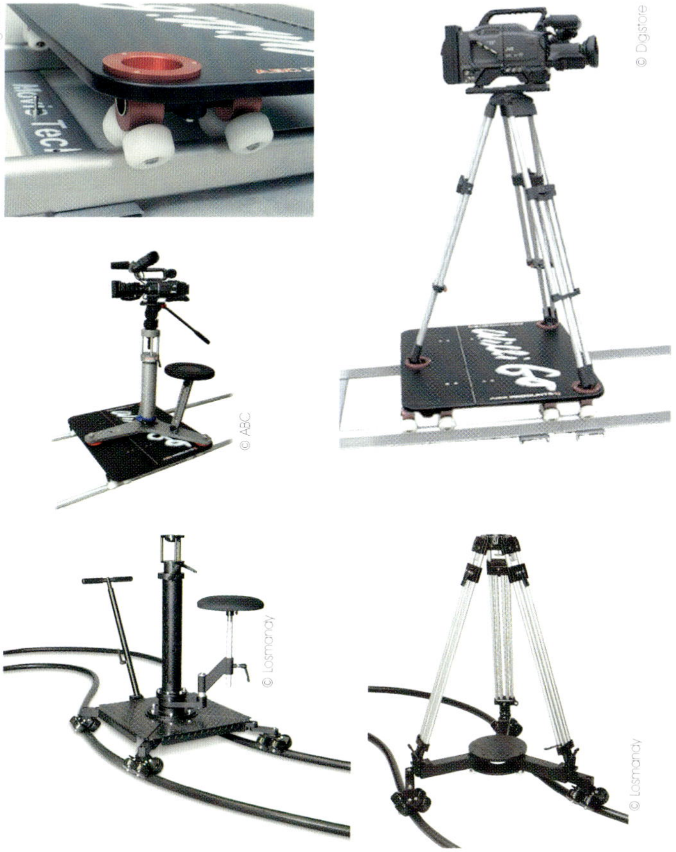


Systèmes Dolly sur rails.

## Les systèmes de travelling mini-Dolly de table

Ces modèles sont dédiés aux travellings sur des surfaces lisses (table, plancher…) et sont parfaitement adaptés à l'ergonomie des boîtiers reflex.

- Les **P + S Skater Mini** (4 150 €) et **Junior** (1 280 €) utilisent les avantages de l'inclinaison d'une tête fluide, sur laquelle on ajoute directement des roues, optimisant ainsi les plans caméra au sol. Le Skater est si petit et si léger qu'il peut être utilisé partout et vous procure un contrôle total des travellings, quelle que soit la direction. En plus de toutes sortes de déplacements en courbe, vous pouvez précisément définir un centre de rotation à n'importe quelle distance. Les prises de vues qui requièrent normalement un *motion control* peuvent être exécutées presque sans temps de préparation.
  – Le Mini Skater n'est pas limité à une seule hauteur d'utilisation : vous pouvez choisir la hauteur du travelling grâce à des Supports à Niveau Mini Skater, une planche et des pieds lumières.

Systèmes mini-Dolly de table.

– Le Skater Junior reprend les principes du fameux Mini Skater mais il adapté aux caméras légères (12 Kg max) et aux budgets économiques. Il est compatible avec une large gamme de têtes fluides avec des vis 1/4″ ou 3/8″.

/ L'**Omni-Tracker** (895 $) et le **Cinevate Pegasus Table Dolly** (395 $) sont également deux solutions économiques de mini-Dolly portables pouvant atteindre facilement les angles de caméra très bas et travailler dans des espaces confinés.

## Les équipements (ou le matériel) dédiés aux mouvements de travelling sur grues

L'effet de travelling peut être obtenu en fixant la caméra sur une grue ou sur une louma. Son usage le plus connu est dans les scènes d'ouverture des longs métrages : le premier plan après le générique est très souvent un plan de situation réalisé à la grue, où la caméra située à plusieurs mètres au-dessus du sol descend lentement et nous révèle progressivement l'environnement dans lequel se situe l'action. L'intérêt de ce type de mouvement est double : d'une part il nous offre un point de vue qui va bien au-delà du regard d'une caméra à hauteur d'homme, d'autre part il confère aux scènes ainsi filmées une dimension esthétique indéniable.

Pour constituer un plan séquence, un mouvement de travelling peut toujours être combiné à d'autres mouvements de caméra (par exemple un mouvement de grue ou un panoramique).

Ci-contre : grues des sociétés Castor Equipment (a, b) et Taipan (c, d) utilisées avec des 5D MkII sur un clip et une émission de télé. Certaines grues peuvent être utilisées en solo alors que d'autres font appel à deux opérateurs : un machiniste spécialisé, qui anime physiquement la grue, et un opérateur dédié au contrôle à distance des réglages de la caméra (diaphragme, zoom…) et de la tête motorisée grâce à un système de monitoring (e).

## TECHNIQUES DE TOURNAGE

### Principe de la grue

Une grue est composée d'un support sur lequel repose un bras : on fixe la caméra à une de ses extrémités et on équilibre le tout par des contrepoids à l'autre extrémité.

Le mouvement est le plus souvent de type vertical ; l'axe d'articulation du bras étant beaucoup plus proche des contrepoids que de la caméra, le déplacement de cette dernière est amplifié par rapport à celui des contrepoids. On obtient facilement des déplacements verticaux sur plusieurs mètres, jusqu'à atteindre des points de vue privilégiés. Mais la caméra n'est pas limitée à un déplacement vertical : l'axe du bras est aussi orienté horizontalement. La caméra peut être orientée sur l'extrémité du bras par un système de commande à distance ; on peut ainsi combiner un mouvement de grue et de *tilt*. On peut également associer un système de travelling à une grue (c'est même assez fréquent) : la caméra avance alors tout en descendant.

Vous l'aurez donc compris, la combinaison de mouvements de grue n'a de limites que celles de l'imagination !

(D'après Stéphane Nicolle, Xplorer studio, www.xplorerstudio.com)

a

b





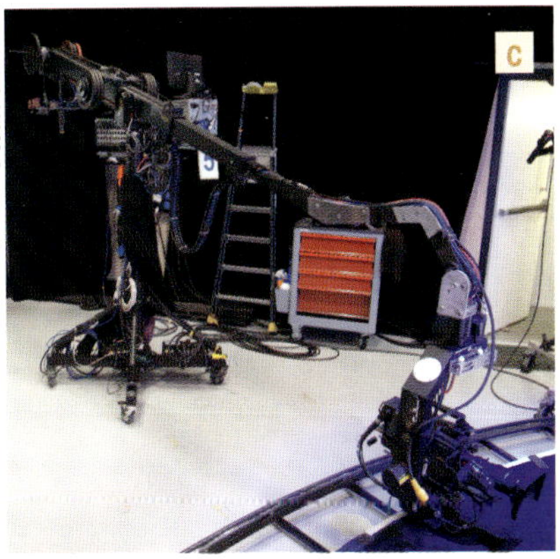

c

d

e

© Sébastien Devaud

Mouvement de grue télescopique vertical combiné à un travelling arrière : la caméra démarre lentement au-dessus de la table du plateau TV de l'émission *Giordano Hebdo*, sur Arte, pour arriver en haut de la colonne.

© Sébastien Devaud

Les éléments de décor du premier plan, en l'occurrence les colonnes du plateau d'*Enquête d'action* présenté par François Pécheux, sur W9, donnent plus de profondeur au mouvement.

Gardez à l'esprit que le secret d'un mouvement de grue réside dans la composition de l'image : comme pour le travelling classique, le plan prend toute son ampleur avec la notion de profondeur qu'il induit. Pensez à concevoir le mouvement avec des objets au premier plan, par exemple les feuilles d'un arbre, une colonne…

Les grues, qui étaient il y a encore quelques années l'exclusivité des productions à très gros budgets, se sont démocratisées. On trouve aujourd'hui plusieurs systèmes de grues spécialement destinés aux caméscopes numériques légers et aux reflex EOS à un tarif abordable pour des particuliers. Ce type de machinerie rend néanmoins obligatoire l'utilisation d'un système HF complet (monitoring, télécommande déclencheur et Follow focus, voir le chapitre 6). Voici une sélection de grues et de têtes motorisées économiques, qui ont l'avantage de pouvoir être utilisées en solo.

1. Les systèmes **CobraCrane** et **KC**, de Promax et Kessler Crane, sont des systèmes ingénieux qui se fixent sur le trépied d'origine (à condition qu'il soit suffisamment solide pour supporter le poids des bras équipés des caméras). C'est de loin le meilleur rapport qualité/prix actuel, avec un premier prix de kit complet à 600 $ (les tarifs varient selon le poids de la caméra, la hauteur de la grue et les accessoires). Le secret de ces grues est d'utiliser la tête fluide du trépied qui peut donc évoluer verticalement et horizontalement. Le tout se dirige du bout des doigts grâce aux contrepoids qui équilibrent le bras ; des mouvements intéressants sont réalisables avec un peu d'entraînement.

2. Simples, innovants mais plus onéreux :
   – le système **Coolcam HDV** (3 990 €) s'adapte sur tout trépied équipé d'un bol de diamètre 100 mm et supportant une charge de 20 Kg. Un débattement vertical de 110°

permet des changements de niveaux jusqu'à 2,80 m. Un trépied réglé à une hauteur de 1,5 m permet de positionner la caméra à plus de 3,30 m. Tous les mouvements sont fluides, avec possibilité de réglage de la fluidité et de blocage en position ;

– la grue légère **MiniCrane 520** d'ABC Products (4 330 €) repousse encore les limites de la compacité et de la légèreté (charge admissible 3,5 Kg en version longue). Une fois repliée, elle ne prend pas plus de place qu'un trépied vidéo, pourtant son bras peut atteindre une longueur totale de 5,20 m. Le montage/démontage est très simple et se fait sans aucun outil. De plus, la MiniCrane est universelle : elle se monte sur tous trépieds vidéo de bol 75 ou 100 mm.

3. Les têtes motorisées sont les compléments idéals des grues sur les productions professionnelles. Des systèmes économiques qui s'adaptent également aux trépieds traditionnels (sans pour autant égaler les performances des têtes professionnelles) méritent d'être cités pour ceux qui veulent investir personnellement :

© Boom audio & vidéo

Trois modèles de petites grues.

© ABC Products

© Kessler Crane

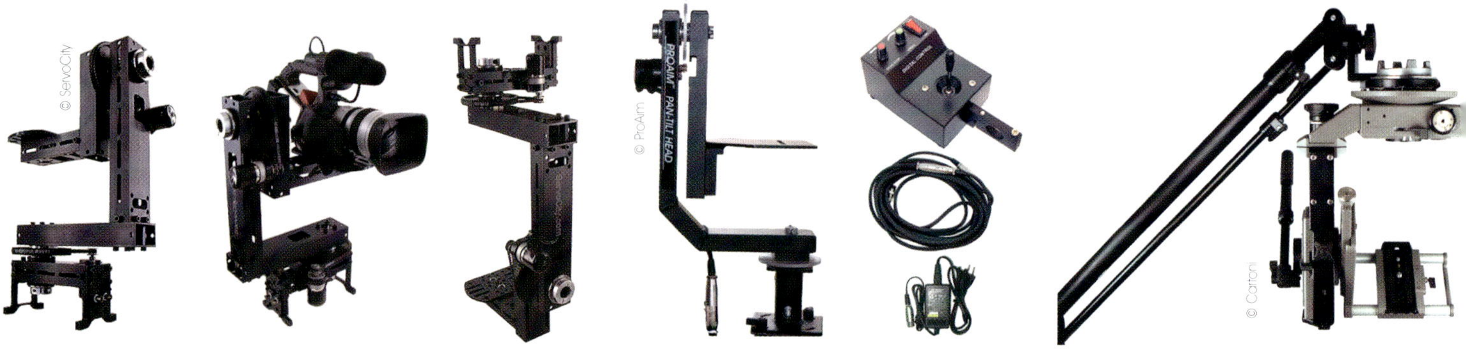


Les deux modèles de têtes motorisées économiques (ServoCity et ProAim, respectivement à gauche et au milieu) face au modèle professionnel Spinhead de Cartoni (à droite).

– la société ServoCity propose trois systèmes de kits *pan* et *tilt* motorisés, les modèles **785** et **985 Series System** (respectivement 599 et 799 $), et le nouveau système **PT-2100**, plus perfectionné et plus robuste (1 289 €). Des différences de précision, de vitesse et de degré de mouvement existent entre les deux premiers modèles ;
– bien que ne bénéficiant pas d'une bonne réputation, la société ProAim propose les systèmes **Master** et **Junior Pan Tilt 360°** avec joystick, à des tarifs attractifs (Junior à 475 $ et Master à 775 $). La tête Junior supporte des caméras de moins de 10 Kg et accepte des batteries 12 et 24 V grâce au connecteur XLR 4 broches. Les vitesses de panoramiques horizontal et vertical sont d'un tour (360°) pour 10 minutes à 2,2 tours/min en 12 V et 4,4 tours/min en 24 V.

C'est le mouvement typique pour décrire un lieu : la caméra est transportée d'un point à un autre, rencontrant sur son passage divers objets, personnages... Autant d'informations en un plan séquence que le réalisateur aurait pu nous donner en enchaînant une série de plans fixes *cuts*.

## Les équipements (ou le matériel) dédiés aux mouvements de travelling en caméra portée

L'effet de travelling peut aussi être obtenu en déplaçant manuellement la caméra (caméra à l'épaule ou avec un Steadicam). Le principe est de rendre la caméra totalement mobile :

## TECHNIQUES DE TOURNAGE

### Le système de caméra portée

C'est un fait, les années 1990 ont été celles de la libération des caméras. Faites un test : vous avez sûrement chez vous de vieilles bandes vidéo VHS (celles que l'on enregistre à la télé depuis 15 ans) : comparez une production datant des années 1980 (émission TV, reportage, clip...) à une autre enregistrée 10 ans après : en une décennie, le rythme (durée des plans dans le montage) s'est beaucoup accéléré. Il était courant de rester plus de 30 secondes sur un même plan il y a 15 ans, chose impensable de nos jours.

Parallèlement, les caméras ont quitté les trépieds pour pouvoir évoluer librement : à la stabilité statique d'un plan conventionnel, on a privilégié le dynamisme réaliste d'un mouvement en caméra portée. Vous vous souvenez peut-être de cette émission sur MTV où le présentateur jouait avec la caméra? Un style à l'époque totalement innovateur, qui depuis a été beaucoup copié (mais pas toujours avec succès). Certains réalisateurs hollywoodiens, comme Steven Soderbergh, sont eux-mêmes de grands adeptes de ce style.

(D'après Stéphane Nicolle, Xplorer studio, www.xplorerstudio.com)

le mouvement n'est plus contraint par des rails ou une grue, car la caméra se dirige aussi librement que le cadreur peut la manipuler.

Il ne faut pas hésiter à laisser le mouvement se faire guider par les objets qu'il rencontre, en suivant par exemple un personnage en déplacement croisé, à l'improviste. Un mouvement en caméra portée induit une notion de perception subjective : le réalisateur nous fait part de la vision du personnage, tout en apportant dynamisme et esthétisme.

Mais la caméra portée confère aussi à un plan un effet « réaliste » : un mouvement avec quelques petites imperfections au niveau de la stabilité paraît pris sur le vif, se rapprochant plus du style du reportage journalistique que de la fiction cinématographique. Le film de Jacques Audiard, *De battre mon cœur s'est arrêté*, en est un exemple parfait. En effet, sur une idée de départ assez classique, il délivre de fort belle manière, grâce à sa caméra portée à l'épaule, l'instabilité de son personnage principal.

La manière la plus économique de stabilisation d'image pour les mouvements en caméra portée reste et commence par une bonne prise en main de l'appareil photo. La technique de base en matière de prise de vue photographique consiste à poser la main droite sur le

Descente de ski en caméra portée (Méribel). Le talent de skieuse de Julia Borst a permis qu'elle s'équipe d'une crosse d'épaule pour réaliser la descente sans bâtons.

grip, l'index sur le déclencheur, et la main gauche sous l'objectif, avec le coude plaqué au corps, l'arcade sourcilière bien calée au-dessus du viseur.

Pour stabiliser le boîtier, un autre conseil pourrait être de bloquer sa respiration le temps de la prise de vues, comme en photographie, seulement en vidéo la prise de vues est bien plus longue…

Malheureusement, le viseur des boîtiers HDSLR est indisponible en mode vidéo et rend donc cette technique inefficace. La seule alternative qui s'en rapproche est l'utilisation d'un viseur externe fixé au Live view des reflex EOS. Le placement des mains est similaire à la technique photo, mais l'œil sera rivé dans l'œilleton du nouveau viseur. Cette position avec l'appareil ainsi maintenu permet de bloquer les éventuelles secousses.

Courroie poignée (*hand strap*) pour HDSLR.

## Les poignées et courroies

Les courroies/poignées *(hand strap)* peuvent, dans le cas précis où vous souhaitez rester discret et utiliser votre boîtier nu sans accessoirisation, renforcer la sécurité et le confort de la prise en main. Elles sont facilement réglables et s'adaptent à tous les poignets.

Il existe un autre stabilisateur universel, 100 % gratuit et efficace – mais épuisant. L'astuce consiste à stabiliser l'appareil grâce à sa lanière de cou : une fois en place, tendez-la à l'horizontale en maintenant le boîtier à environ 30 ou 40 cm de l'œil. Le boîtier étant fermement tenu des deux mains, vous pouvez réaliser des panoramiques horizontaux et verticaux fluides et précis. Dans ce cas, le cadrage peut se faire sur l'écran de visée des reflex.

Si les courroies cou ou poignet sont les stabilisateurs les plus économiques du marché, elles sont trop basiques pour le mode vidéo des boîtiers. La stabilisation de l'image étant très périlleuse, l'utilisation d'une courte focale (grand-angle) est donc recommandée pour ces équipements (boîtiers + courroies). À ce jour, il existe tellement d'alternatives en termes de stabilisation et de système de caméra portée dédiées aux boîtiers numériques qu'on ne peut se contenter de simples courroies ; ces solutions (les crosses d'épaule) sont avant tout la seule façon valable d'assurer une prise en main confortable et sécurisée des EOS.

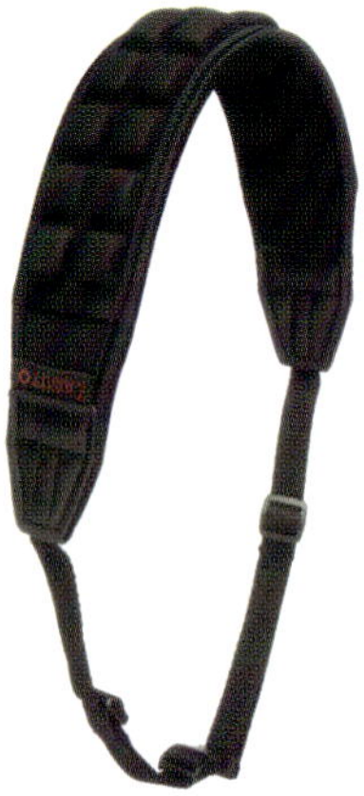


Lanières de cou.

## Les crosses d'épaule

Le tournage d'une fiction fait appel à plusieurs types de supports pour stabiliser les caméras ; la préparation du tournage, avec repérages sur les lieux, offre en principe le temps nécessaire pour prévoir le matériel approprié. Il en va tout autrement en reportage où il faut improviser selon les conditions rencontrées ; dans la plupart des cas, le cadreur arrive pourtant à obtenir des images stables. Avec les boîtiers HDSLR, la stabilisation est encore plus difficile à effectuer à cause de leur manque d'inertie (et encore plus à main levée).

Pour remédier à ce problème, la crosse d'épaule (crosse de suspension ou Rig) est indispensable. Elle permet également d'effectuer des rotations et de tourner, tout en maintenant une position parfaite ; c'est le cadreur qui fera le mouvement en faisant « corps » avec la caméra. Combinés à une machinerie adaptée, les mouvements de travelling simples seront envisageables : un opérateur équipé d'une crosse d'épaule et assis sur un plateau de travelling ou installé dans une nacelle de grue aura en effet la possibilité de réaliser des prises de vues stabilisées en mouvement.

## EN PRATIQUE

### Stabilisation du boîtier avec une crosse d'épaule

Du fait de l'enveloppement de l'épaule par la crosse, des possibilités de positionnement de cette dernière et de réglage d'inclinaison de la caméra vers l'avant ou l'arrière, il est facile d'adapter l'ensemble à la morphologie de l'opérateur, aux nécessités de la prise de vues et à la position du caméraman. Le contrôle de l'image et des divers paramètres peut se réaliser soit sur un petit écran externe, soit via un viseur fixé sur l'écran de visée du boîtier.

Voici une sélection de quelques modèles de crosses d'épaule particulièrement astucieux, que j'ai classés par ordre de préférence et qui ont tous comme principale prérogative d'être totalement dédiés aux EOS et de pouvoir être utilisés aussi bien en caméra portée que fixés sur des trépieds.

1. Le kit **Chroziel**, support léger à tiges et poignées (500 €) et le **Rig IDC U-Boat Commander** (450 $) constituent deux véritables références. Associés au système Turtlerig d'Easyrig, ces supports légers allient polyvalence, stabilisation et confort de travail. Les poignées supérieures autorisent leur suspension au système Turtlerig, ce qui permet à l'opérateur de travailler pendant plusieurs heures dans des conditions de confort exceptionnelles.

L'Allemand Sebastian Wöber, créateur du site cinéma5D.com, a réalisé un test majeur et précis sur un ensemble conséquent de crosses d'épaule et de systèmes de Follow focus et Mattebox associés à des supports légers (www.cinema5d.com/news/?p=1474). Les systèmes étudiés ont tous une conception dédiée aux HDSLR et, bien que leurs prix montrent des écarts impressionnants, le test a été réalisé en suivant une méthodologie identique pour chacun des modèles.

Le chef opérateur Jean-Marie Delorme équipé du Turtlerig d'Easyrig et du kit Chroziel (support léger, poignée et Follow focus) sur une publicité réalisée avec le 5D MkII. Un système de double monitoring (à droite) avec un bouclage SD est opéré pour permettre au pointeur de réaliser la mise au point.

Le Rig IDC U-Boat Commander dispose d'une poignée supérieure qui permet de le fixer au système Turtlerig d'Easyrig, et de deux poignées latérales pour un maintien très stable du système. De multiples possibilités d'accroches sont également disponibles sur la barre supérieure.

2. La récente société View Factor, de la famille Von Badinski, basée en Californie, est spécialisée dans les supports de caméras pour l'industrie du cinéma et de la télévision, et se concentre spécifiquement sur le mouvement des caméras et les systèmes de contrôle des objectifs. Au moment où sont écrites ces lignes, deux très récents modèles sans équivalence sont proposés pour améliorer les configurations à main levée et en caméra embarquée :
– la cage **ExoSkeleton**, parfaitement adaptée à l'ergonomie des HDSLR (pour l'instant exclusivement réservée à la location). Le point fort de ce modèle sans équivalence est d'alimenter l'ensemble de votre configuration EOS (boîtier et accessoires) grâce aux ports d'alimentation intégrés. Cette cage privilégie l'utilisation du récent système HF Follow focus, également proposé par View Factor (voir le chapitre 6) ;

Les deux cages de protection de la société View Factor.

– la cage **Contineo 5D**, spécialement conçue pour l'ergonomie du 5D MkII, offre, à l'instar du modèle ExoSkeleton, de multiples points de montage pour les accessoires mais n'est pas équipée pour alimenter votre configuration. Elle est commercialisée au tarif de 489 $.

3. La société **Transpacam** (association des anciennes sociétés Tatou et Bogard) propose une crosse d'épaule imaginée par l'ingénieux Bernard Lefevre, et exclusivement réservée à la location. C'est aujourd'hui le seul modèle qui permette d'optimiser pleinement les performances du 7D et du 1D MkIV, et de les utiliser à l'épaule de la même façon qu'une caméra film professionnelle.
La base du système repose sur une modification d'une autre crosse d'épaule adaptée aux reflex Canon, la crosse Movietube Production, conçue par la société allemande Kinomatik. Pour équiper sa crosse hybride, Transpacam a également retenu les poignées bleues (Blue Modular Handle) très appréciées des professionnels, mais la véritable pertinence de ce montage réside dans le boîtier distributeur d'alimentation et dans la conversion HDMI-HDSDI qu'il propose. L'utilisation d'un viseur couleur HD Sony (celui qui équipe la caméra HDW-F900R) pour composer le cadre et faire la mise au point, et de batteries IDX, pour alimenter l'ensemble, sont désormais envisageables avec les HDSLR Canon.
Le viseur analogique noir et blanc câblé en composite qui équipe les anciens caméscopes ENG SD demeure en effet le point faible de la crosse Movietube. Il n'autorise pas une qualité de réglage de la mise au point équivalente à celle du viseur couleur HD du modèle Transpacam qui positionne les EOS au niveau des meilleurs caméras HD actuelles en termes de confort de travail. Le viseur N & B du modèle Movietube permet de composer son cadre, mais il ne propose pas une résolution de l'image suffisante pour garantir une précision du point. Néanmoins, la présence en complément d'un assistant opérateur et d'un moniteur externe autorise le travail avec ce modèle controversé sur les productions professionnelles.

On peut filmer au 5D MkII avec la crosse d'épaule Movietube mais pas avec la crosse Transpacam, car le signal de la sortie HDMI du 5D MkII ne maintient sa résolution Full HD pendant l'enregistrement (elle passe en 480p, voir le chapitre 8).

Movietube Production équipé d'un 7D et d'un système de moniteur HF pour permettre au pointeur de visualiser ses réglages de focus. Bien qu'il propose des fonctionnalités réservées aux caméras professionnelles (distributeur alimentation 12 V et vidéo), le viseur de caméscope Sony SD ne permet pas de faire le point précisément. L'assistance d'un opérateur dédié à la mise au point demeure donc vivement recommandée, ce qui implique nécessairement l'utilisation d'un système de monitoring (HF ou filaire) et d'un Follow focus de qualité. Le système de monitoring HF proposé par la société GLOPS utilise, à l'instar du viseur SD, la sortie composite du boîtier.

La crosse Movietube Production est distribuée par Cartoni France et commercialisée au tarif de 3 300 €, sans le viseur électronique. Kinomatic en propose aussi une version allégée : le Lite Rig. Plus léger, il possède les mêmes supports de tige 15 et 19 mm et d'attache rapide que la version Production. La poignée Waltergrip supérieure, pour la prise en main, lui permet également d'être suspendu au système Turtlerig évoqué précédemment. Cette solution professionnelle est proposée au tarif de 900 €.

Système dédié au 7D et au 1D MkIV, conçu par la société Transpacam autour d'un Movietube Lite Rig. Ses fonctionnalités supplémentaires notables sont un viseur couleur HD Sony, deux sorties HD-SDI, un support en tige de 15 et 19 mm et ses célèbres poignées bleues. Une batterie IDX alimente l'ensemble.

4. Les compagnies **Zacuto** et **Redrock Micro** ont été les premières à présenter des systèmes de stabilisation dédiés aux reflex. Des montures minimalistes viennent se coincer sous votre bras (les kits Zacuto : DSLR Gorilla Kits Target Shooter, Striker, Cross Fire ; les kits Redrock Micro : UltraPort, Captain Stubling, The Event DSLR Bundle, et les Nano kits présentés aux NAB 2010) alors que d'autres, plus complètes, donnent la possibilité d'asseoir la caméra sur votre épaule (Zacuto DSLR Kit Fast Draw et Redrock Micro Eyespy Deluxe Bundle DSLR Rig). Les prix de ces crosses qui allient polyvalence, confort et conception compacte varient de 475 à 2 615 $ pour Zacuto et de 440 à 1 470 $ pour Redrock Micro. Elles sont composées de matériaux solides qui demeurent, avec la qualité des réglages, des garanties indéniables pour un appui solide comme un roc, sans aucun fléchissement. Les systèmes sont modulables à l'aide de tiges métalliques ; pour les modèles les plus complets, un poids supplémentaire est proposé à l'arrière pour répartir la charge.

Les petits modèles phares : le Striker (998 $) pour Zacuto (à gauche) et The Event DSLR 2.0 (850 $) pour Redrock Micro (à droite).

Les modèles haut de gamme : le DSLR Double Barrel (3 953 $) pour Zacuto (à gauche) et le DSLR Cinema Bundle (2 362 $) pour Redrock Micro (à droite).

5. Les marques Cinevate, Jag35, Cavision, CPM Film Tools, WLB Shape, Genus, Ikan, Indisystem, Norbert, Cambo et DVTEC offrent toutes des solutions économiques de stabilisation plus ou moins efficaces (les tests précis de certains de ces modèles ont été réalisés par Sebastian Wöber, voir la figure de la page 99).

© Cinevate
© Cinevate
© Cavision
© Cavision
© Indisystem
© Ikan
© Ikan
© Indisystem
© Jag35
© Jag35
© Norbert
© Norbert

Plusieurs exemples de Rigs.

## Les Steadicams, une invention tout en équilibre

Le Steadicam est un système stabilisateur de prise de vues utilisé en cinéma et télévision pour la prise de vues à la volée ou en travellings versatiles (circulaire, avant, arrière, latéral, *low mode*...) grâce à un ingénieux système de harnais et de bras articulés. L'opérateur peut marcher ou courir tout en gardant une image stable et réaliser des travellings verticaux et horizontaux, ainsi que des panoramiques, sans liaison au sol (rails, chariot...). Le Steadicam permet, entre autres, de longs suivis, des montées d'escalier et des déambulations en terrain accidenté. Ce système corporel est donc destiné à isoler une caméra des mouvements engendrés par le déplacement de l'opérateur.

Photos extraite de deux mouvements de Steadicam latéraux, en intérieur dans la salle de boxe Boxing beats d'Aubervilliers, et en extérieur dans le cimetière américain de Colleville-sur-Mer. Au même titre que pour les autres travellings, la composition des premiers plans (sacs de boxe et arbres et feuillages) est privilégiée pour accentuer la dimension du mouvement.

Les mouvements en caméra portée sont relativement aisés avec une caméra professionnelle lourde, mais pas avec les boîtiers, beaucoup plus légers ; l'ajout de poids supplémentaire est recommandé pour améliorer la stabilisation de la prise de vue. Le Steadicam a été développé par Garett Brown pour les caméras Betacam ; il a depuis été adapté aux caméras légères. Il dispose d'un bras articulé agrémenté d'un système de contrepoids qui absorbe les chocs lors du déplacement, rendant ainsi le mouvement très fluide.

Grâce à ce procédé, l'opérateur obtient une grande mobilité de mouvements et l'image reste stable quelle que soit la surface où il opère. La caméra est en quelque sorte en état de « lévitation » grâce au Steadicam qui compense la gravité. Toutefois, son maniement reste

## DES PLANS CÉLÈBRES

**_The Shining_ de Stanley Kubrick**

Dans *The Shining* (1980, opérateur Garrett Brown), des plans d'anthologie confirment la fluidité des mouvements du Steadicam, comme lorsque le jeune Danny traverse l'hôtel sur son tricycle, lorsque Wendy est poursuivie par Jack dans l'escalier ou lors de la fameuse poursuite finale dans le labyrinthe.

complexe, seul un opérateur expérimenté et entraîné pourra obtenir des images parfaitement fluides.

Pour donner une idée du marché des Steadicams, la plupart des systèmes destinés aux caméras broadcast sont hors de prix (on peut facilement dépasser les 50 000 euros d'équipement pour un système complet). L'utilisation de ces systèmes lourds et onéreux avec les reflex EOS n'est pas adaptée à leur compacité, toutefois cette légèreté ne favorise pas non plus leur équilibrage.

Les retours d'expériences de l'utilisation des Steadicams avec des EOS sur tous les types de production ont fait ressortir quatre modèles qui répondent aux caractéristiques des reflex. En adéquation avec leurs ergonomies, ils permettent une stabilisation de l'image efficace après un bon équilibrage. Les harnais et les bras articulés, qui complètent ses systèmes, garantissent une meilleure stabilisation.

Un film test réalisé avec un 5D MkII est visible sur le Web : *Glooopi Stedi Torek or 5Dmk2 on Steadycal Pilot – the first run* de Marko Butrakovic (http://vimeo.com/5131302).

1. Le **Pilot** et le **Merlin** de Steadicam (Tiffen) sont distribués en France par Cartoni (France). Avec son bras articulé et son harnais ajustable, le Pilot est la solution la plus professionnelle adaptée aux EOS, mais aussi l'une des plus onéreuses (3 500 € avec option bras + harnais). Ce Steadicam est conçu pour les caméras de moins de 5 Kg et propose les mêmes réglages que les grosses unités.

   Le Merlin bénéficie d'une excellente presse et de services non négligeables pour les utilisateurs (des réglages précis sont disponibles en fonction de la caméra et de l'objectif retenus, voir www.merlincookbook.com/user.php). Léger, compact et issu de la haute technologie, son équilibrage est rapide et précis. Il est maintenant possible d'adapter

Les deux modèles de la marque Steadicam ont le mérite d'offrir aux HDSLR les mêmes fonctionnalités que celles proposées aux grosses caméras. Garrett Brown dit à propos du Pilot : « Notre intérêt n'est de pas concevoir ces systèmes comme des jouets mais d'en faire des outils sérieux pour l'art du Steadicam. Nous pensons tout simplement que le fait d'utiliser une petite caméra compacte ne signifie pas que vous soyez un artiste ou un vidéographe moins talentueux. » Et à propos du Merlin dont il est le designer : « Le Steadicam Merlin fait la moitié du poids et est quatre fois plus stable que le JR (ancien modèle). Pourtant, il peut se déplacer aussi aisément que les gros systèmes à 60 000 $ utilisés à Hollywood. »

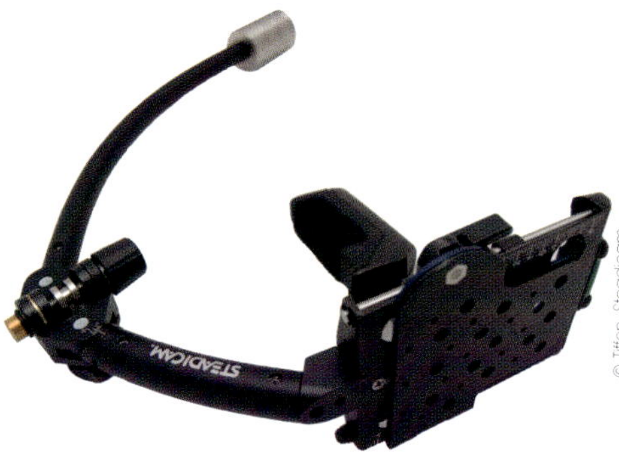


© Tiffen, Steadicam

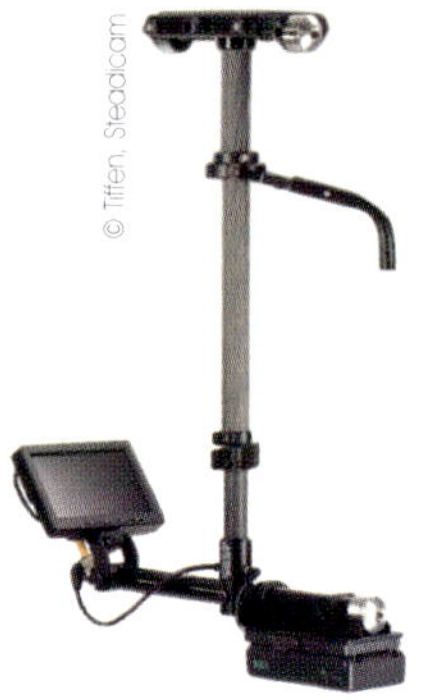

© Tiffen, Steadicam

© Vincent Laforet, blog.vincentlaforet.com

© Charles Papert

Charles Papert est l'un des premiers opérateurs Steadicam a avoir utilisé le 5D MkII sur le Steadicam Merlin (à gauche). Aujourd'hui, il continue d'utiliser ce modèle sur les productions mais en l'associant au 1D MkIV.

le même bras et la même veste que le Pilot sur le Merlin en modifiant le « Gimbal » qui devient métallique. Le stabilisateur seul est proposé à 800 € (1 500 € avec option bras + harnais).

2. Les modèles **4000 Pro** et **2000 HD** de la marque Glidecam proposent un système dérivé du Steadicam (le bras ne comporte qu'un seul parallélogramme et est destiné à des caméras d'un poids inférieur à 4,5 Kg pour la série 4000, Pro et HD, et 2,7 Kg pour la série 2000, Pro et HD). Ces stabilisateurs obtiennent de très bonnes notes générales, mais l'équilibrage compliqué à réaliser semble faire défaut.

Un film test réalisé avec un 5D MkII est également visible sur Internet : www.vimeo.com/3995746.

Deux tutoriels vidéo dédiés aux réglages de ces Glidecam sont disponibles au téléchargement : www.lensrentals.com/video/glidecam-setup et www.lensrentals.com/video/glidecam-balancing.

© Ludovic Siméon

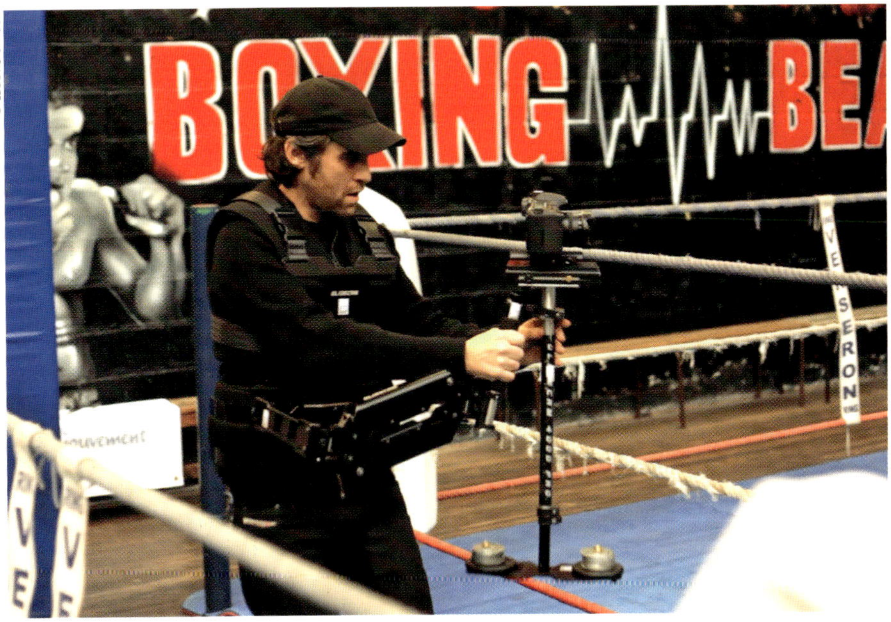

Utilisation personnelle du Glidecam 4000 Pro que j'affectionne particulièrement.

### TÉMOIGNAGE

**Danfung Dennis et le Glidecam 2000 HD**

Le photojournaliste et cinéaste indépendant Danfung Dennis n'a pas hésité a rejoindre la 2e Brigade d'intervention des Marines, sur le front afghan, pour y tourner un documentaire à l'aide d'un 5D MkII. Il a pu filmer les violents combats qui ont duré trois jours en juillet 2009. En plus de permettre la production d'un excellent documentaire *(Battle for Hearts and Minds)*, ces images sont également pour la Défense américaine un témoignage unique d'une offensive en conditions réelles.

Danfung Dennis témoigne sur son expérience et sur la composition de son unité de tournage avec notamment une adaptation personnelle du Glidecam 2000 HD.

« Le 5D MkII est capable d'une qualité d'image sans précédent, mais puisque c'est un véritable appareil photo, il existe plusieurs limitations que j'ai eu à traiter avant d'utiliser cet appareil dans une zone de guerre. La conception de ce boîtier rend la prise de vues à main levée difficile. J'ai monté mon système entier sur un Glidecam 2000 HD, avec des coussinets en caoutchouc sur mesure et un bouchon d'oreille en mousse pour supprimer les vibrations de la lentille de l'EOS. Le gréement est très lourd et il m'a fallu environ deux mois pour me préparer physiquement pour pouvoir tourner des plans prolongés. J'ai coupé le corps du Glidecam pour le faire fixer sur mon gilet par balles et en profiter pour reposer mes bras quand je ne tournais pas. »

(Visionnez le documentaire de Danfung Dennis sur http://vimeo.com/6995256)

Comme pour tous les autres supports, une longue période d'apprentissage est nécessaire pour savoir équilibrer et maîtriser son système. Ce n'est pas le support qui fait le plan mais bien l'opérateur ! Il ne vous reste plus qu'à sélectionner le Steadicam le mieux approprié à vos besoins ou à faire appel à un opérateur professionnel.

## Accessoires pour les mouvements « systèmes D »

Sous le terme générique de mouvements « systèmes D » sont regroupés tous les mouvements réalisés avec des supports conçus ou adaptés de manière artisanale. En anglais, cette catégorie est référencée sous l'appelation DIY (*Do It Yourself*, faites-le vous-même). C'est souvent en faisant preuve d'ingéniosité et de créativité qu'on arrive à réaliser des supports dédiés à des mouvements précis. Voici une petite sélection d'astuces et de systèmes à réaliser soi-même et qui figurent parmi les solutions les plus économiques.

### Alternatives au trépied et à la crosse d'épaule

Les deux astuces qui suivent, sont un peu dérisoires au regard des solutions précédemment étudiées, néanmoins elles ont le mérite de proposer le meilleur rapport qualité/prix du marché des stabilisateurs puisqu'elles n'engendrent aucun frais.

- Pour fabriquer un « pied » peu encombrant à moindre frais, accrochez une ficelle à l'APN ou au poignet du photographe, et son autre extrémité à une petite planchette de bois ; cette dernière est ensuite coincée sous le pied. En tendant la ficelle, on stabilise l'appareil. La seule difficulté consiste à ajuster la longueur de la ficelle… ce qui n'est bien compliqué.
- Le bras magique utilisé comme crosse d'épaule n'est pas très confortable mais constitue tout de même une solution de secours.

Utilisation du bras magique comme poignée et crosse d'épaule de fortune.


## Alternatives au travelling

Voici aussi quelques alternatives simples, efficaces et très bon marché pour la réalisation des travellings :

- les voitures télécommandées supportent largement le poids plume des boîtiers et sont une solution de travelling très amusante (même si des vibrations assez importantes sont malheureusement inévitables) ;
- une chaise roulante, un caddie de supermarché ou un simple chariot de manutention déplacé à même le sol sur lequel se place le cadreur donnera toujours un meilleur résultat qu'un mouvement à main levée.

Voiture télécommandée utilisée comme travelling avec un boîtier 5D MkII. Vous pouvez visionner le résultat sur http://vimeo.com/6031602.

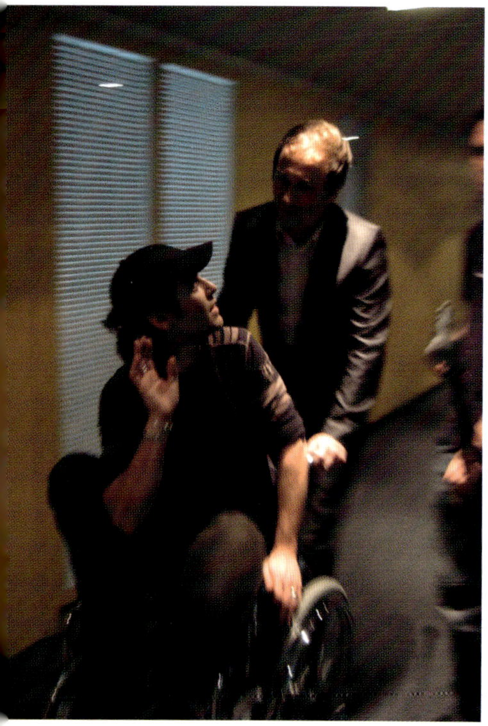

© Sébastien Devaud

Photo making of sur un tournage d'une autopromo où la chaise roulante a été retenue comme alternative au travelling traditionnel. La surface du sol très plane dans le couloir où nous avons tourné a privilégié la fluidité du mouvement.

Cependant, l'idéal reste d'avoir un système guidé par des rails, ce qui assure une translation et une fluidité parfaite :

- une planche agrémentée de roues de skateboard, le tout reposant sur un système de guidage (rails) peut facilement donner de bons résultats ;
- pour les travellings rectilignes, l'utilisation des échelles légères en aluminium en guise de rails est également assez efficace (les barreaux font office de traverses et l'ensemble est très stable), mais cette solution est encombrante à déplacer.

Ces quelques pistes ne sont qu'un échantillon de l'ensemble des solutions existantes et imaginables. Le Web regorge d'idées, de schémas et plans divers pour réaliser ce type d'alternatives indépendantes.

## Les kits références des prestataires

Les prestataires sont toujours un excellent baromètre des différentes transformations du marché, leurs investissements étant conditionnés par le choix des utilisateurs et les incessantes évolutions technologiques. La révolution HDSLR a logiquement favorisé la mise à la location de ces nouvelles technologies qui sont en grande majorité proposées sous forme de kits. La prise de conscience de l'impact des reflex dans les différents secteurs de l'image a également fait émerger quelques nouvelles petites structures totalement dédiées à la conception d'accessoires EOS.

À la différence des chefs machinistes qui proposent de concevoir ou d'adapter des solutions autour des boîtiers, les prestataires spécialisés proposent des kits complets qui doivent privilégier à la fois la gestion du point, la qualité optique des objectifs, la stabilisation et l'alimentation des reflex EOS. Que ces prestataires soient américains ou français, il est intéressant de constater que certaines références d'accessoires sont proposées de manière récurrente, ce qui garantit la fiabilité de leurs utilisations (voir le détail de trois kits références dans l'encadré ci-dessous).

### TECHNIQUE ET MATÉRIELS

**Quatre kits pour les professionnels**

*Les kits (7D et 5D MkII) de la société Planipresse (Paris)*

Les kits EOS de base sont constitués d'un boîtier 5D MkII ou 7D, de 4-5 cartes CF (8 ou 16 Go), de 4-5 batteries LPE6, d'un viseur Zacuto, des câbles de connexion HDMI et d'une optique au choix parmi la gamme complète Canon EF série L. La série d'optiques Zeiss/monture Nikon ainsi que des objectifs supplémentaires des séries L et TS-E sont disponibles en supplément pour accéder à toute la richesse optique disponible pour ces boîtiers (pour le choix des optiques, voir le chapitre 5). Les tarifs de location par objectif supplémentaire sont dix fois moins chers que ceux destinés aux objectifs supplémentaires des caméras 2/3".

Les supports légers Genus, Chroziel, la crosse d'épaule Cavision, le Follow focus Chroziel, les poignées et crosses d'épaule Movietube ainsi que des micro-dollies sont proposés en complément. Concernant les supports fixes, les pieds lourds Satchler S25 sont privilégiés pour donner de l'inertie.

Pour le monitoring, la sortie HD-SDI proposée dès le début par Planipresse sur les HDSLR (grâce au complément d'un convertisseur Blackmagic HDMI-HDSDI) a donné accès à l'ensemble des moniteurs professionnels. Les petits moniteurs LCD légers à sortie HDMI (Marshall) sont également disponibles comme solution plus économique.

*Les kits prêts à tourner (7D et 5D MkII) de Loca Images*

À l'instar des kits Planipresse, Loca Images propose des kits que vous pouvez composer vous-même grâce à leur interface particulièrement bien documentée (tarifs, choix des équipements...). www.loca-images.com (rubrique Photo).

*Les kits (7D, 5D MkII et 1D MkIV) de la société Hurlbut Visuals (Californie)*

Les kits Moviemaker Indie et Pro proposés par l'équipe du célèbre directeur de la photographie Shane Hurlbut vous permettent de travailler avec un système de combat EOS qui a été testé sur des terrains accidentés pendant plus de 8 mois. Shane Hurlbut et son équipe d'élite ont étudié et accessoirisé le 5D MkII pour le transformer en machine de guerre.

Ces kits hybrides conditionnés dans des valises Pelican Case et sont composés de tout ce dont vous avez besoin pour filmer une production indépendante comme un film à gros budget. Les kits sont fournis préchargés avec, pour le kit Moviemaker Indie :

- 1 Canon 5D MkII et 1 Canon 7D ;
- 1 série d'objectif Zeiss ZE Premier (18, 21, 38, 35, 50, 85 mm) ;
- 6 cartes CF, 6 batteries et 2 chargeurs ;
- 1 Mattebox et 2 jeux de filtres ND 3, 6, 9, 12 ;
- 1 support léger Redrock Micro modifié ;
- 1 ensemble d'attaches rapides (clamp, bras articulé, ventouse, vis) ;
- 1 viseur Z-Finder Zacuto ;
- 1 Follow focus Arri.

Le kit Moviemaker Pro destiné aux vidéastes confirmés propose tout ce qu'il y a déjà dans le kit Moviemaker Indie, plus :

- 1 moniteur couleur 17» pour réaliser précisément l'éclairage et améliorer la visualisation des rushs ;
- 1 convertisseur HDMI-HDSDI Blackmagic ;
- 1 Canon 1D MkIV ;
- 3 batteries ;
- 1 cage ExoSkeleton avec les ports d'alimentation et batteries (la société View Factor a réservé ce modèle à la location) ;
- 1 Follow focus HF avec moteur (View Factor) ;
- 1 petit moniteur externe HD ;
- 1 ensemble attache rapide, petit bras Noga et clamp Manfrotto ;
- 1 crosse d'épaule Redrock Micro modifiée.

*Le kit (7D) de la société Abel Cine Tech (New York)*

Le célèbre prestataire new-yorkais Abel Cine Tech a conçu un kit complet pour les directeurs photo utilisant le 7D. Ce kit proposé au tarif de 450 $/jour est composé de :

- 1 kit pro Arri pour HDSLR (Follow focus, Mattebox et support léger MMB ARRI-1/CFP-1) ;
- 1 série de 6 objectifs de la gamme Canon (série L à monture EF) ;
- 1 viseur Zacuto Z-Finder pour utiliser le Live view en extérieur avec la lumière du jour ;
- 5 batteries LP-E6, 3 chargeurs et 5 cartes CF pour tenir sur l'ensemble de la journée.

Le conditionnement de tout ce matériel est proposé dans un sac à dos Lowepro.

Les kits de Shane Hurlbut Visuals, en Californie (Indie en haut et Pro au milieu), et Abel Cine Tech, à New York (en bas).

Toutes les sélections de matériel étudiées précédemment et destinées à réaliser des mouvements de caméra avec une image stabilisée jouent un rôle majeur dans la composition de l'unité de tournage, mais ce ne sont pas les seules. En effet, comme on peut le constater dans la composition des kits prestataires, reste à prendre en compte les accessoires dédiés à la gestion du point et le choix des optiques ; mais avant de les traiter en détail dans les chapitres 5 et 6, intéressons-nous à la gestion du stockage et de l'énergie des HDSLR.

Photo extraite d'un projet de film publicitaire réalisé au 1D MkIV utilisant l'impact de la race humaine sur la nature comme image choc (une autre photo de ce projet est présentée à la page 119).

# Gérer l'alimentation en énergie des unités de tournage

À la différence de la plupart des supports précédemment cités qui fonctionnent sans apport d'énergie, les boîtiers EOS requièrent obligatoirement une alimentation (batterie ou secteur). C'est le choix des supports caméra qui conditionnera la gestion de l'énergie : seules les caméras fixées sur pieds ou certaines grues pourront être alimentées sur secteur ; avec les crosses d'épaule et les Steadicams, il faudra prévoir une alimentation sur batteries.

## Les possibilités d'alimentation des boîtiers EOS

Bien que les avancées technologiques expliquent en partie le renouvellement permanent de ces équipements, le fait de ne pas pouvoir réutiliser les batteries de ses anciens modèles demeure insupportable et absolument pas écologique.

Comme l'ensemble des constructeurs, la société Canon prévoit pour chacun de ses modèles une gamme complète de batteries et d'accessoires dédiés à l'alimentation. En plus des batteries et chargeurs fournis à l'achat des reflex (points 1, 2 et 3 de la liste ci-dessous), on peut trouver certains accessoires commercialisés séparément (points 4, 5 et 6).

1. Une batterie Li-ion rechargeable Canon LP-E6 (pour le 5D MkII et le 7D) ou Canon LP-E4 (pour le 1D MkIV).

### EN PRATIQUE

**L'alimentation en énergie**

Pour bien gérer son énergie lors d'une production, le simple fait d'anticiper la préparation en se posant les bonnes questions est la solution la plus efficace.

- Combien de temps dure le tournage ?
- Quel matériel nécessite d'être alimenté (nombre de boîtiers, lumière, etc.) ?
- Y a-t-il de l'énergie secteur sur le lieu de tournage ?
- Si le tournage a lieu à l'étranger, quel est le voltage du pays concerné ?
- Quel type de machinerie va être utilisé sur le tournage ?

2. Une pile CR1616 pour la sauvegarde de la date, de l'heure et des réglages, sa durée de vie est d'environ 5 ans (pour son remplacement, voir le manuel du 5D MkII page 197 et celui du 7D page 235), ou une pile CR2025 pour le nouveau 1D MkIV (manuel page 248).

3. Un chargeur Canon LC-E6 (pour le 5D MkII et le 7D) ou Canon LC-E4 (pour le 1D MkIV, qui peut charger 2 batteries LP-E4 simultanément).

4. Le câble allume-cigare CB-570 associé au chargeur LC-E6 (pour le 5D MkII et le 7D) ou LC-E4 (pour le 1D MkIV).

5. Un grip d'alimentation :

   – Canon BG-E6 (pour le 5D MkII), qui peut contenir 2 batteries LP-E6 ou 6 piles AA qui vous permettent de doubler l'autonomie (le magasin à piles BGM-E6 est fourni) ;
   – Canon BG-E7 (pour le 7D), qui possède les mêmes caractéristiques que le BG-E6, seule l'ergonomie du 7D est à l'origine de sa conception ;

6. Un adaptateur secteur Canon ACK-E6 (pour le 5D MkII et le 7D) ou Canon ACK-E4 (pour le 1D MkIV).

Adaptateurs secteur ACK-E6 et ACK-E4.

### Privilégier l'adaptateur secteur en priorité

La pratique de la vidéo sur les reflex EOS consomme plus d'énergie que la photo, car l'utilisation permanente du Live view (visée directe) est indispensable. Notre premier conseil sera donc d'utiliser en priorité les adaptateurs secteur ACK-E6 (voir les manuels des boîtiers page 196 pour le 5D MkII, page 234 pour le 7D) ou ACK-E4 (voir manuel page 33) dès que les conditions de tournage le permettront.

Si cela s'avère impossible (tournage extérieur en mouvement), le seul et unique moyen d'alimenter le boîtier demeure l'utilisation de batteries de plus en plus performantes, les batteries LP-E6 et LP-E4.

### Privilégier les batteries LP-E6 et LP-E4 en tournage extérieur

L'écran LCD 3 pouces, la visée directe, le mode vidéo, etc. sont autant de fonctionnalités très gourmandes en énergie qui exigent ces nouvelles générations de batteries, de plus grande capacité. Les informations disponibles sur le Live view et certaines fonctionnalités des boîtiers EOS permettent d'économiser ces batteries :

- indicateur de batterie : 6 niveaux + pourcentage ;
- économie d'énergie : mise hors tension automatique après 1, 2, 4, 8, 15 ou 30 minutes.

Les tests réalisés sur les batteries LP-E6 ont montré qu'il était possible de réaliser jusqu'à 850 déclenchements (température normale), ce qui correspond en vidéo à environ 2 h d'utilisation du boîtier avec la visée directe allumée en permanence, soit 1 h d'enregistrement. La capacité d'enregistrement d'une batterie LP-E6 est donc non négligeable, mais elle mérite d'être augmentée car elle n'est pas adaptée aux besoins de la vidéo.

## TECHNIQUE ET MATÉRIELS

### Nouvelle batterie LP-E6, nouvelle gestion

Parmi de nombreuses nouvelles fonctionnalités, le 5D MkII apporte une toute nouvelle batterie, plus compacte appelée « LP-E6 ». Au-delà d'être simplement une nouvelle source d'énergie, cette technologie s'associe au boîtier pour fournir aux utilisateurs de nouveaux moyens de connaître la puissance restante de leur batterie ainsi qu'une meilleure gestion de l'utilisation de plusieurs batteries. Nous allons examiner comment le 5D MkII et la batterie LP-E6 s'associent et comment analyser et utiliser les informations qui sont affichées sur l'écran LCD du boîtier.

*Une nouvelle et puissante source d'énergie*

La LP-E6 semble être de la même taille que la série Canon BP-511, mais ne vous laissez pas piéger par les apparences : elle est approximativement 30 % plus puissante que la série précédente BP-511A (1 800 mA par heure contre 1 390 pour la génération précédente BP-511A). Bien que le 5D MkII soit un boîtier de nettement plus haute résolution que le 5D première génération, et en dépit des performances améliorées de son processeur DIGIC 4, la batterie LP-E6 permet 850 déclenchements en conditions de température normale (contre 800 pour le 5D). Ces chiffres sont basés sur des tests réalisés par Canon en accord avec la norme CIPA.

Cette nouvelle source d'énergie est particulièrement la bienvenue pour les nouvelles fonctionnalités du 5D MkII telles que le mode vidéo Full HD et l'ensemble des options Live view.

Bien qu'elles paraissent visuellement similaires, les batteries d'ancienne génération BP-511A ne sont pas interchangeables avec la nouvelle batterie LP-E6. Le boîtier 5D MkII requiert de la batterie LP-E6 et ne peut accepter l'ancien modèle BP-511A ou d'autre batteries similaires. De même, la batterie LP-E6 ne peut être utilisée dans l'ancien boîtier 5D ou tout autre boîtier EOS qui accepte les batteries BP-511A.

*Des rapports précis et détaillés pour l'utilisateur*

L'écran LCD et l'écran Live view affichent tout deux de manière permanente une icône en six parties qui donne une bonne approximation du niveau d'énergie restant dans la batterie. Mais comme sur le boîtier haut de gamme 1D MkIV, il y a plus : un rapide passage dans le menu des réglages permet un affichage détaillé qui donne aux utilisateurs les plus exigeants une information très précise sur le niveau d'énergie restant dans la batterie LP-E6 en place dans l'appareil.

L'affichage des informations de la batterie donne les renseignements suivants, très utiles pour le photographe et le vidéaste sur site (d'un coup d'œil, il peut connaître le niveau d'énergie restant et mieux encore obtenir des informations pour l'assister dans la gestion de plusieurs batteries).

1. **Charge restante.** Des circuits dédiés et une puce située dans la batterie communiquent avec précision le pourcentage de charge restant, par incréments de 1 %.
2. **Prises de vues.** D'un coup d'œil, vous pouvez connaître le nombre de déclenchements effectués sur une batterie précise, depuis sa dernière recharge. Cet affichage n'indique jamais le nombre total de déclenchements, mais seulement le nombre de déclenchements sur la charge actuelle.
3. **Performance de la batterie.** C'est un fait, les batteries n'ont pas une durée de vie infinie. Elles perdent graduellement leur capacité de charge et, bien que les batteries LP-E6 offrent des centaines de cycles de recharge, il est intéressant pour un utilisateur de savoir si une batterie est en fin de vie (ou non), après plusieurs années d'utilisation. L'indicateur de performance batterie donne cette information via une icône composée de quatre parties :

– 3 carrés verts : la batterie offre 100 % de performance à chaque recharge ;
– 2 carrés verts : la batterie produit toujours de l'énergie à chaque charge, mais plus au niveau d'une batterie neuve ;
– 1 carré vert : la batterie approche la fin de sa période utile, une recharge complète n'apportera pas les performances d'une batterie neuve ;
– 1 carré rouge : la batterie a atteint la fin de sa période utile et doit être remplacée. La recharger n'améliorera pas ses performances.

*Une nouvelle fonction : gérer plusieurs batteries*

C'est un fait qu'aujourd'hui la plupart des utilisateurs d'appareils photo numériques ont au moins une, voire plusieurs batteries de rechange. Avec plusieurs batteries, il est parfois difficile de savoir si toutes sont utilisées de manière équilibrée (ou si telle ou telle a tendance à rester au fond du sac plus qu'une autre...), ou même de savoir tout simplement quand chacune d'entre elles a été rechargée pour la dernière fois.

Les nouveaux reflex ont la réponse : vous pouvez « enregistrer » ou mémoriser sur votre boîtier chaque batterie que vous possédez et suivre jusqu'à 6 batteries à l'écran. Voici comment cela fonctionne.

1. Une fois qu'une batterie est enregistrée et que son numéro de série est affiché à l'écran, il peut être utile d'étiqueter la batterie en question et de noter son numéro. Assurez-vous de ne pas placer l'étiquette près des contacts métalliques de la batterie pour ne pas gêner son insertion dans le boîtier.
2. L'affichage montre le numéro de série de chaque batterie enregistrée sur le boîtier, la date à laquelle elle a été rechargée pour la dernière fois, le nombre de déclenchements effectués depuis la dernière recharge, la capacité d'énergie restante par incréments de 1 % et sa performance de recharge. Bien sûr, un boîtier ne peut afficher ces informations que si la batterie a été utilisée dans l'appareil... Si vous possédez plusieurs boîtiers 5D MkII, chacun affichera les informations qui sont lui sont propres.

C'est la première fois qu'une telle fonctionnalité apparaît sur un boîtier photo numérique. Grâce à elle, les utilisateurs peuvent suivre plusieurs batteries et éviter des problèmes tels qu'une charge restante très faible dans une batterie qui aurait été rechargée plusieurs mois auparavant. Associé à l'affichage standard des infos de batterie, c'est une véritable valeur ajoutée.

(Source : site Canon US)

*Remarque sur les étonnantes batteries LP-E4 (N.d.A.)*

Les caractéristiques des batteries LP-E4 du 1D MkIV sont connues et éprouvées car elles équipent déjà les boîtiers 1D MkIII et 1Ds MkIII de la gamme EOS. Ces batteries surclassent en tout point les batteries LP-E6 en doublant leurs capacités. La conception des boîtiers de la gamme 1D a prévu un grip d'alimentation intégré à la carrosserie du reflex, qui autorise l'utilisation des batteries LP-E4 plus volumineuses et plus puissantes que les LP-E6.

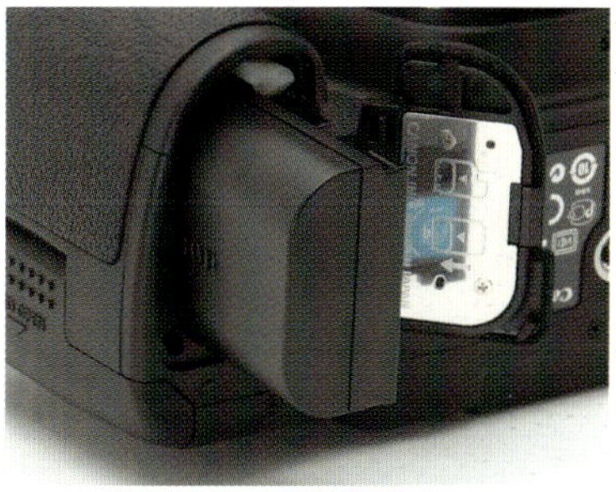


Batteries LP-E6 et LP-E4.

Elle peut être accrue grâce au grip d'alimentation BG-E6 (5D MkII) ou BG-E7 (7D) qui double l'autonomie (environ 4 h d'utilisation pour 2 h d'enregistrement) : il permet de loger deux batteries LP-E6 ou 6 piles LR6-AA. La seconde batterie prend automatiquement le relais lorsque la première est vide ; vous pouvez ainsi vous concentrer sur l'essentiel, vos prises de vues. Le grip d'alimentation BG-E6 ou BG-E7 permet en outre une meilleure prise en main du 5D MkII et du 7D, la poignée permettant d'équilibrer l'ensemble boîtier-objectif lorsque le reflex est utilisé avec un super téléobjectif. Il permettra donc également un meilleur équilibrage avec certains supports caméra tels que Steadicam, crosse, etc.

Indicateur du niveau de la batterie sur le Live view pendant l'enregistrement et menu Info batterie des EOS 5D MkII et 1D MkIV.

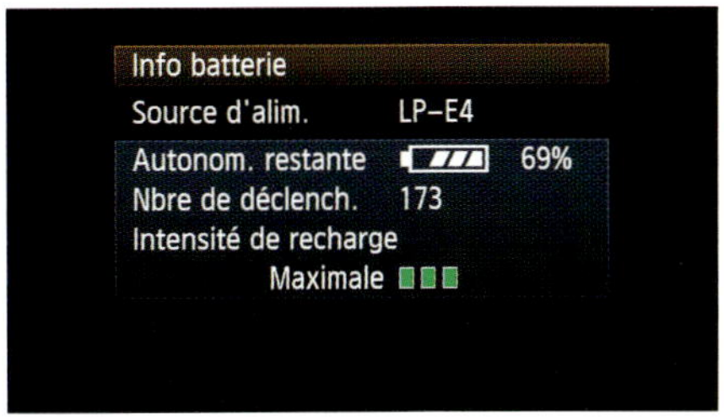

Les grips d'alimentation BG-E6 et BG-E7 autorisent l'itilisation de piles ou de batteries).

## TECHNIQUE ET MATÉRIELS

### Alimentation des caméras ENG

À la différence des HDSLR, la majorité des caméras professionnelles (type ENG, pour *Electronic News Gathering* – TV news) présentes sur le marché de la vidéo sont alimentées par des systèmes de batteries puissantes, par souci d'autonomie (IDX, PAG, Sony, Anton Bauer, etc., sur une des trois montures populaires : V-Mount, Anton Bauer ou PAGlok). Ces batteries assez lourdes ont également le mérite de faciliter l'équilibrage des caméras en mettant du poids sur l'arrière des supports. Des adaptateurs batterie destinés aux boîtiers EOS sont aujourd'hui conçus pour transformer la sortie 7,2 V des caméras en 12 V grâce à un transformateur intégré.

Les couples secteurs Canon DR-E6 (5D MkII et 7D) et DR-E4 (1D MkIV) peuvent être facilement modifiés pour adapter et utiliser des connecteurs Lemo ou l'une des trois montures populaires (V-Mount, Anton Bauer ou PAGlok).

Un kit complet d'alimentation dédié au 5D MkII et au 7D est proposé par la société Switronix. Il comprend le câble Switronix XP qui, associé au coupleur secteur DR-E6 (inclus dans le kit), autorise la connexion à des batteries PRO-X Series Lithium-ion qui fournissent une puissance importante sur de longues périodes de temps. Le kit comprend un câble de 61 cm avec un adaptateur régulé pour alimenter un 7D ou un 5D MkII à partir d'une batterie 12 V, il dispose d'un connecteur PowerTap et d'indicateurs LED rouge et vert pour afficher l'état de la batterie. L'utilisation d'un coupleur secteur DR-E4 à la place du DR-E6 est nécessaire pour faire profiter des bénéfices de cette alimentation longue durée au 1D MkIV.

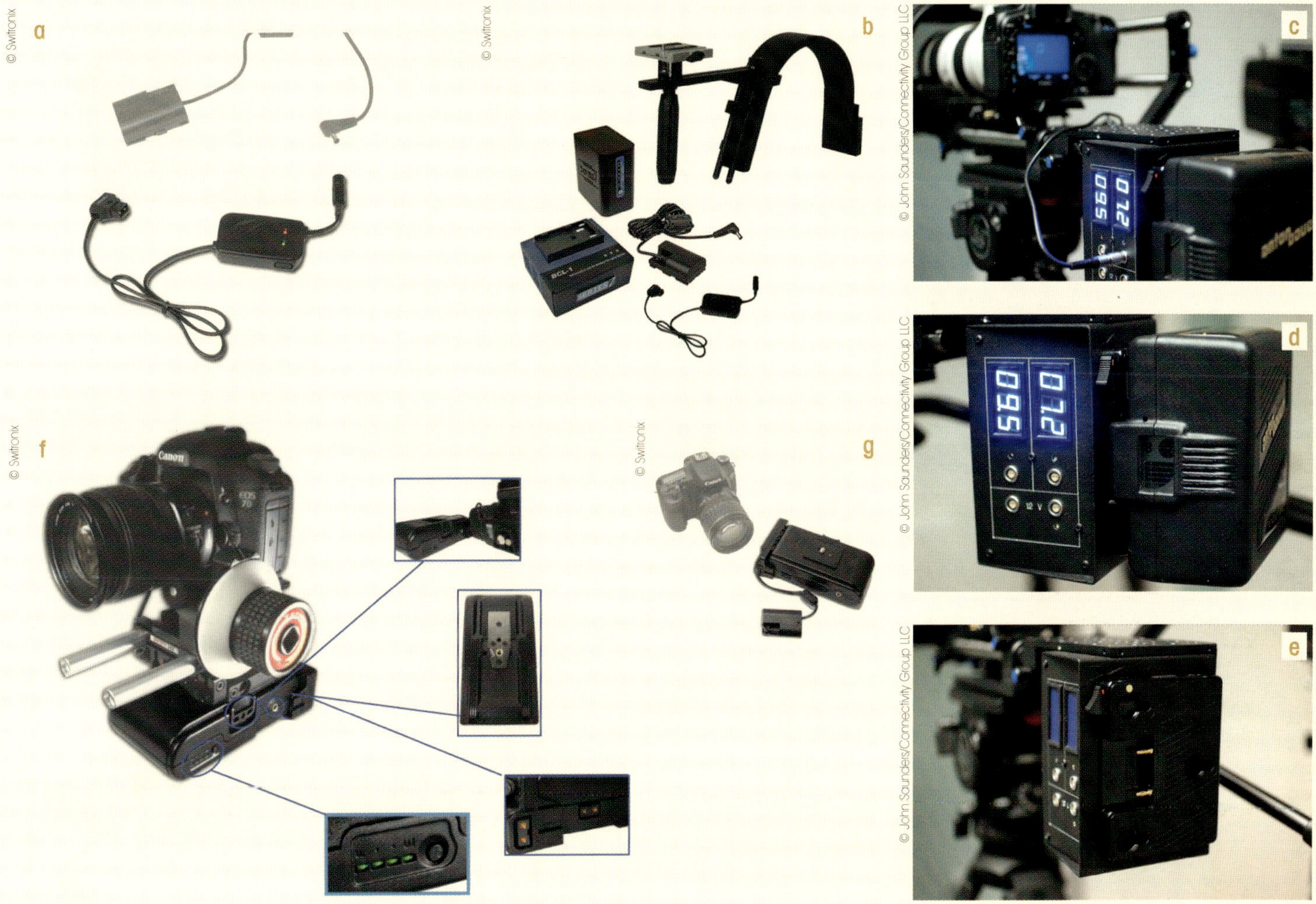


Outre l'adaptateur Switronix XP (photos a et b), la collaboration de John Saunders et de Bill Simmons de RCI Custom a donné naissance à un nouveau système alternatif permettant d'alimenter les boîtiers 7D et 5D MkII avec des systèmes de batterie longue durée Anton Bauer (photos c, d, e). Il possède 2 sorties de tension personnalisables (de 1,2 à 13,7 V) et 2 sorties fixées à 12 V. Les sorties sont des connecteurs Lemo comme on peut le constater sur la photo du coupleur secteur Canon DR-E6 modifié. Une modification similaire du coupleur secteur DR-E4 permettrait au 1D MkIV d'utiliser ce système ingénieux. (http://vimeo.com/2936707)
De manière plus officielle, une monture Anton Bauer Gold mount fixée sur un Rig Redrock Micro a été présentée au NAB 2010 (http://vimeo.com/10911971), ainsi que la nouvelle Powerbase 70 de Switronix, dédiée aux EOS 5D MkII et 7D (photos f et g).

Chargeur LC-E6, LC-E4 et câble allume-cigare CB-570.

Outre le chargeur officiel Canon ACK-E6, la société Delkin propose un chargeur de batteries à plaques avec deux emplacements pour une double charge simultanée. Les besoins en énergie de la vidéo étant plus gourmands que ceux de la photo, le temps de recharge de plusieurs batteries LC-E6 est ainsi divisé par deux (en utilisant simultanément le chargeur ACK-E6 fourni, la durée de charge d'une seule batterie sera profitable à la recharge de 3 batteries). Le kit Delkin double chargeur avec alimentation secteur, adaptateur voiture et 2 plaques pour batterie LP-E6 est proposé à 50 €.

## La gestion des batteries

Les différentes possibilités d'alimentation boîtier étant listées, il reste à étudier la gestion de ces batteries. Les journées de tournage extérieur étant souvent assez longues (au minimum 8 heures) et très découpées, il est capital de bien anticiper la gestion de l'énergie. Plusieurs possibilités s'offrent à l'utilisateur.

1. Prendre un nombre de batteries suffisant, correspondant aux nombres d'heures de tournage – par exemple, pour une journée en extérieur sans possibilité de recharge, un nombre minimal de batteries est à prévoir :

   – 5 LP-E6 (pour les 5D MkII et 7D);
   – 3 LP-E4 (pour le 1D MkIV);
   – 2 IDX/Anton Bauer avec adaptateur (pour les 5D MkII, 7D et 1D MkIV).

   L'inconvénient, dans le cadre d'un usage personnel, est le coût élevé dédié à l'acquisition de ces nombreuses batteries.

2. Penser, parallèlement au tournage, à charger ou recharger ses batteries si les conditions le permettent (le meilleur des rapports qualité/prix pour bien gérer son énergie) : le chargeur LC-E6 affiche en temps réel, via un clignotement de plus en plus rapide (25, 50, 75 et 100 %), le temps de charge de la batterie qui a été optimisé par rapport aux anciens modèles. Le chargeur LC-E4 permet de charger deux packs batterie LP-E4 simultanément, pour un temps de remplissage (une recharge) d'environ 120 minutes. Pendant l'utilisation, le chargeur exécute le calibrage de la capacité de la batterie pour que le niveau restant puisse être indiqué précisément quand la batterie est utilisée dans le 1D MkIV.

3. Si aucune alimentation secteur n'est disponible dans votre périmètre ou si votre production a lieu en pleine nature, il vous reste la possibilité de vous brancher sur la prise allume-cigare standard d'un véhicule. Le câble allume-cigare CB-570 est disponible à cet effet et se connecte aussi bien au LC-E6 qu'au LC-E4.

4. Pour les boîtiers 5D MkII et 7D, si vous êtes l'heureux possesseur du grip d'alimentation Canon BG-E6 ou BG-E7, la recommandation majeure est de ne jamais oublier de prendre dans son équipement deux jeux de piles AA, rechargeables ou non, pour avoir une solution de dernier recours qui sauvera peut-être la prise de vues d'un plan capital dans des conditions extrêmes…

## Cas des tournages à l'étranger

Le dernier point à aborder à propos de la gestion de l'énergie du boîtier concerne les productions internationales. Il y a trois accessoires à ne pas oublier :

/ une multiprise internationale, qui permet de charger ses batteries sur les 5 continents;
/ une rallonge de 5 ou 10 m, qui laisse beaucoup de liberté de mouvement quand le boîtier est alimenté sur secteur;

## ANECDOTE DE TOURNAGE

**Les électros ont de la ressource**

Les électros sont ceux qui, sous le contrôle du directeur photo, gèrent le rangement, les placements et les branchements des éclairages. Ils sont souvent bricoleurs ou ont des connaissances en électricité. Si les repérages n'ont pas été méticuleux, il faut parfois trouver des solutions pour avoir du courant.

En Côte d'Ivoire, lors du tournage d'une publicité pour Heineken Hollande, l'équipe de tournage s'est retrouvée sur un site situé au milieu de nulle part (horizon visible sur les quatre points cardinaux). En pleine journée, la lumière nécessaire devait être très puissante pour pallier la forte luminosité. Malheureusement, aucune possibilité ne s'offrait à nous pour alimenter ces sources, nos batteries étant déjà vides. Quelques minutes après avoir exposé le problème, le chef électro local trouva une solution incroyable : il déterra par enchantement une ligne électrique totalement invisible qui devait alimenter les villages voisins. Il créa un raccord pour brancher notre lumière et le tournage se déroula du coup très sereinement.

La morale à retenir est qu'il ne faut pas se fier aux apparences : même si vous pensez qu'il n'y a plus rien à faire, faites confiance à votre équipe qui est souvent composée de techniciens très expérimentés !

- une triplette ou boîte M6, qui assurent un chargement de plusieurs équipements en même temps (téléphone portable, chargeur batterie, ordinateur portable...).

# Stocker les rushs

Les supports de stockage évoluent à une vitesse époustouflante. Les formats VHS et même les CD du XX^e siècle nous apparaissent déjà comme d'un autre monde. Aujourd'hui, ce sont les supports bandes magnétiques qui disparaissent au profit de cartes mémoire ultra rapides, l'utilisateur bénéficie ainsi d'avantages très satisfaisants :

- robustesse et sécurité des cartes face à des bandes fragiles ;
- possibilité d'identification des rushs en amont (gain de temps pour le dérushage en postproduction) ;
- absence de numérisation des rushs au profit d'un transfert direct qui évite la perte d'une génération.

Les rushs sont les épreuves de tournage, documents originaux (bobines de film, bande son, vidéo-cassettes et cartes mémoire dans le cas du 5D MkII) produits au tournage. On parle de « faire du montage avec ses rushs ». Dans le milieu audiovisuel et cinématographique, ce terme générique est très courant.

De plus, l'évolution des cartes mémoire et des diverses compressions de signal permettent actuellement des capacités de stockage équivalente aux durées proposées par les bandes magnétiques.

L'ensemble des vidéos enregistrées sur une production constitue les rushs. Quelques questions subsistent sur leurs possibilités de stockage des appareils Canon. Voici une sélection des plus répandues.

© Sébastien Devaud

Photo extraite d'un projet de film publicitaire réalisé au 1D MkIV utilisant l'impact de la race humaine sur la nature comme image choc (une autre photo de ce projet est visible à la page 112).

- Quelle carte doit-on utiliser pour enregistrer de la vidéo Full HD sur les reflex EOS ? Y aurait-il une marque ou un type de carte CF qui aurait une compatibilité optimale avec ces boîtiers ?
- Quelle durée de vidéo Full HD peut-on enregistrer sur une carte de 4, 8, 16... Go ?
- Comment relire ses rushs ? Comment sauvegarder ses rushs ?
- Comment s'y retrouver dans l'identification des rushs ?

Rappelez-vous, si vous en avez besoin, que le format basse définition garantit le double de capacité du format Full HD : pour toutes les informations à venir, il suffira de doubler les données pour connaître les capacités du format basse définition (640 × 480).

Avant d'entrer dans le vif du sujet et de répondre à toutes ces questions, précisons que le format basse définition disponible sur les boîtiers ne sera pas traité dans cet ouvrage : partant du principe que les boîtiers sont destinés à travailler principalement au format Full HD (ce qui constitue un de leurs atouts majeurs), le format basse définition n'est pas d'un grand intérêt. Toutefois il peut s'avérer utile pour réaliser des vidéos de repérage, où la qualité n'est pas nécessaire, ou pour privilégier un enregistrement audio.

## Choisir des cartes mémoire

À la différence des boîtiers EOS 5D MkII et 7D, le 1D MkIV accepte les deux formats de cartes CF et SD.



Le 5D MkII et le 7D fonctionnent uniquement avec des cartes CompactFlash (CF) universelles qui répondent parfaitement aux exigences de l'enregistrement des vidéos HD et des rafales en mode RAW qu'ils peuvent effectuer. Elles comptent aujourd'hui parmi les formats de cartes mémoire capables d'atteindre de très hautes vitesses. Depuis peu, les cartes SD (*Secure Digital*) proposent de nouvelles générations ultra rapides (type SDXC), qui succèdent aux cartes SDHC. Les boîtiers 1D MkIV de la gamme professionnelle et le 550D de la gamme amateur sont les seuls HDSLR Canon à pouvoir recevoir ces nouvelles générations de cartes SDHC.

Les cartes CF et SD ont l'avantage d'être très économiques face à des supports propriétaires, elles sont par exemple dix fois moins chères que les cartes P2 de Panasonic. Leur tarif est directement proportionnel à la vitesse d'enregistrement proposé. Pour choisir la vitesse adaptée à l'enregistrement des vidéos HD des EOS, il faut tenir compte de deux critères.

- La première recommandation consiste à réaliser un calcul simple pour évaluer les exigences de débit des signaux EOS. Canon annonce les taux de transfert des données des modes vidéo 5D MkII et 7D à un maximum de 330 Mo/min, ce qui correspond à 5,5 Mo/s, soit 44 Mbit/s (1 Mbit = 0,125 Mo). En analysant ces résultats, on peut assez vite conclure que toutes les cartes disposant d'un taux de transfert supérieur ou égal à 66× (10 Mo/s pour être large) ont la capacité d'enregistrer les vidéos Full HD des EOS.
- Une seconde recommandation, contradictoire, concerne l'acquisition des cartes avec la mention UDMA (*Ultra Direct Memory Access*) : il s'agit d'une méthode garantissant le transfert des données à un débit minimum de 33 Mo/s proposée uniquement par des cartes atteignant des taux de transfert minimaux de 266× (utiles essentiellement pour les rafales en mode RAW). Pour un grand nombre d'utilisateurs, cette mention demeure actuellement une garantie de rapidité et de sécurité. L'expérience sur le terrain montre que les cartes proposant des vitesses inférieures à ce débit fonctionnent parfaitement, mais pour certaines d'entre elles, il faudra tout de même être patient et attendre la fin de l'écriture de l'enregistrement – ce qui, dans le cas d'une production

de news, devient un inconvénient en empêchant d'être réactif sur une actualité. C'est pourquoi, pour optimiser l'écriture comme la lecture, les cartes recommandées pour l'enregistrement des vidéos sur ces reflex doivent proposer des vitesses qui tiennent la charge sans ajouter des temps d'attente pour l'utilisateur.

Concernant la capacité de stockage des cartes CF, il existe sur le marché aujourd'hui des cartes de 4 Go, 8 Go, 16 Go, 32 Go et même 64 Go. Les reflex EOS ont été conçus pour réaliser des vidéos HD comprises entre 12 et 14 minutes environ, sans pause. Passé cette durée, le boîtier coupera automatiquement l'enregistrement. Cette durée limite d'enregistrement d'une vidéo HD sans discontinuité représente un stockage de 4Go ; il est donc simple, en appliquant une règle de trois, de calculer la durée vidéo HD possible sur les cartes de stockage supérieure à 4Go (voir le tableau ci-dessous).

| Taille de l'enregistrement vidéo | Cadence images | Durée totale d'enregistrement | | | Taille de fichier |
|---|---|---|---|---|---|
| | | Carte 4 Go | Carte 16 Go | Carte 64 Go | |
| 1920x1080 (Full HD) | (30fps, 25fps, 24fps) | 12 min | 49 min | 3 h 20 min | 330 MB/min (Mo/min) |
| 1280x720 (HD) | (60fps, 50fps) | 12 min | 49 min | 3 h 20 min | 330 MB/min (Mo/min) |
| 640x480 (VGA) | (60fps, 50fps) | 24 min | 1 h 39 min | 6h 40 min | 165 MB/min (Mo/min) |

Durée totale d'enregistrement vidéo et taille de fichier par minute (rappel : doublez ces capacités pour connaître les durées d'enregistrement possible en VGA, 640 × 480).

Comme nous l'avons vu précédemment, les nouveaux reflex numériques Canon ont été conçus en suivant une véritable approche cinéma, y compris concernant le stockage. Les cartes mémoire CompactFlash, au même titre que les autres supports cartes mémoire, peuvent aujourd'hui être comparées à de « nouvelles pellicules numériques ». Sur les caméras cinéma 35 mm, la pellicule est le plus souvent disponible sur des bobines conditionnées en boîtes de 120 et 300 mètres, représentant des durées respectives de 5 et 11 minutes, à 24 images par seconde. On constate donc qu'avec une simple carte de 4 Go, on dépasse les capacités de stockage des magasins des caméras 35 mm.

## UN PEU DE THÉORIE

### Calcul des capacités des cartes

Prenons l'exemple d'une carte mémoire au format CF (CompactFlash) d'une capacité de 4 GB (gigabyte) ou 4 Go (giga-octet), *byte* signifiant octet. 4 Go correspond à 4 096 Mo (MB). En effet, 1 Go correspond à 1 024 Mo. De même, 1 Mo correspond à 1 024 Ko, 1 Ko à 1 024 octets et 1 octet à 8 bits, le bit étant la plus petite unité informatique.

Les débits sont le plus souvent exprimés en MB/s (mégabytes par seconde, équivalent de méga-octets par seconde), mais certains parlent en Mbit/s (mégabits par seconde). Attention, MB (ou Mo) correspond bien à des groupes de 8 bits transférés à la seconde ; or, lorsqu'on parle de mégabits, on parle d'un transfert de bit unique. Un transfert exprimé en Mbit paraît souvent très important, mais il faut diviser sa valeur par 8 (un octet) pour retrouver nos fameux MB (ou Mo). Un débit annoncé à 100 Mbit/s correspond donc à 12,5 MB/s.

Les vidéos Full HD des boîtiers EOS HDSLR proposent une taille de fichier de 330 MB/min, qui correspond donc à 5,5 Mo/s. Une carte de 4 Go peut ainsi contenir un peu plus de 12 minutes de vidéos Full HD (4 096/330 = 12,41).

Les fabricants de cartes mémoire utilisent également le taux de transfert exprimé en « × » comme référence : 133×, 266× ou 300× constituent les vitesses courantes disponibles sur le marché. Concernant ces taux de transfert, 1× = 150 Ko/s (ou KB/s). Une carte proposant un taux de transfert de 266× correspond donc à 39 Mo/s (266 × 150 Ko/s = 39 900 Ko/s/1 024 = 39 Mo/s).

## EN PRATIQUE

### Les cartes mémoire

Profitez des offres de promotions sur les divers salons (photo, vidéo, multimédia) pour l'achat de vos cartes. Il y a souvent des opérations organisées par les grands revendeurs de cartes mémoire où, pour l'achat d'une carte, la seconde est gratuite (ou au moins affiche un prix réduit de moitié). Si vous n'êtes pas pressé, consultez les plannings des salons à venir.

Travaillez avec au moins deux cartes, ce qui vous permettra sur des productions futures de ne jamais être pris au dépourvu. La plupart du temps, les utilisateurs possèdent des cartes d'une capacité de 4 ou 8 Go limitant ainsi leur production à une durée maximale d'enregistrement de 24 minutes, ce qui apparaît insuffisant pour les productions actuelles. Vous pourrez sauvegarder les rushs de votre première carte sur un videur de carte ou un portable pendant que vous enregistrerez sur la seconde, et ainsi de suite.

Correspondance vidéo-carte

| | | |
|---|---|---|
| 12 min | ≈ | 4 Go |
| 30 min | ≈ | 8 Go |
| 60 min | ≈ | 16 Go |
| 124 min | ≈ | 32 Go |
| 240 min | ≈ | 64 Go |

Pour tous ceux qui ont une méconnaissance du matériel cinéma et qui utilisent uniquement des caméscopes ou caméras vidéo avec des supports cassette, vous pouvez facilement associer quelques concordances de durée pour mieux vous y retrouver. Ainsi, la durée courante de 60 minutes des supports cassette (Beta, DV, HDV, VHS...) qui existent sur le marché correspond approximativement à une carte de 16 Go.

Le choix des cartes CompactFlash disponibles pour les reflex EOS est assez large, voici une sélection de quelques-unes d'entre elles recommandées pour l'enregistrement de vidéos HD et du mode RAW en rafale, et qui privilégient une vitesse de transfert des données optimale. Nous ne parlerons pas des cartes de marques inconnues ou « sans nom » : elle doivent être évitées (aucune garantie sur leurs spécificités et leur longévité).

- Carte Sandisk Extreme Pro CompactFlash compatible UDMA 6. Près de 80-90 % des photographes utilisent la marque Sandisk qui a fait maintes fois ses preuves. La carte Extreme Pro possède des vitesses d'écriture ultra rapides (jusqu'à 90 Mo/s). De plus, grâce à des capacités de stockage de 16 Go, 32 Go et même 64 Go, vous pourrez stocker jusqu'à 200 minutes de vidéos haute définition.
- Carte SanDisk Extreme IV de 8 ou 16 Go (45 Mo/s). Ces cartes sont plus anciennes, mais conviennent parfaitement à l'enregistrement des vidéos HD sur le 5D MkII et des rafales en mode RAW.
- Carte CompactFlash UDMA, 8 ou 16 Go, 300× professionnelle, de Lexar Technologie : efficacité et fiabilité UDMA maximales à grande vitesse, garantie à vie.
- Silicon Power CompactFlash Professional 32 Go 300× compatible UDMA 5. Cette carte CF professionnelle allie hautes performances et écriture sécurisée (ECC) pour des taux de transferts ultra rapides et sûrs (45 Mo/s). La Silicon Power CompactFlash Professional 32 Go 300× est une solution fiable et efficace pour l'enregistrement des données ; sa conception unique et sa faible consommation énergétique la rendent particulièrement adaptée à un usage professionnel intensif (enregistrement de vidéos HD).
- Cartes CompactFlash Ultra-DMA 300× chez Buffalo : deux cartes mémoire CF (4 et 8 Go) compatibles avec le mode Ultra-DMA, capables d'offrir plus de 45 Mo/s en lecture. En écriture, Buffalo annonce 35 Mo/s.

Les cinq cartes recommandées.
© Sandisk, Lexar technologie, Silicon Power

Nous savons à présent comment choisir les cartes pour enregistrer des vidéos HD avec les nouveaux boîtiers EOS, il reste à apprendre comment gérer, sauvegarder et visualiser les rushs une fois qu'ils ont été enregistrés sur la carte.

La société Pelican propose des boîtiers de protection Memory Card holder case dédiés aux cartes mémoire, pour protéger les rushs de manière optimale et offrir une sécurité supplémentaire au stockage des productions.

## Sauvegarder et visionner : la gestion des rushs

Une fois le tournage terminé, les rushs enregistrés sur vos cartes sont les éléments précieux à conserver et à protéger. S'ils sont endommagés ou même perdus, c'est l'ensemble de la production qui se trouvera en péril. La gestion des rushs est donc une étape les capitale, avant la dernière étape du montage; rigueur et précision restent les maîtres mots de cette gestion.

### Identifier ses rushs

L'identification des rushs est depuis toujours un procédé indispensable pour sécuriser une production. Que ce soit la numérotation des bandes ou la description détaillée d'une scène, toutes les identifications vont permettre un contrôle parfait du découpage de votre production. Cette identification est réalisée la plupart du temps par un corps de métier à part entière : les scriptes.

Mais une volonté affirmée des productions de tourner avec des équipes de plus en plus légères prédomine aujourd'hui. Par souci de coût de production, le poste de scripte est quasiment inexistant sur les tournages extérieurs de news, qui limitent le plus souvent la composition de l'équipe à un JRI. Heureusement, des menus de réglages sont disponibles sur le 5D MkII pour permettre d'identifier ses rushs dès l'étape de la pré-production et donc de remédier en partie à cette disparition des scriptes sur les tournages extérieurs (voir le manuel du 5D MkII pages 72 à 76). En amont du tournage, il est en effet possible d'identifier ses dossiers de sauvegardes sur les cartes qui seront utilisées durant le tournage.

## LES MÉTIERS DU CINÉMA

### Le scripte

Le travail du scripte sur un plateau de cinéma permet au réalisateur et à l'équipe de restituer exactement tous les détails des scènes précédemment filmées, entre deux prises. Métier indissociable des plateaux de tournage, la profession de scripte a toujours été réservée aux femmes d'où l'appellation récurrente de « script-girl ».

La principale tâche d'un ou d'une scripte consiste essentiellement à noter dans un véritable journal de bord tous les détails des scènes que le réalisateur et les acteurs ont tournées, pour vérifier que le film respecte les mises en scène prévues par le scénario. Le scripte doit noter les caractéristiques des vêtements portés par les acteurs, celles de leur coiffure, leur teint ou leur maquillage, ainsi que leurs mimiques, les expressions de leur visage ou la direction de leur regard lors de la dernière scène tournée.

Le travail du scripte est très important puisque, souvent, le tournage des scènes sur les plateaux ne suit pas avec précision la chronologie du scénario.

La tâche du scripte de télévision est différente : il assiste l'animateur et le réalisateur pour assurer une bonne coordination du *timing* des séquences.

La diplomatie et la patience font partie des principales qualités humaines requises pour l'exercice de ces métiers. Néanmoins, une profonde concentration ainsi qu'un sens aigu de l'organisation et de l'observation sont également recommandés. Une connaissance approfondie de la science du montage constitue un atout.

## En pratique

### La création de dossiers

La création de dossiers dédiés à la production est très utile. Auparavant, sur les tournages utilisant des bandes magnétiques, cette étape d'identification n'était possible qu'au dérushage en postproduction, une fois les rushs numérisés. Aujourd'hui, grâce à l'utilisation des cartes, cette étape peut être préparée en amont. Sur de grosses productions de fictions ou autres productions multicaméras où le nombre de rushs est très volumineux, il est vivement conseillé de créer des dossiers.

### Créer ses dossiers avec un ordinateur personnel

Avec la carte montée sur le bureau de votre ordinateur, ouvrez le dossier DCIM ou créez-le s'il n'existe pas. Une fois ouvert, créez autant de dossiers que nécessaire pour sauvegarder et agencer vos vidéos. La création de vos dossiers doit suivre votre découpage (un dossier par scène, par exemple). Le nom de chaque dossier doit respecter le format « 100ABC_D » où les trois premiers chiffres sont des numéros de 100 à 999, suivis de cinq caractères alphanumériques. Les cinq caractères peuvent combiner des lettres minuscules et majuscules, de A à Z, des nombres et un caractère de soulignement « _ ». Pour rappel, les espaces ne sont pas autorisés dans les noms de dossiers ; en outre, les noms de dossiers ne peuvent pas comporter le même numéro à trois chiffres comme « 100ABC_D » et « 100W_XYZ », même si les lettres sont différentes.

(Source : Canon)

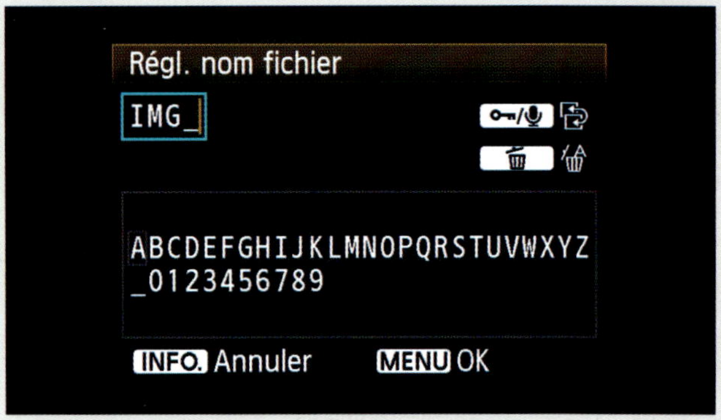


Le menu de création de dossiers proposé par les EOS.

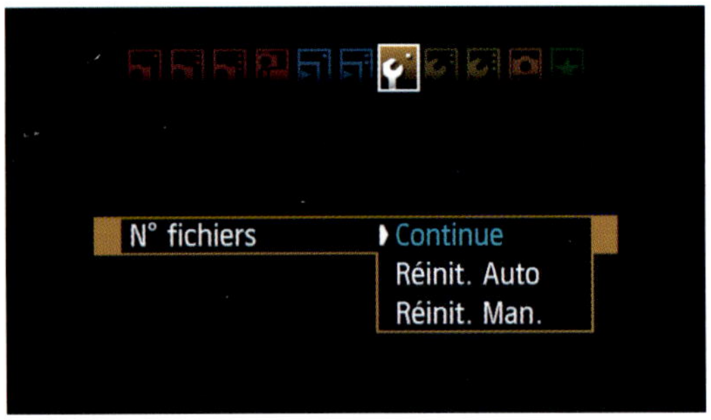


Le menu de numérotation des rushs proposé par les EOS.

Dans tous les cas, le nom des vidéos enregistrées sur le 5D MkII commencera par « MVI » suivi d'un nombre à quatre chiffres entre 0001 et 9999 correspondant à son identification chronologique ; l'extension .mov en fin de nom correspond au format de compression.

La création de dossiers et les différentes méthodes de numérotation des rushs vont faciliter la gestion de ces derniers pour la postproduction, évitant ainsi d'éventuels effacements accidentels. En parallèle de la création de ces dossiers, le 5D MkII vous propose aussi trois autres méthodes pour numéroter les vidéos :

- la numérotation continue : même si vous remplacez votre carte ou que vous choisissez un nouveau dossier, la numérotation se poursuit dans l'ordre jusqu'à 9999 (cette méthode est recommandée lorsque vous souhaitez enregistrer vos vidéos dans un ordre chronologique mais sans pour autant suivre un quelconque découpage) ;
- la numérotation réinitialisation auto : elle redémarre de 0001 à chaque remplacement de la carte ou au choix d'un nouveau dossier (cette méthode est recommandée lors d'un découpage des scènes par dossiers distincts) ;
- la numérotation réinitialisation manuelle : lorsque vous réinitialisez manuellement la numérotation de vos vidéos, un nouveau dossier est créé et la numérotation des vidéos sauvegardées sur ce dossier redémarre à partir de 0001. Cette méthode est recommandée quand l'utilisateur n'a pas eu le temps de préparer la liste de ses dossiers en lien direct avec son découpage, mais qu'il veut tout de même séparer distinctement ses rushs en fonction des scènes. Une réinitialisation manuelle devra être opérée à chaque fin de tournage de chaque scène.

## Sauvegarder ses rushs

Il est vrai qu'avec les capacités de stockage des cartes recommandées pour le 5D MkII, il n'est plus vraiment utile de penser à sauvegarder ses rushs avant la fin du tournage. En effet avec les cartes 32 Go (100 minutes de vidéos HD) ou même 64 Go (200 minutes de vidéos HD), il est de moins en moins nécessaire de penser à transférer ses rushs sur un autre support que la carte. Cependant, vu le prix encore élevé de ces récentes cartes haute capacité, la plupart des utilisateurs travaillent toujours avec des cartes 4 ou 16 Go. Leurs capacités sont satisfaisantes, néanmoins elles ne sont souvent pas suffisantes pour enregistrer des journées complètes de production ; il faut donc prévoir des transferts pour pouvoir les réutiliser plusieurs fois sur une même production

Le transfert de vidéos le plus simple et le plus économique reste le transfert sur un ordinateur personnel (voir le manuel du 5D MkII page 167). Attention, pour que vous puissiez connecter votre boîtier sur votre ordinateur, le logiciel EOS Digital Solution (livré avec votre boîtier) doit être préalablement installé. Une page de menus est disponible sur le boîtier pour gérer ce transfert direct des vidéos :

- option Toutes les images : toutes les vidéos seront transférées sur votre ordinateur ;
- option Nouvelles images : seules les vidéos qui n'ont pas encore été transférées sur l'ordinateur sont automatiquement sélectionnées par l'appareil et transférées ;
- option Ordres transfert images : possibilité de sélectionner les vidéos pour qu'elles puissent être transférées selon un ordre défini ;
- option Sélection et transfert : possibilité de sélectionner séparément chaque vidéo à transférer.

Vous aurez toujours la possibilité de graver vos rushs une fois transférés sur votre ordinateur personnel sur un Blu-Ray de grande capacité.

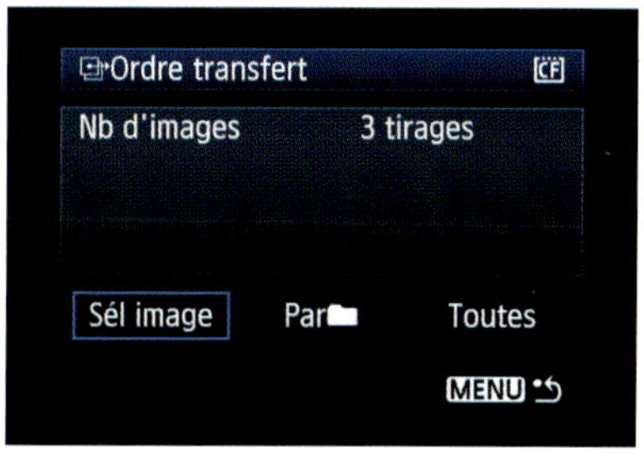


Le menu de transfert proposé par les EOS.

Cependant, le fait d'opérer les transferts directs avec le boîtier lui-même condamne ce dernier à ce rôle unique : la possibilité d'enregistrement est alors désactivée. Si vous êtes en tournage et que vous ne souhaitez pas immobiliser votre boîtier pour effectuer le transfert, il existe heureusement d'autres méthodes de sauvegardes des rushs.

1. Les lecteurs de cartes (choix très large pour des prix modérés) : ils sont très nombreux et représentent la solution la moins onéreuse pour sauvegarder ses vidéos. La plupart d'entre eux se branchent en USB 2 sur votre ordinateur personnel et, de la même manière que depuis le boîtier, le transfert s'opère une fois que la carte est montée sur le bureau de votre ordinateur. Les grandes marques de cartes comme Sandisk ou Lexar proposent bien sûr leurs propres lecteurs de cartes, mais le choix reste très large.

2. Les videurs de cartes lecteurs multimédia DD autonomes : cette alternative plus onéreuse allie rapidité, sécurité, robustesse et gain de place. En effet, les videurs de cartes autonomes disposent d'un disque dur interne qui vous permettra d'éviter de vous encombrer avec votre ordinateur portable. Les temps de transfert des vidéos HD sont très satisfaisants, malheureusement ces petits lecteurs multimédia ne permettent pour la grande majorité que de lire les photos sur leurs petits écrans LCD ; les modèles Hyperdrive colorspace UDMA sont particulièrement à recommander, car ils proposent de nombreuses possibilités de capacités à tous les prix (450 $ pour un modèle 320 GB). Pour visionner les vidéos en plus de les stocker, seul le très récent

Les videurs de cartes Colorspace UDMA et Nexto NVS2500 comptent parmi les meilleures solutions de stockage portables adaptées aux boîtiers EOS. Les lecteurs de cartes restent bien plus économiques si vous ne souhaitez que transférer vos rushs, sans sauvegarde.

et onéreux modèle Nexto Video Storage NVS2500 (2 000 $ pour un modèle 320 GB) propose cette fonction.

3. Une nouvelle génération de transmetteur de fichiers Wi-Fi est disponible en option. Le WFT-E4 II (pour le 5D MkII), le WFT-E5 II (pour le 7D) et le WFT-E2 II (pour le 1D MkIV) assurent respectivement pour chacun des reflex la compatibilité avec les disques durs externes et les GPS ; ils autorisent le transfert des photos et des vidéos directement vers un ordinateur ou un serveur FTP, et enfin ils permettent de télécommander et de contrôler l'appareil à distance.

Les transmetteurs de fichiers Wi-Fi Canon des trois EOS : 7D, 5D MkII et 1D MkIV.
© dpreview.com, tous droits réservés

## Visionner ses rushs

Le 5D MkII offre une possibilité de relecture des rushs directement sur le boîtier. En effet, que vous utilisiez le Live view ou un moniteur externe, le 5D MkII permet de visionner les prises juste après leurs enregistrements (voir le manuel du 5D MkII pages 137 et 138). Toutes les fonctionnalités de lecture sont disponibles directement sur le boîtier :

- lecture avec vitesses variables (nominale/ralenti) ;
- avance et retour image par image, avance et retour rapides ;
- affichage de la première et de la dernière image ;
- informations sur le positionnement et la durée de lecture ;
- possibilité d'ajuster le volume sonore.

> Durant le tournage, il est très souvent utile et même nécessaire de relire vos différentes prises pour vérifier si ces dernières sont satisfaisantes où si elles nécessitent qu'on les double.

Le 5D MkII propose aussi, grâce à ses connecteurs HDMI et AV/Out, une lecture des rushs sur des moniteurs ou téléviseurs externes, ce qui permet une meilleure visibilité des détails de la prise de vues – le connecteur HDMI autorise en effet la lecture des vidéos au format HD (voir le manuel du 5D MkII pages 139 et 140, ainsi que le chapitre 6 de cet ouvrage, « La gestion du point »).

Un autre point fort est la possibilité de protéger ou d'effacer des vidéos directement sur le boîtier une fois que vous aurez relu vos différentes prises directement sur l'appareil : effacer les prises inutiles vous permettra de gagner en capacité de stockage pour les prises suivantes (voir pages 142 et 143 du manuel du 5D MkII). Les prises retenues, quant à elles, pourront être protégées pour éviter les effacements accidentels (voir page 141 du manuel).

Une fois le transfert de sauvegarde réalisé, et avant de débuter la post-production, vous pourrez aisément lire vos rushs grâce aux lecteurs multimédia disponibles sur vos ordinateurs personnels (lecteur QuickTime pour les ordinateurs Mac et lecteur Windows Media pour les ordinateurs PC). C'est une possibilité de visionnage. Les vidéos du 5D MkII étant enregistrées au format H.264 en .mov, ces lecteurs multimédia standards pourront facilement décoder et lire vos rushs. Seuls la mémoire vive et les processeurs de vos ordinateurs limiteront, s'ils sont trop faibles, la fluidité de lecture.

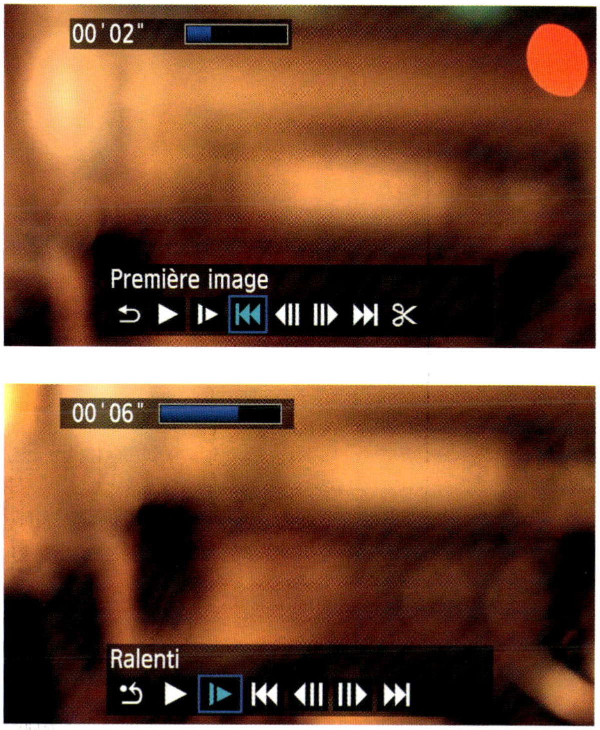


Le menu de visionnage des rushs sur les EOS.

## EN PRATIQUE

### Option Module de montage interne du 7D et 1D MkIV

Vous pouvez modifier les débuts et les fins de chacune de vos séquences par incrément de 1 seconde. Quand vous sélectionnez Éditer, sur l'écran de visée, le menu d'édition s'active en bas de l'écran. Vous avez le choix entre les options Couper le début, Couper la fin, Lire et Sauvegarder.

Tout en regardant la barre d'édition, utilisez les molettes de contrôle dédiées pour marquer les points de montage. Avec la commande Sauvegarder, la séquence modifiée peut être enregistrée en tant que nouvelle séquence vidéo et remplacer la séquence originale. Cette fonctionnalité, pratique si vos souhaitez isoler les scènes de certaines de vos séquences, demeure très dangereuse si vous n'avez pas réalisé au préalable une première sauvegarde de vos rushs originaux.

(Source : Canon)

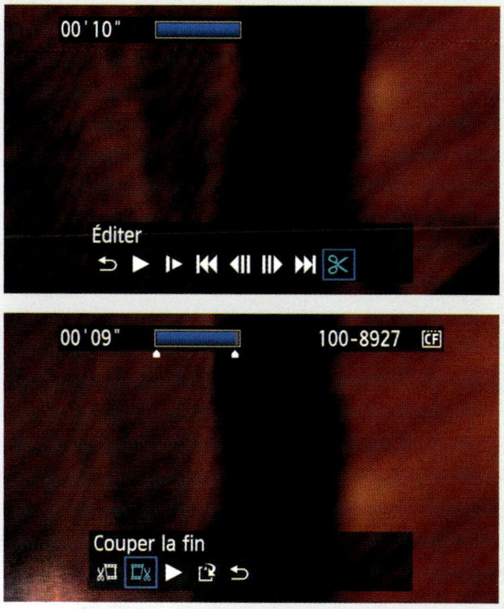


Le module de montage interne du 7D et 1D MkIV.

# Protection des boîtiers et prise de vues à distance

Le 5D MkII au cœur des Chutes du Niagara.

La composition de l'unité de tournage des HDSLR passe également par une accessoirisation très spécialisée, destinée à des tournages très spécifiques. Les reflex EOS doivent pouvoir être utilisés en extérieur sans que cela nuise à leur fonctionnement. La polyvalence des boîtiers, leur petite taille et leur ergonomie permettent en effet de réaliser des tournages dans des conditions extrêmes (et des positionnements improbables) qui impliquent une protection spécifique. Nous allons voir dans un premier temps quelles sont les protections existantes à ce jour qui permettent d'éviter d'endommager les boîtiers et de fonctionner dans ces conditions extrêmes.

## Protection contre les éléments

Le 5D MkII est annoncé depuis sa sortie comme un boîtier non tropicalisé, le 7D comme étant semi-tropicalisé et le 1D MkIV comme bénéficiant d'une tropicalisation complète, comme tous les reflex de la gamme 1D – c'est-à-dire qu'ils peuvent résister à l'humidité, aux projections de liquide, de poussières et de sable grâce à des joints de protection entre chaque raccord et sur tous les points d'étanchéité. La tropicalisation ne permet cependant pas l'immersion, mais la qualité de fabrication de ces reflex demeure meilleure que celle des autres boîtiers.

Attention, un boîtier peut être tropicalisé mais si l'objectif ne l'est pas, l'avantage est réduit.

La tropicalisation protège des petites intempéries, mais les tournages extérieurs nous amènent régulièrement à être confrontés à des conditions extrêmes où la seule solution valable est une accessoirisation très spécifique. Les HDSLR étant avant tout des appareils photo, ils bénéficient déjà des nombreuses gammes d'accessoires de protection de l'univers photographique.

### La chaleur et le soleil

Comment éviter la surchauffe, les éblouissements et les reflets du soleil ?

- Les batteries LP-E6 sont annoncées comme pouvant supporter des températures comprises entre 0 et 40 °C. Toutefois, le meilleur des conseils pour éviter une quelconque surchauffe reste d'éviter de placer le boîtier en plein soleil sur le tournage (ou, si vous n'avez pas le choix, d'utiliser un pare-soleil pour masquer tout rayonnement sur l'appareil). Sous des températures élevées, il est également recommandé d'effectuer des pauses dès que possible entre chaque prise de vues, pour laisser le système électronique et les batteries refroidir au maximum.
- Les viseurs type Zacuto, LCDVF ou Hoodman (voir le chapitre 6) : l'utilisation de l'écran de visée des reflex EOS pour la réalisation de vidéos a fait émerger de nouveaux viseurs dédiés ; à l'instar des viseurs de caméras traditionnelles, ils ont pour fonction d'isoler

Lever du soleil à travers le hublot d'un avion au 5D MkII.

l'utilisateur des fortes luminosités tout en améliorant sa vision de l'image. Dans le même ordre d'idée, les moniteurs externes disposent de « casquettes » en option, pour les isoler des fortes luminosités.

- Si vous ne disposez pas de viseur, il existe un pare-soleil nommé « Protection visière LCD Canon EOS 5D Mark II pare-soleil », exclusivement dédié à l'écran de visée Live view du 5D MkII. C'est une solution à ne pas négliger pour protéger l'écran LCD de votre boîtier, de plus elle permet de viser confortablement en conditions de forte luminosité en isolant l'écran LCD des reflets indésirables. Les pare-soleil pour optiques sont également recommandés pour éviter l'apparition d'éventuels *flare*.
- Les protections anti-reflets se présentent sous forme de petites vitres ou de stickers transparents et se fixent sur l'écran de visée LCD des EOS (3 pouces). Elles ont pour fonction d'éviter les reflets et les rayures, et sont une solution économique et efficace.
- En plus de la chaleur, les pays tropicaux sont souvent soumis à un taux d'humidité très important. Les fabricants d'absorbeurs d'humidité proposent des sachets déshydratants (dessicants, silica gel) pour protéger le conditionnement de vos produits. Ils sont identiques à ceux que vous trouvez dans l'emballage de vos matériels, à l'achat.

Le Protection visière LCD Canon EOS 5D Mark II pare-soleil.

## Le froid et l'eau

Comment lutter contre la condensation, la pression, la pluie ou le gel ?

- **Les housses anti-pluie** sont évidemment les plus utilisées. Elles permettent de protéger le boîtier de la pluie, de la neige et des projections de boue – mais en aucun cas d'immerger le boîtier. Deux manchons permettent de manipuler l'appareil (temps de réactivité limité) :

  – les housses Kata E690 et E-702 (longue focale) que l'on trouve aux alentours de 46 € sont les plus complètes, elles s'enfilent rapidement sur l'appareil et elles sont maintenues en place grâce à des cordons élastiques et bloquants ;
  – les housses Rain Coat (Black, Camouflage) proposées sur le site lightcraftworkshop.com sont des solutions équivalentes et plus économiques (commercialisées à 45 $) ;

© Sébastien Devaud

© Sébastien Devaud

© Sébastien Devaud

La neige et l'eau sont des éléments qu'il faut savoir appréhender pour éviter tout disfonctionnement du matériel. Sur un tournage en Finlande, la température a notamment atteint les -20 °C.

© Sébastien Devaud

© Anatole Toulouzan

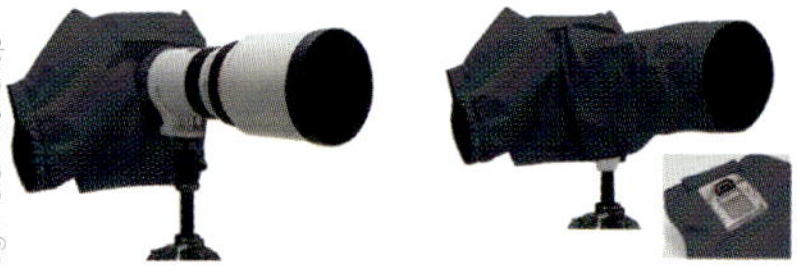

© Light Craft Workshop

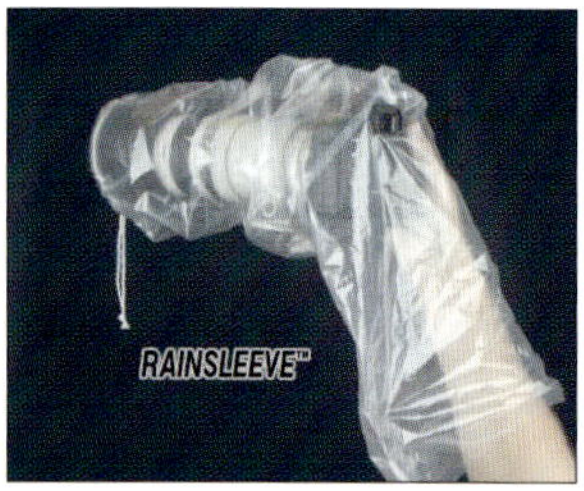


© Optech Rainsleeve

© Hydrophobia

Trois modèles de housses anti-pluie.

– les housses Optech Rainsleeve sont un bon rapport qualité/prix (9 €) ; très fines, elles ne sont pas destinées à des conditions climatiques trop difficiles ;
– les housses « système D » ou « DIY » sont évidemment les solutions les plus économiques, elles ne garantissent pas des résultats irréprochables mais apparaissent souvent comme salvatrices quand on est pris au dépourvu. Le film alimentaire ou le bonnet de douche pris dans une salle de bains d'hôtel sont aussi des solutions possibles…

/ **Les housses thermiques** sont destinées à protéger l'appareil sur des tournages où les températures passent en dessous de 0 °C. Elles sont composées d'isolants thermiques et d'un revêtement extérieur étanche. L'appareil est manipulable grâce à deux manchons extérieurs. Pour le grand froid, une « winterisation » des boîtiers réalisée par des prestataires spécialisés reste indispensable.

/ **Les caissons étanches** sont à l'origine dédiés aux tournages sous-marins. Pour pouvoir manipuler convenablement les boîtiers, les caissons doivent être parfaitement adaptés à l'ergonomie des différents modèles existants. À ce jour, les marques Aquatica, Seacam, Subal, Sea & Sea, Ikelite, Nauticam ou Aquatech proposent déjà de nombreux modèles de caissons étanches pour les EOS 5D MkII et 7D. Ces caissons, selon les modèles, peuvent atteindre des profondeurs maximales comprises entre 60 et 90 m. Pour le 1D MkIV en revanche, actuellement la solution unique reste l'utilisation d'un caisson Aquatica destiné au précédent reflex professionnel 1Ds MkIII.

À l'inverse des housses, les caissons protègent totalement des chocs et, grâce à leurs étanchéités garanties, ils constituent la meilleure des solutions pour lutter très efficacement contre des conditions climatiques extrêmes. Leur utilisation est aussi bien

© Aquatica
a1

© Aquatica
a2

© Aquatica
b

© Ikelite
c

© Nauticam
d

© Sea & Sea
e

Les caissons étanches : Aquatica 1Ds MkIII adapté à l'ergonomie du 1D MkIV (photos a1 et a2), Aquatica A7D (b), Ikelite 5D MkII (c), Nauticam 7D (d), et Sea & Sea MDX 5D MkII (e).

recommandée en pleine mer que sous une pluie battante ou sur un champ enneigé. Seuls leurs prix élevés font hésiter.

## Les sols accidentés

Comment parer les chutes et les à-coups durant un transport ou sur le tournage?

/ **Les sacs photo** : il en existe de toute les tailles et à tous les prix. Ils peuvent être regroupés en trois catégories distinctes :

– les sacs en bandoulière, qui permettent d'avoir le boîtier à portée de main mais qui sont d'assez faible contenance, sont un choix excellent pour les tournages de news, où le boîtier est réduit à sa plus grande simplicité;
– les sacs à dos ont une plus grande capacité, le matériel est mieux protégé mais il faut poser le sac pour pouvoir utiliser le boîtier (temps de réaction incomparable avec les sacs en bandoulière). Ils sont très utiles sur les tournages extérieurs de longue durée sur des terres accidentées (pour documentaires animaliers, par exemple);

Les terrains accidentés sont de véritables inconvénients pour le transport du matériel et la réalisation de prise de vues en mouvement avec les EOS.

© Sébastien Devaud

© Sébastien Devaud

© Sébastien Devaud

– les sacs à roulettes sont destinés à voyager sur de longues distances, ils ont une très grande capacité de contenance et le poids n'apparaît plus comme un handicap. Ce sont les sacs indispensables aux utilisateurs voulant réaliser des productions de fiction ou de publicité à cause du volume de matériel minimal nécessaire sur ces productions (optiques, audio, lumière, supports caméra).

Le sac à roulettes peut également être d'une grande utilité en complément d'un sac bandoulière. Laissé à l'hôtel ou dans le véhicule de tournage, il permet de tourner léger tout en gardant la totalité de son matériel à proximité.

© Think Tank

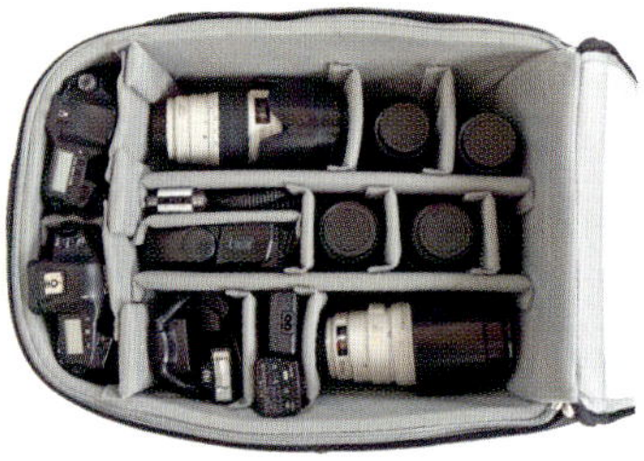
© Think Tank

© Pelican Case

Les sacs à roulette Think Tank et les valises Pelican Case sont plébiscités par le secteur professionnel.

- **Les caisses et valises de protection étanches**, plébiscitées par les professionnels, sont la meilleure solution pour se déplacer et voyager sur tous les terrains avec une sécurité maximale. Sur les grosses productions, les sacs (même à roulettes) ne sont en effet plus suffisants pour les nombreux accessoires et toute la machinerie requise par la production. La célèbre société spécialisée Pelican Case propose une large gamme de valises étanches professionnelles (de toutes tailles, avec possibilité d'usinage des mousses).
- **Les coques de protection** sont très récentes, celle dédiée au 5D MkII est déjà disponible chez Camera Armor. Elles sont composées de divers éléments qui protègent le boîtier et la lentille de l'optique (en cas de chute cependant, la jonction boîtier/objectif est toujours fragile). Des compléments pour le grip et les longues focales sont également disponibles. Pour parer aux chocs, les coques constituent une solution intermédiaire avec un très bon rapport qualité/prix.

© Camera Armor

La coque Camera Armor du 5D MkII.

## L'air et le vent

Quand on parle « d'air », on imagine rapidement pouvoir faire voler son boîtier comme un oiseau à travers les airs... Cela est possible grâce à des hélicoptères miniatures radiocommandés et quelques autres solutions (voir plus loin la section « Cas particulier de l'appareil fixé sur véhicule »). Mais comment stabiliser son boîtier pour obtenir un son broadcast dans des conditions venteuses ? Le vent est en effet le problème majeur de la prise de son, c'est le choix des micros, des bonnettes anti-vent et leurs positionnements qui permettent d'optimiser la qualité des prises de son (ce sujet sera abordé au chapitre suivant).

Les éléments apparaissent donc comme des dangers majeurs pour le boîtier. Cependant, une fois protégés par un équipement adaptés, les HDSLR peuvent être utilisés sans avoir à craindre un quelconque dysfonctionnement, et ce d'autant plus que la conception initiale de certains modèles de reflex prévoit à l'origine une utilisation tout terrain (tropicalisation et alliage en magnésium).

Même si certains boîtiers sont tropicalisés, rien ne vaut un hublot d'avion pour prendre une photo au plus près des nuages !

## Déclenchements à distance

Le système infrarouge des reflex permet depuis longtemps le déclenchement à distance des prises de vue photo. La possibilité récente d'enregistrement de vidéos HD par les HDSLR bénéficie non seulement des privilèges de l'infrarouge, mais aussi, depuis le début de l'année 2010, de la norme Wi-Fi grâce aux nouveaux transmetteurs Canon mieux adaptés aux fichiers vidéo. Bien que ces systèmes sans fil fonctionnent parfaitement, la méthodologie filaire reste privilégiée par les professionnels pour des raisons de fiabilité. Malheureusement, aucune télécommande filaire ne fonctionne actuellement avec les EOS pour déclencher et arrêter les vidéos à distance…

Le positionnement des boîtiers sur des supports difficiles d'accès, tels que des véhicules miniatures ou le filet d'un panier de basket, est facilité par ces systèmes de contrôle à distance. La réalisation de séquences vidéo dans des conditions surprenantes est ainsi autorisée.

### Les méthodes de déclenchement à distance

Les différentes méthodes de prise de vues à distance transforment les EOS en boîtiers totalement autonomes, capables d'enregistrer des vidéos extrêmes avec des angles de prise de vues très improbables. Ces différentes méthodes permettent une créativité sans limites en termes de positionnement du boîtier : on cherche à obtenir le meilleur axe de prise de vues associé au meilleur champ visuel via l'utilisation de focales extrêmes, comme l'objectif fish-eye (15 mm). Actuellement, trois méthodes de contrôle à distance du mode vidéo des HDSLR se distinguent :

Le déclenchement à distance est très pratique quand vous utilisez votre boîtier en solo et quand vous n'avez plus accès à ses réglages.

Chaque EOS HDSLR a une touche dédiée à l'enregistrement des vidéos (touche SET pour le 5D MkII, touche FEL pour le 1D MkIV, touche Start/Stop pour le 7D). Quel que soit votre système de transmission (IR, Wi-Fi, USB), assurez-vous toujours que la télécommande choisie gère le déclenchement et l'arrêt de l'enregistrement des vidéos du modèle sélectionné.

1. Le logiciel Canon EOS Utility installé sur un ordinateur portable est aujourd'hui la seule alternative filaire qui permette de commander l'enregistrement des vidéos à distance de manière fiable, grâce à la connexion du câble interface USB. Votre ordinateur personnel devient ainsi une véritable télécommande perfectionnée capable d'intervenir sur tous les réglages fondamentaux.

   Les télécommandes filaires sont idéales pour travailler avec des grues de petites tailles. Pour utiliser EOS Utility, des rallonges USB permettent d'étendre la distance entre votre boîtier et votre ordinateur portable. La connexion USB utilisé par les EOS condamne les sorties HDMI et AV. Pour visualiser vos séquences et contrôler vos réglages, le retour du Live view est doublé sur votre écran d'ordinateur portable.

2. Bien qu'elles ne garantissent pas la même sécurité de transmission que les filaires (portée et visibilité), les télécommandes infrarouges sont une solution économique et d'excellents compléments des moniteurs externes HF (voir le chapitre 6). Les télécommandes infrarouges (IR) Canon très discrètes, tout comme le modèle Flex DSLR Remote proposé par Switronix, permettent de déclencher les vidéos à une distance comprise entre 1 et 5 m en fonction des modèles.

   Attention à ne pas oublier de mettre la commande AF Drive des EOS sur la position retardateur sous peine de ne pas faire fonctionner le déclenchement infrarouge de la télécommande. De plus, positionnez-vous face au capteur pour garantir une efficacité maximale. Vous pouvez utiliser les télécommandes Canon RC-6, RC1, ou RC5 pour lancer et arrêter l'enregistrement vidéo. Avec les modèles RC-6 ou RC-1, placez le sélecteur de délai sur < 2 > (délai de 2 secondes), puis appuyez sur la touche de transmission. Si le sélecteur de délai est placé sur un autre mode, c'est la prise de vue photo qui s'activera.

3. Une dernière possibilité de contrôle à distance est proposée par les transmetteurs dédiés qui communiquent avec la norme Wi-Fi. Les transmetteurs WFT-E4 II (5D MkII), WFT-E5 II (7D) et WFT-E2 II (1D MkIV) évoqués précédemment pour le transfert des rushs permettent également un contrôle des réglages et de l'enregistrement à distance. L'application iPhone DSLR remote, de OnOne Software, autorise elle aussi un contrôle Wi-Fi à distance, mais elle fait appel à des produits Apple comme transmetteurs.

Le site de Canon France propose un tutoriel complet pour vous permettre de contrôler l'appareil photo à distance et d'enregistrer des vidéos à partir de la fenêtre d'EOS Utility (www.canon.fr:80/Support/System/Search.aspx?TcmUri=tcm:79-608101 & SearchType = 3).

© Canon

© Canon

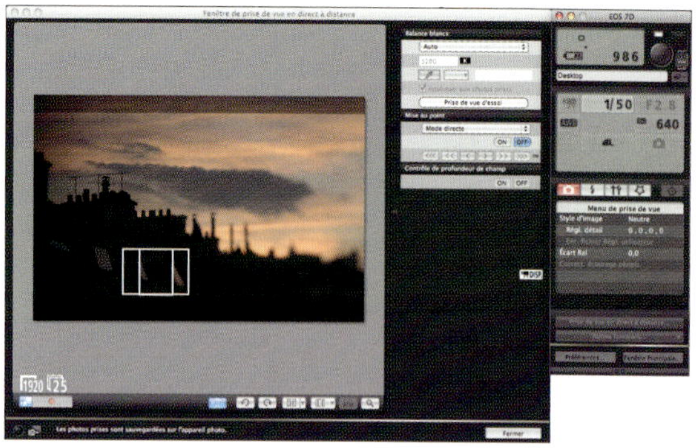

## EN PRATIQUE

### Contrôler son EOS avec son iPhone

Le logiciel DSLR Remote, de OnOne, permet de télécommander à distance la plupart des reflex Canon depuis son iPhone. Vous aurez besoin :

- d'un iPhone ou un iPod Touch ;
- d'un Canon EOS ;
- d'un ordinateur exécutant le logiciel compagnon gratuit DSLR Remote Server (Mac ou Windows) ;
- d'un câble USB reliant le boîtier à l'ordinateur.

Le logiciel de télécommande du iPhone communiquera par Wi-Fi avec l'ordinateur et donc l'appareil photo. À partir de l'iPhone, vous pouvez contrôler l'ouverture, le temps de pose, les ISO ou la balance des blancs. Vous pouvez voir en temps réel sur votre iPhone ce qui apparaît dans le viseur de l'appareil. Il y a aussi une fonction d'intervallomètre permettant de réaliser des Time-lapse (séquences de photos à intervalle prédéterminé – pour en savoir plus, reportez-vous à la section « Quand la vidéo rencontre la photo » du chapitre 8).

© Canon

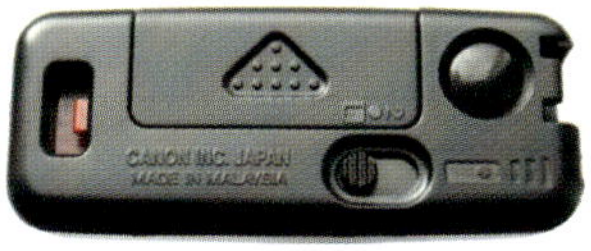
© Canon

© Canon

© Switronix

© Onone Software

Assemblage de cinq photos avec les différents modèles de télécommandes (RC-1, RC-5, WFT-E, Switronix Flex DSLR Remote), iPhone DSLR Remote.

On peut conclure pour résumer que les télécommandes et autres systèmes de déclenchement à distance sont des compléments indispensables aux boîtiers dès que l'on souhaite réaliser des mouvements impliquant un positionnement d'appareil inaccessible. Des systèmes de transmission HF de mise au point et de monitoring sont également recommandés pour ce type de tournage (voir le chapitre 6).

### Cas particulier des EOS embarqués sur un véhicule

Outre les lieux difficiles d'accès, le déclenchement à distance permet d'enregistrer des vidéos quand l'appareil est embarqué sur un véhicule. Que ce soit en vélo, en moto, en voiture, en train, en hélicoptère ou en avion, tous les types de prises de vues en caméra embarquée restent envisageables avec les HDSLR.

Montages des EOS 5D MkII et 7D en caméra embarquée.

© Daniel Chung

© Tous droits réservés

© Sébastien Devaud

© Electric Travelling Cascades

© Electric Travelling Cascades

© Electric Travelling Cascades

Le cascadeur Stéphane Boulay a été le responsable des cascades du film *Largo Winch* sorti en 2008. Il a fondé sa propre société, Electric travelling Cascades (www.e-t-c.fr), et dispose d'une large gamme de véhicules destinés à embarquer les caméras. Il propose également de transformer tout type de véhicule en y fixant un support caméra exclusivement adapté à votre modèle.

Le réalisateur Tony Scott (*Top Gun, Jour de tonnerre, Ennemi d'état*) est tellement adepte des prises de vues aériennes qu'il s'est offert son propre hélicoptère pour réaliser certaines séquences de ses films.

Au même titre que les travellings subjcctifs de personnages, ces mouvements ont pour principe de donner un rendu subjectif du véhicule sur lequel est fixée la caméra. La plupart des films d'action regorgent de plans utilisant ce principe, notamment dans les célèbres scènes de courses poursuites qui finissent souvent en casse-auto (*Les Blues Brothers* réalisé par John Landis, *Jour de tonnerre* réalisé par Tony Scott, ou la série des *Taxi* produite par Luc Besson, par exemple). Ce type de travelling constitue même le point commun des plans d'ouverture des longs métrages de Luc Besson : ils commencent en effet tous par un travelling avant qui « tilt » vers le haut sur la fin du plan, comme *establishing shot* (un travelling sur les pavés d'une rue parisienne pour *Nikita*, et des travelling hélico au-dessus de la mer pour *Léon* et *Le Grand bleu*, par exemple).

Au vu de la vitesse de certains véhicules et de l'utilisation préconisée de focales extrêmes, l'effet obtenu est souvent très impressionnant, mais pour l'optimiser il vous faudra une fois de plus de faire appel aux chefs machinistes. Avec les cascadeurs, ils sont en effet les meilleurs techniciens pour envisager, ressentir et adapter les techniques de prise de vues des caméras embarquées.

Si vous n'avez pas la chance d'avoir dans vos contacts ou dans votre équipe un bon chef machiniste ou un cascadeur expérimenté pour vous conseiller, il existe quelques systèmes de fixation simples, plus ou moins professionnels, qui autorisent la réalisation de mouvements seul ou avec la seule aide de votre directeur photo.

1. Les plans les plus demandés par les productions sont certainement les travellings voiture. Outre les solutions destinées aux équipements lourds de cinéma qui garantissent des résultats parfaits, il existe quelques solutions pour fixer un matériel plus léger, comme les HDSLR, à l'intérieur ou à l'extérieur du véhicule :

## LES MÉTIERS DU CINÉMA

### Les chefs machinistes et les cascadeurs

Les chefs machinistes constituent un corps de métier qui regroupe tous ceux qui gèrent tous types de machineries (les machines à fumée, les grues, la pluie artificielle...), qui construisent les rails de travelling... Ils doivent fréquemment faire preuve de créativité et ont souvent une grande expérience des effets spéciaux.

Les cascadeurs sont généralement des pilotes spécialistes des scènes d'action. Ils sont chargés de remplacer les acteurs sur le tournage des scènes comportant des risques ou nécessitant une habilité physique ou de pilotage particulière. Chaque cascade nécessite une préparation minutieuse pour pouvoir obtenir les images voulues tout en assurant la sécurité du cascadeur et de l'équipe de tournage.



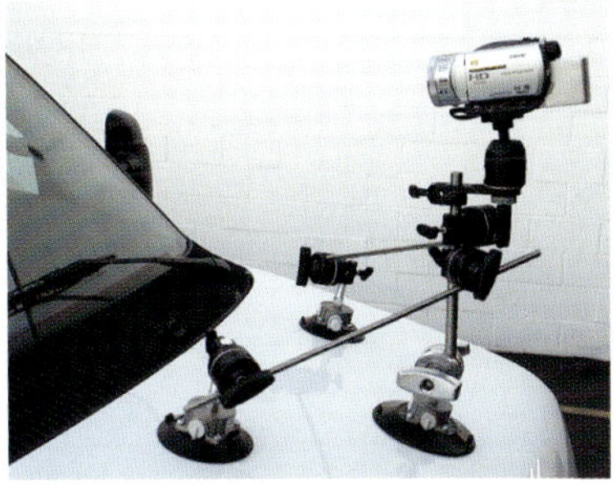

Photos comparatives d'un système ventouse professionnel conçu par la société Propulsion sur une production Michelin avec un système ventouses destiné au marché des caméscopes grand public.

– les systèmes ventouses voiture : conçus pour des caméras d'un poids maximal de 5 kg et construits en aluminium anodisé, ils sont adaptables à la plupart des véhicules de taille moyenne (surfaces lisses et propres, avec bombé limité). Trois ventouses de diamètre 120 mm permettent une fixation de qualité, et une boule de mise à niveau, la mise en place de tout type de rotule à base plate et un réglage rapide de la caméra. Cet appareil autorise de tourner des panoramiques jusqu'à 180°, et de filmer les passagers à l'avant et à l'arrière de la voiture. Pour ces prises de vues, il est conseillé d'utiliser un moniteur de contrôle pouvant être fourni en option avec fixation par ventouses sur le pare-brise ou sur une vitre latérale ;

– les supports à fixer sur les tiges de l'appui-tête des sièges de la voiture (marque Cruise cam).

2. Pour la réalisation de travellings moto ou vélo, un petit accessoire Feisol se fixe sur le guidon. Le *Sticky pod camera mount* fixé sur le réservoir garantit aussi un bon résultat. Un montage amateur d'un bras magique ou d'un simple *clamp* peut également faire l'affaire.

Quelques tests effectués de nuit sur le périphérique parisien ont été très convaincants. Un unique bras magique clampé a été utilisé pour embarquer le 5D MkII sur le guidon de la moto.

© Flying-cam

© ACS France

© Patrick Robert 2009 (tournage Zone Interdite Afghanistan, présenté par Claire Barsacq)

Si vous n'avez pas la possibilité d'utiliser un véritable hélicoptère pour réaliser des prises de vues aériennes, il existe des modèles miniatures pilotables à distance pouvant embarquer les boîtiers EOS.

3. Au même titre que les travellings voiture, il y a deux façons de réaliser les travellings hélicoptère :

– la première est la location à la demi-heure d'hélicoptères réels, avec des systèmes gyroscopiques autonomes ;
– la seconde concerne tous les hélicoptères miniatures radiocommandés et téléguidés capables d'embarquer les EOS. Les groupes ABC, ACS Products, Ascent Imagery et Flying Cam proposent chacun leur propre modèle

Ainsi s'achève ce chapitre. Nous venons de voir que la première partie de l'unité de tournage était composée de tous les éléments extérieurs aux boîtiers ayant pour fonction :

/ de faciliter et de stabiliser leur mobilité (tous les supports qui stabilisent et donnent du mouvement à l'image) ;
/ de les protéger et de les alimenter (toutes les protections disponibles en fonction des conditions climatiques et toutes les sources d'alimentation dédiées aux trois EOS Canon) ;
/ de stocker et de sauvegarder les vidéos qui en sont issues (toutes les cartes et videurs de cartes capable d'enregistrer et lire les vidéos HD des EOS).

## AVIS D'EXPERT

### Jean Chesneau, chef machiniste, à propos des gyroscopes Ken Lab

Les gyroscopes Ken lab sont de parfaits compléments pour stabiliser les prises de vues en mouvement (aériennes, Steadicam, embarquées). Les reflex HDSLR sont tellement légers qu'ils sont très sensibles aux vibrations et, au même titre que les masses qu'on leur associe, ces gyroscopes leur donnent de l'inertie. L'utilisation de deux gyros croisés est recommandée pour optimiser la stabilisation sur tous les axes. Ils peuvent aussi être utilisés sur les prises de vue en Steadicam. Leur prix unitaire tourne aux alentours de 3000 €. Pour la majorité des productions, ils restent destinés aux prises de vues aériennes.

© Jean-Marie Delorme

Grégoire Ausina équipé d'une crosse d'épaule modifiée par Jean Chesneau. L'utilisation de deux gyroscopes croisés pour optimiser la stabilisation.

© Aerial Exposures

La célèbre société Aerial Exposures basée à New York propose son propre système très performant qui utilise également des gyroscopes Ken Lab. Vincent Laforet a notamment fait appel à leurs services pour les scènes aériennes de son premier film EOS, *Rêverie*.

L'intégralité de ce chapitre a donc été dédiée à la partie mécanique et électronique des boîtiers, pour finaliser l'étude de l'unité de tournage nous allons maintenant aborder les domaines optiques et acoustiques. « 70 % de l'image, c'est le son », ainsi que le dit l'expression consacrée, nous allons donc étudier tout d'abord la partie audio des EOS.

Photo extraite du film *M. Métronome* : le son de tous les micros de la batterie a été enregistré sur la console multipiste D & R Cinemix du studio Audiolane et synchronisé en postproduction avec le son témoin du micro intégré du 5D MkII qui a permis de réaliser le montage.
5D MkII, EF 16-35 mm, 800 ISO, f/2,8, 1/50 s.

/ CHAPITRE 4 /

# Prise de son

La prise de son est l'opération qui consiste à enregistrer des dialogues ou l'ambiance sonore d'une scène que l'on veut garder. On parle également de « mixage » comme étape finale d'une production. Ces techniques élaborées font appel à la fois aux compétences de professionnels spécialisés et à un matériel très spécifique (micros, mixettes, multipistes...), réservé à l'univers audio.

Sur le *final cut* d'un montage, le son est le complément indissociable de l'image, mais leurs techniques de réalisation diffèrent tellement qu'il faut souvent trouver des compromis pour satisfaire ces deux mondes sur un plateau de tournage. Et bien qu'il soit vivement recommandé de travailler avec un spécialiste (ingénieur du son) sur l'ensemble des productions, il est malheureusement de plus en plus courant de devoir gérer le son en solo et donc de maîtriser seul ses réglages en conditions de news TV (les productions TV privilégient le flux au détriment de la qualité).

Les appareils photo numériques modernes sont dotés depuis quelques années d'un petit micro externe en façade. À l'origine prévu comme mémo vocal pour les photos, ce micro a très vite été associé à la possibilité d'enregistrer des vidéos. La réelle nouveauté est que le 5D MkII propose, au même titre qu'une caméra, la possibilité de déporter la prise de son grâce à une entrée destinée à connecter un micro externe optionnel. Dans ce chapitre, nous essayerons par une étude qualitative de juger les performances du système audio interne du 5D MkII, puis nous verrons comment une qualité professionnelle pourra être obtenue grâce aux possibilités externes des boîtiers. Enfin, nous jugerons si les fonctionnalités audio proposées sur les reflex EOS sont suffisantes pour qu'un utilisateur unique puisse les contrôler ou si les ingénieurs du son restent indispensables.

© Sébastien Devaud

L'invention du microphone a été déterminante dans le développement des premiers systèmes téléphoniques, c'est le premier élément de votre chaîne de création sonore.
5D MkII, objectif EF 50 mm, f/1,8.

Dans le cas des reflex Canon, les questions posées sur les différents forums sont les plus nombreuses dans la section audio : il est par exemple très difficile de croire, pour un vidéaste averti, qu'un appareil photo va pouvoir correctement gérer la prise de son d'une interview...

Les systèmes audio du 7D et du 1D MkIV, qui disposent de fonctionnalités similaires à celles du 5D MkII, ne présentent pas d'améliorations notables. Nous ne les traiterons donc pas en détail dans ce chapitre.

Les éléments audio internes du 5D MkII sont similaires à ceux des nouveaux boîtiers 7D et 1D MkIV qui proposent les mêmes fonctionnalités. De haut à bas : haut-parleur, micro, prise micro.

# Le système audio interne des reflex

Le système audio interne proposé sur les HDSLR est basique et limité à sa plus simple expression, mais des situations très spécifiques rendent sa présence indispensable et très utile. Des similitudes avec les caméras cinéma sont également notables dans le sens où de nombreux modèles ne proposent pas de possibilités d'enregistrer le son en interne sans compléments. Le système interne des reflex EOS apparaît donc comme un bonus supplémentaire.

## Caractéristiques audio des reflex EOS

Les reflex EOS disposent de fonctionnalités audio certes sommaires mais loin d'être négligeables :

- un micro interne (mono), omnidirectionnel, pour enregistrer le son directement depuis le boîtier ;
- une borne d'entrée pour brancher un microphone externe ou une mixette : prise mini-jack stéréo de 3,5 mm de diamètre ;
- un enregistrement en PCM linéaire, avec une fréquence d'échantillonnage de 48 KHz sur 16 bits. Les données audio sont couplées au fichier vidéo .mov produit par les EOS, les pistes audio peuvent être extraites et dissociées de ce fichier à l'étape de postproduction ;
- une fonction pour activer ou désactiver l'enregistrement du son associé aux vidéos (accessible dans le menu Fonction>Visée par l'écran) ;
- la possibilité d'écoute pendant le visionnage des rushs sur le boîtier grâce à un mini haut-parleur situé à droite, au-dessus de l'écran de visée ; pendant le visionnage, la molette de réglage supérieure permet d'ajuster le volume.

Seule et unique possibilité d'enregistrer du son directement depuis le boîtier sans faire appel à un quelconque accessoire externe, le petit micro mono, situé en façade, en dessous du logo « 5D », s'avère ultra sensible. Omnidirectionnel, il enregistre un son global qui ne dissocie pas les bruits ambiants (bruits de fond en sourdine, bruits en provenance du boîtier lui-même) des dialogues, et les restitue tous ensemble, avec même une tendance à amplifier les ambiances…

Trois sons gênants en provenance directe du boîtier ont été répertoriés et peuvent être évités :

- quand il est activé, le stabilisateur IS des optiques (voir encadré à la page 77 du chapitre 3) produit un ronflement très sonore : pensez à désactiver ce mode, surtout si vous tournez sur un trépied (il ne vous sera d'aucune utilité) ;
- le réglage de l'autofocus et le « bip » de confirmation de mise au point sont également très audibles : l'AF n'étant pas recommandé et les sons de confirmation de mise au point étant inutiles pour l'enregistrement de vidéos, désactivez les deux fonctions dans leurs menus respectifs ;

## TECHNOLOGIE

### Les nouvelles fonctions audio du 5D MkII (mise à jour 2.0.4 du 16/03/10)

À l'instar des EOS 7D et 1D MkIV, la fréquence d'échantillonnage audio du 5D MkII passe de 44,1 à 48 KHz afin de produire le signal audio typiquement requis par les équipements professionnels ou broadcast. En revanche, les fonctions audio optimisées permettant de régler manuellement les niveaux sonores sur 64 niveaux à partir d'un curseur type vu-mètre affiché sur l'écran LCD sont pour l'instant exclusivement réservées au 5D MkII. Ce nouveau contrôle manuel de l'audio permet de désactiver l'AGC *(Automatic Gain Control)* qui interdisait une utilisation professionnelle des fichiers audio.

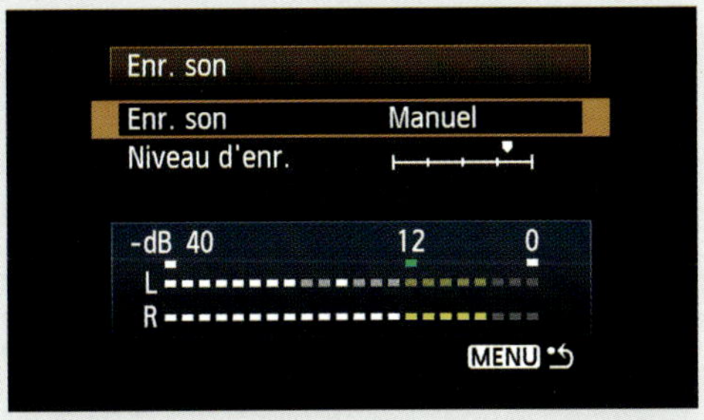


Un vu-mètre pour le réglage du niveau sonore du 5D MkII sur 64 niveaux est disponible depuis la mise à jour de mars 2010.

- le contact des doigts sur les différentes molettes de réglage sont également perceptibles : une fois l'enregistrement débuté, évitez de paramétrer les réglages du boîtier. Au contraire, tenez fermement ce dernier ou laissez-le tourner de manière autonome.

Mais les deux inconvénients réellement majeurs pour des productions professionnelles restent l'absence de possibilité d'écoute et de contrôle du son pendant l'enregistrement (pas de sortie casque), ainsi que l'AGC *(Automatic Gain Control)* – encore présent sur le 7D et le 1D MkIV en juin 2010 –, l'ajustement automatique du niveau d'enregistrement : comme le micro interne ne trouve pas le bon équilibre entre les sons d'ambiance et les voix des personnes, les hautes fréquences ainsi que les brusques variations sonores seront automatiquement limitées pour éviter toute saturation. Toutefois, même si les réglages manuels du niveau sonore sont inexistants sur les EOS (sauf pour le 5D MkII depuis la mise à jour 2.0.4), leurs systèmes audio internes totalement automatiques n'ont pas à rougir de la concurrence et peuvent dépanner dans bien des cas.

## Comparaison avec les caméscopes

Les caméscopes vidéo du marché qui proposent un système optique moins performant que celui des EOS (Sony PMW-EX3, Panasonic P2) offrent des possibilités d'enregistrement sonores internes bien supérieures à celles du boîtier (entrée et sortie stéréo, connectique XLR avec alimentation Phantom, sortie casque...). En revanche, la comparaison avec les petits caméscopes autonomes (tous les petits caméscopes Handycam à disque dur interne, cassette, CD ou cartes mémoire) montre une meilleure adéquation avec les performances audio internes des boîtiers Canon.

La caméra Sony HDV HVR-A1E dispose d'un système audio additionnel très performant (XLR, alim 48 V), mais bien que son prix soit compétitif face à un 5D MkII (2 400 € contre 2 800 € environ), ses qualités optiques sont trop limitées pour pouvoir envisager un comparatif.

© Sony

## Des fonctionnalités à ne pas négliger

Les fichiers enregistrés sur le boîtier utilisent une fréquence d'échantillonnage broadcast de 48 KHz, qui est reconnue par toutes les solutions logicielles et hardware gérant le montage vidéo et audio. Bien qu'il existe de nombreux désagréments liés au système interne d'enregistrement audio des boîtiers, ces fonctionnalités autorisent tout de même de nombreuses applications, utiles et efficaces.

- **Synchronisation avec un son témoin** : la piste sonore produite par les EOS couplée à l'image sur le fichier .mov constitue un son témoin idéal pour faciliter la synchro avec des pistes sonores de qualité professionnelle enregistrées séparément (voir plus loin « La synchro et les enregistreurs externes »). C'est le mode d'utilisation le plus courant du système audio interne des EOS.
- **Mémo vocal** : vocation originale de l'enregistrement sonore sur un appareil photo, l'enregistrement de petites notes vocales peut se révéler techniquement très utile. Par exemple, associé à un enregistrement de l'image en basse définition (pour éviter de gaspiller du stockage carte), cette piste sonore peut être salvatrice pour des vidéos de repérage où les commentaires orientent souvent les choix.
- **Enregistrement d'ambiances sonores** : c'est le mode d'utilisation le plus « flatteur » du système audio interne des boîtiers. En désactivant toutes les fonctions de l'appareil qui émettent des sons gênants et en fixant ce dernier sur un pied ou un support fixe et stable, vous pourrez enregistrer l'ambiance d'une scène. Sur des tournages d'interviews réalisés à plusieurs caméras, par exemple, le boîtier peut être choisi comme une caméra autonome fixe, réalisant un plan large : le son enregistré sur le reflex sera idéal pour ramener des ambiances pour le mixage final (voir la section « Un plan large autonome » du chapitre 8).

Même si ses applications sont loin d'être négligeables, le réel atout « son » des boîtiers réside dans leur borne d'entrée qui permet de connecter un micro externe : c'est cette fonctionnalité qui ouvre des horizons professionnels plus vastes aux tournages avec les EOS.

### EN PRATIQUE

**Une nouvelle approche pour les photographes**

Les photographes possesseurs d'un Canon 550D, 7D, 5D MkII ou 1D MkIV et qui voudraient passer progressivement à la réalisation de vidéos peuvent commencer leur apprentissage par une « approche sonore ». En effet, si l'on enregistre les ambiances de tous les lieux où ses photos ont été prises, on peut aisément réaliser un diaporama où l'on associera les sons aux images. À la différence d'une musique posée sur tout le déroulé du diaporama, ces ambiances sonores feront voyager votre spectateur d'un univers à l'autre de manière bien plus réaliste.

# Micros externes et prise de son déportée

Les reflex EOS disposent d'une borne d'entrée pouvant accueillir un micro externe. Outre la qualité supérieure de ces micros par rapport aux micros internes, la possibilité de déporter la prise de son permet surtout de focaliser le champ audio que l'on souhaite garder. Les fonctionnalités techniques des micros externes telles que la directivité permettent de choisir exactement le micro dédié à votre production.

© Sébastien Devaud

Les connectiques audio XLR et jack 3.5 sont les deux références audio dans le monde vidéo. Le jack 3.5 est un connecteur audio de 3,5 mm de diamètre. Utilisé pour les sorties casque et les entrées micro, ce port est présent sur la plupart des appareils high-tech. Les XLR constituent la famille de connecteurs audio professionnels à verrouillage, qui évitent toute déconnexion. Ils sont plus robustes, permettent la transmission d'un signal symétrique et peuvent servir à la fois de câble et de rallonge.

L'utilisation d'un micro externe avec les reflex a plusieurs avantages :

- il évite l'enregistrement des bruits parasites générés par le boîtier (mise au point, déclencheur, stabilisateur...) ;
- en dirigeant et en rapprochant le micro externe vers la source de son souhaitée, on obtiendra une bien meilleure qualité sonore (focalisation du champ audio précise) ;
- la gamme des micros externes disponibles (HF et filaire, cinq directivités...) est très large.

Malheureusement, la borne d'entrée des EOS est une connectique mini-jack 3,5 mm de diamètre, qui ne permet pas de faire rentrer le système audio de ces boîtiers dans la catégorie professionnelle (le format de référence des bornes d'entrée et de sortie reste le XLR) : elle est normalement réservée aux caméscopes amateurs, même s'il existe quelques (rares) bons microphones à prise mini-jack.

Les prises XLR permettent de mieux sécuriser la fixation des micros et fournissent, par l'intermédiaire du caméscope, une alimentation électrique dite « alimentation fantôme 48 V » nécessaire à l'utilisation de micros professionnels (les micros électrostatiques).

## Choix des micros

Le micro est le premier élément de votre chaîne de création sonore. Inutile d'insister donc sur son importance, elle est évidente ; sa qualité et ses caractéristiques seront pour beaucoup sur le rendu final de votre enregistrement.

Même si le choix des micros disponibles pour les boîtiers Canon est réduit de moitié à cause des prises mini-jack, il existe plusieurs technologies de microphones, pour des usages différents (interview, prise de sons d'ambiance, enregistrement d'instruments de musique...). À vous de cibler le vôtre et de choisir un micro en conséquence – en tenant compte bien évidemment de vos possibilités financières, car le prix d'un microphone peut varier largement.

Dans la composition de l'unité de tournage, le choix des micros doit donc être effectué en amont ; la nature du son (voix, ambiance...) et les conditions d'enregistrement (Int/Ext) orienteront ce choix.

## TECHNOLOGIE

### Comprendre les micros pour mieux les choisir

Il existe des micros à tous les prix pour tous les usages. Quelques points importants sont à retenir.

***La directivité***

Le terme « directivité » est employé pour décrire la réaction d'un micro aux sources sonores provenant de plusieurs directions. Chacune des directivités a sa place et son utilisation dans le processus d'enregistrement. Elle est déterminante pour travailler dans de bonnes conditions.

Micros omnidirectionnels : cette directivité reçoit les sons provenant de toutes les directions, elle est adaptée au reportage vidéo (micros-cravates) et à la prise de son de musique classique. Aucune source sonore n'est privilégiée. Le micro capte le son de façon uniforme, dans une sphère théoriquement parfaite. Utilisé pour enregistrer des sons d'ambiance, le microphone omnidirectionnel perçoit les sons sur 360°, c'est-à-dire qu'il capte tout l'environnement. Il reçoit toutes les sources sonores et les résonnances de celles-ci

Micros cardioïdes : ces micros unidirectionnels sont les plus répandus, ils ont une bonne réjection des sons arrière et sont parfaits pour le chant et la prise d'instruments car ils évitent les accrochages (larsen) avec la sonorisation. La directivité vers l'avant privilégie les sources sonores placées devant le micro. C'est l'apparence de son diagramme directionnel qui lui a donné le nom de « cardioïde » (en forme de cœur).

Micros hyper cardioïdes ou unidirectionnels : ils sont conçus pour la prise de son à distance. On les emploie pour la vidéo et la prise de son de nature. Similaire au cardioïde, avec une zone avant un peu plus étroite et un petit lobe arrière, le microphone super cardioïde ou hyper cardioïde présente un champ de sensibilités plus étroit.

Micros canons : leur forte directivité vers l'avant permet de resserrer le faisceau sonore capté. Ils sont utilisés pour enregistrer des dialogues à la télévision ou au cinéma, et pour capter des sons particuliers dans un environnement naturel.

Micros bidirectionnels : leurs deux sphères identiques, à l'avant et à l'arrière, sont caractéristiques des micros à ruban. Le microphone bidirectionnel n'est utilisé que pour des applications particulières telles que la prise de son stéréophonique lors d'une interview ou des techniques de studio d'enregistrement avancées.

***La sensibilité***

La sensibilité d'un microphone représente sa tension de sortie (en mV, 1 mV = 0,01 V) en fonction de la pression acoustique ambiante.

***Le souffle***

Inhérent à toute chaîne de traitement du son, le souffle est un « bruit » issu du mouvement des électrons dans les différents éléments de la chaîne. Il se caractérise par un son diffus et continu en l'absence de signal (son enregistré).

***La courbe de réponse***

De la même manière qu'un appareil photo ne retranscrit pas exactement le sujet choisi, un microphone ne capte pas toutes les fréquences (le paysage sonore) de la même façon. Chaque microphone a sa propre « empreinte » et privilégie les médiums ou les aigus...

***La technologie***

Les micros dynamiques sont robustes, bien adaptés à la scène et à la prise de son d'instruments. Les micros électrostatiques (à condensateurs) sont beaucoup plus performants mais plus fragiles et donc réservés à la prise de son en studio. Ils nécessitent une alimentation (appelée « fantôme »), disponible sur les DAT et les mixages professionnels; assez coûteux, ils sont incontournables pour la prise de son. Les micros à électret utilisent une technologie proche; alimentés par piles, ils donnent de bons résultats à un prix bien inférieur. C'est une bonne solution pour la vidéo.

(Source : Wikipédia)

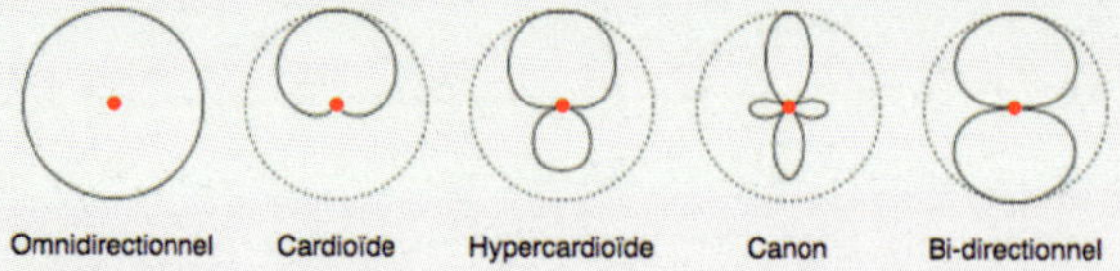


Schéma des cinq directivités des micros.

Voici une sélection de micros externes recommandés pour les boîtiers EOS.

- **Les micros canons** : les deux micros VideoMic de chez Rode, mono et stéréo, et le MKE-400 Sennheiser, micro caméra super cardioïde. Ces trois micros peuvent se fixer dans la griffe porte-flash du boîtier, ou être déportés grâce à des câbles rallonges. Leurs directivités super cardioïdes permettent d'enregistrer des voix tout en s'affranchissant des ambiances parasites.

Les micros VideoMic Rode et Sennheiser MKE-400 sont une solution intéressante pour remplacer le micro intégré, toutefois l'absence de contrôle de niveaux (7D, 1D MkIV) et d'écoute reste rédhibitoire pour des productions professionnelles.

- **Les micros stéréo omnidirectionnels** : tous les vidéastes ayant déjà fait l'acquisition dans le passé de caméscopes amateurs ont pour la plupart également acheté un petit micro externe avec une prise mini-jack. Pour ma part, j'ai utilisé des Handycam Sony (ECM-MS907 et ECMDS70P) que j'ai gardés. Au même titre que les micros internes des reflex Canon, ces micros sont idéals pour enregistrer des sons d'ambiance – à la seule différence qu'ils peuvent être déportés.
- **Les micros-cravates** sont la meilleure technique d'enregistrement de dialogues, surtout lors d'interviews posées. On les fixe directement sur les personnes interrogées. Ils sont de deux types :
  – les micros-cravates filaires (en fonction des modèles et de leurs performances, les gammes de prix varient énormément, on trouve par exemple le micro Audio Technica ATM350 omnidirectionnel à 299 €, ou le très économique Vivanco EM35 à seulement 34 €), mais il est très rare de les utiliser dans le monde professionnel – néanmoins les différences de coût qu'ils présentent avec un système HF sont trop importantes pour ne pas les citer ;
  – les micros-cravates HF (kit Sennheiser EW 100 ENG G2 ou G3 Evolution, 700 € – les prix ne peuvent pas être comparés à ceux des systèmes filaires car les kits sont composés de micros-cravates mais également du système de transmission complet), très efficaces pour les productions en mouvement ou pour l'utilisation de très longues focales. Ils fonctionnent avec un émetteur et un récepteur : les émetteurs sont reliés aux micros et fixés sur les individus interrogés ; les récepteurs peuvent se fixer sur la griffe du flash des boîtiers EOS et se connectent sur leur prise mini-jack. L'avantage de ces systèmes HF proposés par toutes les grandes marques est qu'ils sont livrés avec les deux connectiques (XLR et mini-jack). Ce sont donc ces systèmes HF qui constituent la solution professionnelle recommandée pour l'ensemble des boîtiers HDSLR.

Les micros omnidirectionnels Sony sont une bonne alternative économique, au même titre que les petits micros optionnels de vos anciennes caméras.

Les systèmes HF Sennheiser sont considérés comme des références dès que vous souhaitez travailler en HF.

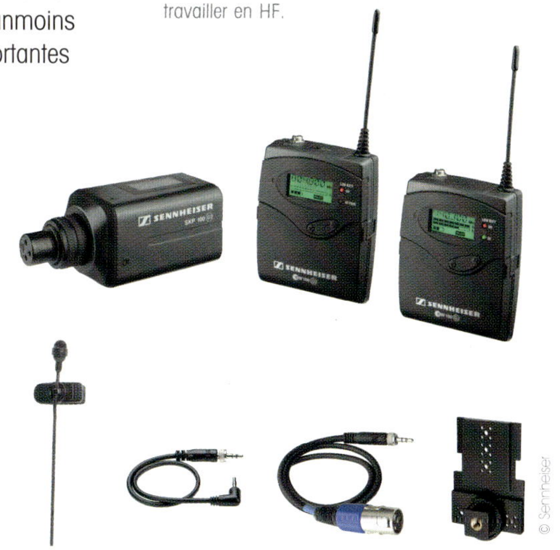

À l'instar du matériel vidéo, les unités son disposent de nombreux accessoires pour protéger, contrôler et optimiser le rendu audio des différentes productions. En haut : micro DPA, bonnette Rycote avec Windjammer et suspension, bonnette mousse et connectique XLR. Au milieu : casque puis suspension articulée. En bas : bonnette Rycote sur suspension.

## Accessoires additionnels

En plus de l'utilisation que l'on souhaite faire des micros, les conditions d'enregistrement (intérieur/extérieur) dirigeront votre choix. Plusieurs accessoires sont disponibles pour faciliter les prises de son dans des conditions particulières.

- **Les bonnettes anti-vent** ont pour but de filtrer le bruit du vent ou la présence de souffle. Des bonnettes en mousse sont fournies avec le micro, mais des bonnettes à poils longs, plus efficaces, sont vendues séparément (Rycote et Deadcat en sont des marques spécialisées). En plus du vent, les bonnettes permettent de filtrer quelques basses fréquences de la vie courante en extérieur (circulation, travaux...).
- **Les pieds audio et les perches** permettent d'éviter la présence des micros dans le champ des caméras et leur assurent une stabilité et un positionnement précis pour un rendu optimal.
- **Les suspensions** isolent les micros des vibrations mécaniques provenant du sol et des éventuels chocs.
- **Les casques** permettent de s'assurer et d'apprécier la qualité sonore de l'enregistrement. Malheureusement, aucune sortie casque n'existe sur les boîtiers EOS, des mixettes additionnelles sont donc nécessaires.

Les micros disponibles pour les boîtiers sont donc bien destinés aux prises de vues vidéo, mais qu'ils soient cravates, canons ou omnidirectionnels, ils n'offrent toujours pas de contrôle sur l'écoute et les réglages manuels des niveaux sonores (sauf pour le 5D MkII depuis la mise à jour 2.0.4) : un micro HF peut aisément décrocher sans que l'on s'en aperçoive, des interférences électriques peuvent également passer inaperçues...

# Alternatives pour l'obtention d'un son broadcast

Nous venons de voir que les caractéristiques audio des reflex EOS ne permettaient pas de travailler dans des conditions professionnelles. Il existe pourtant deux possibilités de remédier à ces problèmes.

## La synchro et les enregistreurs externes

C'est de loin la meilleure alternative et sûrement la plus professionnelle quand on veut travailler avec des reflex. Le système de synchronisation implique que l'image et le son soient enregistrés séparément puis synchronisés. (Évidemment, la réalisation d'une fiction justifiera plus un tel dispositif que la réalisation de news où un micro externe fixé sur la griffe du boîtier suffira...) Voyons comment réaliser une synchronisation de l'image et du son une fois qu'ils ont été enregistrés séparément.

## Technique du clap, la méthode « vieille école »

Cette technique est la plus ancienne, puisqu'elle est apparue à l'époque où les caméras cinéma étaient totalement silencieuses et où le son devait obligatoirement être enregistré « à part ».

Un clap est une ardoise composée de deux parties :

- on inscrit sur la plus grande le nom du film, de son réalisateur et du directeur de la photographie, la date, le numéro du plan et de la scène, celui de la prise, l'effet (intérieur/extérieur, jour/soir/nuit). Les numéros de scène et de plan permettent d'identifier les plans pour ordonner les rushs, et le numéro de prise sert à repérer les prises jugées bonnes par le réalisateur lors du tournage, grâce aux rapports images tenus par la scripte ;

Le clap (ou « claquette ») est un outil utilisé au cinéma permettant d'identifier les plans d'un film lors du tournage et d'assurer la synchronisation du son et de l'image, enregistrés sur des médias séparés.

© Sébastien Devaud

© Sébastien Devaud

Photos extraites de *M. Métronome* (en bas) et de *Merci Dr Plume* (en haut), avec Lilou Fogli et Fabrice Deville. Notre chef électro, Gilles Vacar, a utilisé les deux techniques de clap. Le clap traditionnel reste privilégié par souci de facilité de synchronisation car on peut y afficher des informations sur la prise (avec un clap réalisé uniquement avec les mains, l'annonce audio reste la seule source d'informations sur le numéro de la prise à synchroniser).

## ANECDOTE DE TOURNAGE

### Ma première synchronisation EOS (son témoin et multipiste)

La vidéo démo du boîtier 5D MkII que j'ai réalisée pour Canon France *(M. Métronome)* est le solo d'un batteur (Bruce Cherby), enregistré avec un seul boîtier mais multidécoupé sur une quinzaine d'axes. Le but de cette vidéo était de tester les performances du boîtier avec une dizaine d'optiques différentes. Le son a été simultanément enregistré sur le boîtier (son témoin) et sur une console multipiste de studio (tous les éléments de la batterie ont été enregistrés sur des pistes différentes). Sur le tournage, durant les prises, Bruce a utilisé un « click audio » (métronome numérique diffusé par le casque) pour pouvoir jouer tous les styles en gardant un même tempo.

Au montage, j'ai d'abord décidé de monter un « bed » son (maquette sonore) avec la piste son témoin du boîtier. En choisissant dans différentes prises, j'ai réussi à monter une structure sonore d'environ trois minutes à laquelle j'ai associé les meilleures images par la suite. Une fois le montage terminé, j'ai synchronisé le *final cut* au multipiste enregistré en studio le jour du tournage. Ayant « clapé » chaque début de prise, j'ai identifié les prises sélectionnées dans le montage final, nous avons pu alors les synchroniser au multipiste du batteur. Le résultat a permis de mixer le multipiste de la batterie en fonction des angles choisis par l'image.

/ on rabat la partie la plus fine de l'ardoise avec un claquement sec au moment où l'on commence à tourner : au montage, la synchronisation du son et de l'image (à l'image près) sera rendue possible par la brièveté du claquement.

En plus des possibilités de synchronisation, les claps permettent de concentrer l'ensemble des personnes présentes sur le plateau, des techniciens aux acteurs, en passant par le client.

Si vous ne disposez pas de clap, un simple claquement de mains face à la caméra le remplacera très efficacement (et très économiquement). Attention toutefois à ce que les mains soient bien présentées à plat et à ce que le claquement soit le plus bref possible, pour optimiser la précision de la synchronisation.

© Sébastien Devaud

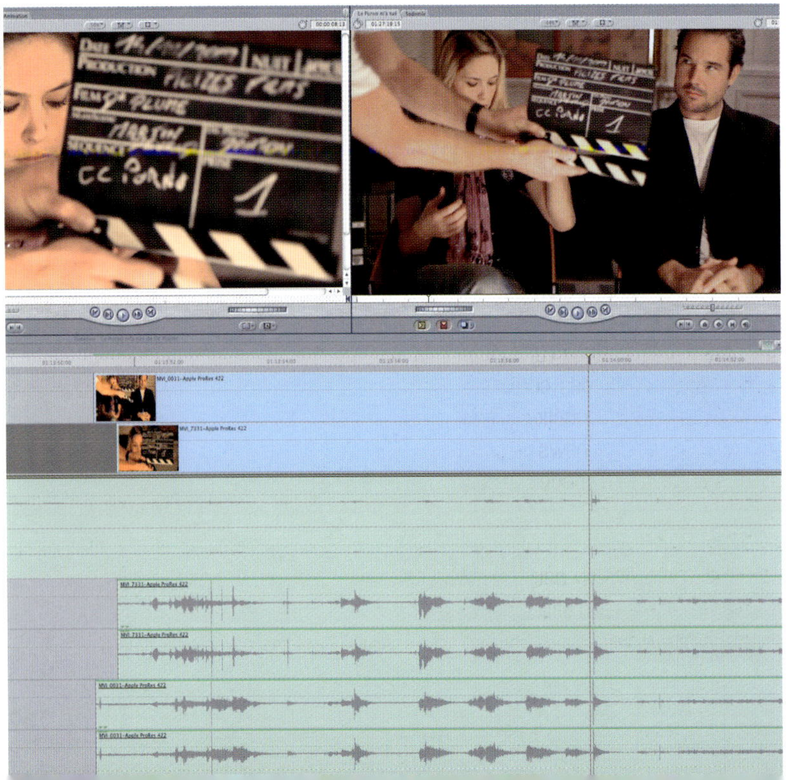

### Synchronisation avec un son témoin

C'est la technique recommandée avec les boîtiers EOS. À la différence de la précédente méthode qui nécessite la présence de l'image et du son, elle peut être réalisée uniquement avec les pistes son, en post-production.

Le montage virtuel apparu au début des années 1990 n'a jamais cessé d'évoluer. On peut aujourd'hui afficher les ondes *(waveform)* des pistes sonores enregistrées sur tous les logiciels de montage (Final Cut Pro, Avid Media Composer, Premiere...) : en juxtaposant celles de la piste son témoin avec celles des pistes son de qualité professionnelle, on peut aisément synchroniser toutes les pistes en faisant

Cette *timeline* montre un point de synchronisation précis où les ondes des différentes pistes coïncident parfaitement. Le pilote de la mini-fiction *Merci Dr Plume* a été tourné avec deux 5D MkII (4 pistes son témoin) et une mixette-enregistreur SD552 (2 pistes master).

coïncider précisément les ondes. En zoomant au maximum sur la *timeline* du montage, on dispose d'un point très précis de synchronisation.

Notez que Singular Software a édité un plug-in, Pluraleyes, destiné à Final Cut Pro. Il a pour fonction de synchroniser tout ce qui se trouve sur la *timeline*, que ce soit pour un tournage multicaméra ou pour une prise de son multipiste. La seule chose que vous ayez à faire, c'est mettre les clips sur une *timeline* et appuyer sur un bouton !

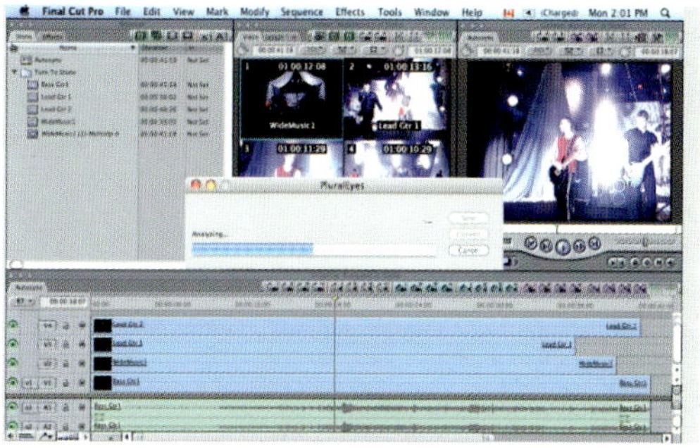

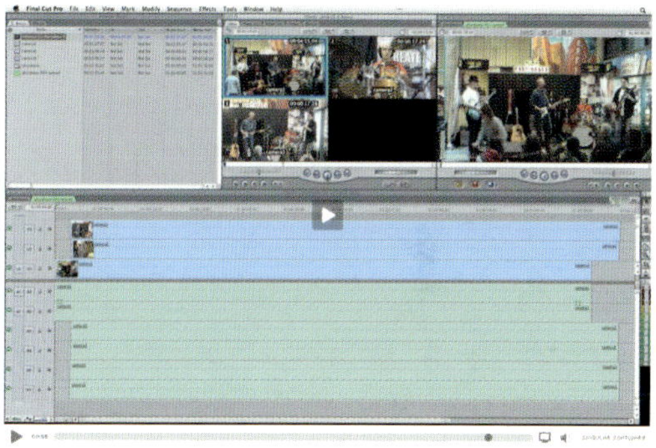

Pluraleyes 1.2, de Singular Software, est le premier plug-in permettant de réaliser une synchronisation automatique de manière efficace.

## Synchronisation via les codes temporels

En reliant les différents enregistreurs audio et vidéo avant de tourner, on peut facilement synchroniser leurs codes temporels *(timecode)* pour n'en créer qu'un seul, similaire sur toutes les machines. Mais cette troisième méthode de synchro ne concerne pas les reflex Canon, car les boîtiers ne génèrent pas de code temporel. Nous n'en parlerons donc pas davantage ici.

## Utilisation des lecteurs/enregistreurs numériques autonomes

Les techniques de synchronisation existantes permettent de travailler avec du matériel professionnel : les vidéos seront enregistrées en Full HD 1 920 × 1 080 sur les reflex EOS, et l'audio sur toutes sortes de matériels professionnels configurés en fonction du type de production. Des listes types de configurations sont proposées à la fin de ce chapitre, mais elles impliquent dans la plupart des cas la présence d'un ingénieur du son ou même d'une équipe complète dédiée au matériel en question.

Pour ceux qui travaillent seuls, il existe une alternative pour enregistrer séparément le son et l'image : les lecteurs/enregistreurs numériques autonomes. Ils doivent avant tout être légers et pratiques. On en trouve à tous les prix, pour tous les types de productions ; chaque grande marque propose son propre modèle. Voici, listée ci-dessous une petite sélection d'appareils recommandés en fonction de votre budget.

- **Le haut de gamme :** les Nagra VI, Nagra LB, et ARES-ML sont les derniers enregistreurs à la pointe de la technologie et fidèles à la tradition. Depuis près de 60 ans, Nagra s'est imposé comme la référence dans le domaine de l'enregistrement sonore grâce à une qualité audio irréprochable et à une fiabilité à toute épreuve dans les domaines de la radio, du cinéma, de la musique, de la sécurité et des industries automobile et aéronautique.
- **La qualité professionnelle :** le zoom H4N enregistre jusqu'à quatre canaux (une paire de micros X/Y intégrés et deux entrées XLR/jack), simultanément sur des cartes SD et SDHC Flash media, jusqu'à 32 Go en 24 bits 96 KHz. Bien que ses fonctionnalités soient plutôt dédiées aux musiciens, son utilisation dans le monde des news et de la fiction garantit de bons résultats. Pour les interviews, le nouveau petit modèle stéréo zoom H2 constitue une très bonne alternative.
- **Les bonnes performances :** les enregistreurs portables M-Audio Microtrack II et Olympus LS-10 qui disposent d'un micro stéréo. Sur la plupart d'entre eux, on peut même connecter des micros externes. Leurs atouts sont une réelle simplicité d'utilisation et une excellente maniabilité, toutefois ils restent destinés au grand public.

© Nagra

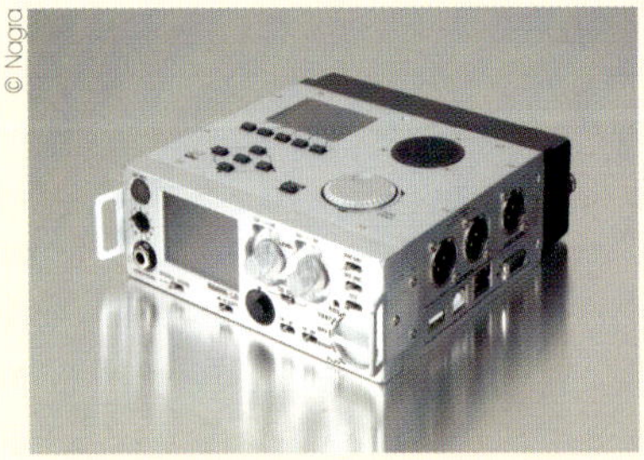

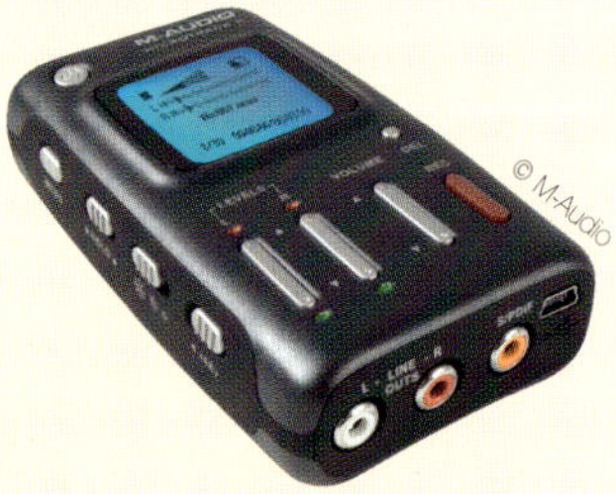

© M-Audio

© Zoom

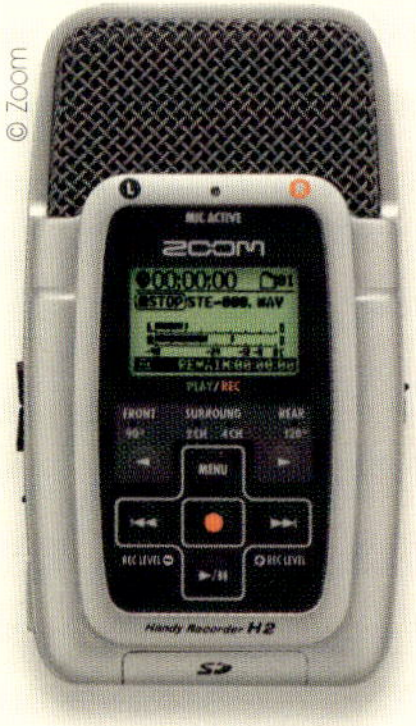

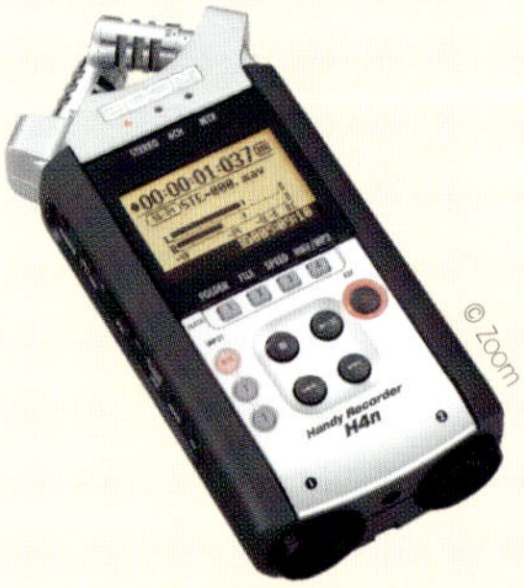

© Zoom

Les enregistreurs numériques ont désormais remplacé la plupart des autres systèmes dans le monde de la radio : magnétos à bande et enregistreurs à cassette ont quasiment disparu, tandis que les enregistreurs numériques sur DAT ou Minidisc existent encore (et remplissent toujours bien leurs fonctions) – néanmoins ils sont en voie de disparition. Le marché des enregistreurs sur cartes mémoire est en pleine expansion, avec des produits souvent alléchants mais qui présentent chacun avantages et défauts.

## EN PRATIQUE

### Le moteur son avant le moteur image

Sur les productions où le son est enregistré de manière autonome, la solution de synchronisation par clap reste la plus courante. Toutefois, il est important de noter que, dans l'ordre des annonces avant le début de la prise de vues, le moteur son est demandé *avant* celui des caméras, pour des raisons d'économie de pellicule onéreuse et de lenteur des démarrages des enregistreurs portables. Avec les avancées technologiques d'aujourd'hui et le passage au numérique dans le monde de l'audio et du film, ces arguments ne tiennent plus (mais la pratique est restée).

Des alternatives économiques aux enregistreurs numériques existent également si :

- la qualité d'enregistrement n'est pas primordiale pour vous ;
- votre boîtier est trop éloigné du sujet pour qu'il puisse enregistrer le son (utilisation de longues focales, par exemple).

Tous les appareils amateurs disposant d'une fonction mémo vocal pourront tout à fait être utilisés pour enregistrer les pistes son de votre vidéo HD (MiniDisc, dictaphones, téléphones portables – l'iPhone propose même une fonction dédiée –, petits compacts photo…).

Deux enregistreurs portables économiques. Pour une prise de son, il vous faudra a minima un microphone (le capteur) et un enregistreur portatif, analogique (type dictaphone à minicassette, par exemple) ou numérique (iPhone).

© Sony

© Sébastien Devaud

## AVIS D'EXPERT

**Philippe Labroue, ingénieur du son, producteur, à propos des mixettes**

En ce qui concerne la méthode, à l'origine rares étaient les installations qui avaient des mixettes. Les Nagra ou Stellavox à bande pouvaient s'utiliser en solo, sans mixette, l'appareil pouvant gérer deux à trois entrées de microphone avec des qualités de préamplification extraordinaires. Ce n'est que dans les années 1980 que les mixettes sont arrivées dans les pratiques quotidiennes, offrant à l'opérateur son une aisance qualitative et une bonne maîtrise technique des modulations. Cela a été une solution indispensable au tournage en caméra Betacam, puis BetaSP, puis BetaNum ou SX, voire DV ou DVCAM, car sinon aucun contrôle sonore n'eût été possible sur la caméra par le cadreur. Et il fallait aussi gérer le retour des modulations qui provenaient de la caméra. Ensuite, la carence des enregistreurs numériques portables DAT en matière de contrôle sonore et de qualité des préamplis a rendu la mixette indispensable dans les installations de tournage. Aujourd'hui, une mixette se doit de fournir un signal numérique aux enregistreurs, bien souvent les convertisseurs internes de ces derniers sont en effet loin d'être une référence... Ce n'est qu'à l'heure actuelle que les constructeurs reprennent conscience de la simplicité désirée en proposant à nouveau des machines pouvant être utilisées en solitaire : le Nagra VI, le Sonosax SX-R4, et bientôt le Nagra LB, plus que complet avec TC (c'est nouveau). L'Edirol Roland R4 a aussi cette inspiration.
Personnellement je préfère une mixette de bonne facture. Mais si c'est pour me retrouver avec une mixette de qualité sonore moyenne, je préfère utiliser directement les préamplis des Nagra AresBB + ou Fostex FR2, ils sont quasiment meilleurs que ceux des mixettes ordinaires.

(Source : forum arte-radio. com, le 13/03/2009 – retrouvez Philippe Labroue sur www.autreradioautreculture.com)

## Des mixettes XLR dédiées

Les mixettes sont des petits mélangeurs audio portables qui permettent d'ajuster précisément le niveau d'enregistrement, simultanément sur plusieurs entrées. Un petit historique et l'avis d'un professionnel sur la question ne sont pas négligeables (voir encadré ci-dessus). Cinq modèles de petites mixettes fonctionnent déjà parfaitement avec les reflex EOS :

- les BeachTek DXA-5Da et DXA-SLR sont deux mixettes audio spécifiquement conçues pour les reflex EOS, elle permettent d'exploiter pleinement les capacités vidéo en y ajoutant des capacités audio de classe professionnelle ;
- la JuicedLink CX-231 (2 entrées XLR) et CX-431 (4 entrées XLR) sont plus anciennes ; proposées à l'origine pour exploiter et optimiser les capacités audio des petits camés-copes, elles n'ont pas été spécifiquement conçues pour les boîtiers EOS. Associées au récent accessoire DN-101, elles disposent des mêmes fonctionnalités que les modèles BeachTek. Un nouveau modèle totalement dédié, lui, aux HDSLR est apparu au salon du NAB 2010 : il s'agit de la mixette JuicedLink DT454.

La mixette Beachtek DXA-5Da.

La mixette JuicedLink CX-431.

Les tests comparatifs entre ces deux fabricants de mixettes dédiées aux EOS semblent identifier un meilleur rendu audio pour la famille CX de JuicedLink, sur les fonctions de réduction de souffle et de tonalité.

### Atouts spécifiques des mixettes XLR

À la différence des fonctionnalités audio internes limitées des HDSLR, les petites mixettes proposées par les marques BeachTek et JuicedLink permettent d'envisager l'enregistrement audio des EOS de manière plus professionnelle grâce :

- à leurs dimensions et au système de fixation adapté à l'ergonomie des boîtiers ;
- aux afficheurs LCD (BeachTek) ou LED (JuicedLink) qui indiquent visuellement la puissance du signal en entrée, ce qui permet de s'assurer d'enregistrer avec des bons niveaux ;

Le modèle BeachTek DXA-5Da et le modèle JuicedLink CX 231 associé au DN-101 comptent parmi les seules mixettes existant à ce jour à être totalement compatibles avec les boîtiers EOS. Leur utilisation reste privilégiée en solo quand vous n'avez pas d'ingénieur du son.

- à un amplificateur intégré pour casque d'écoute pendant l'enregistrement, avec contrôle du volume ;
- à deux entrées symétriques 48 V sur prise XLR et une alimentation fantôme (double alimentation régulée à 48 V) – seul le modèle CX-431 de JuicedLink propose quatre entrées XLR ;
- à une unique batterie de 9 V pour l'alimentation et le fonctionnement (autonomie moyenne de 3 h avec les deux alimentations fantômes activées) ; ces mixettes ne nécessitent aucune alimentation pour le passage des signaux.

L'alternative pour enregistrer du son de qualité professionnelle directement depuis le boîtier passe donc par l'utilisation de l'une de ces mixettes. Elles donnent accès à un large choix de micros parmi l'ensemble complet de la gamme professionnelle. Même si la connexion à la prise mini-jack du 5D MkII reste une fonctionnalité grand public, les sons récupérés sur ces fichiers sont considérés comme broadcast. Toutefois, la présence d'un ingénieur du son sur le set vous fera vous diriger vers les nouvelles mixettes enregistreurs portables bien plus performantes.

## Équipe et matériel audio, des configurations multiples

Quand il travaille avec des enregistreurs mixettes portables de manière autonome, l'ingénieur du son a accès à une large gamme de micros professionnels. Son choix sera conditionné par le type de chacune de ses productions.

Nous avons vu comment choisir « techniquement » du matériel audio, mais les types de productions sont tellement variés qu'il est recommandé d'adapter votre configuration au coup par coup et d'appréhender chacune d'entre elles comme un nouveau défi à réaliser. Les conditions de tournages (intérieur/extérieur, fixe ou en mouvement), le nombre de protagonistes à équiper et les temps de mise en place très variables sont autant de facteurs qui changent à chaque nouvelle production et qu'il faut prendre en compte pour optimiser les configurations.

## L'ingénieur du son, un poste indispensable ?

Quel que soit le type de production, les techniques de prise de son demeurent très élaborées. Au même titre que les autres postes importants d'une équipe de tournage (lumière, décors, production…), la prise de son fait appel à des techniciens spécialisés et notamment à un responsable : l'ingénieur du son ou le chef opérateur son.

Nous avons déjà évoqué la volonté des producteurs de réduire au maximum les coûts de production. Les listes de matériel ainsi que la durée des productions en sont les premières touchées et revues nettement à la baisse. Mais les équipes de tournage pâtissent aussi de ces nouvelles restrictions.Il est malheureusement de plus en plus courant d'être contacté par les productions pour réaliser en solo des sujets de news, la fonction d'ingénieur du son étant jugée comme inutile sur ce type de tournage. Cette décision apparaît très hâtive quand on répertorie les diverses techniques de son existantes, qui requièrent pratique et expérience. La véritable raison de cette éviction réside dans la volonté de produire en quantité, au détriment de la qualité.

En plus de ses qualités techniques, la présence de l'ingénieur du son sur un tournage amène souvent une ambiance chaleureuse, les qualités humaines de ces techniciens privilégiant une

### LES MÉTIERS DU CINÉMA

**L'ingénieur du son**

L'ingénieur du son cinéma a pour mission de débarrasser le champ sonore de tous les bruits ou parasites qui compromettent la bonne compréhension des dialogues, et de reproduire musiques et bruitages avec le plus de qualité et de réalisme possible. En fonction des conditions de tournage et des indications du réalisateur, il choisit le type de micro (posé, perché, caché…). Il doit faire des prises de son pour enregistrer les éléments nécessaires à l'habillage sonore des images et mixer les dialogues.

Pour l'ingénieur du son en studio, à la radio ou à la télévision, le son est en quelque sorte une matière première, paroles et musiques. Véritable homme-orchestre d'un album de musique, l'ingénieur du son enregistre chaque musicien séparément sur une seule piste et retravaille les sons, les aigus et les graves au mixage, imprimant ainsi une tonalité particulière. D'ailleurs, les musiciens sont très vigilants sur le choix de leur ingénieur du son qui est souvent musicien lui-même ou ancien musicien.

À la télévision, le chef opérateur du son de plateau garantit la qualité d'enregistrement d'une émission, qu'elle soit diffusée en différé ou en direct. À la régie, plongé dans sa console, concentré sur la prise de son et le mixage, il peut intervenir en cours d'émission en introduisant des inserts sonores. Si l'émission est entièrement dédiée à la musique, il devra en plus avoir de solides compétences musicales. À noter : les nouveaux types de supports (DVD, Internet…) tendent à redéfinir les rapports image/son et entraînent une polyvalence de compétences. Avec la numérisation, son et image sont désormais traités sur les mêmes stations de travail.

(Source : CIDJ, www.cidj.com)

rapide connivence avec les protagonistes retenus pour les interviews ou les comédiens. Le rôle de l'ingénieur du son sur le plateau n'est pas uniquement technique, il consiste surtout à mettre sa sensibilité sonore au service du réalisateur du film, à attirer l'attention de ce dernier sur tel ou tel élément sonore, ce qui dépasse un simple rôle de technicien.

## TÉMOIGNAGE

### Dom Hutton, chanteur/auteur/compositeur et ingénieur du son

Je n'ai malheureusement jamais connu la période « golden » de la télé française. On évoque une époque où il y avait des assistants pour tout, on tournait une simple interview dans la rue avec une équipe de six ou sept personnes. C'est inconcevable de nos jours. Durant les années où j'ai travaillé en tant qu'ingénieur du son en tournages TV, l'évolution technologique a bien sûr apporté des avantages. Tout est maintenant plus léger, plus petit, plus fiable, les piles durent de plus en plus longtemps…

Mais ce progrès technologique a été accompagné d'une érosion des moyens de production. Quand une société de production décide qu'un tournage « mérite » un ingénieur du son, c'est très souvent parce que les conditions rendent tout simplement le tournage quasiment impossible. Quand je reçois un coup de fil pour du travail dans le milieu magazine-reportage, c'est souvent accompagné par les mots « On a besoin d'un ingé son pour cette journée seulement, mais tu vas souffrir un peu pour le son… On tourne l'interview dans une boîte de nuit, dans une usine… », etc.

Admettons, l'ingénieur du son peut maintenant gérer seul trois ou quatre micros HF, percher un cinquième micro (filaire) et gérer le mix en temps réel avec sa mixette autour du cou, tout en guidant son cameraman pour éviter un lampadaire pendant un plan séquence de travelling arrière dans la rue de Rivoli (car le rédacteur en chef préfère les interviews en mouvement…). Le bruit sourd qu'on entend à la fin de l'interview peut alors être l'ingénieur du son lui-même qui vient de rencontrer un arrêt de bus en reculant…

Le cumul des rôles pour l'ingénieur du son n'est en réalité pas si néfaste. Mais une chose m'a toujours frustré dans les émissions de télévision (documentaires, reportages, magazines, tournages à l'extérieur) : le son est toujours enregistré sur la caméra, soit par un câble, soit par liaison radio HF. La qualité de la prise de son dépend donc de l'intégrité de cette connexion. Le preneur de son peut avoir le meilleur des sons dans son casque, mais si le branchement ou la liaison HF sont interrompus, le cameraman continuera d'enregistrer des images sans son. Ne pas maîtriser à 100 % son travail est parfois frustrant. Dans ce contexte, l'arrivée du 5D MkII sur les tournages « télé » présente un nouveau challenge. L'enregistrement de l'audio par le microphone sur le boîtier lui-même est parfait pour les mariages et les anniversaires en famille, mais pour un usage professionnel, on a essentiellement deux choix.

***Enregistrement sur entrée audio des HDSLR***

L'enregistrement du son s'effectue sur le 5D MkII via la prise mini-jack 3,5 mm. Cette prise n'est pas vraiment d'une connexion standard pour les micros (mis à part quelques micros de Rode – avec plus ou moins de satisfaction), donc un boîtier d'interface est nécessaire. Nous avons regardé le DXA-5D de BeachTek. Il s'agit d'une solution tout à fait acceptable en absence d'un ingénieur du son, mais ce petit boîtier n'a ni le confort ni la qualité d'une « vraie » mixette (pas de gain d'entrée, pas de limiteur, et la sortie est « assurée » par un petit câble mini-jack). Le DXA-5D permet d'écouter le son qui sort, mais le 5D MkII ne permet pas d'écouter le son qui entre. Résultat, on ne peut jamais être sûr à 100 % pendant la prise qu'on enregistre correctement le son.

Autre particularité du 5D MkII, l'entrée audio possède une CAG (commande automatique de gain, ou AGC, *Automatic Gain Control* en anglais) qui règle le gain à l'entrée audio du boîtier selon le niveau du signal. Pour la plupart des usages « pro », il est conseillé d'inhiber la CAG. Depuis la mise à jour 2.0.4, il est possible de la désactiver sur le 5D MkII via le mode manuel, mais pour le 7D et le 1D MkIV, on utlise la mixette DXA-5D (par exemple) qui offre une astuce en ajoutant un signal constant (mais inaudible à 20 KHz) au signal audio utile : même pendant les moments de silence, le CAG 5D « voit » toujours un signal à l'entrée et son CAG reste constant, évitant une montée du souffle du bruit de fond. En revanche, il ne faut pas oublier de filtrer la fréquence de 20 KHz après, pour ne pas énerver le doberman du voisin…

***Enregistrement autonome (enregistreur audio séparé)***

Pour un récent tournage de fiction, nous avons opté pour une solution d'enregistrement audio autonome. Un choix plutôt évident mais plus répandu en fictions et longs métrages que pour les documentaires et magazines télé. J'en ai profité pour tester la mixette SD552 de Sound Devices (merci Tapages).

La SD552 est une mixette avec cinq entrées, et comme sur toutes les mixettes broadcast, on peut y brancher des micros-cravates HF, un micro perche, et mixer l'ensemble vers deux canaux de sortie (ou G/D). La SD552 est légère et très portable, idéale pour les tournages à l'extérieur, et elle offre bien sûr une très bonne qualité audio. Ce qui la rend intéressante ici, c'est l'enregistreur audio interne sur carte SD/SDHC.

Pour l'enregistrement, on sélectionne le format WAV 16/24 bits à 44,1 KHz, 48 KHz, jusqu'à 96 KHz. (Pour plus de détails je vous conseille de visiter le site web de Sound Devices : www.sounddevices.com.) Ensuite, il suffit d'appuyer sur REC (et ne pas oublier le bouton Stop à la fin de la prise). Cette solution assure que l'ingénieur du son est complètement maître de son travail. On peut aussi réécouter une dernière prise audio immédiatement, sans demander au cameraman de relire la prise.

***Synchro image-son***

Maintenant que les fichiers audio et vidéo sont physiquement indépendants, un clap de synchro avec une annonce de la prise est nécessaire. Ce qui ramène, à mon sens, une certaine rigueur et une structure souvent perdues pendant les tournages TV.

Pour faire notre synchro image-son, le micro interne du 5D MkII est utilisé pour enregistrer un son témoin. La synchronisation des fichiers son importés avec la vidéo devient alors une affaire de quelques minutes sur n'importe quel logiciel de montage. Comme pour un tournage de film, je conseille néanmoins à l'ingénieur du son de tenir une fiche d'informations pendant le tournage, avec le nom des séquences, la prise, le numéro du fichier audio enregistré, et d'autres commentaires en temps réel.

***D'autres mixettes enregistreurs***

Nous avons testé la SD552, mais à partir du moment où l'on « accepte » d'enregistrer le son indépendamment, et de synchroniser après, plusieurs solutions sont disponibles ; l'enregistreur de poche avec des petits micros stéréo externes (comme le Tascam DR100 ou le Zoom H4N) peuvent être également attachés au-dessus de la caméra pour une production au « budget serré ».

D'autres mixeurs-enregistreurs multipistes, comme le Tascam HSP82, le Fostex PD606 et le grand frère du SD552, le SD778, répondent mieux aux besoins des gros tournages et des tournages de téléréalité quand on a besoin d'enregistrer chaque piste séparément, pour mixer plus tard. On peut aussi opter pour un Nagra LB ou un Nagra VI (mais à plus de 6 000 €, il faudrait vendre le 5D MkII pour pouvoir l'acheter !).

Conclusion : l'absence d'un branchement « pro » audio sur le 5D MkII est paradoxalement une bonne nouvelle pour l'ingénieur du son. La responsabilité de l'enregistrement du son lui revient à nouveau. Les mixettes-enregistreurs (comme la SD552) sont une solution idéale pour accompagner le 5D MkII sur les tournages de télévision. La synchro image-son est ensuite une affaire de quelques minutes en montage par ordinateur.

© Didier Gauducheau

Mon ami Dom Hutton sur le set de *Merci Dr Plume* et dans le clip *Not my world* de son dernier album *Sleeping at the Wheel*, que nous avons réalisé pour lui. Ce passionné aime le son dans sa globalité. Il porte la double casquette de chanteur/auteur/compositeur et ingénieur du son.

© Sébastien Devaud

# Les listes de matériel types

Pour conclure ce chapitre, l'étude des configurations audio professionnelles utilisées couramment sur différents types de productions va nous permettre de trouver des équivalences avec le matériel audio disponible pour les boîtiers Canon. Ces listes types proviennent de sources professionnelles : Direction des moyens de production de la chaîne M6 pour les news et les interviews, et un prestataire spécialisé dans le matériel audio, Tapages, pour la liste fiction.

## Liste type pour news JRI

Cette liste type est proposée par la DMP (Direction des moyens de production) de M6 à tous les JRI qui doivent réaliser leur production seul, quel que soit le type de caméra utilisé (XDCAM HD, XDCAM EX, HDCAM, DVCAM, Digital Beta et HDV) :

- 1 casque HD 25 Sennheiser ;
- 1 micro main dynamique Beyer M58 ou M88 ;
- 1 ensemble HF Audio Limited RMS 2020 + 1 capsule Tram ou Sanken ;
- 1 câble XLR, 1 câble OL-line, 1 câble OL-2000, 1 HRS, 1 Grif Pag.

Elle ne comprend pas de mixette, mais, à la différence des boîtiers Canon, toutes ces caméras disposent en interne de réglages pour ajuster le niveau d'enregistrement, et d'entrées XLR avec alimentation fantôme pour utiliser toute la gamme des micros professionnels.

Pour pouvoir travailler en équivalence avec les reflex EOS, l'option d'une mini-mixette dédiée reste obligatoire, le contrôle par la sortie casque et la possibilité d'ajuster le niveau d'entrée n'étant disponibles que sur ces dernières (sauf pour le 5D MkII depuis la mise à jour 2.0.4). Le branchement en direct d'un microphone sur l'entrée mini-jack reste possible, mais il n'est pas considéré comme professionnel. Pour comparaison, imaginez-vous devoir cadrer sans aucun retour moniteur ou viseur...

## Liste type pour interview multicaméra

Cette liste est également référencée par la DMP de M6 :

- 1 mixette Sound Device 442 ou 302 (plus housse, sacoche, câble, liaison) ;
- 2 batteries NP1 et 1 chargeur batterie NP1 ;
- 1 casque HD 25 Sennheiser ;
- 1 perche moyenne en carbone avec suspension ;
- 1 micro canon MKH60/416 Sennheiser ou KMR ;
- 1 bonnette anti-vent Rycote ;
- 1 micro main dynamique Beyer M58 ou M88 ;
- 3 ensembles HF Audio Limited RMS 2020 + capsules Tram ou Sanken ;
- 3 câbles XLR, 3 câbles OL-line, 3 câbles OL-2000, 3 HRS, 1 Grif Pag.

À la différence de la précédente liste, l'utilisation simultanée de plusieurs microphones nécessite la présence d'un ingénieur du son. Ce dernier réalise en direct un premier mix par l'intermédiaire de la mixette, qu'il enregistre en stéréo sur deux pistes de la caméra. Les pistes divergées (non mixées) peuvent également être enregistrées sur d'autres canaux de la caméra, ce qui permettra d'affiner le premier mix en postproduction.

Le nombre de pistes divergées enregistrables dépend du nombre de canaux disponibles (quatre pistes disponibles par caméra) et donc du nombre de caméras présentes sur le set.

Si le nombre de protagonistes à équiper lors de l'interview est trop élevé ou si le nombre de caméras disponibles n'est pas suffisant pour diverger toutes les pistes, certains ingénieurs du son préfèrent dissocier le son de l'image et choisissent de travailler de manière autonome. Ce cas de figure s'est présenté sur un de mes derniers tournages des plateaux de l'émission *Zone interdite*, pour M6. La composition de la liste audio autonome de cette production peut ainsi être considérée comme une solution possible en matière d'interview avec de nombreux protagonistes :

- 1 Sound Device 788 (mixette et enregistreur autonome) équipé de télécommande CL-8 ;
- 1 casque HD 25 Sennheiser ;
- 6 Sennheiser EK 3041 (récepteurs) ;
- 4 Sennheiser SK 5212 ou 5012 (émetteurs) ;
- 2 Sennheiser SKM 5000N (émetteurs main pour les intervenants) ;
- 6 Sennheiser EK 3041 (récepteurs pour la mixette enregistreuse) ;
- 4 DPA 4060 (capsules cravates à cacher pour les intervenants) ;
- 7 Sennheiser EK 500 G2 + 7 casques (récepteurs ordres pour que l'équipe puisse écouter le programme) ;
- 2 Sennheiser SK 500 G2 + micro serre-tête (émetteurs ordres pour que le réalisateur puisse communiquer avec ses différents opérateurs) ;
- 1 Phonak (oreillette pour l'animatrice + émetteur pour rédacteur en chef) ;
- câbles et accessoires : à voir avec l'ingénieur son.

Dans le cas de productions similaires à réaliser avec plusieurs boîtiers Canon, c'est cette seconde liste autonome qui sera privilégiée. La mixette et enregistreur portable Sound Device 788 peut aisément être remplacée par la nouvelle Sound Device 552 si vos intervenants sont peu nombreux.

Si vous ne disposez pas d'ingénieur du son, la seule solution sera d'équiper chacun de vos boîtiers d'une mini-mixette dédiée. Toutefois, ces dernières ne permettant d'enregistrer que deux pistes simultanément (sauf pour le modèle CX-431 de JuicedLink qui propose quatre entrées XLR), il vous faudra donc multiplier boîtiers et mixettes en fonction du nombre des protagonistes à enregistrer :

3 boîtiers reflex EOS + 3 mixettes dédiées = 6 intervenants.

Cette solution reste contraignante mais a le mérite d'exister si aucun ingénieur du son n'est présent. Chaque opérateur devra contrôler le niveau d'enregistrement des intervenants qu'il recevra sur ses pistes.

En réalisant une étude comparative qualitative et pratique entre les mini-mixettes et les enregistreurs autonomes (au niveau économique), on s'aperçoit très rapidement que ces derniers s'imposent à tous les niveaux. En résumé, à partir du moment où votre production vous permet de travailler avec un ingénieur du son, le mode d'enregistrement préconisé reste donc le mode autonome avec un des nombreux enregistreurs portables existants. Les mini-mixettes dédiées doivent être recommandées uniquement pour travailler de manière professionnelle en solo.

### Liste type pour fiction

Cette liste audio est une commande d'une production de long métrage adressée à la société Tapages & Nocturnes (prestataire spécialisé dans la location et la vente de matériel son) :

- 1 table roulante ;
- 1 enregistreur 8 pistes numériques Sound Device 788T ;
- 1 mixette stéréo 4 entrées SQN 4 ;
- 1 console Sonosax SX ST, 8 entrées, avec module numérique ;
- 1 ensemble HF audio LTD TX2000/DX2000 ;
- 1 micro-cravate omni Sanken COS11 ;
- 1 micro-cravate omni DPA 4060 ;
- 1 micro-cravate omni Countryman Isomax B6 ;
- 1 émetteur IFB Lectrosonics T6 ;
- 1 récepteur pocket IFB Lectrosonics R5/R5A ;
- 1 micro stéréo Schoeps CCM (XY) avec bonnette Rycote ;
- 1 micro Schoeps Cmit-5U ;

L'ingénieur du son de talent Pierre Elberg sur le tournage des plateaux de *Zone interdite* à Ibiza (décontraction et professionnalisme).

- 1 micro hyper cardioïde Sennheiser MKH50 ;
- 1 micro cardioïde Sennheiser MKH40 ;
- 3 bonnettes Rycote complètes (une pour chaque micro ci-dessus) ;
- 1 micro PZM Schoeps BLM03C ;
- 1 grande perche Ambient ;
- 1 perche moyenne Ambient ;
- 1 pied « grande girafe » ;
- 1 pied de table ;
- 1 enceinte de monitoring K & H M50 ;
- 1 récepteur vidéo HF Transvideo Titan RX ;
- 1 émetteur vidéo HF Transvideo Titan TX ;
- 1 moniteur Transvideo Rainbow 5.

La majorité des productions de fictions séparent les enregistrements de l'image et du son. Les ingénieurs du son font partie intégrante de l'équipe et leur présence n'est pas discutée. L'audio étant complètement autonome, les règles de synchronisation restent similaires à celles précédemment étudiées. Les productions qui ont élu les boîtiers Canon comme caméras principales n'auront aucune modification à faire dans cette liste, les besoins des ingénieurs du son restant identiques.

Avec leurs micros intégrés (son témoin et ambiance) et leurs mini-mixettes dédiées, les reflex EOS garantissent des performances suffisantes pour pouvoir travailler en solo. Néanmoins, le mode d'enregistrement autonome, la présence d'un ingénieur du son et une synchronisation en postproduction restent la configuration recommandée et privilégiée pour optimiser et garantir la qualité du rendu sonore. Les qualités humaines de ces techniciens du son sont de plus, répétons-le, un atout qu'il ne faut pas négliger au sein des équipes de tournage.

© Sébastien Devaud

# / CHAPITRE 5 /

# Sélection des optiques

Dans la composition de l'unité de tournage, le choix des optiques est une étape qui reste privilégiée à mes yeux. Quand on parle optique, on parle en effet de qualité d'image et de langage visuel. Il faut à la fois faire appel à des connaissances des techniques de base de la photographie (ouverture, vitesse, sensibilité), pour maîtriser l'exposition, la profondeur de champ et les distances focales, mais également à des notions artistiques : le choix des focales (fixes, variables, spéciales) sera déterminé en fonction du découpage réalisé en pré-production.

## NOTION FONDAMENTALE

### La focale d'un objectif

La focale d'un objectif se traduit toujours par des valeurs en millimètres. Ces mesures correspondent à la distance entre le centre optique de l'objectif et la surface sensible sur laquelle la mise au point est faite (le capteur CMOS dans notre cas). Elles définissent un angle de vision, plus large pour les focales courtes que pour les focales longues. Une focale courte est appelée « grand-angle », alors qu'une focale longue sera nommée « téléobjectif ». En 24 × 36, un grand-angle ne dépasse pas 35 mm ; un téléobjectif commence à partir de 85 mm.

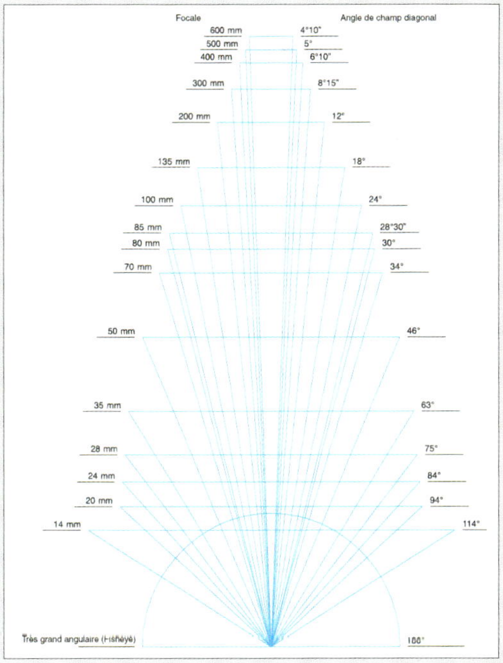


© Canon

Correspondance entre longueur focale et angle de champ.

© Julia Borst

Pour être réactif sur le terrain et avoir à disposition la plus grande couverture focale possible, l'utilisation des boîtiers 5D MkII et 1D MkIV avec deux zooms interchangeables EF de la série L reste préconisée : un grand-angle 16-35 mm f/2,8L II USM sur le 5D MkII, pour disposer de réelles courtes focales et un 70-200 mm f/2,8L II IS USM sur le 1D MkIV (qui correspond à un 90-260 mm), pour disposer de longues focales.

Les optiques interchangeables sont essentiellement destinées aux équipements professionnels (caméras broadcast vidéo, cinéma et reflex photo). A contrario, les caméscopes vidéo HD grand public proposant des formats d'enregistrement AVC HD et des tarifs proches de ceux des EOS disposent (sauf exception) uniquement d'un objectif zoom optique, peu volumineux, de qualité moyenne, solidaire de la caméra.

# La gamme optique Canon, atout majeur des EOS

## En préambule

### À propos du 7D et du 1D MkIV

Comme je l'ai déjà évoqué dans la première partie du livre, deux nouveaux boîtiers EOS proposant la possibilité de filmer en Full HD ont rejoint la gamme Canon pendant la rédaction de cet ouvrage. La taille de capteur de deux reflex (APS-C 15,7 × 23,5 mm pour le 7D et APS-H 18,6 × 7,9 mm pour le 1D MkIV) est inférieure à celle du plein format 24 × 36 du 5D MkII.

Bien que des améliorations notables en termes de sensibilité soient apparues avec l'arrivée de ces boîtiers, les coefficients d'allongement de focale (×1,3 pour le 1D MkIV et ×1,6 pour le 7D) sont à mon sens des facteurs rédhibitoires en termes de comparaison optique avec le 5D MkII. De nombreux photographes animaliers ou de sport apprécient de gagner 30 % de longueur focale avec leurs objectifs, mais je fais partie des amoureux de l'image qui utilisent leurs optiques photo en fonction de leurs caractéristiques. Ne préconisant que des optiques Canon EF de la série L avec les plus grandes ouvertures pour tourner des vidéos Full HD, le capteur 24 × 36 du 5D MkII reste encore le seul HDSLR à profiter des performances extrêmes de ces optiques dédiés au plein format 24 × 36.

Certains diront que l'APS-H n'a que des avantages, car il conserve les bénéfices des grands-angles plein format et que seuls les bords de l'image seront manquants ce que fait disparaître les éventuels défauts du 24 × 36 (bords mous, distorsion, etc.) ; mais la majorité des professionnels reconnaissent qu'avec le plein format, on retrouve enfin les sensations perdues de l'argentique, grâce à son piqué très défini auquel je suis nettement plus sensible et qui constitue l'atout majeur du 5D MkII.

Nous assistons actuellement, en revanche, à une volonté du milieu professionnel cinéma de monter des optiques à monture PL sur les boîtiers EOS. Le succès du 5D MkII a eu un tel retentissement que très vite des directeurs photo américains ont cherché à lui adapter les gammes d'optiques cinéma. Avec ces optiques Cine-style, les capteurs APS deviennent plus intéressants que les capteurs 24 × 36, car leur taille est très proche du format S35 mm et donc des optiques cinéma adaptées à ce format (voir la section « Les technologies optiques cinéma adaptées au mode vidéo des EOS », en fin de chapitre).

Dans le monde de la photographie, pouvoir changer d'optique quand on le souhaite n'a rien d'original, cette particularité est commune à tous les reflex. En revanche, la nouvelle possibilité d'enregistrer des vidéos au format Full HD en bénéficiant de toute la gamme optique photo associée aux grands capteurs CMOS compte parmi les atouts majeurs des boîtiers HDSLR Canon (et plus particulièrement du capteur plein format du 5D MkII), car elle permet un contrôle sans équivalence de la profondeur de champ. L'avantage considérable de pouvoir choisir dans toutes les gammes d'objectifs photo disponibles sur le marché ouvre un espace de créativité inégalable dans le monde vidéo.

Pour autant, on peut rester suspicieux sur l'originalité de cette particularité car, à l'instar des caméras film, les caméscopes professionnels type Sony HD-CAM disposent également de gammes optiques professionnelles exceptionnelles (secteur occupé par Canon et Fuji). Cependant, la taille de leurs capteurs fait une différence majeure avec les boîtiers : les performances en termes de définition, de sensibilité et de qualité de rendu des capteurs CMOS des EOS surclassent en effet celles de la plupart des capteurs CCD 2/3 de pouce des caméras HD professionnelles, qui restent limitées par leurs petites tailles.

Bien que donnant accès à un parc objectif quasiment identique à celui des EOS, les alternatives économiques que sont les systèmes Pro 35 ou Mini 35 (voir le chapitre 2) rencontrent des problématiques similaires en termes de performance, doublées d'une légère perte de la définition propre au principe du système lui-même. Les objectifs photo montés sur les caméscopes ne sont pas utilisés pour leurs spécificités, à l'inverse des EOS qui optimisent leurs performances : un objectif grand-angle de 24 mm fixé sur le 5D MkII se comporte comme une courte focale de 24 mm, alors qu'embarqué sur un caméscope professionnel, un coefficient d'allongement de focale devra être calculé (voir tableau page suivante).

L'encadré ci-contre rappelle que les nouveaux boîtiers EOS 7D et 1D MkIV sont également sujets à des contraintes de coefficient d'allongement de focale. Néanmoins, la taille des capteurs APS-C et APS-H très proche du format S35 a séduit et conduit le milieu cinématographique à trouver des solutions pour associer la technologie des reflex aux gammes d'objectifs Cine-style à monture PL.

- Quels sont les avantages des objectifs photo ?
- Quels sont les meilleurs objectifs de la gamme Canon pour réaliser des vidéos avec les HDSLR ?
- Est-ce que le stabilisateur optique est un critère de sélection ?
- Comment effectuer des zooms fluides sans report de commande ?
- Peut-on utiliser ses anciennes optiques Canon ou les objectifs d'autres marques pour réaliser des vidéos HD ?
- Actuellement, quelles sont les solutions disponibles pour fixer des objectifs Cine-style à monture PL ?

Tout le développement de ce chapitre va tenter de répondre à ces questions et vous proposera des séries d'objectifs adaptées aux différents types de productions que vous pourrez rencontrer.

Une lentille d'objectif Zeiss. Ces objectifs sont appréciés par les professionnels pour leurs caractéristiques optiques et mécaniques.

## NOTION FONDAMENTALE

### La conversion des focales argentique et numérique

Vous avez sûrement remarqué que les valeurs de focales sont souvent présentées en équivalence 24 × 36, ce système de notation a pour avantage de garder une référence bien connue. Dans les cas des HDSLR Canon, nous venons d'évoquer les contraintes liées aux différentes tailles de capteur proposées par les trois EOS (plein format 24 × 36, APS-C, APS-H), pour mieux s'y retrouver avec les correspondances des focales selon les formats utilisés (film, photo ou vidéo) des tableaux existent et permettent de calculer et convertir rapidement les focales des objectifs en fonction des capteurs utilisés.

Rapport des focales entre les différents formats (vidéo, film et photo)* – d'après Video Plus

| | 1/2" | 2/3" | 16 mm | 35 mm | Photo 24 × 36 |
|---|---|---|---|---|---|
| **1/2"** | | 1,4 | 1,6 | 3,4 | 5,5 |
| **2/3"** | 1,4 | | 1,1 | 2,5 | 3,9 |
| **16 mm** | 1,6 | 1,1 | | 2,1 | 34 |
| **35 mm** | 3,4 | 2,5 | 2,1 | | 1,6 |
| **Photo 24 × 36** | 5,5 | 3,9 | 3,4 | 16 | |

*Attention, les ratios ne sont pas tout à fait identiques.



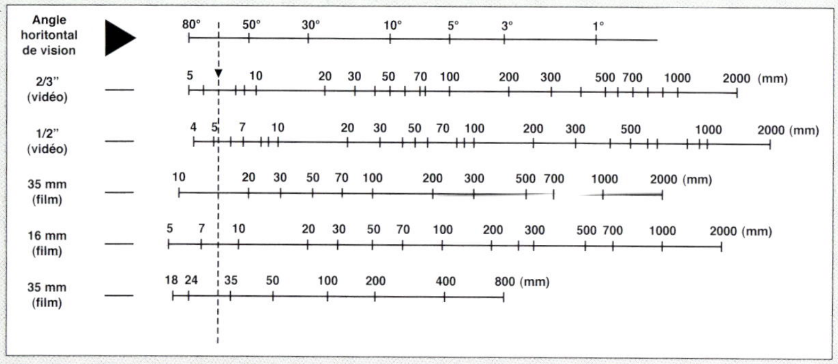


Correspondance des focales entre les différents formats : vidéo, film, photo. Sur l'exemple indiqué par la ligne en pointillés : 7 mm en 2/3" correspond à 5 mm en 1/2", à 17 mm en 35 mm film, à 8 mm en 16 mm film, à 28 mm en 35 mm photo.
Pour convertir une longueur de focale de 2/3" en son équivalent 1/2", multiplier par 0,727 ; en son équivalent 35 mm film par 2,506 ; en son équivalent 16 mm film par 1,170.

## Une profondeur de champ maîtrisée

La maîtrise de la profondeur de champ joue un rôle déterminant dans l'esthétique de votre image. Une relation étroite existe en effet entre la taille des capteurs des caméras et les caractéristiques des objectifs utilisés.

À la différence du support argentique des pellicules, le numérique fonctionne grâce à un signal électronique qui capture la lumière mais qui ne restitue pas encore de manière équivalente la dynamique de l'image (particularité du rendu cinéma qui retranscrit fidèlement les intensités lumineuses d'une image avec du détail dans les noirs et les hautes lumières). Néanmoins, l'idée révolutionnaire de Canon réside dans l'association gagnante grands capteurs/larges gammes optiques adoptée par le nouveau mode vidéo des reflex. Les HDSLR comptent ainsi parmi les premiers systèmes vidéo numériques à pouvoir gérer une profondeur de champ aussi réduite et bénéficier d'un rendu cinéma.

Afin de distinguer l'élément essentiel d'une composition, il faut isoler ce que l'on souhaite mettre en valeur grâce à un cadrage judicieux (choix de la focale), mais également en jouant sur la profondeur de champ. En d'autres termes, on peut capter l'attention en foca-

## NOTION FONDAMENTALE

### La profondeur de champ

La profondeur de champ ou DOF (*Depth Of Field* en anglais) désigne la zone de netteté autour de la distance de mise au point. La profondeur de champ peut être définie comme faible si la zone de netteté est courte ; une profondeur de champ réduite (sujet net et arrière-plan flou) mettra donc le sujet en évidence. Une profondeur de champ maximale (avant-plan net et arrière-plan net) rendra une scène avec tous ses détails, mais sera sans relief.
L'étendue de cette zone dépend de nombreux paramètres qui interviennent au moment de la prise de vues, notamment la distance de mise au point, l'ouverture du diaphragme et le format de la surface sensible (taille des capteurs et focales utilisées).

lisant la netteté de l'image sur le sujet souhaité, en laissant le premier plan et l'arrière-plan complètement flou.

Sur le terrain, il est bien sûr difficile de calculer la profondeur de champ avec exactitude, surtout en reportage où l'on doit exécuter rapidement ses réglages. Ce qu'il faut retenir, c'est que trois facteurs influencent cette profondeur de champ : la distance de mise au point, la focale retenue et l'ouverture du diaphragme. Ainsi, pour obtenir une profondeur de champ très faible, on peut :

- diminuer le diaphragme (de f/16 à f/2,8, par exemple) ;
- augmenter la focale (de 15 mm à 85 mm, par exemple) ;
- raccourcir la distance de mise au point (de l'infini à 2 m, par exemple).

La tendance actuelle préfère largement les images avec très peu de profondeur de champ (associées au rendu cinéma, avec premier et arrière-plan flou) aux images avec de grandes profondeurs de champ (associées au rendu vidéo, avec une image plate, sans relief).

Photos extraites de plusieurs séquences vidéo pour mettre en évidence les différences entre une profondeur de champ réduite (photos a, c, e, f) et une grande profondeur de champ (photos b et d).

## Comprendre le nom des objectifs pour mieux les choisir

© Sébastien Devaud

Les informations et caractéristiques présentes sur l'objectif Canon EF 70-200 mm f/2,8 L IS USM.

Les objectifs disponibles sur le marché sont tous affublés d'un nom à rallonge qui renseigne sur leurs caractéristiques optiques et électroniques. Prenons ici l'exemple du télézoom Canon EF 70-200 mm f/2,8 L IS USM.

### La monture

Les montures standards Canon sont les montures EF, EF-S et FD :

- la gamme d'optiques EF destinée au format 24 × 36 est composée des objectifs les plus volumineux ; elle est recommandée pour le 5D MkII et le 1D MkIV ;
- la monture EF-S privilégie les reflex disposant d'un capteur APS-C (comme le 7D ou le 550D). Les objectifs à baïonnette EF-S sont légers et assez compacts ;
- l'ancienne monture FD, apparue avant l'invention de l'autofocus, existe toujours. Ses objectifs manuels dédiés au 24 × 36 (époque argentique) sont encore de très bonne facture ; des bagues de conversion FD/EOS permettent d'utiliser ces optiques sur les nouveaux EOS (voir plus loin « Les accessoires indispensables »).

Schéma de la coupe d'un objectif Canon EF 70-200 mm f/2,8 L IS USM mettant en évidence la monture EF.

© Canon

### Les focales

Les focales (notées dans notre exemple « 70-200 mm ») définissent les angles de champ des objectifs. Elles sont exprimées en millimètres. Plus une focale est courte, plus l'angle de champ est large, et inversement : une focale fixe de 24 mm est ainsi considérée comme un grand-angulaire dans la gamme optique.

Schéma de la coupe d'un objectif Canon EF 70-200 mm f/4 L IS USM mettant en évidence les différents groupes de lentilles.

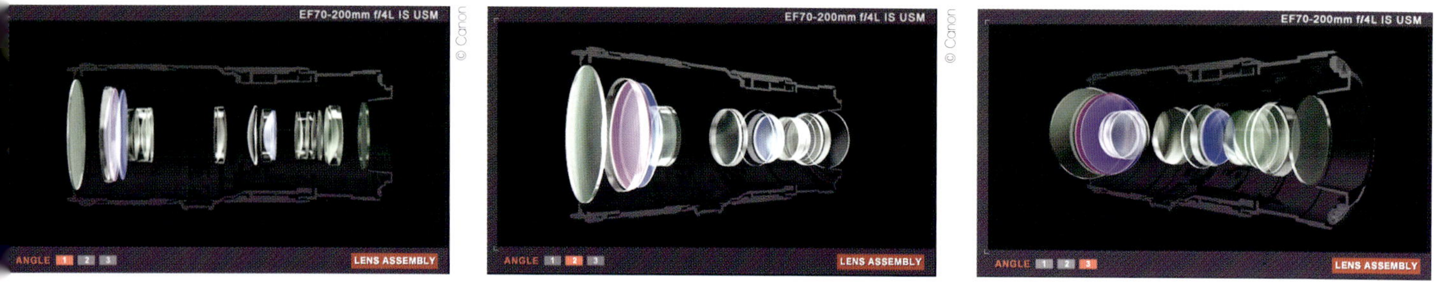


© Canon

Dans notre exemple, l'objectif à focale variable 70-200 mm correspond donc à un zoom téléobjectif ; il propose toutes les focales comprises entre 70 et 200 mm

Une désignation à deux nombres, comme celle-ci qui comporte les deux valeurs 70 et 200, correspond à un zoom.

## L'ouverture de diaphragme

L'ouverture maximale du diaphragme (notée ici « f/2,8 ») est un très bon indicateur des performances de l'objectif. On parle « d'ouverture constante » pour la plupart des objectifs, toutefois, il existe sur certains zooms des ouvertures dites « glissantes ». L'ouverture de la position grand-angle est différente de la position téléobjectif (f/3,5-5,6), ce qui est rédhibitoire pour la réalisation de travelling optique avec le mode vidéo.

Le mode vidéo privilégie l'utilisation d'optiques très lumineuses, donc avec une ouverture maximale élevée.

Schéma de la coupe d'un objectif Canon EF 70-200 mm f/4 L IS USM mettant en évidence le diaphragme électromagnétique (*EMD pour Electro-Magnetic Diaphragm*).

## La série L

La série L (« L » pour « Luxury ») désigne la série d'optiques haut de gamme chez Canon. Les objectifs sont composés de matériaux optiques de la meilleure qualité possible pour garantir de hautes performances d'image et une fonctionnalité incomparable. Ils sont reconnaissables à la présence d'un filet rouge sur le barillet.

Les versions II ou III correspondent aux modèles optimisés de certains objectifs.

Le filet rouge présent sur tous les barillets des objectifs de la série L.

Schéma de la coupe d'un objectif Canon EF 70-200 mm f/4 L IS USM mettant en évidence le stabilisateur IS.

## Le stabilisateur

Les initiales IS (pour *Image Stabilizer*) qui apparaissent dans le nom de votre objectif garantissent la présence d'un stabilisateur optique intégré, qui permet de limiter les tremblements et flous de bougés. Sur ces optiques, un commutateur On/Off est disponible.

Le dispositif IS permet une utilisation de vitesses d'obturation trois ou quatre fois plus lentes (cela dépend de l'objectif) qu'avec un objectif non stabilisé.

## Le moteur de l'autofocus

Le moteur AF ultrasonique (USM, *Ultrasonic Motor*) utilisé dans les objectifs Canon EF est le premier moteur au monde spécialement conçu pour les objectifs photo. Ultra rapide et silencieux, il est à l'origine du silence de fonctionnement presque total des objectifs EF ainsi que de la vélocité et de la précision de l'autofocus. La consommation d'énergie est également réduite.

Deux types de moteurs USM sont utilisés chez Canon : le moteur circulaire et le micro-moteur USM. Le premier équipe les téléobjectifs à grande ouverture, le second les objectifs plus compacts.

Schéma de la coupe d'un objectif Canon EF 70-200 mm f/4 L IS USM mettant en évidence le moteur USM.

## Les objectifs spéciaux

D'autres informations telles que « DO », « MP-E », « Macro » ou « TS-E » sont parfois mentionnées dans le nom des objectifs. Elles correspondent à des optiques proposant des spécificités particulières, ainsi la gammes des objectifs à décentrement Tilt and Shift (TS-E), des objectifs destinés à la macrophotographie (Macro) et des objectifs intégrant des lentilles diffringentes (DO) (voir plus loin « Les objectifs spéciaux recommandés pour la publicité »).

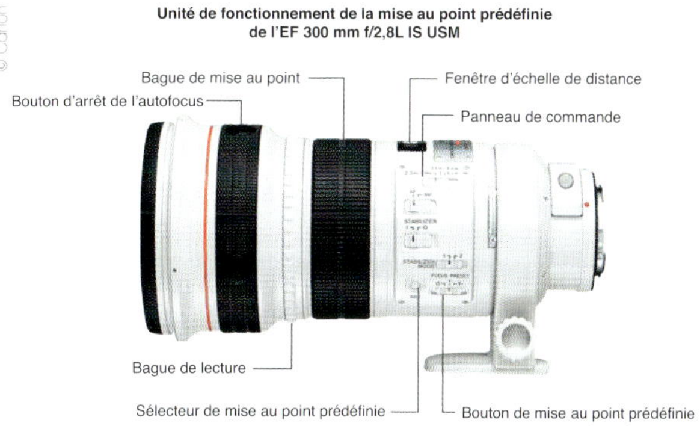

Les différentes parties d'un objectif zoom Canon EF 70-200 mm f/2,8 L IS USM :

– à l'arrière se trouve la bague de fixation qui varie selon les modèles et les constructeurs. Au cinéma, la monture PL reste majoritaire, en revanche, pour le secteur photo, chaque constructeur a adopté son propre système de monture (EF pour Canon, Ai pour Nikon, L ou R pour Leica...) ;

– à l'avant, une bague rotative permet de régler le point. Les bagues des nouvelles générations d'objectifs Canon sont glissantes et sans limites. L'utilisation de Follow focus avec limiteurs reste donc préconisée ;

– la bague crantée permettant de régler le diaphragme est en voie de disparition sur les nouvelles générations d'optiques photo. Des systèmes électromagnétiques (EMD) remplacent aujourd'hui ces bagues, malheureusement ces technologies ne sont pas adaptées aux nombreux changements d'exposition réalisés sur les prises de vues cinéma ou vidéo ;

– on peut monter un pare-soleil (voir ci-contre) à l'avant de l'objectif, sa fonction est d'empêcher les rayons du soleil de frapper l'objectif de manière incidente. Le secteur professionnel privilégie plutôt l'utilisation d'un système Mattebox, plus perfectionné ;

– une bague de zoom est également présente sur les objectifs à focales variables en plus des bagues de point et diaphragme, sa fonction est de faire varier la focale sans changer d'objectif.

# Options et fonctionnalités des objectifs Canon

Le manuel de chaque reflex explique clairement la marche à suivre pour effectuer le montage et le retrait des objectifs, avec une sécurisation optimale (page 31 pour le 5D MkII et le 7D, page 39 pour le 1D MkIV). Certaines fonctionnalités électroniques et optiques sont propres aux reflex EOS, elles méritent d'être évoquées ici.

Il existe des repères de montage sur l'objectif lui-même et sur le boîtier EOS. En faisant coïncider les deux repères, on peut le fixer aisément. Les repères de montage sont identifiables par des petits ronds rouges.

## Micro-ajustement AF des optiques

L'augmentation de la densité des photosites sur les capteurs numériques implique non seulement de disposer de très bonnes optiques, mais aussi que les autofocus soient parfaitement calibrés, car le moindre petit décalage dans ce domaine aurait de fâcheuses répercussions sur la qualité d'image finale.

Bien que l'autofocus des optiques photo ne soit pas adapté au mode vidéo des HDSLR, il autorise tout de même un contrôle de la mise au point avant l'enregistrement des différentes prises de vues. Pour s'assurer du bon fonctionnement de cet autofocus, il est possible de procéder à des réglages fins de mise au point pour chacune des optiques utilisées sur vos productions.

Les reflex EOS offrent la possibilité de calibrer l'autofocus en prenant en compte le couple objectif/boîtier, soit de manière globale (décalage identique pour tous les objectifs), soit de manière individuelle (capacité d'enregistrement de données de micro-ajustement pour une vingtaine d'objectifs, y compris les Extenders).

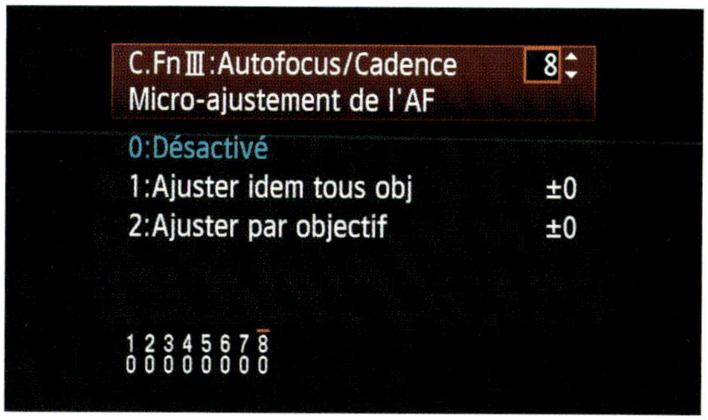


Le menu de micro-ajustement AF des objectifs.

Voir le manuel du boîtier (5D MkII page 181, 7D et 1D MkIV page 211).

© Tim Jackson

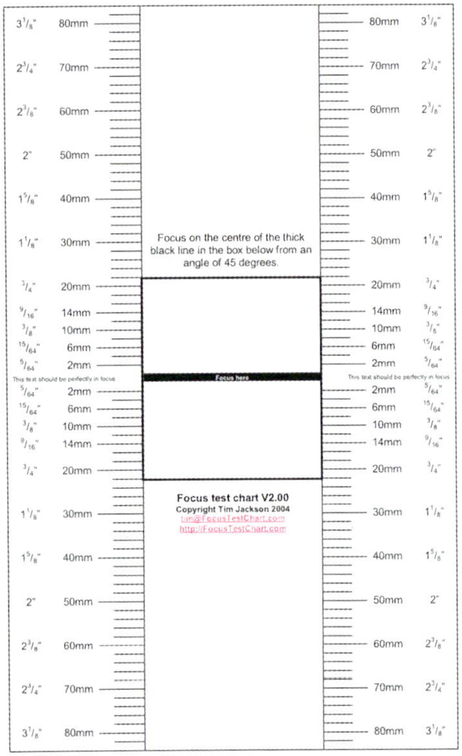


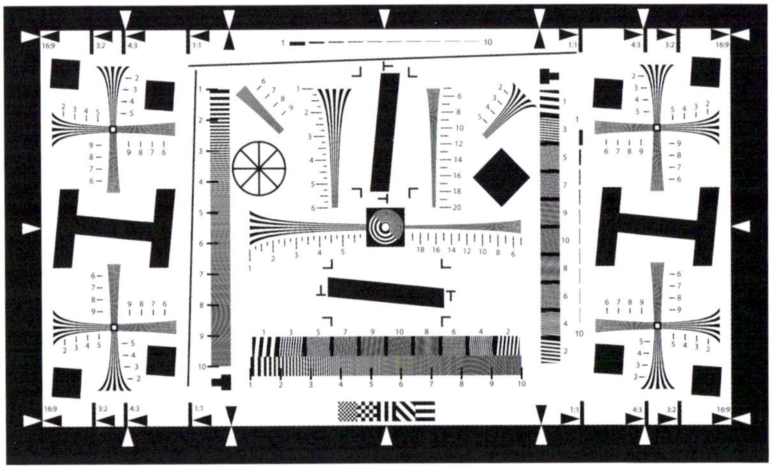

© Cornell University

La mire de définition ISO 12233 transcrite en PDF par Stephen H. Westin est parfaite pour réaliser des tests de focus de vos objectifs. Elle est disponible au téléchargement à l'adresse : www.graphics.cornell.edu/~westin/misc/ISO_12233-reschart.pdf.

La mire Focus test chart, concue par Tim Jackson en 2004, permet de s'assurer de la précision de l'autofocus de l'ensemble de vos objectifs. Des problèmes de « front focus » (la mise au point se fait en avant du sujet) ou de « back focus » (elle se fait à l'arrière du sujet) peuvent ainsi être repérés et isolés. Selon l'ampleur des décalages constatés, un micro-ajustement des optiques ou une intervention plus lourde du SAV devront alors être envisagés. Le manuel d'utilisation de cette mire est également disponible au téléchargement à l'adresse : www.scubik.com/Files/focus21.pdf.

## Correction de l'éclairage périphérique

En fonction des différentes caractéristiques des objectifs, un phénomène de vignetage peut apparaître aux quatre coins de l'image. Le vignetage est l'assombrissement de la périphérie d'une image provoqué soit par une insuffisance de l'objectif photo, soit par l'utilisation d'un objectif dont le cercle-image ne couvre pas totalement le format du capteur. Il peut être corrigé par la fonction Correction de l'éclairage périphérique : les données de correction d'une vingtaine d'objectifs sont déjà enregistrées dans le boîtier, mais vous avez toujours la possibilité d'en enregistrer d'autres, manuellement.

Voir le manuel du boîtier (5D MkII pages 70-71, 7D page 76, 1D MkIV page 82).

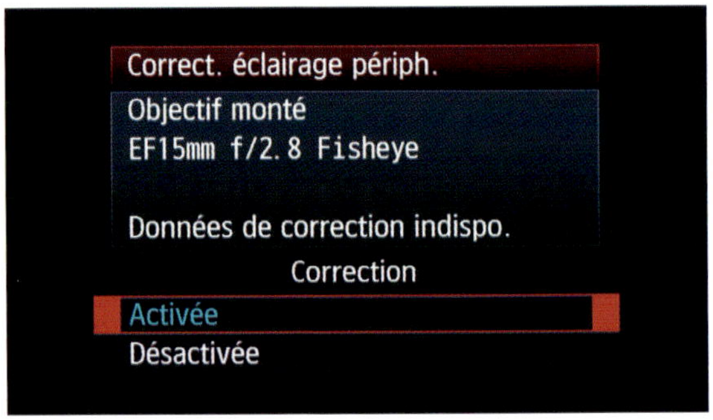


Le menu de correction de l'éclairage périphérique des objectifs.

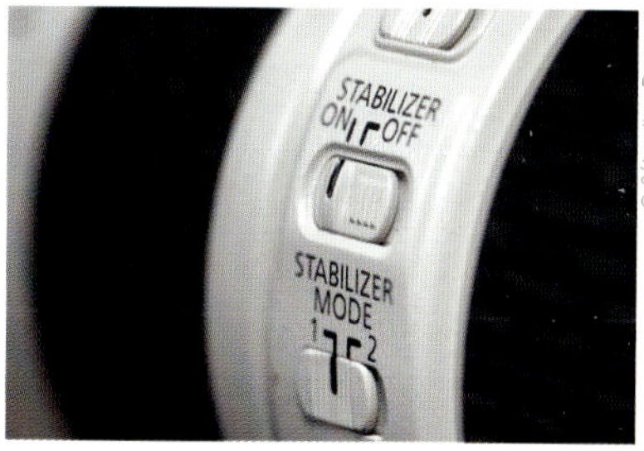


© Sébastien Devaud

Les commandes du stabilisateur IS de l'objectif Canon EF 70-200 mm f/2,8 L IS USM, qui propose deux modes de stabilisation. Le Mode 1 corrige les vibrations dans toutes les directions, il est surtout efficace pour les sujets immobiles. Le Mode 2 compense les secousses verticales du boîtier EOS lors d'une prise de vues en mouvement horizontal, et les secousses horizontales lors d'une prise de vues en mouvement vertical.

## Le stabilisateur optique IS

Un autre point déjà abordé au début du chapitre 3 doit être rappelé ici : la présence de l'IS (*Image Stabilizer*, stabilisateur optique) sur certains objectifs de la gamme Canon est très appréciable pour enregistrer des vidéos avec le boîtier – notamment pour la réalisation de news, où les conditions d'urgence nécessitant des déplacements imprévisibles exigent une stabilisation rigoureuse. Les bénéfices réalisés avec le stabilisateur activé en supplément d'un support efficace (mini-Steadicam ou crosse d'épaule) sont vraiment notables.

Des fonctions spécifiques ainsi que des possibilités de réglages dédiées aux objectifs de la gamme Canon facilitent donc leur utilisation, tout en améliorant leurs performances. Une fois fixés sur le boîtier, nous savons comment identifier ces objectifs grâce à leurs dénominations, voyons maintenant comment les sélectionner en fonction des différents types de productions.

© Canon

Gamme complète des objectifs stabilisés Canon.

# Bien préparer le tournage pour choisir ses optiques

La gamme Canon comporte une centaine d'optiques, quelques recommandations et certaines restrictions méritent donc d'être énoncées et clarifiées pour identifier celles qui répondent le mieux aux contraintes du mode vidéo des HDSLR.

- Les objectifs EF seront toujours préférés aux optiques EF-S sur l'ensemble des trois EOS (5D MkII, 7D, 1D MkIV). Bien que les optiques EF-S soient adaptées au format APS-C du 7D (le seul des trois boîtiers à accepter cette monture), la fabrication moins exigeante, les performances affichées et les ouvertures proposées par ces optiques apparaissent inadaptées au mode vidéo des productions professionnelles.
  Le choix des optiques EF comme référence implique également de toujours garder en mémoire les coefficients d'allongement de focale (×1,6 pour le 7D et ×1,3 pour le 1D MkIV), qui permettent de calculer la correspondance de la focale selon le reflex utilisé.

© Chemical Wedding

© Chemical Wedding

L'application Artemis de la société Chemical Wedding est un viseur de champ numérique pour l'iPhone. Conçu par deux cinéastes, Artemis fonctionne de la même manière qu'un viseur de champ traditionnel, quoique de façon beaucoup plus précise et beaucoup plus facilement.
Après avoir sélectionné un modèle de caméra (les trois EOS HDSLR sont proposés) et le type d'objectif (gammes EF et Zeiss disponibles), l'application utilise la caméra de l'iPhone pour simuler le champ de caméra auquel vous pouvez vous attendre lorsque vous utiliserez réellement votre reflex. Vous pouvez comparer tous les objectifs (comme ci-contre) ou appuyer sur le zoom : la caméra effectue un zoom avant de remplir le viseur avec le point de vue équivalent de l'objectif que vous avez choisi.

© Canon

© Canon

© Canon

La prestigieuse série L de Canon. La Fluorite (en haut) est une des caractéristiques des optiques de cette série : elle est composée de cristal de fluorine de calcium synthétique et présente des propriétés optiques particulières, comme un indice de réfraction extrêmement faible, une dispersion faible et un haut pouvoir de transmission de la lumière infrarouge et ultraviolette.

/ Trois grandes familles composent la gamme complète des objectifs Canon. Toutes les focales existantes y sont regroupées :
- les focales fixes représentent les 2/3 de la gamme; elles sont essentiellement appréciées pour leur piqué et leur luminosité importante. Elles débutent au 14 mm (super grand-angle) pour finir à des focales atteignant les 800 mm (super téléobjectif);
- les focales variables ou zooms : il en existe une trentaine qui peuvent aussi bien couvrir des courtes (16-35 mm) et des longues focales (70-200 mm). Compagnons idéals pour le reportage photo, ces objectifs seront également ceux des news pour la réalisation de vidéos;
- les focales spéciales se composent des optiques macro, destinées à rapprocher le plan focal du sujet, et des optiques à bascule et décentrement, destinées à redresser les perspectives. En vidéo, ils pourront être d'une grande utilité sur certains types de productions (publicité, reportage animalier...) (voir plus bas « Les objectifs spéciaux recommandés pour la publicité »).

/ Au même titre que la luminosité des optiques comme critère de sélection, les objectifs haut de gamme Canon (série L) seront privilégiés dans notre sélection. Bien que ces optiques soient les plus onéreuses de la gamme, elles restent vingt fois moins chères que les optiques interchangeables disponibles pour les caméscopes professionnels, et même cent fois moins chères que certains objectifs cinéma à monture PL. Leur qualité de fabrication (la plupart des optiques série L sont tropicalisées) et les matériaux utilisés leur confèrent le statut de référence de la gamme.

Notre parti pris étant de privilégier dans cet ouvrage la qualité des rendus de vos futures productions, tous les objectifs affichant une ouverture maximale supérieure à f/4 ou disposant d'une ouverture glissante ne seront pas retenus dans cette sélection. À la différence de la technique photographique qui autorise les poses longues en conditions de faible luminosité, l'enregistrement de vidéos HD dans les mêmes conditions requiert des objectifs très lumineux, leurs ouvertures maximales deviennent donc un critère de sélection déterminant (pour mémoire, ils constituent 90% de la série L).

## Profiter du découpage pour lister ses focales fixes

En partant du principe que chaque focale raconte une histoire différente, on peut vite assimiler ce qu'elles évoquent et signifient pour retranscrire au mieux les émotions souhaitées. Un plan raconté au 50 mm (équivalent de la vision humaine) retranscrit l'impression subjective du narrateur alors qu'un plan raconté au 24 mm évoque davantage la situation géographique de ce dernier. Sur les productions de fictions ou de publicités (ou pour les tournages institutionnels haut de gamme), la réalisation d'un découpage des différentes séquences à l'étape de pré-production est coutumière. Ce découpage a pour but de lister chaque plan du film en détail pour que tous les postes qui composent l'équipe technique puissent y trouver les informations qui les concernent. En suivant un découpage précis de plans bien établis en pré-production, on peut aisément sélectionner les focales adaptées à chacune de ces valeurs de plans.

Dans un second temps, un story-board est fréquemment réalisé à partir du découpage : il a pour fonction de montrer en images les diverses intentions de la mise en scène et de mise en images. Chaque plan du film est ainsi représenté par une vignette dessinée de manière très réaliste, de nombreuses informations techniques et artistiques sont également retranscrites sous forme de symboles explicites : les ambiances lumières, les mouvements de caméra et les valeurs de cadres peuvent ainsi être identifiés simplement.

Chaque vignette dessinée fait référence à un cadre. Ce sont ces valeurs de cadre que nous allons maintenant étudier en leur associant les focales fixes qui leur correspondent. Elles sont classées en plusieurs catégories.

© Studio57

Le story-board ressemble à une BD : il est constitué d'une suite de dessins décrivant les séquences d'une production, plan par plan. Celui qui est présenté ici correspond à une production publicitaire d'une bière congolaise, Turbo king, que j'ai réalisée à Kinshasa pour la production Studio57.

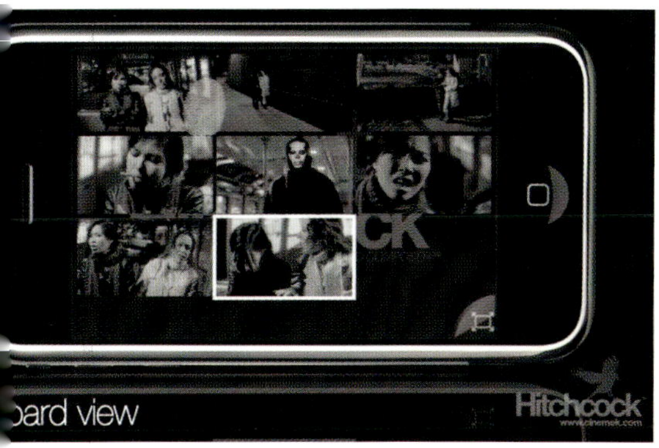


© Cinemek

© Cinemek

La nouvelle application iPhone, Hitchcock composer de Cinemek, est une solution unique pour pouvoir réaliser des story-boards précis où que vous soyez.

### Les plans d'ensemble (PE, PGE), larges (PL), en pied, le plan général (PG)

Les plans larges ou très larges sont réalisés avec des courtes focales (grands-angulaires). Ces plans d'ensemble renvoient au décor et incluent le spectateur dans l'action. En reportage, on parlera de caméra « participative » ou « subjective », placée en immersion au cœur de l'action. Dans le découpage narratif fictionnel, ces plans servent souvent à établir la situation géographique (le décor) ou de montrer une action dans sa totalité, en plan large. Dans le milieu publicitaire, on parle également d'*establishing shot* comme plan large référence.

Photos extraites de séquences vidéo réalisées avec des optiques courtes focales très adaptées aux prises de vues de paysages.

Des plans en pied peuvent facilement être réalisés avec ces grands-angles quand le sujet se situe à moins de 10 m de l'optique. Ils offrent une grande profondeur de champ qui favorise les tournages en conditions de faible luminosité. Une déformation des avant-plans est générée par les plus courtes focales ; utilisées en caméra embarquée, elles produisent un effet de vitesse qui dynamise la séquence montée. Ce type de focales privilégie tous les types de travellings (Steadicam, grue, crosse d'épaule…).

Voici une sélection de quatre courtes focales de la gamme d'objectifs Canon (série L professionnelle pour les trois quarts d'entre elles).

- EF 14 mm f/2,8 L USM : c'est l'objectif de la gamme EF série L qui a la plus courte focale. Une lentille asphérique corrige la distorsion et de ce fait évite les aberrations optiques. Ses plans de prédilection sont les plans d'ensemble ou le plan général qui montre la totalité du décor et/ou de l'action.
- EF 15 mm f/2,8 fish-eye : cet objectif de type fish-eye (angle de champ de 180°) donne des effets uniques et étonnants (effet « œil de poisson »). Sa distance minimale de mise au point limitée à 20 cm autorise des prises de vues en très gros plan macro. Il peut ainsi produire de très larges plans d'ensemble (TGE) ou des plans très rapprochés avec effet de distorsion optique « œil de poisson » très prononcé.
- EF 24 mm f/1,4 L II USM : c'est le grand-angle pro par excellence. Sa très grande ouverture et ses remarquables performances en termes de piqué font de cette focale une référence. Il est recommandé pour réaliser tous les types de plans larges et est très apprécié par les photojournalistes sur les scènes urbaines (pour ses performances grand-angle).
- EF 35 mm f/1,4L USM : cet objectif est également un grand-angle professionnel de la série L à grande ouverture. Il est réputé pour sa résolution et son contraste. C'est une

Cet objectif devrait normalement être répertorié dans les optiques spéciales, c'est la seule exception parmi les focales fixes.

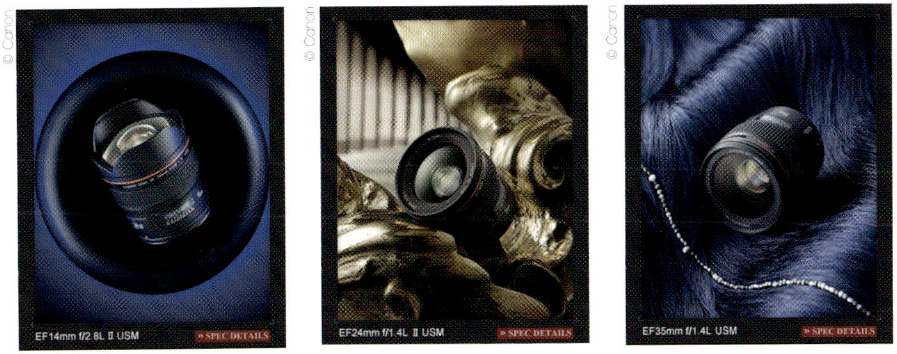


De gauche à droite, les trois courtes focales EF 14 mm, 24 mm et 35 mm.

focale intermédiaire, car ses valeurs de cadre renvoient aussi bien au décor qu'aux personnages, avec notamment la possibilité d'enregistrer des plans en pied. Ce petit bijou de la série L est l'optique de transition entre les grands-angulaires et les focales intermédiaires.

## Les plans moyens (PM) et rapprochés (PR)

Ces plans sont pour la plupart destinés aux personnages. La plage de focales associée est comprise entre le 50 et le 135 mm. En photo comme en vidéo, ces focales sont idéales pour réaliser des portraits sans trop écraser le sujet (les téléobjectifs) ni trop le déformer (grands-angles). Ces valeurs sont répertoriées selon des standards :

- le plan américain (personnages coupés au niveau de la cuisse) et le plan italien (personnages coupés aux genoux) : plans de dialogue à plusieurs ;
- les plans rapprochés (taille, poitrine, épaule) : plans du champ/contrechamp, les personnages ne sont pas « coincés » dans le cadre, on peut donc composer l'image en utilisant d'autres éléments (personnage(s) ou élément du décor en amorce).

Une sélection de quatre focales fixes peut être recommandée pour réaliser des vidéos HD de personnages divers et variés. En voici la liste.

- EF 50 mm f/1,2 L USM (proche de la vision humaine) : son utilisation privilégie les plans américains et italiens. Dotée de la plus grande ouverture actuellement disponible dans la gamme des objectifs Canon, cette focale présente, comme l'EF 85 mm f/1,2 L II USM, un grand intérêt en conditions de faible éclairage.

### NOTION FONDAMENTALE

**La focale normale**

La focale normale correspond à la vision à travers l'objectif la plus proche de celle de l'œil humain. Cette valeur est calculée avec la diagonale de la surface sensible. Le capteur Full frame du 5D MkII a une diagonale d'environ 43 mm, le standard pour la focale normale correspond donc à une optique de 50 mm. La diagonale des capteurs au format APS-C (7D) se situe aux alentours de 27 mm, et 34 mm pour le format APS-H (1D MkIV) La focale normale pour ces boîtiers correspond donc à des objectifs de 28 mm pour le 7D et 35 mm pour le 1D MkIV.

Photos extraites de séquences vidéo réalisées avec des optiques à focales intermédiaires.

Trois focales intermédiaires : EF 50 mm, 85 mm et 135 mm.

- EF 50 mm f/1,4 USM : bien que plus ancien que l'objectif précédent, il est réputé pour ses performances et a fait ses preuves dans le monde de la photographie. Il est mentionné ici, car il présente un rapport qualité/prix bien plus intéressant que le nouveau modèle évoqué précédemment.
- EF 85 mm f/1,2 L II USM : c'est l'objectif star, idéal pour les portraits et les interviews en champ/contrechamp, recommandé pour tous les plans rapprochés. Il est également réputé pour être assez lourd, sa version II propose un moteur plus efficace que la version I.
- EF 135 mm f/2 L USM : cet objectif est le plus lumineux des 135 mm EF, et le plus léger de sa catégorie. Il est idéal pour réaliser des plans rapprochés (PR poitrine et épaule) sur les personnages, avec très peu de profondeur de champ (fonds très flous). Les prises de vues pour le sport en salle et les concerts privilégieront cette focale. Au même titre que le 85 mm, cet objectif est déjà associé à la catégorie des téléobjectifs.

### Les gros plans (GP et TGP)

Ce sont les plans de l'émotion : on est proche des personnages, proche des sentiments. Ces plans sont également très utiles pour focaliser l'attention sur un détail : ils désignent le sujet en l'isolant du reste de l'espace.

Les focales dédiées à ces valeurs de cadre sont très répandues dans le monde du sport, de la musique, et ce sont également les meilleurs compagnons des paparazzis. Dans le cas des enregistrements de vidéos HD sur les EOS, ces objectifs seront souvent utilisés à grande ouverture, générant du coup très peu de profondeur de champ.

Le réglage de la mise au point permet de jouer entre les différents plans de l'image (perspective écrasée) mais reste très délicat à réaliser avec ces longues focales (réduction des

Photos extraites de séquences vidéo réalisées avec des optiques longues focales très adaptées aux prises de vues animalières (Canada 2009).

mouvements, sensibilité aux vibrations). En conditions de reportage, ces objectifs permettent d'approcher les sujets sensibles sans se déplacer physiquement. Ils doivent être de très bonne facture pour pouvoir restituer un piqué de l'image optimal.

Les trois objectifs sélectionnés pour réaliser ces valeurs de cadres sont tous toujours issus de la série L, et deux d'entre eux disposent d'un stabilisateur optique.

- EF 200 mm f/2L IS USM : ce téléobjectif stabilisé très lumineux offre une qualité d'image élevée et une excellente prise en main. Il permet de réaliser des gros plans avec très peu de profondeur de champ. Il est compatible avec les multiplicateurs de focale Canon et peut donc devenir un 400 mm f/4.
- EF 400 mm f/2,8L IS USM : ce super téléobjectif de la série L équipé d'un stabilisateur d'image fait office de référence dans sa catégorie. Il est destiné à la réalisation de TGP

## DES PLANS CÉLÈBRES

### Le style Leone, ou le réalisateur aux focales extrêmes

Quelques techniques de prise de vues et de montage propres au réalisateur Sergio Leone lui confèrent un style inimitable :

– un format de pellicule Techniscope;

– une grande profondeur de champ (utilisation de focales courtes);

– des gros plans extrêmes (scènes de duel), souvent focalisés sur les yeux d'un personnage, en alternance avec de grandes vues d'ensemble. Le contraste qui en résulte donne cette impression d'ampleur qui ressort des mises en scène de Leone;

– des travellings arrière (d'un détail au plan d'ensemble);

– le temps étiré : de nombreuses scènes d'observation longue, tendues et sans dialogues entre duellistes;

– une musique très présente (composée par Ennio Morricone), souvent indispensable comme dans les scènes d'observation citées ci-dessus, mais qui alterne avec des moments de « silence » où les bruitages sont exacerbés.

© Canon

© Canon

© Canon

© Canon

Les trois longues focales évoquées dans la liste ci-contre et l'ensemble des longues focales de la gamme Canon.

(équipé d'un Extender ×2, il passe en 800 mm f/5,6). Sa très grande ouverture pour une focale de cette catégorie en fait un objectif lourd et encombrant, mais qui permet de tourner en conditions de faible luminosité. Idéal pour les concerts.

- EF 800 mm f/5,6 L IS USM : c'est également un super téléobjectif stabilisé. On vient de voir que pour la moitié de son prix on pouvait obtenir un objectif présentant les mêmes potentialités (400 mm équipé d'un Extender EF ×2), mais sa présence dans cette sélection est justifiée par sa légèreté (incroyable pour un objectif présentant une telle focale) et par la possibilité de passer en 1 600 mm f/11 avec le multiplicateur de focale Extender EF 2×. En conditions de forte luminosité extérieure, il s'avérera utile et efficace.

Toutes ces focales fixes permettent donc de couvrir l'ensemble des valeurs de cadre existantes : du plan large au 14 mm jusqu'au TGP au 1 600 mm (800 mm avec doubleur ×2). La réalisation préalable du découpage ou du story-board, en fiction ou en publicité, garantira une gestion simple des optiques sur le tournage puisqu'elles seront déjà déterminées en pré-production. Leurs utilisations successives influent sur le plan de tournage, on privilégiera le plus souvent d'abord les plans larges, puis les plans moyens et enfin les gros plans.

Nous allons aborder à présent une seconde catégorie d'objectifs : les zooms optiques. Ils couvrent des plages focales plus ou moins importantes et offrent la possibilité de réaliser des mouvements optiques majeurs.

Comme les photographes, les premiers opérateurs de caméras en reportage transportaient plusieurs objectifs, qu'ils changeaient. Pour simplifier les manipulations, ces objectifs ont été montés sur une tourelle rotative. La grande simplification est venue avec l'invention du zoom par le français Cuvellier, en 1949. Le zoom est un objectif à focale variable, il permet en général de couvrir des champs allant du grand-angle au téléobjectif.

## Privilégier des zooms stabilisés pour les news

Les objectifs à focale variable constituent un tiers de la gamme Canon, ils représentent l'alternative la plus appréciable pour réaliser des vidéos de type news avec les EOS. En effet, la production des news se doit d'être ultra réactive, au même titre que le reportage en photo. Les plans d'ensemble comme les TGP sont nécessaires à la réalisation de ce type de production. En fonction de l'événement ou de l'actualité couverte, il faut être en mesure de produire n'importe quel type de valeur de cadre à un instant *t*.

La sélection des zooms destinés au mode vidéo des HDSLR privilégie également les zooms disposant d'un stabilisateur optique (IS). Pour parer aux contraintes liées aux conditions de tournage extrêmes des productions de news (terrains accidentés et caméras en perpétuel mouvement), la mise en route de ces stabilisateurs optiques reste préconisée.

## Technique et matériels

### L'objectif à focale variable, ou zoom

Le concept du zoom optique est une variation de focale rendue possible grâce au déplacement mécanique de certains groupes de lentilles du système optique de l'objectif. La diminution ou l'augmentation de l'angle de champ s'effectue simplement en tournant la bague de zoom sur l'objectif, ce qui permet de faire varier la focale de manière continue et qui modifie en même temps l'angle de prise de vue et donc la taille des éléments de l'image sur la surface sensible, mais la mise au point faite sur le sujet photographié reste constante. Ce principe est très pratique pour le cadrage d'un sujet, mais transforme les perspectives photo des images.

Dans la pratique populaire de la photographie et de la vidéo, plus communément appelée « zoom », la focale variable s'impose largement. C'est devenu un équipement standard et incontesté en matière d'objectif audiovisuel. Cela a été tellement banalisé que nous en avons oublié son origine.

(Source : Éric Douzet, Carrecouleur.fr)

L'utilisation des zooms apparaît donc indispensable dans la production de news avec les EOS : bien qu'ils ne soient pas privilégiés au cinéma, ils sont irremplaçables sur tous les types de productions. Utilisés avec parcimonie à des vitesses variables et constantes, ces travellings optiques peuvent servir l'écriture visuelle de vos réalisations. À la différence du vrai travelling (par déplacement de la caméra), ils modifient non pas la perspective mais la distance apparente des objets.

Malgré la qualité exceptionnelle de ces focales, l'ensemble de ces objectifs restent issus d'une conception répondant aux exigences de la photo, ce qui implique naturellement des désagréments pour le mode vidéo :

En tant qu'effet cinématographique, les zooms et dézooms lents focalisent l'intérêt sur une partie de l'image et s'opposent aux zooms et dézooms « coup de poing » qui sont destinés à donner du rythme au montage. Ces mouvements dynamiques sont très répandus dans la réalisation des productions actuelles (clips, séries télé, publicités, news…).

Photos extraites de deux séquences vidéo réalisées avec un 1D MkIV équipé d'un zoom 70-200 mm f/2,8 L IS USM.

- la conception des systèmes dédiés au déplacement des groupes de lentilles à l'intérieur des objectifs photo engendre des modifications de la focale durant la phase de mise au point (ce qui est rédhibitoire pour l'écriture cinématographique) ;
- à la différence des zooms disponibles sur les caméras vidéo qui sont tous équipés d'un moteur, la gestion des zooms photo demeure manuelle. Seul un accessoire (le Fluid zoom), conçu à l'origine pour les objectifs cinéma dépourvus de moteur, est prévu pour améliorer leur fluidité (voir plus loin « Les accessoires indispensables »).

La sélection des zooms que nous vous proposons ici a été effectuée en suivant les mêmes critères que pour les sélections des optiques fixes précédentes.

- EF 24-105 mm f/4 L IS USM : c'est le zoom standard de prédilection pour tourner des vidéos avec les EOS (il a été sélectionné pour être vendu en kit avec le 5D MkII). Son stabilisateur optique, sa plage de focales étendue et sa légèreté en font un zoom professionnel compact, précis et très polyvalent. C'est le compagnon idéal pour réaliser des news en extérieur (ouverture maximale de f/4).
- EF 28-300 mm f/3,5-5,6 L IS USM : sa présence dans cette liste est une exception car, bien que les ouvertures soient glissantes f/3,5-5,6, c'est le zoom qui couvre la plus grande plage de focales de la série L. Du grand-angle (28 mm) au téléobjectif (300 mm), il permet de cadrer toutes les valeurs de plans (du plan large au TGP). Son ouverture glissante interdit l'enregistrement de zooms dynamiques, son utilisation avec des focales fixes distinctes est donc préconisée.
- EF 70-200 mm f/2,8 L II IS USM : c'est le télézoom le plus résistant de sa catégorie. Il apparaît également comme une référence haut de gamme qui rassemble tous les avantages des meilleures optiques (stabilisateur optique performant, robustesse, ouverture maximale constante de f/2,8 permettant l'ajout d'un multiplicateur de focale ×2 – passant ainsi en 400 mm avec une ouverture de f/5,6). Avec les zooms 16-35 mm et 24-70 mm, vous bénéficierez des meilleures optiques de la série couvrant une plage de focale allant du 16 au 400 mm (avec Extender). Ce téléobjectif permet les plans rapprochés comme les gros plans, voire les très gros plans (avec Extender).
- EF 16-35 mm f/2,8 L II USM : le zoom ultra grand-angle est une vraie référence dans la gamme Canon. Il a remporté de nombreux prix et incarne le meilleur de la série L. Sa plage de courtes focales de qualités exceptionnelles est constante, ce qui en fait une optique de prédilection pour les plans d'ensemble et les plans très larges. Il est idéal pour la réalisation de documentaires en complément d'un 24-105 mm.
- EF 24-70 mm f/2,8 L USM : ce zoom (remplaçant du 28-70) est également un modèle haut de gamme de la série L. Sa plage de focales privilégie un grand-angle performant 24 mm, tout en proposant des valeurs de cadres destinées aux personnages (plans rapprochés du 35 au 70 mm). Seul gros défaut pour la vidéo, il ne dispose pas de stabilisateur optique comme son pendant, le 24-105 mm.

© Canon

© Canon

© Canon

© Canon

© Canon

Les cinq zooms recommandés.

Les focales fixes et les zooms constituent déjà une gamme complète d'objectifs capables de répondre aux exigences des différents types de productions. Mais grâce à la richesse du monde photographique et cinématographique, d'autres solutions optiques spécifiques peuvent également profiter au mode vidéo des EOS.

## Les objectifs spéciaux recommandés pour la publicité

La sélection que nous allons présenter ici englobe tous les objectifs de la gamme Canon destinés à des applications spécifiques. Ils s'avèrent être des outils redoutables pour intervenir sur l'esthétisme de l'image durant la prise de vues. Les gammes TS-E et Macro, en particulier, sont les véritables objectifs de prédilection du monde de la publicité. On y trouvera aussi des compléments optiques, qui permettent d'élargir les possibilités de champ visuel en agrandissant le tirage optique sans avoir recours à des objectifs macro (les tubes allonges), mais également de doubler la valeur focale des objectifs par l'intermédiaire de multiplicateurs de focales.

> Le grandissement est le rapport entre la dimension d'un objet photographié et sa taille sur le tirage final. Il dépend donc de la focale, de la distance de mise au point et du rapport d'agrandissement entre l'image collectée par le capteur/film et le tirage.

### Les optiques macro

Un objectif macro est un objectif calculé pour donner de meilleurs résultats sur les distances réduites avec une forte luminosité. À l'origine destinés à photographier l'infiniment petit, les objectifs macro disposent d'un rapport de grandissement de 1:1 (le sujet occupera sa taille réelle sur le capteur), permettant de produire un résultat ultra réaliste, sans équivalent.

Les objectifs macro de type EF proposés par Canon sont au nombre de cinq. Ils ont tous de meilleures aptitudes en termes de netteté sur des courtes distances que les autres objectifs à focale équivalente. Le tout nouveau EF 100 mm f/2,8 L Macro IS USM, équipé de son stabilisateur et son rapport de grandissement de 1:1, est la référence de cette catégorie. Sa polyvalence en termes de prise de vues lui confère une place prioritaire dans la sélection des optiques références adaptés au mode vidéo des EOS. Des focales comme le 180 mm ou le 65 mm (taux de grandissement 1,5) sont destinés à des utilisations plus spécifiques.

Les objectifs macro disponibles dans la gamme Canon sont les :

- EF 50 mm f/2,5 compact Macro ;
- EF 100 mm f/2,8 Macro USM ;
- EF 100 mm f/2,8 L Macro IS USM ;
- EF 180 mm f/3,5 L Macro USM ;
- MP-E 65 mm f/2,8 1-5× Macro.

Photos extraites de la publicité Sony Ericsson réalisée avec un 5D MkII et une optique Macro 100 mm f/2,8. Le ratio 1:1 de cet objectif permet de réaliser des gros plans sans déformation, avec un piqué incroyable. Le rôle de la maquilleuse prend ici tout son sens, la définition et le rapport de proximité obtenus avec le sujet sont tellement importants que le maquillage doit être irréprochable. Sandrine Glacet, maquilleuse de talent, s'est ainsi totalement adaptée à la HD des EOS (http://sandrine.makeup.book.over-blog.com).

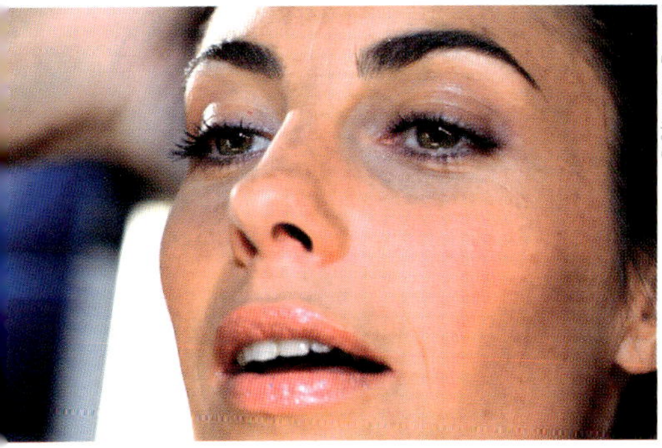

© Sébastien Devaud

© Sébastien Devaud

© Canon

© Sébastien Devaud

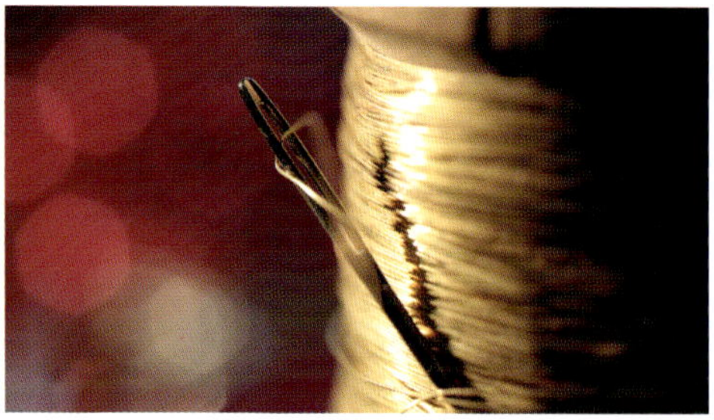

© Sébastien Devaud

Les photos ci-dessus ont été réalisées avec un 5D MkII équipé d'un objectif MP-E 65 mm, f/2,8, 1-5× Macro.

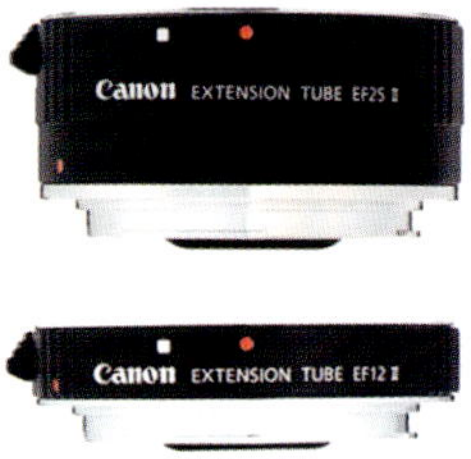


© Canon

Les tubes allonges EF 12 II et EF 25 II.

## Les tubes allonges

Les tubes allonges sont une alternative économique aux objectifs macro, mais ils n'atteindront jamais de performances aussi pointues et leur manipulation peut parfois même être contraignante (il faut ajouter ou enlever des bagues pour avoir le grossissement nécessaire). Comme les multiplicateurs de focale, ils se montent entre le boîtier et l'objectif dont ils augmentent le tirage, permettant d'abaisser la distance de mise au point minimale. Plus les tubes allonges sont longs, plus le rapport de grandissement obtenu est élevé. Mais attention, avec des objectifs grands-angles, la distance objectif/sujet devient très courte.

Adaptés à de nombreux objectifs EF, il en existe deux modèles chez Canon, le EF 12 II et le EF 25 II.

## Les objectifs à bascule et décentrement

Au même titre que les objectifs macro, les objectifs à décentrement, ou TS-E (Tilt & Shift), sont des focales spéciales. À l'origine destinés à la photo d'architecture, ils permettent de redresser les perspectives, mais ils offrent surtout des possibilités créatives multiples et variées. Comme les optiques macro, ils sont plébiscités par les professionnels dans le milieu publicitaire, et notamment pour les films beauté. Le mouvement de bascule permet, entre autres, de jouer à loisir sur la plage de netteté de l'image.

## Notions fondamentales

### Principe de décentrement et de bascule

Le « décentrement » décale l'objectif sur le plan vertical ou horizontal, sans modifier sa perpendicularité par rapport au plan du capteur. En substance, l'adaptateur agrandit le diamètre du cercle de l'image projetée au niveau du plan du capteur. Le photographe dispose ainsi d'une plus grande liberté de « placement » de la zone d'exposition dans un cercle nettement plus large, sans vignetage. Tout cela est possible sans modification de l'orientation de l'appareil par rapport au sujet. Ainsi, si les verticales sont acceptables dans le viseur, elles le restent quel que soit le décentrement visant à prendre les zones « cachées » de l'image.

Le mouvement de « bascule » diffère du décentrement en ce sens qu'il change l'orientation de l'objectif par rapport au plan du capteur, modifiant la mise au point. En d'autres termes, indépendamment de l'ouverture et de la mise au point, la profondeur de champ du sujet n'est plus simplement l'espace compris entre deux points et l'appareil : elle peut être accrue ou réduite. Ce paramètre est modifiable à volonté par l'utilisateur. Là encore, il fallait y penser...

L'alliance de ces deux lois de la physique décuple les possibilités créatrices. Les situations dans lesquelles bascule et décentrement présentent un avantage déterminant sont plus nombreuses qu'il n'y paraît. En fait, cet outil deviendra bien vite l'allié indispensable de nombreux pros.

(Source : hasselbladusa.com)

Canon propose quatre modèles d'objectifs TS-E (les deux grands-angles sont de nouveaux modèles de la série L qui offrent de meilleures performances que l'ancien 24 mm) :

- TS-E 17 mm f/4 L ;
- TS-E 24 mm f/3,5 L II ;
- TS-E 45 mm f/2,8 ;
- TS-E 90 mm f/2,8.

© Canon

Les objectifs TS-E 17 et 24 mm (à gauche), l'objectif TS-E 90 mm (à droite).

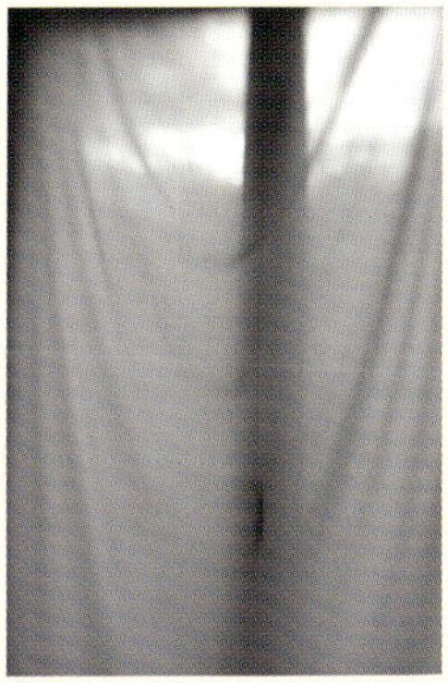

© Sébastien Devaud

Ces deux photos ont été réalisées avec une focale spéciale à focus sélectif. Le Lensbaby Composer est une alternative économique aux optiques à décentrement. Un principe original de joystick ou de soufflet en accordéon pour choisir la zone de netteté a fait la renommée des objectifs Lensbaby. 5D MkII, Lensbaby, 320 ISO, f/4, 1/60 s.

© Lensbaby

© Lensbaby

© Sébastien Devaud

Photos extraites d'une séquence vidéo d'une intervention des pompiers de la caserne du XVIIe arrondissement de Paris, réalisées avec un 5D MkII équipé d'un objectif TS-E 90 mm.

© Canon

© Canon

© Canon

Les Extenders Canon EF 1,4× II et EF 2× II.

Sur les optiques cinéma ou vidéo et certaines optiques photo d'anciennes générations, la bague diaphragme est totalement mécanique et sans crantages ; elle peut être manipulée pendant la prise de vues de manière progressive. En revanche, les optiques Canon sont équipées d'un diaphragme électromagnétique, avec des pas entre chaque valeur qui interdisent toute fluidité au niveau d'un rattrapage de diaphragme, à l'instar des bagues de diaphragme crantées.

### Les multiplicateurs de focale

« Extender » est l'appellation attribuée par Canon au multiplicateur de focale. Cet accessoire haute performance multiplie la longueur de focale réelle de l'objectif par 1,4 ou par 2. Par exemple, un objectif 200 mm associé à un Extender 1,4× dispose d'une longueur de focale réelle de 280 mm ; elle sera de 400 mm avec un Extender 2×. Les Extenders sont compatibles uniquement avec certains objectifs EF, dont les EF 70-200 mm f/2,8 L USM, EF 70-200 mm f/2,8 L IS USM, EF 70-200 mm f/4 L, EF 100-400 mm f/4,5-5,6 L USM, EF 400 mm f/4 DO IS USM, et les objectifs série L à longueur fixe de 135 mm ou plus.

Avec un multiplicateur de focale, l'ouverture effective de l'objectif est diminuée de 1 ou 2 valeur(s) de diaphragme selon le modèle utilisé. Pour pallier cette perte, l'association de ces multiplicateurs aux objectifs très lumineux reste privilégiée. Ces multiplicateurs constituent une solution performante et très économique pour accéder à des grandes focales sans y mettre le prix. Canon propose deux modèles :

- Extender EF 1.4× II ;
- Extender EF 2× II.

La sélection d'objectifs recommandés pour les EOS sur l'ensemble de la gamme optique Canon est à présent finalisée. On peut aisément penser que cette sélection privilégiée d'optiques lumineuses haut de gamme est suffisante pour répondre aux exigences du mode vidéo, malheureusement certaines caractéristiques propres à la conception des objectifs photo (bague de diaphragme absente, modification des focales pendant les changements de mise au point des zooms) limitent leurs utilisations en vidéo. Des alternatives existent, le choix des optiques destinées au HDSLR réserve encore bien des surprises. Nous allons donc maintenant aborder l'ensemble des solutions optiques destinées aux techniques de prise de vues filmées plutôt que photographiées.

## Les technologies optiques cinéma adaptées au mode vidéo des EOS

À la différence des objectifs photo qui privilégient la prise de vue instantanée avec un réglage de focale et de focus unique, les caractéristiques optiques et mécaniques des objectifs cinéma et vidéo haut de gamme autorisent les variations de réglages pendant la prise de vues de séquences d'images.

En plus d'offrir de très grandes ouvertures, ces optiques vidéo et cinéma proposent des bagues de diaphragme progressives, ainsi que des assemblages de lentilles qui évitent le pompage de la focale pendant la mise au point.

Les objectifs vidéo professionnels destinés aux capteurs 2/3" demeurent incompatibles avec les HDSLR. En revanche, les objectifs cinéma dédiés s'adaptent aujourd'hui parfaitement à certains EOS grâce à l'adjonction de montures permettant leur fixation. Avant d'aborder les récentes solutions développées et plébiscitées par les cinématographes pour monter les objectifs cinéma sur les EOS, quelques rares références d'optiques photo considérées comme des valeurs sûres méritent d'être évoquées.

## TECHNIQUE ET MATÉRIELS

### Les montures

En photo et en cinéma, la monture est une interface mécanique et parfois électronique entre le corps d'un appareil photo ou d'une caméra et un objectif. Les montures équipent exclusivement les matériels à objectifs interchangeables, comme les reflex mono-objectifs ou les caméras du format 16 mm ou supérieur, ainsi que des accessoires comme les multiplicateurs de focale ou les bagues allonges. Les montures modernes sont de type baïonnette.

# Les objectifs photo adaptés au mode vidéo des EOS

Pour bénéficier des avantages mécaniques et optiques de ces rares objectifs améliorant les possibilités de réglage pendant la prise de vues, il existe un accessoire incroyable qui saura

© Sébastien Devaud

© Sébastien Devaud

a

© Novoflex

b

© Novoflex

c

Ces trois photos sont extraites d'une vidéo réalisée avec un 7D équipé d'un ancien objectif Nikon 35-70 mm f/2,8 et d'une bague d'adaptation Nikon/EOS (a). Les bagues Novoflex (b et c) sont notamment réputées pour leur qualité de fabrication.

ravir l'ensemble des utilisateurs, non seulement d'un point de vue économique mais aussi d'un point de vue pratique : les bagues de conversion.

## Les bagues de conversion

Les bagues de conversion permettent de monter sur les HDSLR des objectifs anciens, comme nouveaux, disposant d'autres montures que celles de la norme EF propre à la société Canon. Il en existe pour toutes les marques ; on peut entre autres utiliser des optiques Nikon, Leica, Carl Zeiss, Yashica, Contax, Pentax, Olympus OM, 42 à vis, etc.

Selon le modèle de l'objectif et le type de bague utilisé, la plupart des optiques perdent la possibilité de communiquer avec les boîtiers. L'enregistrement de vidéos privilégiant le mode manuel, cette absence de communication n'est pas réellement pénalisante. Les HDSLR disposent ainsi d'un nombre incalculable de possibilités optiques qui ouvrent des horizons créatifs sans limites.

Associées aux nombreuses bagues de conversion, les gammes optiques photo des constructeurs concurrents de Canon peuvent constituer pour certains de bonnes solutions économiques. Les possibilités d'utiliser vos anciennes et précieuses optiques (époque du 24 × 36 argentique) ou de racheter à bas prix des séries complètes d'optiques démodées peuvent révéler de très belles surprises sans pour autant réellement concurrencer la qualité optique de la gamme Canon. En revanche, certains modèles d'optiques d'anciennes générations sont préférés aux modèles récents pour leurs spécificités privilégiant le mode vidéo (présence d'une bague de diaphragme manuelle permettant les rattrapages d'exposition de manière progressive, par exemple).

Concernant les problèmes de pompages optiques évoqués par Jean-Marie Delorme (voir encadré), la mécanique et les groupes optiques sont placés sur les objectifs photo (et plus particulièrement les zooms) de telle manière que lorsqu'on modifie le point, on assiste à une petite variation de la focale (les groupes optiques se déplacent pendant la mise au point et font varier la focale, alors que pour les optiques cinéma et vidéo haut de gamme, la mécanique et l'assemblage des lentilles ont été conçus pour ne pas interférer sur la focale pendant la mise au point). Pour obtenir des optiques sans pompages, les fabricants ont été obligés d'imaginer des systèmes optiques plus complexes que les objectifs photo, avec plus de groupes de lentilles, et donc des carrosseries plus longues (plus la plage focale est grande, plus l'optique est massive, par exemple 11 Kg pour le 24-290 Optimo Angénieux).

### AVIS D'EXPERT

**Jean-Marie Delorme, directeur de la photographie**

La gamme pléthorique des optiques photo répond très bien à des besoins en clip, en pub ou en documentaire, mais absolument pas aux contraintes de la fiction. Pour faire de la fiction en boîtier EOS, on a besoin d'optiques qui ont les mêmes performances qu'en film – qu'elles soient en monture PL ou PV n'est pas la question, il faut qu'elles aient une bague de point progressive, sans effet de cisaillement ou de pompage. Et ce n'est pas le cas des optiques photo qui sont conçues pour travailler à un moment *t* et non en continu.

Pour travailler en fiction, j'utilise aujourd'hui des optiques Zeiss en monture Nikon avec adaptateur EOS ; elles ont été « recarrossées » par P+S Technik pour les systèmes Pro 35. Il me manque cependant un zoom cinéma, qu'il faut aller chercher en monture PL ou PV (c'est aujourd'hui possible avec la série Optimo Angénieux). En publicité, mes optiques de prédilection sont le Canon FD 35 mm à décentrement T2.8 et le Nikon 55 mm Micro T2.8. En reportage, je privilégie les zooms.

© Rodney Charters

© Shane Hurlbut, ASC Hurlbut Visuals

© Rodney Charters

© Redrock Micro

Le célèbre directeur de la photographie de la série *24 heures Chrono*, Rodney Charters (ci-contre), est l'un des premiers à avoir bénéficié d'un système imaginé et conçu par Panavision PL pour adapter les zooms Primo à monture PL sur les HDSLR. Rodney a notamment entièrement tourné la nouvelle série *Indian gangster* avec ces systèmes qu'il a longuement testés au préalable.

© MBF, www.mbf.de

© MBF, www.mbf.de

Le 5D MkII équipé d'un objectif Century/Canon S2000 300 mm et d'un objectif Optimo 24-290 mm d'Angénieux qui pèse plus de dix fois le poids du boîtier, grâce aux systèmes de bague d'adaptation de Matthias Uhlig de MBF.

À titre d'exemple, les films *King Kong*, *Air Force One* ou encore *Le Seigneur des Anneaux* ont été filmés avec des optiques Zeiss.

Actuellement, le célèbre opticien Carl Zeiss compte parmi les seuls à proposer des gammes d'objectifs photo sans équivalence couvrant le plein format 24 × 36 et répondant aux plus hautes exigences du mode vidéo des HDSLR. L'expérience de Zeiss, liée au développement d'une large gamme d'optiques cinéma professionnelles, a favorisé la conception de gammes photographiques bénéficiant de la même technologie optique.

### Les gammes Zeiss privilégiées par les vidéastes

Disponible jusqu'alors uniquement sur les appareils Sony (ZA), Pentax (ZK) et Nikon (ZF), l'offre Zeiss s'élargit avec la gamme d'optiques ZE (compatibles avec la monture à baïonnette EF des EOS) pour tous les reflex Canon analogiques et numériques. Les utilisateurs de ces boîtiers ont depuis longtemps l'habitude des objectifs Zeiss, mais pour avoir le privilège de les utiliser, il faut une bague d'adaptation. Ces nouveaux objectifs à focus manuel et progressif sont 100 % compatibles, physiquement et électroniquement, avec les appareils EOS. Ils sont capables de transférer toutes les données aux boîtiers exclusivement par l'intermédiaire des contacts électroniques (consultation des données via le fichier EXIF produit par l'appareil, prise en charge de tous les modes d'exposition – exposition automatique, priorité vitesse, priorité ouverture et manuelle – et confirmation de la mise au point électronique). Comme les gammes d'objectifs dédiés au cinéma, cette gamme ZE s'appuie sur une construction mécanique de haute qualité, des focales fixes, une mise au point extrêmement précise et une robustesse bien connue des habitués de la marque. Pour une qualité d'image d'un niveau professionnel, Zeiss a particulièrement porté attention à la fiabilité du rendu des couleurs et à ce que ce rendu soit le même sur toute la gamme.

Les objectifs disponibles à ce jour sont les deux Planar T* 1.4/50 ZE et 1.4/85 ZE, les cinq Distagon T* (3,5/18 ; 2,8/21 ; 2,8/25 ; 2/28 ; 2/35) et enfin les deux Makro-Planar T* 2/50 et 2/100.

### Le kit Zeiss plébiscité

Bien que cette nouvelle gamme d'objectifs photo ZE soit totalement optimisée pour les reflex EOS, le kit référence préconisé actuellement pour le mode vidéo des HDSLR demeure une adaptation de la gamme cinématographique Compact Prime à monture PL, proposée par la société P+S Technik.

## TECHNIQUE ET MATÉRIELS

### Le kit référence PS Technik 35 Digital Lenses Nikon Zeiss

Ce kit d'objectifs composé de cinq focales (18 mm, 25 mm, 35 mm, 50 mm et 85 mm) est très apprécié par l'ensemble des directeurs photo qui utilisent le mode vidéo des HDSLR Canon. À l'origine conçue pour s'adapter aux systèmes Mini 35 et Pro 35, la gamme Compact Prime modifiée est compatible avec l'ensemble des accessoires cinéma professionnels. Le diamètre frontal de 80 mm identique sur l'ensemble des optiques du kit, la bague de mise au point adaptée à l'utilisation de Follow focus (voir plus loin dans le chapitre) et la qualité optique Cine-style confèrent à ces objectifs le statut d'optiques cinéma haut de gamme.

Le réglage de l'exposition est également favorisé, à l'instar des optiques cinéma, par la présence de bagues de diaphragme progressives permettant un changement d'exposition doux, régulier et fluide pendant l'enregistrement des prises de vues. A contrario, le réglage par incrément brutal et successif (mécanique ou électromagnétique) des différentes ouvertures proposées sur les objectifs photo n'est pas adapté aux changements d'exposition qui s'effectuent avec douceur sur les caméras film et vidéo. Cette particularité liée à l'ouverture, la couverture 24 × 36, les grandes ouvertures et les courses longues et limitées des bagues de mise au point sont autant d'avantages et de qualités supplémentaires qui font de cette gamme un kit de référence pour tous les prestataires proposant les EOS à la location (Emit, Planipresse, Loca Images, etc.).

Composition des différentes séries d'objectifs Zeiss : un Compact Prime 25 mm à monture PL (photo a), la série PS Technik 35 Digital Lens (photo b), un objectif 18 mm de la série Zeiss ZF à monture Nikon F (et la série elle-même) (photos c, d et e), et trois objectifs (18, 50 et 85 mm) de la série Zeiss ZE à monture Canon EF (photos f, g et h).

En effet, cette société spécialisée dans l'équipement cinéma a gardé le bloc optique de quelques objectifs Compact Prime et conçu une nouvelle carrosserie robuste et compacte, à monture Nikon, répondant aux besoins des cinéastes. La bague d'adaptation Nikon/EOS reste donc indispensable pour utiliser ce kit référence avec les HDSLR Canon. Il en existe plusieurs, disponibles à tous les tarifs, mais celle proposée par la société Novoflex est à ce jour considérée comme la plus professionnelle d'entre elles.

Face au succès de ce kit référence et à l'intérêt porté aux caméras HDSLR par le milieu cinématographique (volonté d'adapter les gammes cinéma à monture PL), la société Carl Zeiss est sur le point de lancer une toute nouvelle gamme d'objectifs : la série Zeiss Compact

## Technique et matériels

### Zeiss Compact Prime CP.2 (monture Canon EF)

Les focales sont disponibles avec les trois montures EF, PL et F (systèmes de montures interchangeables) et couvrent le plein format des capteurs 24 × 36 mm.

Mise au point manuelle avec course fluide, diamètre identique pour l'ensemble des objectifs de la série, chaque objectif pèse environ 1 Kg. Un support optique inclus pour accroître la stabilité est prévu, de même qu'une bague de mise au point crantée pour l'utilisation d'un Follow focus. Huit longueurs focales sont disponibles, du 18 mm au 85 mm. Le tarif pour un kit de six focales est inférieur à 20000 $. (La série a été présentée pour la première fois au NAB en avril 2010.)

© Zeiss

© Zeiss

À gauche, photo du prototype (pas d'échelle d'ouverture ou de point) de la nouvelle série d'objectifs Compact Prime CP.2 adaptée au format 24 × 36 et destinée aux reflex EOS. Présentés pour la première fois au NAB 2010, ils disposent d'une monture Canon EF, d'une carrosserie Cine-style et d'engrenages dédiés avux systèmes Follow focus. Leur version finale est similaire en apparence à la première série d'objectifs cinéma Compact Prime PL et on constate sur la brochure PDF Zeiss que le boîtier est un 5D MkII, même si la marque Canon a été effacée (photo du milieu). Les trois montures interchangeables PL, EF et F sont disponibles pour ces objectifs (à droite).

Prime II. Au même titre que la gamme P+S Technik, Zeiss a donc décidé de concevoir sa propre gamme d'objectifs cinéma à monture EF combinant les performances optiques des séries ZE et Compact Prime PL.

## La monture PL développée par le milieu du cinéma

La monture PL autorise l'accès aux gammes d'objectifs cinéma réservées au format 35 mm film. L'apparition et la soudaine popularité du mode vidéo sur les reflex EOS équipés de grands capteurs a conduit les chefs machinistes, les directeurs de la photographie, les réalisateurs et les spécialistes de la location d'équipement cinéma, très inspirés par cette possibilité, à travailler dur pour trouver les meilleures solutions d'adaptation possibles. Des expériences concluantes ont prouvé que cette véritable quête du Graal cinématographique était accessible, mais elles ont aussi démontré les limites de ces adaptations.

À la différence des optiques photo, les objectifs haut de gamme cinéma, en plus de leurs qualités optiques sans équivalence (dynamique, sensibilité et piqué), disposent de fonctionnalités

### AVIS D'EXPERT

**Axel Gimenez, un pionnier de la monture PL/EOS**

Axel Gimenez est un écrivain primé et un metteur en scène qui réalise des clips vidéo et des publicités. Il réside actuellement à New York. Voici un extrait de l'une de ses déclarations concernant son expérience avec les montures PL et les boîtiers EOS.

« J'ai fabriqué ma bague d'adaptation pour les objectifs Panavision il y a environ 3 ans. C'est une bague qui comporte à la face une monture Panavision et à l'arrière la baïonnette en métal Canon EOS. À l'origine, je l'ai utilisée avec mon 20D qui fonctionnait très bien. La taille réduite du capteur (APS-C) du 20D est idéale en termes de tirage. Avec le 5D MkII, c'est presque parfait, mais pas aussi performant que sur le 20D. En raison du capteur 24 × 36 plein format du 5D, j'obtiens parfois du vignetage en courtes focales. Mais j'ai tout de même eu de grands résultats. J'ai récemment tourné et réalisé deux vidéos musicales avec le 5D MkII, où j'ai pu profiter pleinement des ouvertures maximales des optiques Panavision. »

a

b

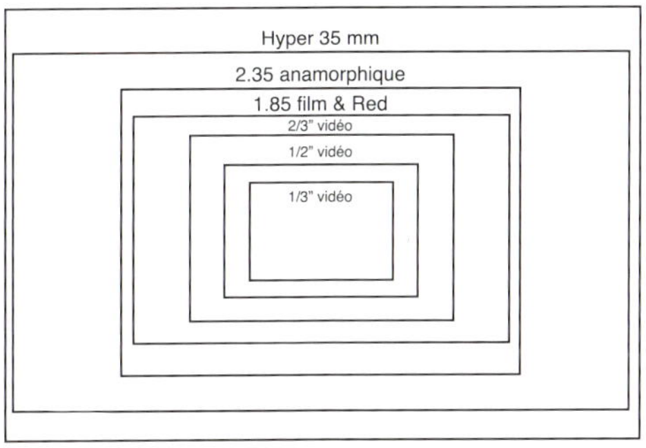


c

TAILLE DE CAPTEUR

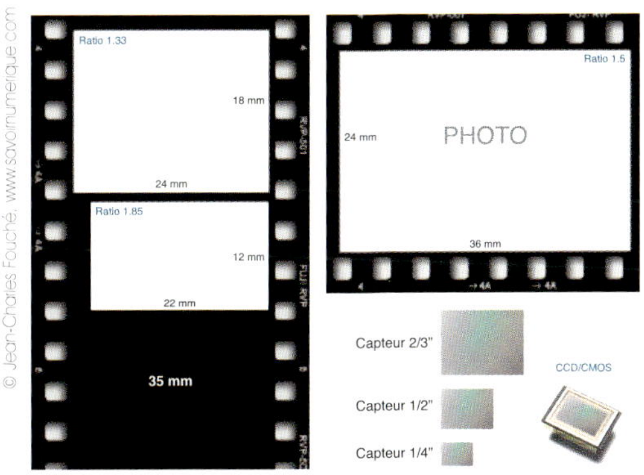


| FORMAT CAPTEUR | TAILLE (mm) | DIAGONALE (mm) ET FOCALE NORMALE | MODÈLES |
|---|---|---|---|
| Photo 35mm | 24 × 36 | 43 | Canon EOS 5D Mk II |
| Film 35 mm 1,33 cinématographique | 24 × 17 | 30 | Panavision Genesis (S35) |
| Reflex APS-C photo | 23,5 × 15,7 | 28 | Sony Alpha 350 |
| Vidéo 1" | 12,8 × 9,6 | 16 | |
| Vidéo 2/3" | 8,8 × 6,6 | 11 | Sony PDW 700 |
| Vidéo 1/2" | 6,4 × 4,8 | 8 | Sony EX1 |
| Vidéo 1/3" | 4,8 × 3,6 | 6 | Sony Z7, Z5, Z1 |

e

FORMAT VISTAVISION

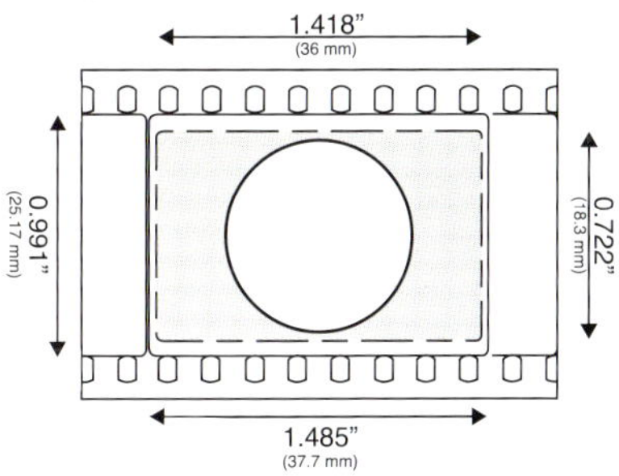


d

LE MULTIPLICATEUR DE FOCALE

Les formats APS-C et APS-H des EOS très proches du format cinéma S35 (documents a, b, c) à perforations verticales sont effectivement préférés au plein format 24 × 36 du 5D MkII, qui correspond plutôt à l'ancien format argentique Vistavision (document e) à perforations horizontales. La majorité des optiques cinéma 35 mm ne couvrant pas le plein format « vignetteront » (document d) sur le 5D MkII mais s'adapteront parfaitement au 7D et au 1D MkIV.

favorisant la gestion des Follow focus, de bagues de diaphragme manuelles et de zooms évitant les phénomènes de pompage durant la mise au point. Actuellement, deux solutions d'adaptation sont officiellement proposées, les bagues EOS-PL et les boîtiers modifiés.

## Les bagues de conversion EOS-PL

La bague d'adaptation est une solution « indolore », qui laisse le miroir et l'électronique des boîtiers intacts. La contrainte de cette alternative demeure son fonctionnement limité à un ensemble restreint d'objectifs :

- Angénieux Optimo 24-290 mm, 15-40 mm, 28-76 mm ;
- Cooke 18-100 mm ;
- Arri Tilt & Shift ;
- Canon Century Series 2000 200/300 mm.

## AVIS D'EXPERT

### Mise en garde de Matthias Uhlig

N'oubliez pas que ce support fonctionne avec des optiques à monture PL qui ne doivent pas faire saillie au-delà du rebord arrière de la monture. Le tube arrière de l'objectif PL ne doit pas être plus profond que 7 mm, sans quoi il frappera l'arrière de la monture. La monture des objectifs cinéma type Compact Prime Zeiss ou Cooke dispose d'un tube arrière d'une profondeur d'environ 12-14 mm. Le problème concerne la monture elle-même, qui n'est pas assez profonde pour recevoir l'élément arrière de ces objectifs.

(Source : www.mbf.de)


a
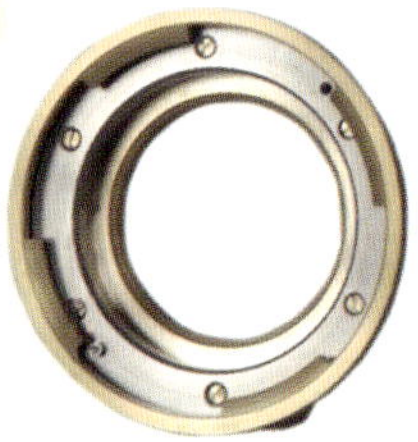


b

c

d

e

f

La bague d'adaptation proposée (a, b, c) par Matthias Uhlig (f) de la société MBF permet notamment d'équiper un 1D MkIV d'un zoom Angénieux 15-40 mm (d, e).

Matthias Uhlig, de la société Filmtechnik basée à Hambourg, commercialise actuellement une version très attendue de cette bague d'adaptation monture PL destinée aux reflex EOS. Elle est disponible en ligne sur la boutique MBF au prix de 399 €. Les tests réalisés avec les objectifs des séries Century et Arri Tilt & Shift n'ont pas laissé apparaître de vignetage avec le 5D MkII. En revanche, la série Optimo de la société Angénieux destinée au format 35 mm est plus adaptée aux formats APS-C et APS-H du 7D et du 1D MkIV.

## Les boîtiers modifiés

La plus intrusive des solutions d'adaptation des objectifs à monture PL nécessite une intervention chirurgicale majeure des reflex EOS pour extraire le miroir, modifier la mécanique et l'électronique, et protéger l'ensemble. L'avantage de cette modification plus radicale est une compatibilité avec la plupart des objectifs cinéma PL.

L'association des gammes professionnelles d'objectifs cinéma (série Optimo Angénieux, série Cooke S4, série Primo Panavision, série Digiprime Carl Zeiss) aux grands capteurs CMOS positionne la partie optique des reflex EOS au niveau des meilleures caméras film.

© Sébastien Devaud

© Sébastien Devaud

© Sébastien Devaud

© Sébastien Devaud

© Zxtrem

En haut, deux photos extraites d'une vidéo réalisée sur le stand Angénieux du Micro Salon 2010 avec un 7D modifié prêté par Alain Boutillot de Zxtrem et équipé d'un zoom Optimo 16-40 mm. Ci-dessus, la nouvelle monture PL proposée par Zxtrem pour le 7D.

Bien que cela ne soit jamais annoncé officiellement (enjeux économiques...), la société Panavision a été parmi les premières à réaliser, dans le plus grand secret et à la demande de plusieurs directeurs de la photographie, des modifications sur les boîtiers EOS pour adapter leur série d'objectifs Primo. À l'heure actuelle, la société ne souhaite toujours pas communiquer ses résultats, mais on continue de voir sur les tournages des boîtiers EOS modifiés par leurs soins.

En revanche, de petites structures telles que Hot Rod Cameras ou Syndicate commercialisent leurs propres systèmes dédiés au 7D. La modification de votre boîtier personnel (2 600 $ et deux semaines de délai) ou l'acquisition d'un nouveau kit complet 7D-PL (4 800 $) sont les deux solutions d'adaptation qu'ils proposent. Comme ce type de modification annule évidemment la garantie d'usine d'origine, ils proposent de manière facultative leur propre système de couverture. Hot Rod Cameras annonce aussi qu'ils seront également en mesure de modifier très prochainement les reflex 5D MkII et 1D MkIV.

© Hot Rod Cameras

© Hot Rod Cameras

© Syndicate

Les premiers systèmes commercialisés à monture PL destinés aux reflex EOS sont ceux de Illya Friedman, président de Hot Rod Cameras (photos du haut), et ceux des Suédois de Syndicate. Photos des 7D modifiés (miroir enlevé), avec les systèmes Hot Rod et Syndicate à monture PL (photos du bas).

La volonté d'utiliser des objectifs cinéma sur les EOS est tellement insistante qu'au moment où sont écrites ces lignes (avril 2010), deux nouveaux systèmes de boîtiers modifiés à monture PL très performants viennent d'apparaître sur le marché. Les constructeurs d'équipement cinéma semblent effectivement avoir compris que les HDSLR constituaient à présent une nouvelle gamme de caméras HD sans équivalence, qu'il faut considérer et intégrer plutôt qu'ignorer.

© fdtimes.com

© fdtimes.com

Ces photos prises par Arturo Jacoby, de la société Clairmont Camera basée à Hollywood, montrent leur nouveau 1D MkIV modifié avec monture PL (équipé d'un objectif cinéma 25 mm Cooke 5i), uniquement disponible à la location. Le 1D MkIV a été retenu par Clairmont Camera pour son format de capteur APS-H qui est le plus proche du format S35.

© Schmidle

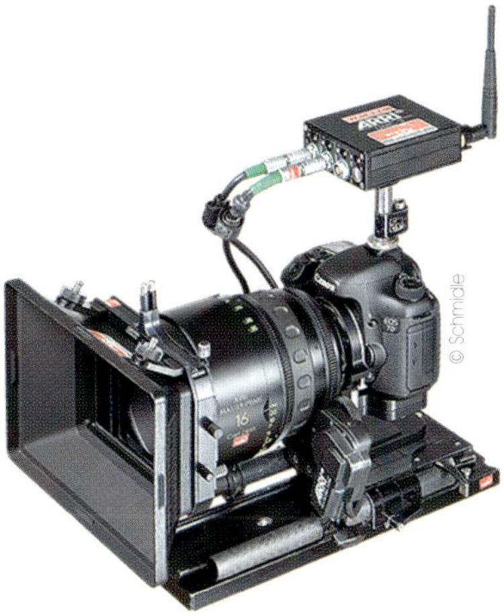

© Schmidle

© Schmidle

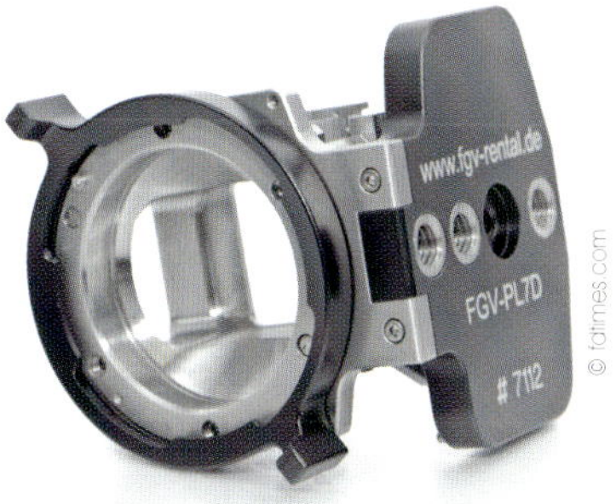


© fdtimes.com

Système FGV-PL 7D commercialisé par la société allemande Schmidle au tarif de 4 750 €. À la différence des autres systèmes, ce modèle exclusif dédié au 7D est composé d'un bloc de métal qui a été usiné sur mesure à partir du bloc de métal qui maintient le capteur des boîtiers 7D. (Le modèle 7D evo PL54 de la société Denz, proposé à 4 835 €, offre également les mêmes fonctionnalités que le modèle FGV-PL 7D.)

# Les accessoires indispensables

Les accessoires destinés à protéger les optiques, à modifier et à contrôler les réglages de l'exposition et de la colorimétrie seront étudiés en détail dans le chapitre 7 dédié à la gestion de la lumière, mais il est important de les évoquer dès à présent.

## Les pare-soleil

© Canon

Un pare-soleil

Les pare-soleil sont très souvent fournis en option à l'achat de vos objectifs (disponibles en option sur la série L de Canon). Pour être performants, ils doivent parfaitement s'adapter aux spécificités de vos objectifs (un pare-soleil en forme de tulipe normalement destiné à un grand-angle sera totalement différent d'un pare-soleil dédié à une longue focale ou même à un zoom) ; mal adaptés, ces accessoires peuvent créer du vignetage.

Les pare-soleil ont pour fonction de limiter au maximum les effets indésirables des *lenses flare* (halo) provoqués par le soleil ou un éclairage. Ils sont également une très bonne protection pour vos lentilles frontales. Ces accessoires sont quasiment indispensables en conditions de tournage extérieur.

## Les filtres

L'utilisation des filtres et des Mattebox sera abordée en détail dans le chapitre 7 consacré à la gestion de la lumière.

Les filtres sont des accessoires additionnels qui ont pour fonction de pouvoir contrôler, limiter et même corriger les éléments indésirables du spectre lumineux perçus par vos focales, et de laisser passer librement les éléments utiles. On pourra ainsi, par exemple, modifier la profondeur de champ grâce à l'addition de filtres neutres ou supprimer les reflets sur l'eau ou sur le verre grâce à des filtres polarisants. D'autres catégories de filtres ont pour vocation d'appliquer des effets artistiques ou esthétiques à vos vidéos.

L'addition de filtres reste possible si un pare-soleil est déjà positionné sur l'optique, mais ils devront obligatoirement être fixés par un montage à vis. Le diamètre des objectifs variant systématiquement en fonction de leurs spécificités, il existe une alternative pour pouvoir utiliser vos filtres sur toutes vos optiques sans pour autant devoir investir dans des séries complètes destinées à chaque diamètre de focale : les Mattebox.

## Les Mattebox

© Steven S. Mirc, stevenmirc.com

Un 5D MkII équipé d'une Mattebox.

Les Mattebox offrent les mêmes fonctionnalités protectrices que les pare-soleil, mais leur utilisation est réservée à un usage plus professionnel. Elles comportent généralement un ou plusieurs volets modulables appelés *french flag*, qui limitent les effets indésirables d'éblouissement.

La fonction première des Mattebox est de filtrer vos objectifs grâce à des tiroirs porte-filtres destinés à accueillir de grands formats de filtres (4 × 4 ou 6 × 4 pour les dégradés). Ces tiroirs de grande taille permettent de filtrer toutes vos focales, quel que soit leur diamètre.

Omniprésentes sur les productions cinéma, les Mattebox offrent toutes les caractéristiques des produits haut de gamme grâce à leur flexibilité et à leur polyvalence en termes d'accessoirisation.

## Le Follow focus et le Fluid zoom

Il est essentiel de mentionner enfin l'existence de deux autres accessoires, quasiment indispensables pour réaliser des vidéos avec les reflex EOS. Ils facilitent l'utilisation des bagues de réglage du point et du zoom des objectifs.

- Le Follow focus permet de maîtriser au mieux la gestion manuelle du point. Il a pour fonction, par l'intermédiaire de roues crantées, de déporter le contrôle de la mise au point sur un axe unique, accessible et confortable pour l'utilisateur.
- Le Fluid zoom, lui, permet de réaliser des mouvements de zooms dynamiques, fluides et précis. Comme pour le Follow focus, un système de roues crantées permet de déporter et de faciliter le contrôle de la bague de zoom.

Bien que la gestion du point des HDSLR soit facilitée par le Follow focus, elle demeure un sujet délicat et complexe. Nous allons lui consacrer le prochain chapitre.

Les systèmes Follow focus et Fluid zoom de la société allemande Chrosziel.

Canon

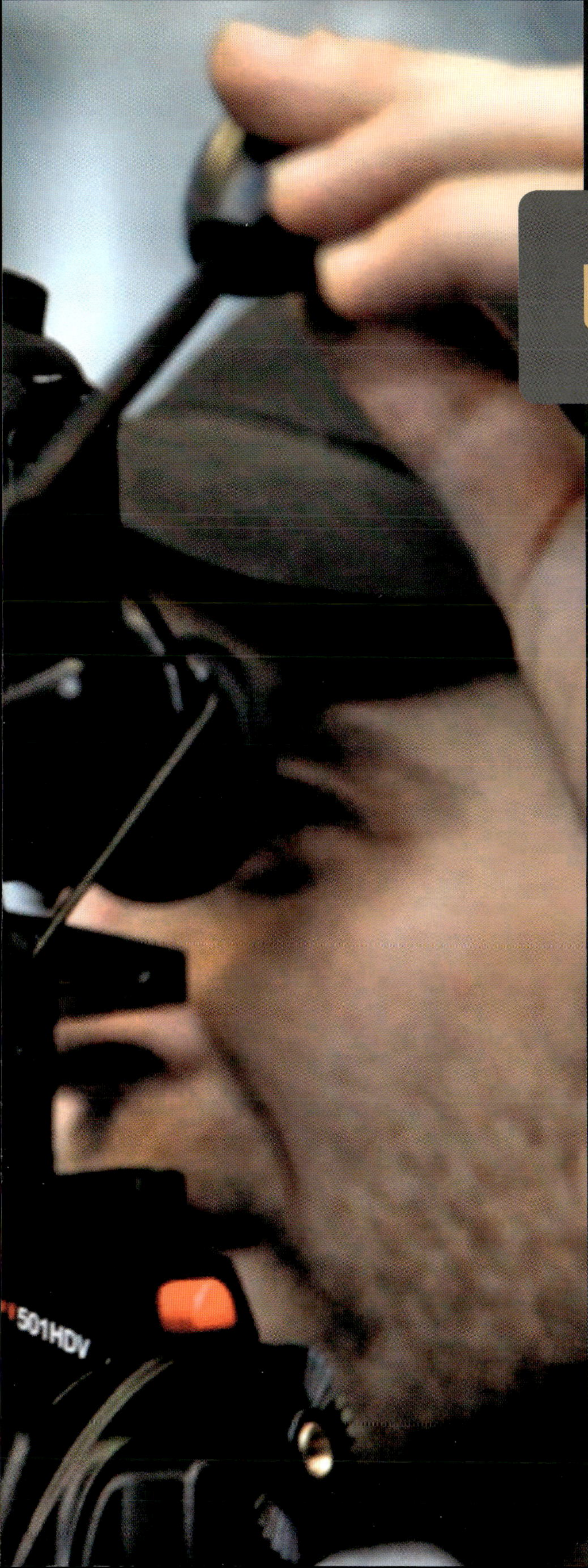


/ PARTIE 3 /

# Le tournage

Le parc de matériel dédié aux HDSLR, largement présenté dans la partie précédente, reste en perpétuelle évolution. Pour autant, il permet déjà d'aborder tous les types de productions grâce à sa polyvalence. La configuration de votre matériel étant effectuée, il est à présent temps de l'utiliser !

Cette troisième partie de l'ouvrage consacrée au tournage avec les HDSLR est donc résolument orientée « pratique » ; nous allons dans un premier temps évoquer les solutions disponibles pour gérer la mise au point du mode vidéo des EOS. Dans un second temps, la gestion de l'exposition des appareils photographiques nous révélera ses bénéfices et intérêts en vidéo. Enfin, pour terminer, de nombreux exemples de tournages listeront concrètement l'ensemble des applications et intégrations envisageables avec ces boîtiers.

Marshall
50 5.0
[999] ISO400
POWER
INPUT
MENU
SELECT
BRIGHT
COLOR
TINT
CONTRAST

/ CHAPITRE 6 /

# Gestion du point

Que ce soit en fiction, pour la publicité et sur les plateaux TV, l'équipe technique est souvent importante. Parmi les différents techniciens spécialisés qui composent cette équipe complète, le premier assistant caméra ou « pointeur » est en charge de la gestion du point. Sur les productions de news, au contraire, l'équipe est très souvent réduite à un caméraman et un ingénieur du son. Sans oublier les JRI (Journalistes reporters d'images) qui travaillent seuls et qui parcourent le globe dans des conditions parfois difficiles : bien que leur formation soit plutôt axée sur le journalisme, leurs connaissances et leur maîtrise de la technique doivent être suffisantes pour modifier et adapter leurs réglages (y compris la gestion du point) à toutes les situations. C'est donc encore une fois en fonction du type de production et donc de la composition de l'équipe de tournage que nous allons aborder ce chapitre consacré à la gestion du point des boîtiers HDSLR Canon. Les conditions de tournage précédemment évoquées au chapitre 3, à savoir en caméra fixe ou en mouvement, avec un sujet fixe ou en mouvement, seront également capitales. La question qui se pose est : peut-on faire le point une fois pour toute ou devra-t-on le « rattraper » sans cesse au cours du tournage ?

La mise au point est l'opération qui consiste à régler la netteté de l'image que l'on veut obtenir. On utilise parfois le mot « focus » pour parler du point.

Les boîtiers photo dernières générations tels que les reflex EOS sont pensés et conçus avec une volonté d'optimisation des modes automatiques. La vitesse et la précision de l'autofocus (AF) affichent notamment des performances de plus en plus pointues grâce aux avancées technologiques du secteur photographique (nombre important de collimateurs, moteur

## PETIT RAPPEL THÉORIQUE

**Principe de la mise au point**

Sur un appareil photo, la mise au point se fait par déplacement de l'ensemble ou d'une partie du système optique (objectif). Elle est optimale (sous-entendu « nette ») quand la surface photosensible (pellicule ou capteur) coïncide avec le plan où se forme l'image de l'objet à photographier. C'est là que convergent les rayons lumineux provenant d'un même point de l'objet. Cette position dépend de la distance entre l'objet et l'objectif. Lorsque l'objet est très éloigné (« à l'infini »), son image se forme dans le plan focal image de l'objectif. La distance entre l'objectif et l'image est alors la plus courte. À mesure que l'objet se rapproche, son image s'éloigne : on doit d'autant plus écarter l'objectif de la surface sensible que l'objet à photographier est proche. La mise au point est donc un réglage de distance.

(Source : Wikipédia)

Photos extraites du film *M. Métronome* que j'ai réalisé avec un 5D MkII pour Canon France en janvier 2009 (objectifs EF 15 mm, 400 mm L, 85 mm L).

IS USM des optiques...). Mais qu'en est-il pour l'utilisation de l'AF en mode vidéo ? Est-il aussi performant qu'en photo ? Est-il comparable aux caméscopes du moment ? Existe-il des accessoires permettant de faciliter son réglage ? C'est à toutes ces questions que nous allons tenter de répondre ici, en essayant de constituer un éventail complet de solutions et d'astuces pour contrôler la mise au point.

## Choisir une mise au point autofocus ou manuelle ?

Les boîtiers modernes tels que le 5D MkII, le 7D ou le 1D MkIV proposent tous des systèmes ultra perfectionnés de mise au point automatique dits « AF » (pour « autofocus »). Grâce aux collimateurs de plus en plus nombreux sur les différents EOS, le viseur de l'appareil permet d'isoler précisément la zone de l'image sur laquelle l'utilisateur va effectuer la mise au point (en pointant l'objet qu'il veut voir net et en pressant le déclencheur à mi-course).

### Spécificités de l'autofocus des boîtiers

Les développeurs et concepteurs des nouveaux boîtiers imaginent des systèmes de plus en plus puissants pour garantir les meilleures performances de l'autofocus. Sur le marché des reflex, la qualité de ce système demeure un point de comparaison essentiel pour évaluer les capacités des différents modèles proposés par les grandes marques. Les caractéristiques électroniques et électromagnétiques des boîtiers HDSLR Canon sont :

- un viseur de 9 collimateurs pour le 5D MkII, avec possibilité de sélection (19 collimateurs pour le 7D et 39 collimateurs pour le 1D MkIV) (voir la photo a page suivante) ;

a

© Canon

b

© Sébastien Devaud

c

© Sébastien Devaud

d
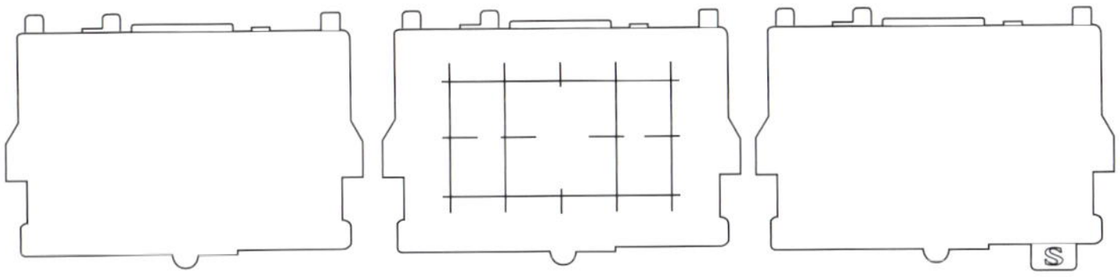
© Canon

Verre de visée dépoli standard EF-A — Verre de visée dépoli quadrillé EF-D — Verre de visée dépoli haute précision EF-S

Éléments électroniques et optiques dédiés naturellement au mode photo des boîtiers EOS.

e

© Canon

f

© Canon

- trois modes AF (One Shot, AI focus, AI servo) (photo b) ;
- un Live view (visée électronique transmise par le capteur d'image) très élaboré, que nous aborderons en détail en fin de chapitre (« Cadrer au monitoring ») (photo c).

Leurs propriétés optiques sont :

- des verres de visée interchangeables (dépolis haute précision EF-S, dépolis quadrillés EF-G) (photo d) ;
- une large série d'optiques avec AF, stabilisateur IS et moteur ultra rapide USM (photo e) ;
- un viseur d'angle C (photo f).

Bien que les systèmes autofocus Canon figurent parmi les meilleures du marché, la plupart de leurs fonctionnalités ne sont pas disponibles pour le mode vidéo : on y perd en effet tous les bénéfices du viseur, car le miroir s'escamote pendant toute la durée de la prise de vues vidéo (le viseur étant indisponible, c'est le Live view qui permet d'accéder aux réglages du mode vidéo et de visualiser le cadre).

Images extraites d'un rush de *M. Métronome*, pour symboliser le pompage de l'autofocus.

Vue de face du boîtier EOS 7D avec le miroir abaissé (en haut) et en mode Live view avec le capteur apparent (en bas).

Si le mode autofocus est placé sur Rapide, la mise au point automatique n'est pas possible, même si vous appuyez sur AF-ON pendant l'enregistrement vidéo. Cependant, l'utilisation de ce mode avant l'enregistrement comme outil de contrôle est recommandée.

L'autofocus des boîtiers n'est donc ni adapté, ni développé de manière convaincante pour le secteur professionnel de la vidéo. Si l'on compare ces systèmes autofocus à ceux des caméscopes de la même gamme de prix que les HDSLR, ils apparaissent également très limités : leurs problèmes majeurs sont la lenteur et une mauvaise réactivité sur le suivi du point (les mouvements de premier plan et les déplacements soudains ne sont pas pris en compte ou sont très mal interprétés). Le « pompage » du focus sur les sujets en mouvement est également courant et rend les plans inexploitables.

## Contrôler l'autofocus en mode vidéo

Avec les EOS, le mode visée par l'écran propose trois options de mise au point automatique (le mode Rapide, le mode Direct, le mode Direct avec détection de visages), toutefois, seuls les deux modes directs restent disponibles pendant l'enregistrement vidéo. Mais, redisons-le, ces modes directs restent totalement inadaptés aux exigences de précision et de réactivité du focus vidéo ; seuls les amoureux des modes automatiques pourront s'en satisfaire, si toutefois les conditions le permettent (contraste et luminosité suffisants, sujet et caméra fixes).

En effet, comme le stipule le manuel de l'utilisateur : « Il n'est pas recommandé d'utiliser ces modes de mise au point automatique pendant l'enregistrement vidéo, car cela risque de fausser provisoirement la mise au point. » L'unique alternative des modes autofocus demeure donc une utilisation préalable à l'enregistrement des vidéos comme outil de contrôle. Les différents changements de points à réaliser pendant la séquence peuvent ainsi être répétés et repérés exactement. Même s'il ne peut être utilisé pendant un enregistrement vidéo, le mode Rapide s'avère du coup le mode le plus efficace et devient alors privilégié par rapport aux modes directs pour ses qualités de précision et de rapidité (avant le début de l'enregistrement, le miroir peut en effet être abaissé pour effectuer la mise au point autofocus rapide).

Pour choisir le mode autofocus, allez dans le menu 🔧:. Réglages fonction visée/vidéo, sélectionnez le mode AF puis l'option souhaitée : Rapide, Direct ou Direct avec détection de visages (vous pouvez également sélectionner le mode AF avec la molette )Pour effectuer la mise au point autofocus, le mode Direct fait appel au capteur. Selon le principe de détection de contraste, ce système assure un focus précis. Toutefois, n'oubliez pas que la mise au point autofocus n'est pas assez réactive pour répondre aux exigences des productions professionnelles…

## Le mode Rapide

Comme son nom l'indique, ce mode sert à effectuer rapidement la mise au point sur une zone précisément déterminée. Cependant, l'image temps réel de l'écran de visée est momentanément interrompue pendant l'activation de la fonction autofocus One Shot qui est associée à ce mode : de la même façon qu'avec la prise de vues avec viseur, le miroir doit s'abaisser pour réaliser la mise au point (qui doit obligatoirement être fait avant l'enregistrement).

1. Pour sélectionner le collimateur AF : appuyez sur la touche mode AF puis sur la molette multidirectionnelle ✣ pour sélectionner le collimateur sur lequel vous souhaitez effectuer la mise au point (il ne peut s'agir des bords de l'image). Si vous continuez d'incliner la molette ✣ dans le même sens, la sélection du collimateur AF passera d'automatique à manuelle.
2. Pour faire la mise au point : dirigez le collimateur AF sur le sujet et maintenez la touche AF-ON enfoncée. L'image de l'écran de visée disparaît, le miroir reflex se rabaisse le temps que la mise au point automatique soit effectuée. Un signal sonore se fait ensuite entendre, le collimateur AF qui a été utilisé pour la mise au point devient rouge.

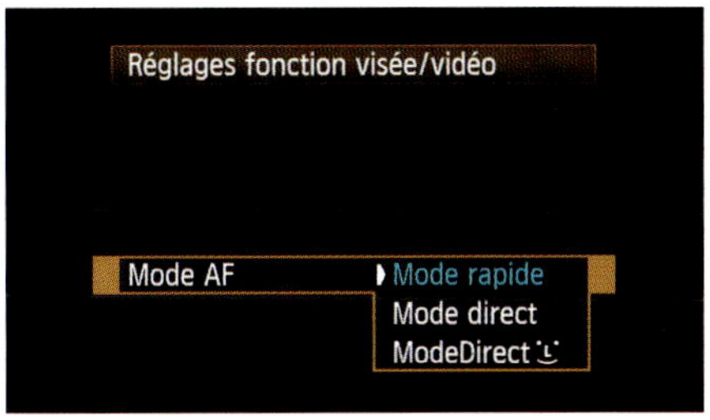


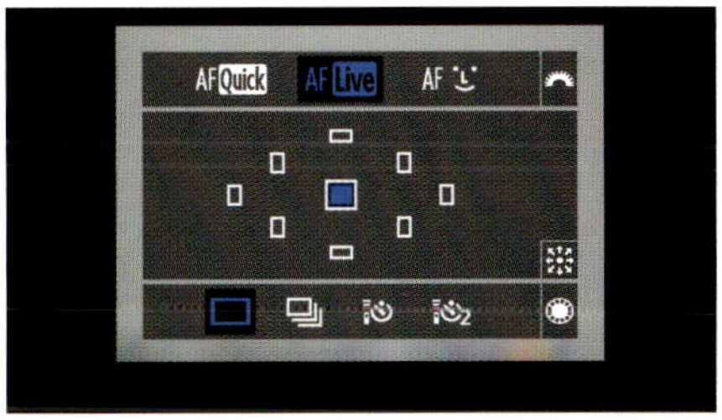


Le menu de sélection des trois modes autofocus associés au mode vidéo.

## Le mode Direct

Bien que la fonction autofocus soit proposée avec l'écran de visée enclenché, la mise au point prendra ici plus de temps qu'avec le mode Rapide. Comme elle est réalisée avec le capteur, elle peut par ailleurs être plus difficile à effectuer qu'en mode Rapide avec le système de miroir exclusif.

1. Pour sélectionner le collimateur AF : utilisez la molette ✣ pour déplacer le collimateur AF à l'endroit où vous souhaitez effectuer la mise au point (il ne peut s'agir des bords de l'image). Si vous appuyez directement sur la molette, le collimateur AF revient au centre de l'image.
2. Pour faire la mise au point : dirigez le collimateur AF sur le sujet et maintenez la touche AF-ON enfoncée. Lorsque la mise au point est effectuée, le collimateur AF devient vert et un signal sonore se fait entendre (il est recommandé de désactiver le signal de l'appareil, car sinon il sera enregistré par le micro du boîtier). Si la mise au point n'est pas effectuée, le collimateur AF passe en rouge.

On l'a dit, les modes directs ne sont pas adaptés aux tournages professionnels, néanmoins, voici quelques lignes qui décrivent leurs mise en œuvre, pour ceux qui voudraient quand même s'y essayer.

## ANECDOTE DE TOURNAGE

### Le mode automatique et ses surprises

Lors de l'enregistrement des plateaux de lancement de Dominique Chapatte pour l'émission *Turbo* tournés à Bern en Allemagne (2007), nous filmions à deux caméras. La première destinée au gros plan (GP) était en manuel. La seconde, cadrée en plan moyen pour situer le décor du tramway où nous tournions, était en mode automatique (AF activé). Au dérushage, nous avons constaté que la caméra GP était nette du début à la fin sur Dominique, alors que le plan moyen avait fait la mise au point en automatique sur le fond de décor. Au final, seul le GP a donc été monté pour la diffusion de ce lancement. Les raisons de ce flou peuvent être variées (AF activé sur le collimateur central alors que le sujet était décadré, variation et écart de lumière trop contrasté entre le sujet et son arrière-plan, déplacement trop rapide du sujet, etc.), mais dans tous les cas, le mode automatique de la mise au point est à bannir sur ce genre de tournage où rapidité et efficacité sont les maîtres mots.

Une pression sur la molette ⁘ permet de basculer en mode Direct. Vous pouvez tourner cette molette pour passer sur un autre collimateur AF. Si vous appuyez à nouveau dessus, vous repassez en mode Direct avec détection de visages.

## Le mode Direct avec détection de visages

Faisant appel à un système AF identique à celui du mode Direct, le mode Direct avec détection de visages détecte les visages humains présents dans le cadre et effectue la mise au point sur la zone concernée.

- Pour utiliser l'autofocus : lorsqu'un visage est détecté, le cadre [ ] apparaît sur le visage sur lequel effectuer la mise au point. Si plusieurs visages sont détectés, le picto ◂[ ]▸ s'affiche. Utilisez alors la molette ⁘ pour déplacer le cadre sur le visage souhaité.
- Pour faire la mise au point : appuyez sur la touche AF-ON pour effectuer le point sur le visage couvert par le cadre ⁘. Lorsqu'elle est effectuée, le collimateur AF devient vert et un signal sonore retentit. Si elle n'est pas faite, le collimateur AF devient rouge. Si aucun visage n'est détecté, le collimateur AF ▯ s'affiche : c'est alors le collimateur AF central qui est utilisé pour la mise au point.

Attention, des objets peuvent occasionnellement être détectés par erreur. La détection ne fonctionne pas non plus si le visage est trop petit ou trop grand dans l'image. D'autres problèmes peuvent également survenir, notamment si l'image est très lumineuse ou trop sombre, inclinée horizontalement ou en diagonale, si le visage est partiellement caché, si une image est vraiment floue... Effectuez alors un focus manuel, afin que l'image soit grossièrement nette; le visage sera ensuite détecté et le picto [ ] s'affichera.

L'AF ne fonctionne pas non plus quand le visage est près du bord de l'image; dans ce cas, le cadre [ ] apparaît grisé. Si vous appuyez sur la touche AF-ON, le collimateur AF central sera utilisé pour la mise au point.

## En pratique

### Les limites des modes directs

La mise au point en mode Direct et en mode Direct avec détection de visages peut s'avérer difficile dans les conditions suivantes :

- pour les sujets présentant un faible contraste, par exemple un ciel bleu ou des surfaces de couleur unie;
- quand l'éclairage est faible;
- en présence de bandes et autres motifs pour lesquels il n'y a de contraste que dans la direction horizontale;
- pour les scènes de nuit ou en présence de points lumineux (par exemple, éclairages dans les rues);
- pour les sujets sous éclairage fluorescent ou lorsque l'image scintille;
- pour les sujets extrêmement petits;
- pour les sujets situés en bordure de cadre;
- pour les sujets qui reflètent fortement la lumière;
- quand le collimateur AF couvre à la fois un sujet proche et éloigné (cas d'un animal dans une cage);
- si les sujets continuent de bouger dans le collimateur AF parce qu'ils ne peuvent rester immobiles en raison de vibrations de l'appareil ou d'un effet de flou du sujet;
- quand les sujets s'approchent ou s'éloignent de l'appareil;
- quand un effet adoucissant est appliqué avec un objectif de type *soft focus*;
- lorsqu'un filtre optique pour effets spéciaux est utilisé.

Retenez enfin que dans le mode Direct avec détection de visages, une pression sur la loupe 🔍 n'agrandira malheureusement pas l'image.

On peut conclure cette section en affirmant que même si les autofocus des EOS HDSLR sont des outils performants et utiles pour les photographes, les modes qui sont associés au Live view ne sont absolument pas adaptés aux contraintes de l'enregistrement vidéo et montrent des limites sérieuses.

En revanche, au même titre que l'enregistrement sonore interne des EOS qui facilite la synchronisation des rushs, le mode Rapide utilisé avant l'enregistrement des vidéos constitue un outil de contrôle efficace pour la gestion manuelle du point, préconisé et maîtrisé par les professionnels. La gestion du son interne et le mode autofocus des HDSLR mettent donc en avant les vraies limites des reflex face aux caméras vidéo, mais sont quand même des compléments précieux pour améliorer les conditions de tournage et de postproduction.

## Toujours privilégier le mode manuel

La gestion recommandée des boîtiers HDSLR doit être comparée à celle d'une caméra film, c'est-à-dire une caméra utilisant exclusivement le mode manuel. En suivant un découpage minutieux de plans bien établis en préproduction, la gestion du point suivra des directives artistiques précises. Des repères de points peuvent ainsi être déterminés pendant la répétition des mouvements opérés par les comédiens et par les caméras.

Bien que faire une mise au point évoque invariablement la netteté, n'oubliez pas toutefois que le flou peut être voulu :

- passage de focus ou *racking focus* (d'un protagoniste à l'autre dans les différentes profondeurs de champ) ;
- flou artistique (pour évoquer les rêves et souvent utilisé dans les génériques d'introduction) ;
- ouverture au flou (ouverture de séquence) ;
- flou de bougé (utilisation courante la nuit pour réaliser des traînées lumineuses laissées par les lumières de la ville).

Dans le milieu cinématographique où le mode autofocus est totalement proscrit, la gestion manuelle du point doit être parfaitement maîtrisée pour que vous puissiez dépasser son

### LES MÉTIERS DU CINÉMA

**Les assistants opérateurs et la technique cinématographique**

Compte tenu du rapport de grandissement d'un film projeté sur grand écran et de la nécessité de suivre l'action filmée, la mise au point en prise de vues cinématographique est une opération particulièrement délicate. Elle nécessite, en préparation, que la caméra et les objectifs soient parfaitement calés. Le cadreur seul ne peut l'assurer pendant les prises. C'est le premier assistant opérateur qui a participé à la mise en place de la caméra qui en assure la qualité. On l'appelle aussi « pointeur », parce qu'il a la responsabilité de régler la mise au point pendant la prise de vues. Quand il y a un mouvement de la caméra, il y a nécessité de « rattraper » la mise au point. Il utilise un décamètre, ou un télémètre laser ou parfois encore des prises de point « à l'œil », sur le dépoli dépourvu de stigmomètre, voire au jugé, et reporte les distances mesurées sur la bague de mise au point.

Photos extraites de séquences représentatives d'un choix volontaire des différents types de flous (bougé, zoom, profondeur de champ...).

aspect technique et l'approcher de manière plus émotionnelle. La possibilité de faire évoluer les zones de netteté au sein d'une séquence devient alors un véritable moteur narratif de l'image, au même titre que les dialogues dans un scénario. Sur les productions cinéma, un poste de l'équipe technique est prévu pour soulager l'opérateur et permettre une gestion optimisée du point, il s'agit de celui des assistants opérateurs.

Voici trois exemples de films célèbres où la présence d'un assistant opérateur a été indispensable.

- *Snake eyes* (1998) ou *Le Bûcher des vanités* (1990), de Brian de Palma : dans les deux plans-séquences de 15 minutes réalisés au Steadicam à l'ouverture du film, on circule d'une part à travers un Palais des congrès en passant d'un bureau privatif à une énorme salle de sport en délire, et d'autre part, dans les sous-sols de l'ancien World Trade Center en passant de l'intérieur d'une limousine à l'ascenseur de la tour nord du centre.
- *Jeune et innocent*, d'Alfred Hitchcock (1937) : l'un des plus célèbres, mouvements, de l'histoire du mouvement de grue combiné à un travelling. On part d'un plan large en plongée d'une salle de danse qui se termine sur un plan clin d'œil que fait l'un des musiciens.
- *Les Affranchis* (*Goodfellas*, 1990), de Martin Scorsese : certainement l'un des plans-séquences les plus étudiés dans les cours de cinéma et définitivement un modèle du genre. La caméra, précédée du couple Henry et Karen (Ray Liotta et Lorraine Bracco), pénètre dans le restaurant chic et mafieux de New York, le Copacabana, par une entrée interdite au grand public. Elle explore avec eux les cuisines et leur agitation, la grande salle de spectacle, et arrive enfin sur le devant de la scène où une table vient d'être dressée à l'attention du couple.

## TÉMOIGNAGE

### Clémentine Péron, assistante caméra

Assistante caméra depuis 4 ans, je travaille essentiellement comme seconde assistante opératrice en téléfilm, long métrage et publicité, et comme première sur court-métrage, film institutionnel et clip.

***Configuration de tournage***

Le boîtier est monté sur plaque support DSRL de tige 15 mm où l'on vient fixer une poignée Chrosziel. C'est la base pour pouvoir accessoiriser le boîtier. J'utilise un Follow focus Chrosziel, un pare-soleil Chrosziel (porte-filtres 4 × 4 et 4 × 5,6) et différentes optiques (qui seront énumérées ci-dessous).

***Un travail proche des tournages en 35 mm***

L'un des principaux avantages de ce boîtier est la taille de son capteur 24 × 36 qui permet de retrouver une profondeur de champ égale et même légèrement supérieure au 35 mm. C'est la faible profondeur de champ qui apporte le rendu cinéma et qui est, de ce fait, très appréciée et désirée des réalisateurs. On peut ainsi isoler un personnage avec de vrais flous en avant et arrière-plan, faire des changements de point, des suivis de point classiques…

Pour l'assistant, le travail est le même qu'en 35 mm, on se prépare des repères dans le décor, des places des comédiens, et on réclame du temps pour faire correctement son travail… (Mais attention, la qualité photo ultra lisse de ce boîtier et le piqué de certaines optiques ne laissent pas passer un point mou qui pourrait être toléré en 35 mm, comme c'est le cas avec d'autres caméras HD professionnelles, Red, D21 ou Genesis par exemple.)

***Une fonction zoom numérique précieuse pour la gestion du point***

La fonction de zoom numérique dans l'image ×5 et ×10 constitue un autre point fort des EOS, le bouton qui lui est associé est facilement accessible. J'utilise assez souvent cette aide et elle m'a notamment été d'un grand profit pour un plan très longue focale sur un court-métrage où nous devions suivre une comédienne qui marchait d'un bon pas sur la Place du 18 juin 1940, à Montparnasse. La caméra était placée au centre de la place, sur un terre-plein, à une distance de 30 à 50 mètres de la comédienne. La caméra panotait sur 180° pour la suivre. Le plan a été tourné au 400 mm (avec un zoom Canon 100-400 qui ouvre à 5,6 et un support de zoom), puis repris au 800 mm avec le même zoom plus un doubleur Canon 2×.

Le tournage avait lieu en décembre, il neigeait ; c'était très beau mais il faisait très froid : il y a donc eu très peu de répétitions, le timing était serré. J'ai donc utilisé cette précieuse fonction zoom ×10 couplée à mon retour HD pour faire mes points. L'un des inconvénients de ces zooms photo est qu'une fois les points notés sur le Follow focus, celui-ci doit être obligatoirement « dégréné » si le réalisateur veut voir une focale plus courte ou plus longue. Même en se mettant un repère, la course de mise au point étant extrêmement réduite, il faut absolument recaler et revérifier ces points, ce qui prend un peu de temps. À nous de l'expliquer au réalisateur et de tourner le plan prévu avant de voir d'autres tailles de plans… C'est pour cela qu'on ne peut pas zoomer dans le plan avec ces zooms photo.

***Technique pour travailler léger en solo***

Un autre avantage des EOS réside dans la légèreté de ces systèmes, équipés comme en photo : boîtier plus optique, et rien d'autre.

Le cadreur se donne du diaph (il joue aussi avec la sensibilité) pour élargir la profondeur de champ, car il ne peut pas à la fois cadrer proprement et faire le point sur la bague de l'optique – sauf s'il s'équipe de l'Easyrig qui lui permet d'avoir sa main gauche sur le Follow focus, la droite sur le boîtier, et ses yeux sur le retour HD.

***Le système Follow focus***

Comme modèle de Follow focus, j'utilise le système Chrosziel qui a un seul volant : il faut modifier sa position selon que je me trouve à droite ou à gauche de la caméra. (Je n'ai encore jamais travaillé avec d'autres Follow focus, mais je pense que le Zacuto, le Redrock Micro et le Chrosziel se valent – il ne me reste plus qu'à les tester…)

Une bague crantée se visse sur les objectifs pour permettre d'utiliser le Follow focus, ce qui agrandit la course de point. Le principal inconvénient pour moi étant la course ultra réduite de ces optiques qui ne sont pas prévues pour faire de la vidéo, c'est à ce moment que le retour HD qui m'est attribué et le Follow focus deviennent indispensables.

***Gestion des rushs***

Les images sont enregistrées sur des cartes CompactFlash de 16 Go qui peuvent contenir 40 minutes de vidéo Full HD. Elles sont rapides à décharger, mais il est préférable de prendre 15 minutes supplémentaires pour contrôler quelques plans. Le lecteur de cartes en Firewire 800 et un disque dur se branchent facilement à un portable tel qu'un MacBook 15 pouces.

En équipe complète, l'idéal est de tourner dans la même configuration que le 35, avec deux assistants, car, comme avec n'importe quelle caméra, décharger les cartes reste un moment où il faut être présent et attentif ; même si cela prend peu de temps, il faut toujours faire une vérification des rushs ainsi que les *back up*.

Pour conclure, on peut ajouter que les EOS acceptent les optiques Canon, de même que les optiques des autres marques sous réserve que vous disposiez d'une bague adaptatrice.

Pour le dernier court-métrage sur lequel j'ai travaillé, le directeur photo a souhaité louer chez Emit une série d'optiques P + S Technik 35 mm en monture Nikon, qui comprend un 18, un 25, un 35, un 50 et un 85 mm. Le travail du 1er assistant opérateur redevient alors plus traditionnel car on retrouve nos habitudes et coutumes liées au matériel 35 mm…

© Castor Equipement

Clémentine Péron sur le tournage d'un clip réalisé avec un 5D MkII. Quelques plans de grue au 200 mm ont été réalisés dans la longue journée de tournage.

La présence des assistants opérateurs sur les tournages constitue donc une vraie garantie de performance et de sécurité, mais ils sont malheureusement essentiellement employés sur les productions cinéma où les équipes restent nombreuses. Sur les productions légères, les équipes (JRI, chef opérateur autonome, etc.) sont très souvent en mouvement, et doivent être rapides et efficaces sans aide extérieure. En conditions de reportage, la mise au point et le choix des zones de netteté n'ont plus un but esthétique ou émotionnel, ils doivent seulement être très réactifs à l'actualité rencontrée.

Pour autant, comme les équipes nombreuses, ces équipes allégées utilisent essentiellement le mode manuel. La maîtrise du point sur ces grands capteurs ne laissant pas de place à l'approximatif, il va falloir faire appel à un certain nombre d'accessoires spécialement adaptés (ou les inventer) pour faciliter le contrôle, stabiliser l'image et améliorer le confort pendant la prise de vues.

© Julia Borst

© Ludovic Siméon

Les système Follow focus et les viseurs comptent parmi les accessoires indispensables à la gestion du point.

# Les accessoires indispensables à la gestion du point

Comme nous venons de le voir, la gestion manuelle du point est préconisée pour les reflex EOS, mais il est vrai que ce mode requiert de l'expérience et des supports matériels adaptés et perfectionnés. Fort heureusement, de multiples accessoires ont été imaginés et conçus pour faciliter et améliorer la stabilisation de l'image et la gestion du point. Nous avons vu en effet au chapitre 3 :

- que choisir des supports en fonction du type de tournage était capital (choix du trépied et de la tête fluide pour prise de vues fixe, crosse d'épaule et Steadicam pour prise de vues en mouvement);
- que les nouveaux stabilisateurs (IS) disponibles sur les optiques étaient de plus en plus performants.

D'autres accessoires dont la réputation n'est plus à faire ont été adaptés aux HDSLR. Ils ont déjà été évoqués dans les chapitres précédents pour certains, nous allons maintenant les présenter en détail.

## Le Follow focus

Quel que soit le type de production (news, fiction…) et les mouvements de caméra prévus sur le tournage, l'accessoire le plus répandu et le plus utile pour gérer le point est le Follow focus (mécanisme de contrôle du point constitué d'un dispositif de roues crantées fixées sur l'objectif). Bien qu'il n'intervienne pas sur la mécanique interne des objectifs, le Follow focus améliore le confort et la précision de la mise au point. Ses spécificités sont :

- une réelle facilité d'utilisation : contrairement aux désagréments que peut engendrer l'utilisation de la bague de l'objectif (maniement très inconfortable sur de grandes plages de point, par exemple), l'axe décentré du Follow focus lui confère une maniabilité indéniable;

## TECHNOLOGIE

### Principe mécanique du Follow focus

Le mécanisme travaille avec un jeu de roues crantées attachées sur la bague de focus de l'optique. Ces roues crantées actionnent une autre roue qui, quand elle est tournée par le pointeur, fait pivoter ses dents et par conséquent la bague de l'objectif. En pratique, le Follow focus n'est pas indispensable tant que l'opérateur peut tourner la bague de l'objectif. Cependant, sans ce dispositif, la main de l'opérateur pourrait se retrouver dans une position très inconfortable (perpendiculaire à la caméra au lieu d'être parallèle). De plus, tourner la bague au-delà d'une certaine distance serait impossible (360°). Quelquefois, la mise au point peut aussi être compliquée à réaliser, même avec un Follow focus. Une petite barre métallique en forme de L appelée « Speed crank » peut alors être placée dans le trou prévu à cet effet sur la roue de manipulation de l'opérateur : avec la main, l'opérateur n'a plus qu'à faire pivoter simplement cette barre pour actionner la roue et faire le point.

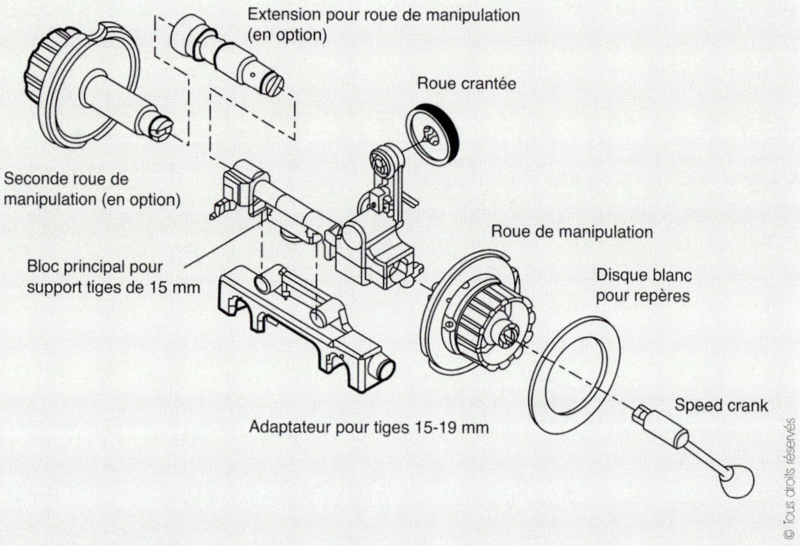


- la précision du système est favorisée par la possibilité de disposer des repères de point : le disque blanc qui entoure la roue de manipulation est utilisé par le pointeur pour marquer les repères. La plage de mise au point adaptée à la scène peut ainsi être renouvelée indéfiniment et avec précision. Le pointeur utilise souvent un décamètre pour mesurer correctement la distance entre l'optique et le sujet ; avec les reflex, ce décamètre peut être remplacé par un travail préparatoire avec le mode autofocus Rapide dont on a parlé plus haut.
- sa flexibilité : le Follow focus peut être monté sur tous les supports. Accessoire optique réservé à l'origine aux productions cinéma utilisant des objectifs manuels, il est naturellement manipulé par le premier assistant opérateur (le pointeur) sur les configurations fiction, en équipe complète, mais son utilisation en solo est également possible sur les productions de type news (accroché à la crosse d'épaule, par exemple).

Quatre configurations de boîtiers EOS équipés de système Follow focus et Mattebox des marques Arri (7D, photo a), Chrosziel (5D MkII, photo b) et Genus (1D MkIV, photo c).

On trouve des Follow focus à tous les prix, sous de nombreux labels, ceux des grandes marques étant bien évidemment de meilleure qualité. Voici notre sélection des modèles recommandés pour les EOS.

## Les modèles haut de gamme

L'expérience, le professionnalisme, l'ancienneté et la réputation des sociétés allemandes Arri et Chrosziel suffisent à garantir la qualité exceptionnelle de leur matériel. Spécialisées depuis leur création dans l'équipement cinématographique, elles proposent actuellement des systèmes Follow focus parfaitement adaptés aux contraintes des boîtiers HDSLR. En effet, en plus d'offrir des garanties de qualité (robustesse, flexibilité, précision) et toutes les fonctionnalités propres aux Follow focus professionnels (mouvements réversibles, adaptables à tous les diamètres d'objectifs...), ces deux modèles haut de gamme sont actuellement les seuls à permettre de limiter la plage de mise au point à rotation infinie des nouvelles générations d'optiques photo.

La plupart des anciens objectifs disposent d'une butée de chaque côté de leur plage de mise au point, alors que sur les nouvelles générations d'optiques autofocus telles que celles de la gamme Canon EF, les bagues de point tournent dans le vide, sans butée. Cet inconvénient est rédhibitoire pour l'utilisation des Follow focus sur les productions professionnelles, où la répétition à l'identique de plages de mise au point repérées au préalable reste primordiale (les bagues de mise au point qui tournent à l'infini font glisser les repères identifiés sur les disques).

Outre le secteur cinématographique qui privilégie l'utilisation d'optiques cinéma disposant de longues plages de mise au point avec butées, l'adoption de Follow focus avec limiteurs, disponibles à la location comme à la vente, constitue donc la seule alternative professionnelle qui permet d'utiliser des objectifs sans butée.

Follow focus MFF-1Arri (1 775 $) et Follow focus Chrosziel 206-45S avec récent limiteur (1 415 €).

## AVIS D'EXPERT

**Benjamin Steele, directeur général de la société Emit**

Le point étant plus délicat à réaliser sur les boîtiers HDSLR que sur les caméras film, il est primordial d'utiliser un Follow focus professionnel qui soit précis, et qui se répète parfaitement (notamment qui résiste bien à l'usure). Le Follow focus de la marque Chrosziel, grâce à sa technologie brevetée issue du film et à la qualité des matériaux utilisés, répond parfaitement à ces critères.

Follow focus Redrock microFollowFocus v2 à 545 $ et Zacuto Z-Focus à 1 675 $.

Les sociétés américaines Redrock et Zacuto ont également développé des modèles dédiés aux reflex, mais à la différence des précédents, ils ne disposent pas de limiteurs pour les objectifs à bagues de point à rotation infinie. Leur conception élaborée et ergonomique, les matériaux utilisés et l'accès à des mouvements réversibles pour les optiques aux plages de mise au point inversées (modèle Zacuto uniquement) leur confèrent également un statut de Follow focus haut de gamme. Pour autant, l'absence de limiteurs minimise considérablement leur intérêt, surtout au regard des tarifs proposés !

Photo d'un 24-70 Canon équipé d'une bague crantée au pas de 0,8 et d'une bague permettant de créer des butées (les optiques Canon sont dépourvues de butée sur les bagues de mise au point). Les butées sont réglables sur quelques millimètres, on peut donc ajuster précisément l'infini et la mise au point minimale. Avec ce système, on peut travailler avec un Follow focus traditionnel, ou même motoriser cette bague avec un Digi Fox par exemple, le moteur retrouvant le mini et le maxi de la course de mise au point (disponible chez Transpacam).

## Les autres solutions

Il existe beaucoup de modèles de Follow focus très économiques et qui fonctionnent correctement, mais qui ne garantissent pas une précision et une durée de vie suffisantes pour figurer dans cet ouvrage.

En revanche, quelques alternatives étonnantes et efficaces méritent d'être signalées. Le photographe Bruce Dorn, de la société IDC Photography, a en effet conçu des systèmes très originaux, simples, rapides et intuitifs qui peuvent combiner à la fois Follow focus, contrôle du zoom optique et viseur adapté au Live view, le tout solidement fixé à une petite plaque autonome qui ne nécessite pas de support léger à tiges. Ces systèmes Run & Gun utilisent des roues de skateboard modifiées qui s'adaptent parfaitement aux gommes des bagues de mise au point et des objectifs zooms EF Canon.

Bien qu'ils ne proposent pas les fonctionnalités professionnelles des modèles haut de gamme (plages de mise au point répétables à l'infini, mouvements réversibles…), ces Follow focus sont totalement dédiés aux HDSLR Canon, et sont la solution idéale pour les utilisateurs solitaires qui souhaitent profiter d'une gestion du point simplifiée et d'un confort d'utilisation amélioré sans pour autant avoir recours à des réglages perfectionnés. Il ne faut pas oublier qu'à l'origine ces systèmes ont été imaginés par un photographe pour les photographes qui souhaitaient réaliser des vidéos en bénéficiant des meilleures conditions d'utilisation possibles !

Les kits Follow focus Run & Gun dédiés au 5D MkII et au 7D (photos a et b) affichent 350 $ sans le viseur Hoodloupe, et 450 $ en version XL (photo c) avec roue à friction supplémentaire pour le contrôle de la bague de zoom. Ces systèmes s'adaptent parfaitement au support U Boat Commander du même constructeur recommandé précédemment (voir le chapitre 3).

Follow focus en Lego Mecaniks (5D MkII, http://ryo1972.web.infoseek.co.jp, photos de gauche) et Follow focus « système D » (5D MkII, photo de droite) – modèle simplifié utilisant une roue crantée à fixer sur l'objectif à laquelle on ajoutera une petite barre métallique en déport pour faciliter la manipulation.



Enfin, pour éviter d'investir dans un modèle professionnel, il reste toujours la possibilité du système D, à condition de faire preuve d'astuce et d'ingéniosité. Ainsi des montages étonnants réalisés à partir de pièces Lego Mecaniks ou de simples petites tiges de métal sauront ravir les plus imaginatifs et les moins exigeants…

## Les viseurs

On l'a vu, le mode vidéo des boîtiers HDSLR fait perdre le bénéfice du viseur (le miroir remonte), mais depuis qu'il est proposé sur les reflex équipés en série de Live view, les constructeurs ont développé des viseurs adaptables à ces mini-LCD. Au même titre que le viseur d'angle pour les photographes, les viseurs dédiés à la vidéo fonctionnent grâce au principe de la loupe grossissante et proposent pratiquement tous un réglage de dioptrie pour favoriser leur utilisation par le plus grand nombre (notamment ceux qui ont des problèmes de vue).

En plus d'offrir une stabilisation supplémentaire aux EOS (viseur confortablement appuyé sur l'œil), et à l'instar des caméscopes professionnels, tous les modèles actuels permettent de composer, de vérifier et de visualiser le cadre de l'image sans éblouissement. Néanmoins, au regard de leurs performances en termes de définition ou de coefficient de grossissement, certains modèles sont inadaptés pour gérer la mise au point de ces grands capteurs, qui doit être irréprochable de précision.

### Le plus professionnel

Le viseur électronique couleur HD de la caméra professionnelle Sony HDW F900R est actuellement la solution la plus professionnelle en matière de viseur destiné aux HDSLR. Connecté à une sortie HD-SDI, il équipe le nouveau support d'épaule Transpacam. C'est une exception notable, car à la différence des viseurs optiques basés sur le principe de la simple loupe grossissante, ces viseurs électroniques HD perfectionnés équipent actuellement les modèles de caméras haut de gamme du marché.

Ce viseur électronique montre tout de même ses limites, car il est réservé aux EOS 7D et 1D MkIV qui maintiennent leurs formats Full HD d'origine pendant l'enregistrement des

© Sony

© Sony

© Transpacam

Comparaison d'ergonomie entre la caméra Sony HDCam HDW-F900R (photos de gauche) et le système Transpacam (photo de droite), équipé du même viseur électronique HD.

vidéos (à la différence du 5D MkII qui passe en 480p, ce qui rend la visualisation du signal électronique inadaptée).

Attention, le système Transpacam et sa possibilité de sortie HD-SDI est unique et ne doit pas être confondu avec des systèmes, tels que le Movietube, qui ne proposent que des viseurs N & B SD alimentés par les sorties composites. Leur définition SD n'est pas adaptée à la résolution Full HD des capteurs CMOS équipant les EOS, seule la composition du cadre est favorisée.

## Le plus plébiscité

Du côté de la société américaine Zacuto, les accessoires ne manquent pas. Le plus intéressant demeure le Z-Finder, décliné en trois modèles depuis avril 2010 (JR, Pro ×2,5 et Pro ×3) : leur ergonomie, leurs qualités de fabrication et leurs performances en font aujourd'hui les viseurs optiques les mieux adaptés aux écrans LCD des boîtiers Canon. Ils s'attachent directement autour de l'écran LCD 3″ des reflex grâce à un cadre qui se colle directement sur ce dernier (un adhésif permet de fixer le cadre solidement et peut être retiré sans abîmer l'écran ou à un cadre métallique (voir ci-contre).

© Dirk Fletcher

Le pionnier des viseurs électroniques dédiés aux EOS est le système de Dirk Fletcher. Il est le premier à avoir exploité un ancien viseur de caméra Betacam Sony pour retrouver le confort d'utilisation de ses œilletons électroniques. Les performances limitées de ce viseur N & B utilisant la sortie composite n'autorisent que le contrôle du cadre et très difficilement la gestion du point.

© Bruce Dorn (IDC PhotoVideo)

Mon viseur personnel Z-Finder version 2 (photo a) ainsi que les nouveaux viseurs Z-Finder JR (photo b), Z-Finder Pro ×3 (photo c) et leurs systèmes de fixation (photos d et e), de la société Zacuto.

La profondeur de champ très réduite obtenue avec les grands capteurs CMOS implique une mise au point « chirurgicale » et donc une reproduction parfaite des détails de l'image. Les coefficients de grossissement ×2,5 et ×3 des modèles Z-Finder Pro (grossissement le plus important de tous les viseurs optiques dédiés aux EOS actuellement) permettent de réaliser cette mise au point précise.

Une lanière amovible ainsi qu'un confortable œilleton en caoutchouc type caméra apporte sécurité, stabilité (caméra appuyée sur l'orbite de votre œil) et confort d'utilisation. Des cadres supplémentaires sont disponibles en option pour que l'ensemble de vos boîtiers puisse adapter facilement et rapidement ce viseur (6 € par cadre supplémentaire). Seuls les prix élevés (JR à 265 $, Pro ×2,5 à 395 $, Pro ×3 à 395 $) pourraient faire hésiter à acquérir ces modèles optiques.

## Le pionnier économique

Le viseur Hoodloupe 3.0 (100 $) de la société américaine Hoodman, conçu à l'origine pour les écrans LCD des caméscopes, est le premier à s'être adapté au Live view 3" du 5D MkII. Avant l'arrivée sur le marché de viseurs performants dédiés aux LCD des EOS (Z-Finder ou LCDVF), son statut de pionnier unique lui a permis d'être adopté par un grand nombre d'utilisateurs.

Des méthodes de montage adaptées aux EOS ont heureusement été développées par les constructeurs pour remédier à son déplorable système d'attache original composé de courroies en caoutchouc qui font le tour des reflex.

Le kit Run & Gun d'IDC Photography évoqué précédemment peut notamment être livré avec un viseur Hoodloupe modifié (système permettant de maintenir le viseur fermement contre le Live view des EOS). La société Redrock Micro propose aussi son propre système de maintien, le microFinder loupe accessory kit. Par ailleurs, pour accroître le confort et éviter les effets indésirables de *flare*, un petit œilleton type caméra est à présent disponible sur le marché.

À l'inverse des autres viseurs, le Hoodloupe ne bénéficie pas des avantages de grossissement de ses concurrents (juste un ratio de 1:1, comme les objectifs macro) et apparaît aujourd'hui comme un modèle vieillissant au regard des performances de la concurrence.

© Bruce Dorn (IDC PhotoVideo)

© Bruce Dorn (IDC PhotoVideo)

© Steven S. Miric

© Hoodman/Redrock Micro

Le viseur Hoodloupe 3.0 (100 $) de la société Hoodman fixé au système IDC Photography (IDC Viewfinder Canon 5D MkII ou 7D, 199 $) (photos a et b) est une bonne alternative pour un maintien ferme contre l'écran LCD. Pour fixer le viseur Hoodloupe 3.0, le microFinder loupe accessory kit (55 $) de la société Redrock Micro (photo d) est également disponible à la vente. Ces deux systèmes de maintien constituent de meilleures solutions que le système de lanières en caoutchouc initialement imaginé par la société Hoodman, inadapté aux EOS. Le photographe Steven S. Miric (sevenmiric.com) a choisi de fixer son viseur avec du gaffer, ce qui condamne l'utilisation du mode photo avec le viseur (photo c).

Un prototype d'un dernier viseur professionnel dédié aux Live view 3 pouces des HDSLR a été présenté en exclusivité au Nab 2010. Le Letus DSLR Viewfinder est commercialisé depuis mai 2010, au tarif de 499 $, et propose un coefficient de grossissement ×5 avec quatre groupes de lentilles.

## Le méconnu compétitif

Le récent viseur LCDVF (170 $) est l'option la plus concurrentielle au viseur Z-Finder de Zacuto. Il est livré avec les accessoires suivants : lanière amovible, chiffon doux pour nettoyage de la loupe, deux cadres en métal noir qui se collent à l'écran LCD pour fixer le viseur avec un système d'aimant, et un œilleton en mousse qui recouvre l'œilleton en caoutchouc pour un confort accru.

Il offre un coefficient de grossissement ×2 qui répond aux exigences de la mise au point précise des HDSLR. Seule l'absence de réglage dioptrique manque par rapport au modèle de Zacuto, mais son rapport qualité/prix fait la différence et surclasse ce modèle très performant.

Choisir de travailler avec viseur reste très personnel ; il est essentiellement préconisé sur l'ensemble des tournages extérieurs où l'opérateur se retrouve seul à devoir gérer l'ensemble des réglages (en conditions de reportage avec support épaule et forte luminosité, par exemple). Les deux grandes catégories d'utilisateurs de viseurs pour les boîtiers HDSLR sont ceux qui n'envisagent pas d'utiliser le Live view pour des tournages à main levée (inadapté en conditions de forte luminosité et petite taille) et ceux qui le considèrent comme un simple complément du stabilisateur d'image.

Pour conclure sur les viseurs, on peut dire qu'ils constituent la solution de qualité à recommander aux opérateurs solitaires qui travaillent en conditions de reportage (perpétuel mou-

Viseur LCDVF monté sur un 5D MkII (photos de gauche) et sur un 7D (photos de droite).

© LCDVF

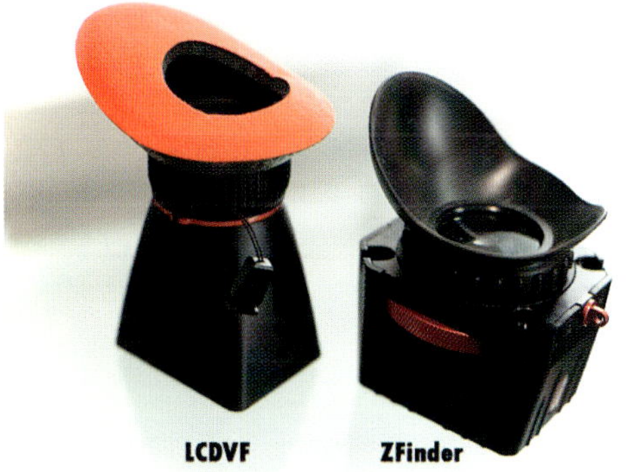


Des tests comparatifs entre les différents modèles de viseurs sont disponibles sur le Web aux adresses suivantes :
www.gearnewsandreviews.com/?tag=viewfinder
et http://inspiredbylife.pl.

vement) avec un équipement réduit. Concernant les autres types de productions, c'est la solution du monitoring intégré (Live view) ou externe (connecté aux sorties vidéo des EOS), de plus en plus élaborés, qui sera privilégiée par les utilisateurs des EOS pour la qualité de rendu et le confort d'utilisation qu'elle procure.

Pour bénéficier conjointement d'un viseur et d'un moniteur externe, seule la solution du viseur électronique évoquée précédemment est envisageable. Pour générer l'image de ces viseurs, on fait en effet appel à la sortie HDMI des EOS, et non au Live view.

## Cadrer au monitoring

À la différence des caméscopes broadcast avec lesquels on peut toujours utiliser simultanément le viseur de la caméra et un moniteur externe, l'écran LCD de visée des EOS se coupe dès que vous utilisez une sortie vidéo. Le couplage de moniteurs externes avec les EOS reste néanmoins possible, et ce sont les modèles compacts et légers qui ont su rassembler et séduire l'ensemble des utilisateurs aussi bien en termes de précision des rendus que de maniabilité. Au regard du perfectionnement et de l'ergonomie de certains modèles de moniteurs, l'indisponibilité de l'écran de visée des EOS en simultané n'est pas un problème. Pour autant, le Live view reste une valeur sûre qui ne cesse de s'améliorer.

Photos de tournage avec Live view du 5D MkII filmant le batteur, Bruce Cherby, de *M. Métronome* (photo a), roue en caméra embarquée sur un film Michelin (photo b) et arrivée des boxeurs au Boxing beat d'Aubervilliers (photo c).

a

b

c

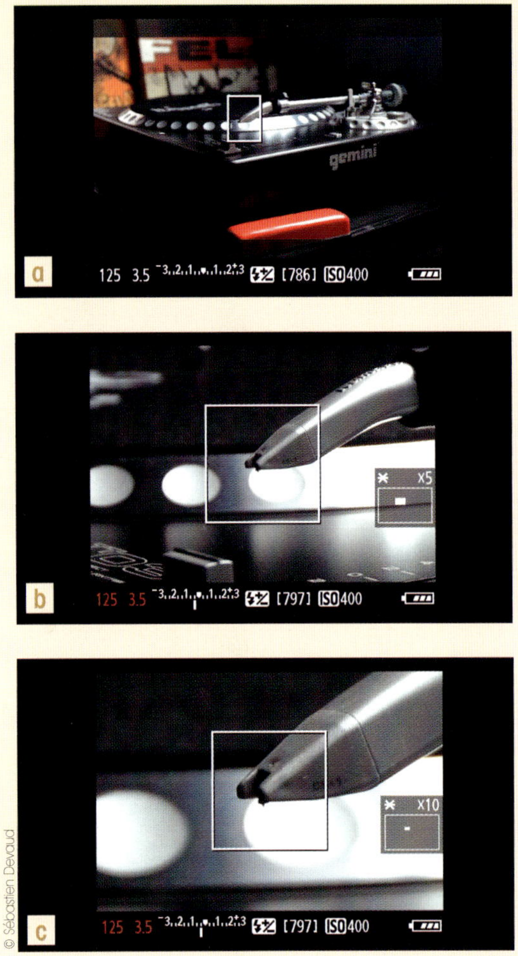


© Sébastien Devaud

Copies d'écran du Live view (a) où la mise au point a été réalisée avec le cadre d'agrandissement ×10 (c) placé sur la cellule de la platine. Le cadre d'agrandissement ×5 est visible sur la photo b.

## Un Live view très performant

La technique de visée par l'écran est la solution retenue par Canon pour pouvoir accéder aux réglages et cadrer en mode vidéo avec les boîtiers HDSLR. Depuis la mise en série de ces petits écrans LCD sur les reflex EOS, les avancées technologiques en termes de résolution et de qualité optique ainsi que le perfectionnement de leurs fonctionnalités électroniques ne cessent de progresser. Leurs principaux atouts sont :

- une définition exceptionnelle, qui ne cesse de s'améliorer au fil des années : sur les EOS, un écran LCD de 3″ avec environ 920 000 points restitue 100 % de l'image visée. Un réglage de luminosité manuel et automatique, très utile en extérieur, est également proposé ;
- une fonction d'agrandissement remarquable (×5, ×10) : en mode manuel, le système de loupe interne reste le moyen le plus sûr de garantir une précision optimale. À l'instar du mode autofocus Rapide, la gestion du point réalisée par l'intermédiaire de ces deux agrandissements numériques doit précéder le tournage du plan (cette fonction n'est plus accessible pendant l'enregistrement). Le Live view des EOS dispose aussi d'un petit rectangle blanc de sélection à positionner sur la partie à agrandir : il correspond au cadre d'agrandissement
- une accessibilité simple, complète et lisible à la totalité des menus par l'intermédiaire des trois molettes de réglages des EOS : , , .

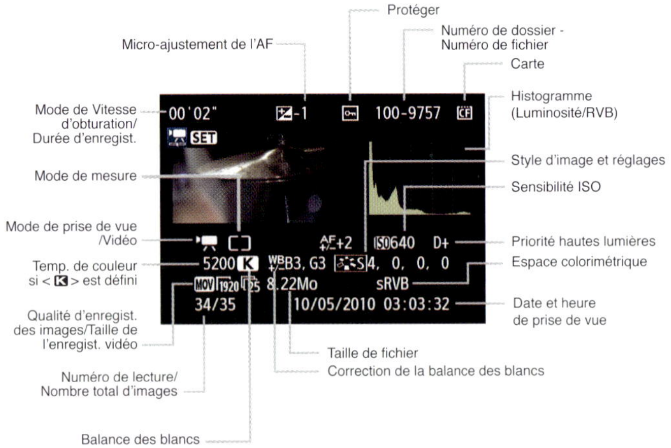


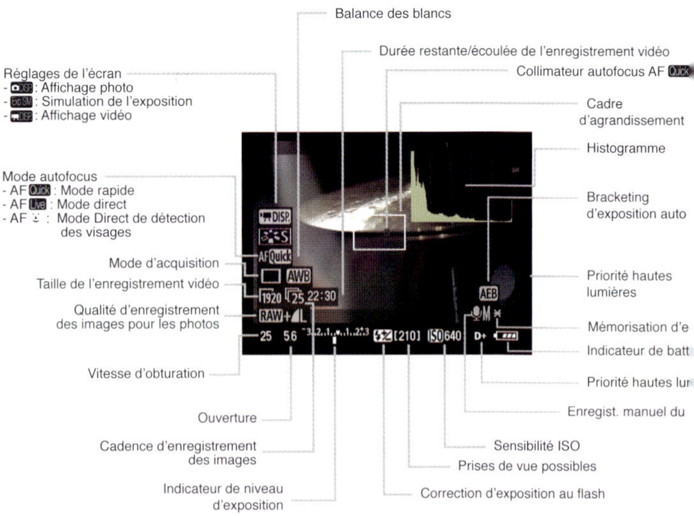


Fonctionnalités et informations disponibles dans le Live view.

Les trois molettes du 1D MkIV sont les mêmes sur les modèles 7D et 5D MkII.

## En pratique

### Activer et désactiver les modes de visée par l'écran du 5D MkII

1. **Réglez le mode de prise de vues** en sélectionnant Auto, Auto créatif, Programme, Priorité à la vitesse, Priorité à l'ouverture, Manuel et Pose B (Bulb) via les pictos □, CA, **P**, **Tv**, **Av**, **M**, **B**.
2. **Activez l'enregistrement vidéo :**
   – dans les modes entièrement automatiques (□, CA), sélectionnez l'option Enr. vidéo et réglez-la sur Activée ;
   – dans les modes (**P**, **Tv**, **Av**, **M**, **B**), sélectionnez la commande Réglages fonction visée/vidéo.
3. Sous l'onglet , sélectionnez ensuite la commande Réglages fonction visée/vidéo, puis appuyez sur SET. Sélectionnez alors l'option Réglage fonc. VD en tournant la molette ◎ Appuyez de nouveau sur SET, sélectionnez la fonction Photos + vidéo, puis l'option Affichage vidéo.
4. **Sélectionnez le type d'affichage :** allez dans le menu Réglages écran et tournez la molette ◎ pour sélectionner l'option Affichage vidéo, appuyez ensuite sur SET. Il existe trois modes d'affichage, aux caractéristiques assez différentes :
   – mode Affichage photos : l'image est affichée avec une luminosité standard, afin de faciliter sa visualisation sur l'écran LCD. La luminosité varie selon le sujet, afin de garantir une luminosité optimale sur l'écran LCD ;
   – mode Simulation de l'exposition : toujours pour les photos, l'image en visée par l'écran reflète le niveau de luminosité des réglages de l'exposition sélectionnée pour enregistrer l'image. Si la correction d'exposition est utilisée, la luminosité de l'image changera en conséquence ;
   – mode Affichage vidéo : l'image est affichée avec une luminosité standard et la profondeur de champ est plus importante qu'avec l'option Affichage photos. La couverture de prise de vues correspond également au format du mode d'enregistrement vidéo sélectionné (16/9 ou 4:3). Les zones ombrées sont affichées en haut et en bas ou à gauche et à droite de l'écran, en fonction du mode d'enregistrement ; elles ne sont pas incluses dans la vidéo enregistrée.

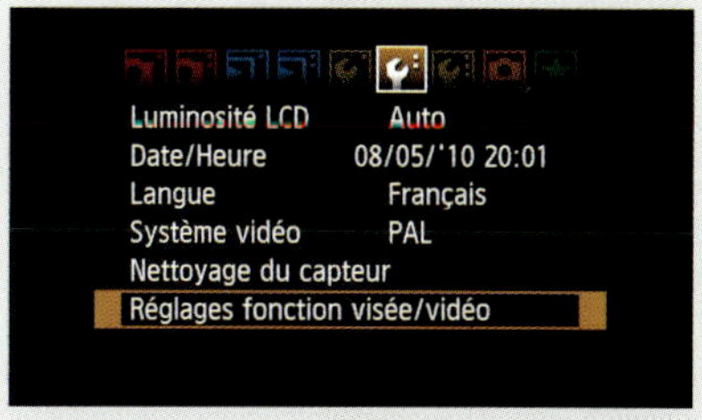

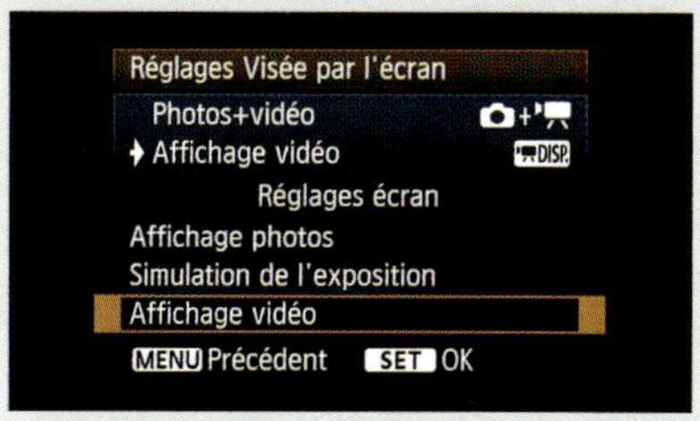

5. **Définissez le format d'enregistrement vidéo :** sélectionnez la fonction Taille enr. vidéo dans le menu Réglages fonction visée/vidéo, et choisissez un format :
   - qualité Full HD 16:9 : option 1920 × 1080;
   - qualité standard 4:3 : option 640 × 480.

   Le menu Réglages écran réapparaît. Appuyez sur Menu pour le quitter.

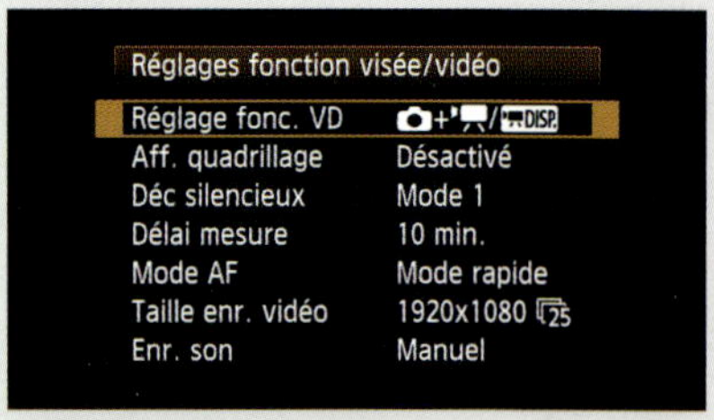


6. **Options d'affichage :** un quadrillage peut être affiché pour faciliter la composition en visée par l'écran ou lors de l'enregistrement vidéo :
   - sélectionnez la fonction Réglages fonction visée/vidéo dans le menu ;
   - sélectionnez l'option Aff. quadrillage, puis appuyez sur (SET) ;
   - sélectionnez Grille 1 ou Grille 2, puis appuyez sur (SET).
7. **Pour activer la visée par l'écran :** appuyez sur la touche . L'image en visée par l'écran apparaît sur l'écran LCD. Appuyez à nouveau sur la touche  pour désactiver l'écran LCD et quitter la prise de vues en mode Live view.

## Les moniteurs externes

À l'instar des EOS avec le Live view, l'adoption d'un petit LCD s'est démocratisée sur l'ensemble des caméscopes du marché. Cet écran proposé aux opérateurs comme alternative au viseur électronique permet de visualiser les mêmes informations : accès aux menus de réglages, composition du cadre, relecture et vérification des plans. Cependant, comme les viseurs (et bien qu'ils soient de plus en plus performants), ces mini-écrans restent des équipements de contrôle efficaces mais destinés uniquement aux opérateurs : ils demeurent inadaptés au travail en équipe (taille trop réduite et intégration dans la caméra qui ne permet pas de les désolidariser ou de les positionner). Pour remédier à cet inconvénient, l'utilisation de moniteurs externes est la meilleure des alternatives.

### Les situations où ils sont indispensables

Dès l'instant où vous travaillez en équipe, le Live view des EOS n'est plus recommandé, il est alors préférable de s'équiper de moniteurs externes. Il y a aussi d'autres configurations où ces moniteurs s'avèrent indispensables :

- **sur les tournages en équipe complète :** en plus de l'opérateur et du pointeur qui monopolisent déjà deux moniteurs, d'autres techniciens ont besoin d'un retour image : le réalisateur, s'il n'est pas au cadre pour suivre l'action, le directeur de la photographie et les électriciens pour implanter la lumière, et l'équipe décoration pour agencer le décor. Sur les productions publicitaires, le producteur, le directeur artistique, l'agence de communication et enfin le client, qui donnent leurs avis artistiques, apprécient de visualiser en *live* les plans du tournage;

© Marion Tanguy

© Sébastien Devaud

© Sandrine Glacet

© Didier Gauducheau

© Didier Gauducheau

Photos de trois productions pour illustrer l'utilisation d'écrans sur les tournages. Sur les productions publicitaires Sony Ericsson, réalisées au 5D MkII en juin 2009 (en haut à droite), ou Véranda Rideau, réalisée au 7D avec Stéphane Plazza en janvier 2010 (en haut à gauche), j'ai utilisé des écran LCD 30" comme retour agence en plus de mon écran HDMI dédié au focus. Sur le tournage du programme court *Merci, Dr Plume,* avec Agnès Soral et Véronique Genest, réalisé avec deux 5D MkII en janvier 2010 (photos du bas), les mini-LCD Ikan et Marshall ont été suffisants pour réaliser le pilote de la série.

- **sur les tournages multicaméras** : en plus des avantages liés à la précision des réglages offerts par les moniteurs externes, il faut pouvoir visualiser l'ensemble des cadres pour régler séparément les valeurs de plan. Lors d'une interview réalisée à trois caméras, par exemple, le réglage du champ, du contrechamp et du plan large est courant, mais on peut très bien avoir à multiplier le nombre de caméras par six pour filmer un événement sportif ou un concert – les cars régie sont alors préconisés ;
- **sur les tournages avec machinerie** pour déporter ou embarquer la caméra (grue, Wesscam, Steadicam, plan ventouse...) : un monitoring externe est obligatoire pour que l'opérateur et/ou le pointeur puissent visualiser le cadre et faire la mise au point pendant les mouvements. Des systèmes HF complets (monitoring, gestion du point, accès aux réglages du boîtier) sont souvent recommandés pour ce type de production (voir plus loin).

Implantation des moniteurs externes sur différents types de tournages.

Personne ne voit les couleurs ou la lumière de la même manière. Sans calibrage, chaque moniteur a son propre rendu, ce qui rend impossible toute analyse objective d'une image par un opérateur, et donc toute correction.

Mais quel que soit le type de production, il reste préférable et recommandé, si les conditions le permettent, de travailler de manière permanente avec un retour de grande taille et de la meilleure qualité possible, pour optimiser la fidélité du rendu (colorimétrie, focus).

## Le calibrage des moniteurs

Lors d'une prévisualisation vidéo, il est primordial que le moniteur soit calibré. Un bon calibrage garantira que ce que vous voyez un jour correspondra bien à ce que vous verrez le jour suivant (ou sur un autre moniteur calibré de la même façon), et que les jugements et décisions que vous prendrez se baseront sur des éléments « valides » et reproductibles.

En choisissant tel ou tel type de rendu de référence grâce au calibrage, nous ne rendons pas l'image nécessairement « meilleure », mais si toutes les personnes qui regardent ensuite le projet adhère à ce standard, les discussions sur les types de corrections à effectuer en postproduction seront rationnelles et efficaces.

## CONSEIL D'EXPERT

### Calibrer le moniteur

Pour calibrer votre moniteur, appliquez une mire de barres de couleurs SMPTE. Soyez sûr qu'elle soit correctement calibrée. Selon la carte de sortie, le codec et d'autres facteurs, la mire doit être générée différemment. Utiliser une mire incorrecte signifie que votre moniteur ne sera pas calibré correctement.

Beaucoup de fichiers de « mires » *(patterns)* de tests rencontrés sur le Web ne sont pas corrects. Une source de mires correctes est le Test Pattern Maker, un utilitaire gratuit disponible sur le site www.synthetic-ap.com.

Pour ajuster la chroma et la teinte *(hue)*, localisez et actionnez la fonction Blue only. Si vous n'en disposez pas, vous pouvez appliquer une gélatine bleu profond 47B Wratten. Quelques moniteurs disposent de contrôles individuels pour les rouge, vert et bleu ; dans ce cas, désengagez le rouge et le vert.

La mire de barres de couleurs SMPTE : les barres doivent être grise, jaune, cyan, vert, magenta, rouge et bleu. Le passage d'une barre à l'autre doit être net, sans que les couleurs bavent.
La mire PLUGE (Picture Line-Up Generating Equipment) : les mires PLUGE varient en format mais contiennent toutes des zones tirant soit vers le gris sombre soit vers le gris clair, parfois on pourra même y voir du blanc. Une mire PLUGE classique est faite de 3 barres verticales :
– quand le niveau de noir est trop faible, on peut observer, de gauche à droite, du noir, du noir et du gris foncé – le réglage associé entraînera des couleurs délavées ;
– quand le niveau de noir est trop élevé, les 3 barres sont noires – le réglage associé donnera une image foncée et terne.
Dans l'un ou l'autre cas, la couleur environnant le secteur foncé manquera d'éclat et sera moins visible et éclatante qu'elle devrait l'être. Les mires de PLUGE sont disponibles chez tous les prestataires spécialisés.



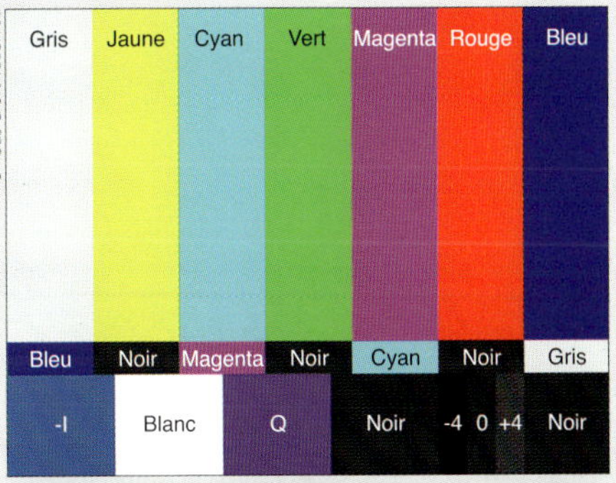




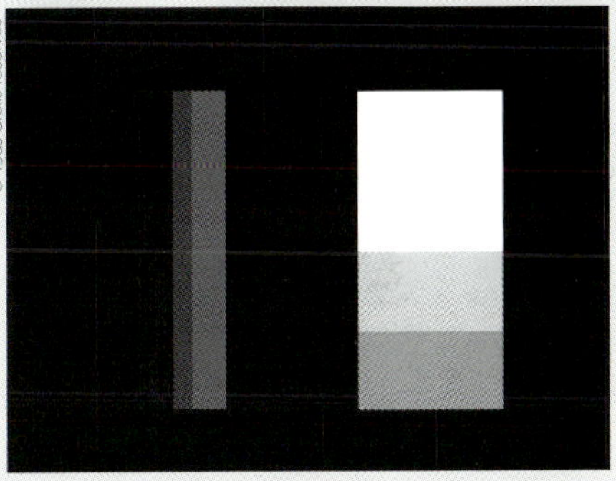

En position Blue only, vous devriez voir 3 barres sombres et 4 barres plus lumineuses. En bas de chaque barre lumineuse se trouve un petit segment de barre rectangulaire. N'accordez aucune attention aux autres parties.
Vous pouvez maintenant démarrer les réglages. Le but est de faire en sorte que les barres les plus lumineuses se confondent avec les segments correspondants.
Jouer sur le contrôle « hue » affectera les 2 barres du milieu.

- Jouer sur le contrôle « chroma » affectera les 2 barres extérieures.
- Une fois que les barres les plus lumineuses se confondent avec les segments correspondants, désengagez la fonction Blue only.

***Ajuster la lumière et le contraste***

Localisez la fonction Brightness. Dans la mire, repérez la 6e barre, la rouge en l'occurrence. Immédiatement en dessous de cette barre, vous devez pouvoir discerner 3 petites barres verticales à différentes valeurs d'échelle de gris. Si ces barres ne sont pas visibles, augmentez la lumière jusqu'à ce qu'elles apparaissent. Réduisez la lumière jusqu'à ce que la petite barre du milieu disparaisse. Ces 3 barres sont connues sous le nom de « mire PLUGE ». La barre du milieu devrait être noire, la barre de droite d'un gris très foncé, et la barre de gauche devrait aussi être noire et se mélanger avec la barre du milieu.
Selon la carte vidéo et/ou le codec, la barre de gauche peut être du même gris que celle du milieu, ceci est dû à la capacité limitée du codec à reproduire un noir « plus noir » que le noir vidéo. Si c'est la situation rencontrée, concentrez-vous sur la barre du milieu pour mener à bien le calibrage.
Maintenant, localisez la fonction de contraste (ou Picture). Ajustez-la jusqu'à ce que le carré blanc de référence présent à gauche en bas de l'écran soit assez lumineux et commence à faire briller le carré adjacent. La lumière et le contraste interagissent, ainsi, procédez progressivement pour obtenir la bonne combinaison de réglages. Le calibrage est terminé.
(Source : Bob Currier, Synthetic Aperture – traduction François Barve)

## Les moniteurs à sortie composite

La dernière décennie a vu disparaître les écrans à tube au profit de dalles ultra plates faisant appel aux nouvelles technologies (plasma, LCD, LED, Oled). Ces nouvelles générations d'écran rivalisent en matière de définition, de luminosité ou de taux de contraste pour reproduire de manière optimale le signal des nouveaux formats HD. De nouvelles normes professionnelles d'entrée/sortie vidéo universelles grand public (HDMI) ou favorisant de larges bandes passantes (HD-SDI) ont accompagné l'émergence des formats HD. Pour autant, le standard analogique SD (signal vidéo composite) continue d'être utilisé en numérique pour sa flexibilité, sa polyvalence et parce qu'il est encore omniprésent sur l'ensemble des

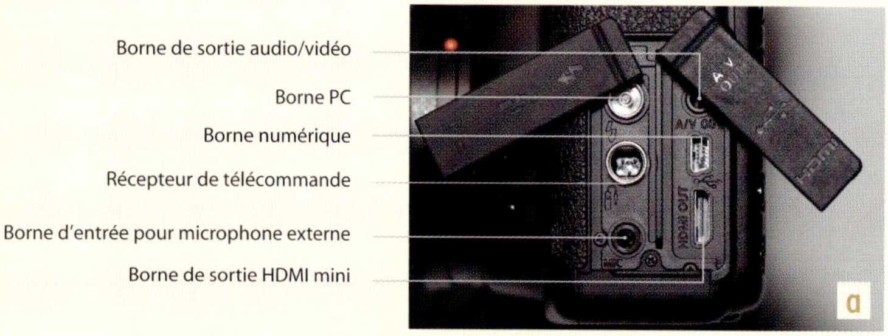




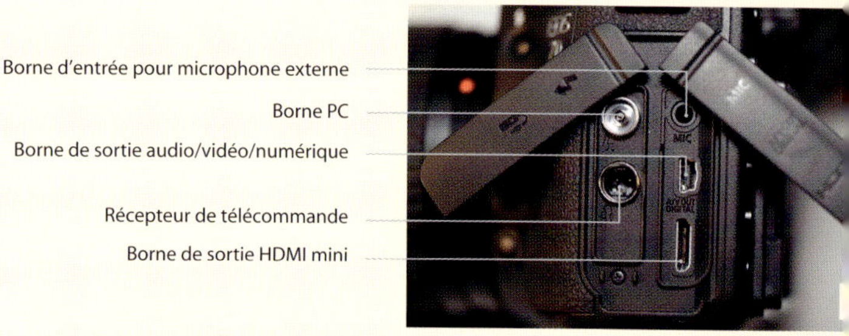


Le panneau des bornes de sortie des trois EOS :
5D MkII (photo a), 7D (photo b) et 1D MkIV (photo c).

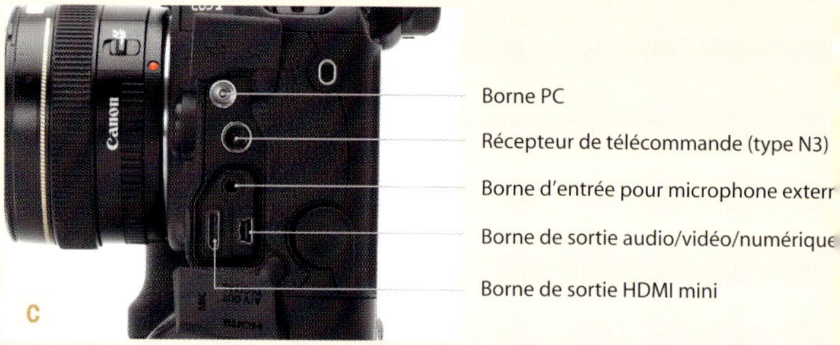




Le choix du type de monitoring (grands moniteurs que l'on branche sur secteur ou petits moniteurs de terrain autonomes, sur batteries) s'effectue en fonction du tournage. Les petits écrans sont évidemment recommandés pour les tournages extérieurs en équipe légère alors que les grands sont plutôt destinés aux tournages en studio, avec des équipes importantes (publicité, clip…).

équipements et accessoires vidéo. En effet, il équipe la majorité des équipements grand public (téléviseurs, magnétoscopes, caméscopes…), mais aussi la totalité du parc matériel professionnel en tant que standard SD.

On l'a dit au chapitre 3, la sortie mini-jack AV composite des EOS n'est pas adaptée au signal Full HD 1 920 × 1 080 ; elle doit plutôt être associée au format basse définition (640 × 480) également proposé par ces boîtiers. Pour autant, et bien que la définition du signal composite ne soit pas optimale pour effectuer une mise au point précise, cette sortie standard offre certains avantages qui lui assurent encore un bel avenir.

/ Même si le mode analogique est à présent abandonné (les nouveaux modes numériques HDMI et DVI l'ont remplacé), l'omniprésence du signal composite sur l'ensemble des équipements vidéo (système PAL/NTSC avec connectiques BNC pour les professionnels, RCA, jack AV pour le grand public) est pratique. En effet, le standard universel composite ne connaît ni problèmes de disponibilité, d'alimentation (secteur ou batteries) ou de format (petit moniteur de terrain et grands écrans dédiés au montage), ni problèmes de transmission HF (voir la fin de ce chapitre). Toutes les solutions existent, à des tarifs devenus très économiques, et s'adaptent parfaitement aux exigences de ce signal (flux de transfert réduit).

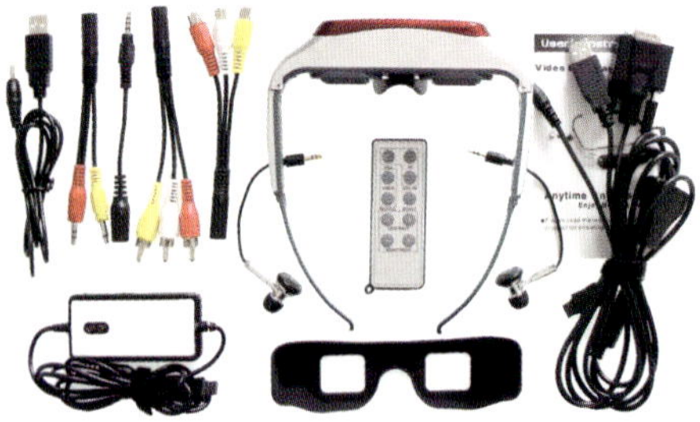



Les lunettes vidéo (80' EVG920D) sont un parfait exemple de solution originale autorisée par la sortie composite des boîtiers. Branchées à la prise jack AV des EOS, elles fonctionnent comme un moniteur en proposant une résolution équivalente à la basse résolution des HDSLR (640 × 480). Pour 340 €, on peut cadrer et visualiser les vidéos des reflex de manière très originale, mais cette alternative relève plus du gadget technologique que d'un véritable équipement professionnel.

## TÉMOIGNAGE

**Clémentine Péron, assistante caméra**

Pour cadrer et pointer avec les HDSLR, j'utilise deux écrans, un moniteur Ikan 8" qui sert au cadreur et un moniteur Marshall 7" qui, lui, est parfaitement défini et précis, et qui me sert à faire le point. On branche un troisième moniteur Transvideo pour le réalisateur. (En général, le chef opérateur préfère utiliser le moniteur Marshall branché en HDMI pour régler son diaph, la sensibilité et la température de couleur.) Pour obtenir l'image sur ces deux retours et sur un troisième dédié au réalisateur, il faut faire une boucle SD avec les entrées/sorties composites du reflex et des moniteurs. Ces derniers peuvent être fixés au support ou à la tête grâce à des petits bras magiques Manfrotto et Nano clamp.

© Clémentine Péron

Photo du 5D MkII équipé de deux écrans destinés à l'opérateur et au 1er assistant caméra pour cadrer l'image et gérer la mise au point.

La flexibilité et la polyvalence du signal vidéo composite facilitent également son bouclage et améliorent du même coup le confort d'utilisation des boîtiers HDSLR. La connexion en cascade de plusieurs écrans permet le contrôle et le transfert du signal d'une source unique vers plusieurs moniteurs situés en différents endroits d'un même site.

### La sortie HDMI

La sortie HDMI (interface multimédia haute définition) est une norme interface audio/vidéo entièrement numérique pour la transmission des flux chiffrés non compressés. L'intérêt du HDMI demeure son statut de référence universelle et sa compatibilité avec les différentes définitions numériques qu'il peut exploiter (du SD à la TVHD). C'est la solution qu'il faut préconiser pour les moniteurs externes couplés aux EOS : la définition qu'elle procure est parfaitement adaptée à la gestion du focus des boîtiers et garantit une superbe reproduction de l'image, qui apparaît même flatteuse par rapport au rendu final.

La norme HDMI s'est démocratisée en remplaçant le mode analogique composite et équipe à présent la quasi-totalité des dalles LCD grand public disponibles dans toutes les tailles et à tous les prix. En revanche, l'absence de concurrence sur les petits moniteurs de terrain avec entrée HDMI s'est ressentie en 2009 (seuls les deux modèles des marques Marshall

L'allemand Sebastian Wöber, créateur du site cinéma 5D déjà évoqué dans le chapitre 3, a réalisé un second test comparatif très intéressant sur quatre modèles de moniteurs de terrain HDMI destinés aux HDSLR. (www.cinema5d.com/news/?p=2262)

© Marshall, Ikan, SmallHD, Manhattan

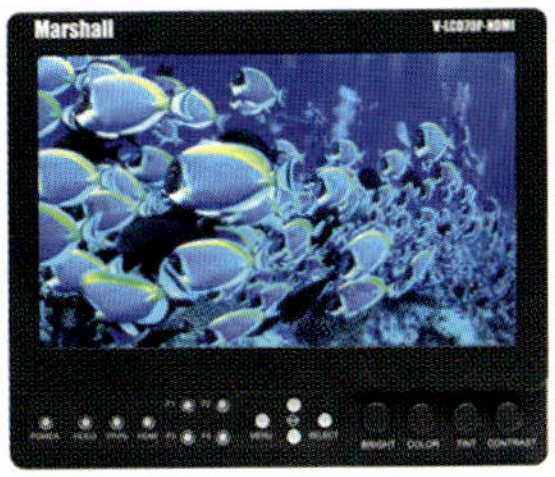


Marshall V-LCD70P

Ikan V8000

DP1 SmallHD

Manhattan HD089B

Electronics et Ikan se partageaient le marché des boîtiers Canon). À l'heure actuelle, les constructeurs ont rattrapé leur retard et proposent des solutions économiques comprises entre 600 et 2 500 €. La qualité et les performances de ces nouveaux moniteurs milieu de gamme dédiés aux sorties HDMI des reflex EOS étant difficiles à évaluer de façon objective, j'ai préféré un tableau comparatif à une sélection arbitraire.

Tableau comparatif de la nouvelle gamme de moniteurs de terrain HDMI (sur batteries) destinés aux reflex EOS.

| Marque et modèle | Taille | Sortie EOS | Résolution | Ratio contraste | LCD brightness | Prix |
|---|---|---|---|---|---|---|
| Marshall V-LCD70XP (1) | LCD 7″ | HDMI/Composite | 800 × 480 | 400:1 | 250 cd/m² | 950 € |
| Marshall V-LCD651ST (2) | LCD 6,5″ | HDMI/Composite | 1024 × 768 | 500:1 | 650 cd/m² | 1 650 € |
| Marshall V-LCD50-HDMI (3) | LCD 5″ | HDMI | 800 × 480 | 400:1 | 200 cd/m² | 600 € |
| Ikan V8000 (4) | LCD 8″ | HDMI/Composite | 800 × 480 | 200:1 | 400 cd/m² | 795 € |
| Ikan V5600 (5) | LCD 5,6″ | HDMI/Composite | 1024 × 600 | 200:1 | 165 cd/m² | 699 € |
| Ikan VX9 (6) | LCD 8,9″ | HDMI/Composite/HD-SDI | 1024 × 600 | 300:1 | 185 cd/m² | 1 149 € |
| Small HD DP1 (7) | LCD 8,9″ | HDMI/Composite | 1280 × 768, 720p | 500:1 | 300 cd/m² | 799 € |
| Small HD DP-SLR (8) | LCD 5,6″ | HDMI/Composite | 1280 × 800 | 500:1 | 350 cd/m² | 1 199 € |
| Manhattan HD071A (9) | LCD 7,1″ | HDMI/Composite | 1024 × 600 | 500:1 | 400 cd/m² | 800 € |
| Manhattan HD089B (10) | LCD 8,9″ | HDMI/Composite | 1024 × 600 | 500:1 | 300 cd/m² | 750 € |
| Manhattan HD8920 | LCD 8,9″ | HDMI/Composite/2 HD-SDI | 1280 × 768, 720p | 500:1 | 250 cd/m² | 1 500 € |
| Manhattan HD8420 (11) | LCD 8,4″ | HDMI/Composite/2 HD-SDI | 1280 × 768, 720p | 500:1 | 400 cd/m² | 1 850 € |
| Sony LMD-940W avec oscillo/vectorscope intégré (12) | LCD 9″ | HDMI/Composite/2 HD-SDI | 800 × 480 | NC | NC | 2 625 € |

Les écrans HDMI présentés dans le tableau ci-dessus.

De nouvelles fonctionnalités électroniques destinées à accroître la précision des réglages sont proposées sur certains modèles de cette nouvelle gamme de moniteurs HDMI : il s'agit des systèmes d'aide à la gestion du point, Peaking filter, et à l'exposition, False Color filter.

Le filtre Peaking, de « mise au point », est utilisé pour aider l'opérateur à obtenir l'image la plus nette possible. Lorsqu'il est activé, toutes les couleurs sont supprimées de la fenêtre d'affichage, il ne reste qu'une image en noir et blanc. Le processeur interne de visualisation affichera ensuite à l'écran une couleur rouge sur les plages nettes de l'image : lorsque l'opérateur ajustera le point (via l'objectif de la caméra), les parties nettes seront bordées de rouge. L'objectif à atteindre est donc de faire le point jusqu'à obtenir des bordures rouges sur le sujet visé.

Le filtre False Color facilite les réglages d'exposition de la caméra : quand les ouvertures des boîtiers bougent, certains éléments de l'image changent de couleur (selon la luminance ou des valeurs de luminosité). Ces modifications mettent en évidence l'exposition correcte à privilégier. Pour utiliser au mieux cette fonction, vous devez avoir une bonne connaissance du tableau de couleurs (IRE) et maîtriser des bases de l'exposition caméra :

- normalement, lorsque vous photographiez des sujets comme des personnes, il est de pratique courante de fixer l'exposition des visages à 56 IRE environ. Le filtre False Color associera cette valeur à la couleur rose sur le moniteur, par conséquent, quand vous augmenterez l'exposition, votre sujet changera de couleur comme indiqué sur la carte : du rose il passera au gris, puis présentera quelques nuances de jaune ;
- les sujets surexposés (plus de 101 IRE) seront eux affichés en rouge, et les sujets sous-exposés couvriront des plages de couleurs allant du bleu profond au bleu foncé ;
- la couleur verte sera utilisée pour signaler les éléments de l'image qui seront à 45 IRE environ : cela correspond à une exposition « neutre », habituellement choisie pour les objets (et non pour les personnes).

Notez que cette fonction est plus efficace lorsque le sujet est bien exposé et qu'il est suffisamment contrasté.

L'amplitude du signal vidéo et le niveau de luminosité sont mesurés en IRE (*Institute of Radio Engineers*) pour les vidéos NTSC et en volts pour les vidéos PAL : 0 IRE correspond au noir (donc 0,37 V) et 100 IRE correspond au blanc (donc 1 V). L'IRE est le pourcentage de luminosité. Les valeurs comprises entre 7,5 et 100 unités IRE sont compatibles pour le mode de diffusion TV ; dans cette plage, les couleurs ne produisent pas de défauts indésirables, comme le bruit audio et le maculage des couleurs.

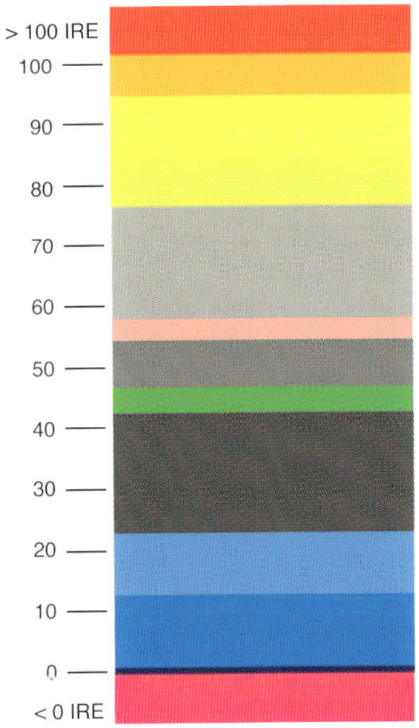

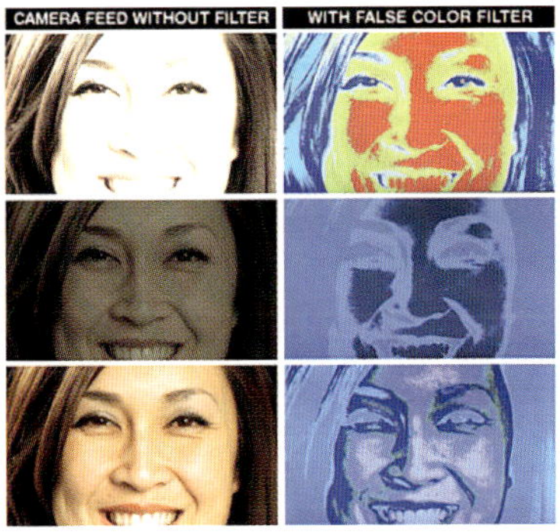


© Marshall electronics

Les filtres Peaking (ci-dessus) et False Color (à droite), et le tableau de couleurs (IRE) (ci-contre).

## En pratique

### Attention aux spécificités des sorties vidéo des EOS

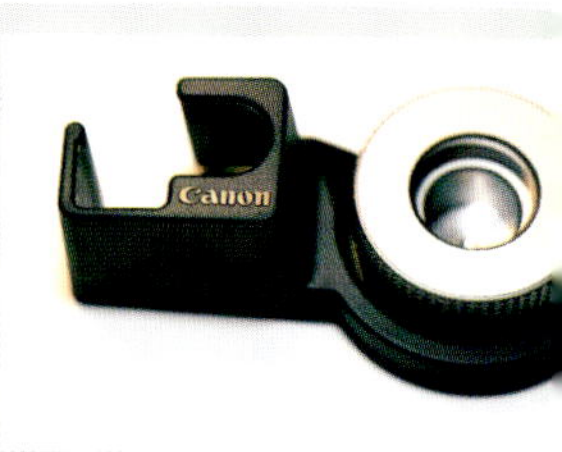


Voici quelques mises en garde qui vous éviteront bien des déconvenues sur le terrain :

- dès l'instant où une sortie vidéo (HDMI ou composite) est utilisée, le Live view se coupe et devient indisponible ;
- les deux sorties HDMI et composite ne peuvent jamais être utilisées simultanément ;
- seules les connectiques HDMI référencées Type C 1.3 sont adaptées à la sortie HDMI ;
- les sorties vidéo des HDSLR transfèrent vers les moniteurs une reproduction fidèle du Live view (image miroir) qui ne correspond pas au format 16/9 des vidéos Full HD mais au format 3/2 réservé à la photo. Les moniteurs actuels proposent tous des fonctionnalités pour adapter et recadrer le format (anamorphique, Full mode pixel to pixel, Underscan modes...) mais au regard du Live view au ratio 3/2, le choix des moniteurs 16/9 pour les HDSLR ne doit pas constituer une priorité. Seules les connectiques HDMI référencées Type C 1.3 sont adaptées à la sortie HDMI ;
- à la différence du mode photo, le mode vidéo fait appel, de manière très fréquente, aux sorties HDMI ou A/V pour utiliser des moniteurs externes sur les tournages. Ces prises s'avèrent très fragiles et sont très exposées à d'éventuelles maladresses qui peuvent les détériorer. Le SAV Canon voit ainsi revenir de nombreux modèles de connectiques endommagés suite à de petits incidents. Pour sécuriser ces connectiques, seul le modèle professionnel 1D MkIV propose un accessoire dédié dans son kit de base : le « cable protector »

L'accessoire idéal pour la sécurité des bornes de sortie du 1D MkIV : le « cable protector ».

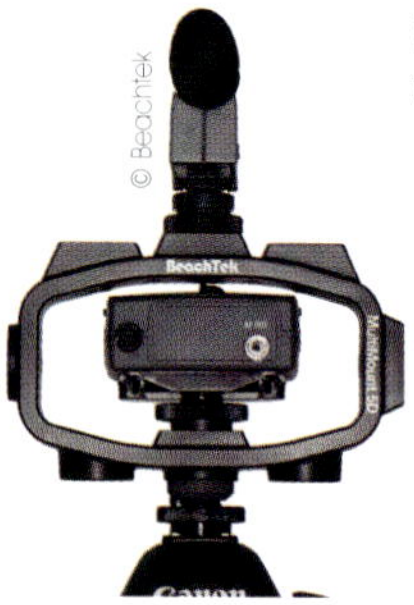


Pour les configurations News, l'accessoire Beachtek privilégie la fixation des boîtiers récepteurs des micros HF ainsi que celle des micros externes.

En plus des filtres, certains autres accessoires de système d'accroche sont indispensables pour compléter votre unité de tournage en permettant de multiples configurations. Ma préférence revient au pack complet très économique destiné aux EOS et proposé pour 150 € par la jeune société Vibesta. Il comprend deux bras articulés, deux mini-clamps une mini-monture griffe de flash et un mini-ballhead.

Les petits systèmes d'attache, de pinces et de bras articulés sont les accessoires indispensables et les compagnons idéals de ces moniteurs de contrôle HDMI (petits et légers). Les marques Vibesta, Manfrotto (Nano clamp), Zacuto (Zamerican V3, Zround), Noga (Cine arms et Israeli arms), Redrock Micro (Articulating arm et microMount), etc., proposent des modèles qui garantissent une fixation robuste et sûre.

## La sortie HD-SDI

La connexion de sortie HD-SDI (*Serial Digital Interface*, ou interface numérique série) ne se trouve généralement que sur les équipements professionnels de la plus haute qualité. Le HD-SDI correspond à la norme destinée aux professionnels. Cette sortie n'est pas prévue d'origine sur les boîtiers EOS, il faut donc un convertisseur HDMI vers HD-SDI pour y avoir accès.

Une des solutions est le jumelage entre un boîtier mini-convertisseur BlackMagic Design HDMI vers SDI, via un adaptateur Nebtek batterie LIBA2.5 pour batteries lithium-ion 7,2 V. (Note : la boîte de BlackMagic ne peut pas être utilisée avec une batterie 14,4 V, car le mini-convertisseur ne peut traiter que jusqu'à 15 V, or une fois entièrement chargées, ces batteries peuvent dépasser 18 V.) Un kit complet est proposé à la vente par la société Abel Cine Tech, à New York, mais les prestataires français (Planipresse, Transpacam, Loca Images, Emit…) proposent également des systèmes équivalents à la location tels que le modèle HD Spigot. La connectique HD-SDI offerte par ces petits convertisseurs permet aux HDSLR d'accéder aux gammes de moniteurs haut de gamme dont la restitution d'image est identique aux anciennes référence de moniteurs à tube. La présence d'oscilloscope et de vectorscope internes sur certains modèles facilite un parfait calibrage et assure un rendu fidèle des vidéos. Au même titre que les moniteurs analogiques, ils peuvent être portables ou en rack.

Parmi les moniteurs HD-SDI performants, on retiendra :

- la gamme exceptionnelle CineMonitorHD de Transvideo qui propose à la location des moniteurs allant du 6 au 15″ (présence notable de modèles « 3DView » destinés aux productions 3D). Prévus pour des prises de vues en extérieur, il n'y a pas de problèmes de reflets pour cadrer. Jacques Delacoux et Transvideo, déjà réputés pour leurs célèbres moniteurs à émetteur HF interne, ont reçu un Scientific & Technical Award (Oscar) à Hollywood en 2009 pour la qualité de leurs moniteurs de terrain ;
- la gamme Astro Monitoring LCD HD natif, comprenant l'un des premiers moniteurs LCD dignes de remplacer un moniteur tube : l'Astro DM3011 (5 900 €) ;
- la gamme BT-LH de Panasonic, avec le petit moniteur BT-LH900AE LCD 8″ (4 876 €) et leur moniteur LCD HD de référence : BT-LH2550E LCD 25,5″ (5 300 €).

Nombreux sont les utilisateurs professionnels des boîtiers HDSLR qui veulent disposer de moniteurs de production perfectionnés (avec histogramme et oscilloscope), dont les entrées sont en HD-SDI…

Les modèles BlackMagic (en haut) et AJA HA5 (en bas) convertissent en temps réel le signal HDMI des EOS en signal HD-SDI et permettent donc de connecter les boîtiers EOS à des écrans ou équipements HD-SDI.

## TECHNIQUE ET MATÉRIELS

### La connexion HD-SDI

La SDI est une interface haute capacité utilisée comme un moyen d'exporter des vidéos numériques non compressées en temps réel, ce qui la rend (elle et tout caméscope qui l'intègre) idéale pour les productions en régie directe (comme une émission de télévision en direct), ainsi que pour le montage et le contrôle vidéo avec la qualité la plus élevée possible. La SDI étant destinée principalement à une utilisation professionnelle, elle est également compatible avec un certain nombre de périphériques vidéo que l'on trouve dans les studios de télévision (notamment écrans de contrôle, platines et pupitres de mixage vidéo – un pupitre de mixage vidéo est un dispositif qui agit comme un point de contrôle central, à partir duquel un certain nombre de caméras peuvent être commandées à distance, dans une configuration de tournage multicaméra).

La SDI exporte les vidéos SD et HD non compressées par un câble unique. Alors que le débit d'une séquence HDV1080i enregistrée sur cassette est de 25 Mbit/s (après compression), celui de la sortie vidéo directe SD-SDI atteint 270 Mo/s. Le débit standard pour la HD-SDI est de 1,485 Go/s, ce qui est absolument époustouflant.

(Source : document Canon France)

Ces quatre photos correspondent à quatre captures d'images des signaux émanant des quatre sorties disponibles et envisageables par les EOS. De haut en bas : Composite PAL, HDMI (Full HD), HD-SDI (Full HD) et USB (EOS Utility). L'image de l'écran de visée récupérée par le logiciel EOS Utility, par l'intermédiaire du câble USB, est également une alternative non négligeable en termes de monitoring même si l'image n'est pas très fluide (15 i/s).

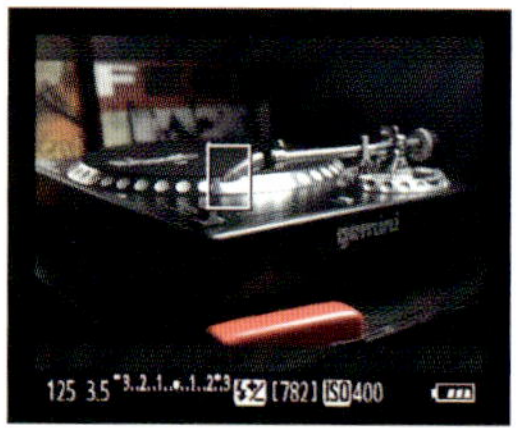

## TÉMOIGNAGE

**Jacques Delacoux, PDG de Transvideo, sur les nouveaux moniteurs CineMonitorHD Evolution**

La société Transvideo va mettre sur le marché une nouvelle gamme de moniteurs CineMonitorHD Evolution, avec entrée HDMI : une modification des arrières existants a donc été prévue pour accueillir un connecteur HDMI-mini avec bloqueur de câble. Toutes les entrées seront conservées sur ces moniteurs HD, il sera ainsi possible de connecter les HDSLR en composite, en HDMI et en HD-SDI. Pour Transvideo, il n'y a pas de différence fondamentale de traitement du signal en HDMI ou dans d'autres formats, c'est juste le support qui change.

Parmi les outils disponibles, la fonction la plus utile reste l'histogramme qui fournit une indication de dynamique tout en donnant des informations pertinentes sur les saturations des blancs et les tassements des noirs. Il apparaît bien plus parlant que le WFM. La fonction très précise Focus helper des CineMonitorHD permet aussi de faire le point avec précision, surtout avec des longues focales.

Notez enfin qu'une version spécifique du 3DView est également en cours de développement avec deux entrées HDMI et un synchroniseur interne.

# Les systèmes sans fil

Très utiles partout où les câbles ne sont pas les bienvenus, les systèmes de transmission infrarouge HF, UHF ou Wi-Fi permettent de contrôler à distance l'ensemble des réglages nécessaires aux reflex EOS. Quelles que soient leurs fonctions, ces kits de transmissions sans fil fonctionnent tous avec des systèmes émetteurs/récepteurs. Pour contrôler les HDSLR à distance, on distingue trois systèmes.

## La commande de point sans fil (Follow focus HF)

La gestion de la mise au point requiert encore plus d'expérience et de maîtrise quand elle doit être réalisée à distance. Les systèmes sans fil dont la valeur est reconnue sur les productions professionnelles cinéma constituent la meilleure des garanties en termes de précision et

© Betz

© Chrosziel Aladin

© CMotion

© Scorpio Focus

© VariZoom

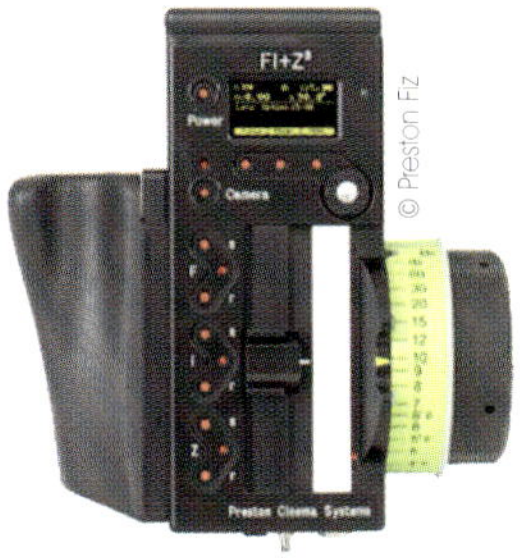


© Preston Fiz

Photos des moteurs Betz et des télécommandes professionnelles Chrosziel Aladin, C-Motion, VariZoom, Preston Fiz, et la Scorpio Focus qui permet de télécommander presque toutes les fonctions de la caméra (focus, diaphragme, zoom, moteur caméra, variation de vitesse caméra, variation de l'obturateur pour certaines caméras film et automatisation de l'effet « trans-trav » *(Vertigo effect)* avec mise en mémoire de toutes ces fonctions.

Pour envisager un contrôle similaire sur les HDSLR Canon, seul le EOS Utility semble capable de concurrencer de telles fonctionnalités (voir plus loin « Le contrôle de l'enregistrement et des réglages à distance des EOS »).

Les commandes de point HF BarTech et Palomar, Hocus Focus, Rtmotion, Foveas, View factor et Redrock Micro.

© Redrock Micro

© Redrock Micro

© Redrock Micro

de transmission. Appréciées par les assistants caméra, les modèles des marques Scorpio Focus, VariZoom, Arri LCS, C-Motion, Chrosziel Aladin, DigiFox et Preston Fiz sont des valeurs sûres dans le domaine des commandes de mise au point, diaphragme et zoom sans fil. Avec ce type de matériel, haute précision, robustesse, rapidité de réaction et fiabilité seront au rendez-vous.

L'association de trois moteurs d'asservissement optiques type Betz ou Heden compatibles avec ces télécommandes perfectionnées permet le contrôle à distance de la mise au point de vos objectifs, la modification de l'ouverture du diaphragme, et donne la possibilité de changer de focale. L'acquisition d'une monture PL avec des objectifs Cine-style reste à privilégier pour pouvoir profiter de toutes les fonctionnalités de ces systèmes avec les HDSLR. Pour s'adapter au nouveau marché des EOS et aux nouvelles générations d'optiques photo aux bagues de mise au point spécifiques et sans bague de diaphragme, des systèmes plus adaptés ou totalement dédiés aux caractéristiques des HDSLR ont fait leur apparition : les sociétés Hocus focus, Rtmotion, View factor, Foveas, BarTech-Palomar et Redrock Micro (MicroRemote, présenté en exclusivité au NAB 2010) proposent toutes des modèles plus ou moins économiques.

© BarTech-Palomar

© Hocus Focus

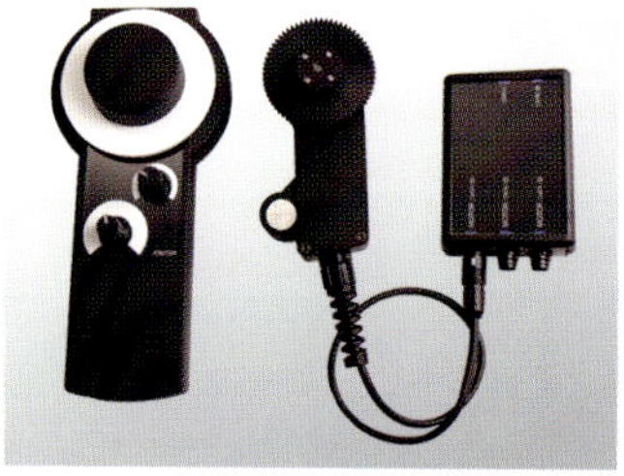
© Rtmotion

© View factor

## TECHNIQUE ET MATÉRIELS

### Les commandes de point sans fil BarTech et Palomar

Pour contrôler un objectif sans fil, il faut un émetteur, un récepteur et un moteur. BarTech propose les deux premiers et Palomar le troisième. L'émetteur est constitué d'une antenne, d'un gros bouton rotatif, d'un petit bouton rotatif, d'un interrupteur à bascule, de trois interrupteurs miniatures et de deux embases Lémo. Le récepteur se place généralement sous l'objectif à contrôler, à côté du moteur. Il est alimenté par la batterie du stabilisateur ou la batterie de la caméra, mais une batterie autonome fonctionne également. C'est le récepteur qui alimente le moteur qui actionne l'objectif. Le moteur est livré avec six engrenages différents; les engrenages se changent sans outil, juste avec une simple pression des doigts.

## Le monitoring HF

Pour transporter les signaux audio/vidéo sans être obligé d'utiliser des câbles, des systèmes de liaison HF de conception professionnelle permettent de visualiser et de suivre l'image à distance. Parfaits pour des directs mono-caméra ou montés sur une caméra divergée dans un environnement en multicaméra, ces équipements spécifiques sont également idéaux pour les plans Steadicam, les caméras embarquées ou les mouvements de grue.

Ces systèmes de transmission HF et UHF fonctionnent avec n'importe quelle source audio/vidéo composite. Ils peuvent donc équiper tous types d'écrans, mais sont également intégrés à certains modèles adaptés aux conditions de terrain. Ces moniteurs particuliers à système HF intégré sont tous dotés de la technologie Superbright pour des cadrages en plein soleil.

Voici une sélection des modèles HF qui se sont imposés comme des références dans le domaine des liaisons vidéo sur les productions professionnelles :

- le Transvideo Titan émetteur/récepteur vidéo HF 2,4 GHz (voir la photo a ci-dessous) ;
- le Transvideo Rainbow II Rx, écran LCD avec récepteur vidéo Titan intégré (voir la photo b ci-dessous) ;
- le Transvideo Rainbow II Tx, écran LCD avec émetteur vidéo Titan intégré ;
- le Denz émetteur/récepteur vidéo HF 2,4 GHz (voir la photo c ci-dessous).

Attention aux fréquences de commandes de point HF qui peuvent être incompatibles avec celles du Titan. Il est préférable de faire des essais avant le début du tournage.

Et une sélection des modèles UHF :

- le Canatrans émetteur/récepteur vidéo UHF (voir la photo d ci-dessous) ;
- le BlueCine 5.6 Clamshell, écran LCD avec récepteur vidéo UHF (voir la photo e ci-dessous) ;
- le Transvideo Rainbow RF UHF, écran LCD avec récepteur vidéo UHF (voir la photo f ci-dessous).

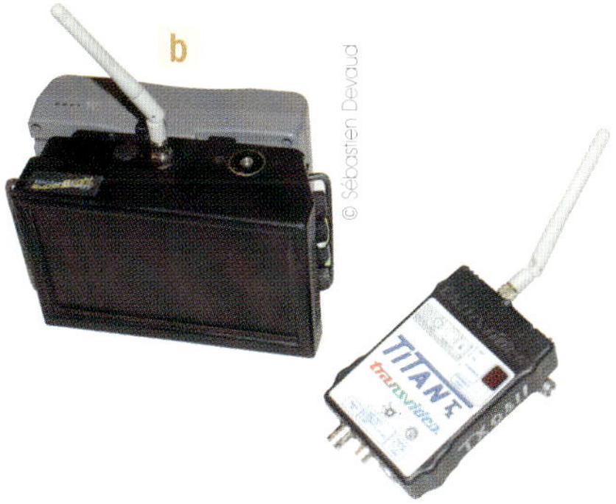

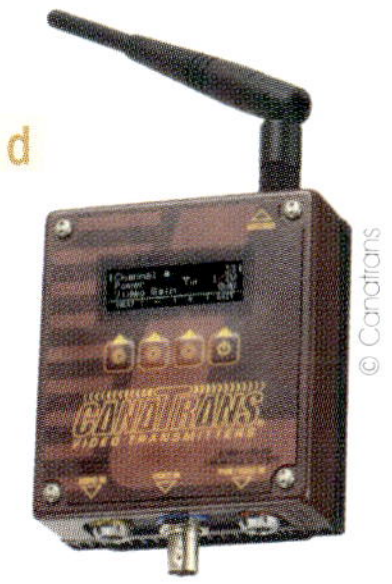


Les ensembles HF et UHF Transvideo, Canatrans ou Dentz sont proposés à la location par les sociétés Zxtrem et Glops (bien que la sortie AV soit la seule borne compatible avec ces systèmes HF, ils sont efficaces et très faciles à mettre en place).

Ces systèmes émetteur/récepteur transportent des signaux vidéo composites et audio dont le flux de transfert est parfaitement maîtrisé par la transmission HF. La sortie composite des HDSLR trouve donc toute son utilité avec ces modèles. Pour autant, la possibilité offerte aux EOS d'accéder aux connectiques HD-SDI grâce aux convertisseurs autorise également l'exploitation des nouveaux systèmes de transmission HF HD.

La liaison HF numérique Transvideo Titan HD est en effet la dernière petite merveille sortie tout droit des bureaux recherche et développement de Transvideo en France. C'est une liaison haute définition auto commutable en définition standard HD-SDI, SDI et composite avec entrées audio XLR et SDI Embedded. Elle est commutable sans perte de synchro avec d'autres caméras. Mise en service en moins de 3 minutes, sa portée est de 130 mètres maxi, une zone de sécurité de 50 mètres autour du récepteur étant observée pour des directs *live*. Pas de coupures, l'image est parfaite en HD comme en SD. Ce système est disponible à la location.

Enfin, le système CW-5HD commercialisé par la société IDX au tarif de 4 500 € (également disponible à la location) permet aussi de transmettre des images HD non compressées grâce à la technologie Wi-Fi. Initialement conçu pour l'ergonomie des caméras ENG, ce système est un peu lourd et encombrant mais il fonctionne parfaitement avec la sortie HDMI des boîtiers si elle est convertie en HD-SDI.

1D MkIV équipé du système de transmission Wi-Fi CW5 de la société IDX pour émettre le signal HD, sur le plateau d'une production réalisée par Vincent Laforet.

Écran LCD Marshall équipé du système de réception Wi-Fi CW5 de la société IDX pour recevoir le signal HD sur une production réalisée par Vincent Laforet.

## Le contrôle à distance de l'enregistrement et des réglages des EOS

Pour conclure avec les systèmes de transmission HF, après les possibilités liées à la gestion du focus et à la visualisation des images, il reste à évoquer le réglage et le déclenchement à distance sans fil des reflex eux-mêmes. Comme nous l'avons évoqué dans le chapitre 3 (« Composition de l'unité de tournage »), seules deux méthodes de transmission sans fil sont proposées : Wi-Fi et infrarouge.

Les petites télécommandes infrarouges telles que la RC-1 de Canon sont exclusivement dédiées au déclenchement et à l'arrêt de l'enregistrement des vidéos des reflex EOS. Pour accéder en plus aux réglages internes des boîtiers, tels que les paramètres d'exposition (sensibilité, ouverture et vitesse), le logiciel EOS Utility reste actuellement la solution disponible. Pour contrôler à distance les EOS, la communication par câble USB demeure en effet jusqu'à maintenant la plus simple et la plus stable, mais seuls les systèmes Wi-Fi autorisent la transmission sans fil de ces données.

Les grips WFT dédiés aux HDSLR Canon permettent un transfert des fichiers en toute sécurité vers un ordinateur ou un serveur, un contrôle de l'appareil à distance et une connexion à un périphérique compatible Wi-Fi pour visualiser les images directement depuis le boîtier.

Le réglage de l'exposition des reflex EOS est donc possible à distance, mais avant d'envisager de pouvoir la contrôler à distance, il faut d'abord en maîtriser les bases fondamentales. La gestion de la lumière va donc faire maintenant l'objet du prochain chapitre.

À droite, le transmetteur sans fil WFT-E2 II dédié au 1D MkIV, à gauche, le 5D MkII équipé du transmetteur sans fil WFT-E4 II pour le transfert des séquences vidéo et le contrôle des réglages à distance par l'intermédiaire du logiciel EOS Utility. Pour faciliter la mise en place du compliqué réseau FTP à établir entre votre ordinateur récepteur et le transmetteur WFT-E4II, une méthodologie précise est consultable sur le Web : http://adventure-photographer.blogspot.com/2009/02/how-to-go-wireless-setting-up-ftp-with.html.

## TECHNOLOGIE

### Prise de vues à distance

Les WFT-E2 II et WFT-E4 II permettent aux photographes de communiquer avec leur appareil à distance via de nombreuses méthodes. En utilisant le logiciel EOS Utility fourni avec le boîtier, ils peuvent facilement parcourir et contrôler un large éventail des réglages de l'appareil par l'intermédiaire d'une connexion réseau. C'est un réel atout pour les photographes de studio qui doivent souvent procéder à des réglages d'ajustement manuels précis avant d'enregistrer des images tests à visualiser instantanément sur grand écran. La commande à distance est aussi très pratique pour les photographes de sport qui mettent en place des configurations composées de plusieurs boîtiers pour couvrir l'action sous des angles variés et obtenir ainsi les meilleures vues possibles.

Le serveur WFT tire pleinement avantage des navigateurs Internet compatibles Java en offrant aux photographes la possibilité de modifier les réglages d'un boîtier (comme la sensibilité ISO, la mise au point, l'ouverture et la vitesse) depuis un ordinateur ou un périphérique portable, tel qu'un PDA ou un smartphone. Ceci leur permet de contrôler leur appareil tout en restant libres de se déplacer ou de conserver le bénéfice de la commande à distance lorsqu'ils doivent opérer dans des endroits où n'est pas possible d'emporter un ordinateur. Il est possible d'accéder à un boîtier depuis trois ordinateurs ou périphériques mobiles différents, ce qui permet de bénéficier d'un contrôle à distance pratique et flexible sur les prises de vues.

Ces nouveaux transmetteurs de fichiers sans fil élèvent la prise de vues à distance à un niveau de potentiel supérieur pour les photographes professionnels qui souhaitent enregistrer de superbes photos plus efficacement. Grâce à la fonction de prise de vues synchronisée, jusqu'à dix boîtiers esclaves peuvent être connectés sans fil à un boîtier maître situé à une distance allant jusqu'à 100 mètres. Ce boîtier maître commande les boîtiers esclaves et permet ainsi, notamment dans les applications de photo de faune sauvage et de sport, d'enregistrer un sujet sous une multitude d'angles différents.

(Source : document Canon France)

/ CHAPITRE 7 /

# Gestion de la lumière

Il est maintenant évident que l'utilisation de la fonction vidéo de ces nouveaux boîtiers EOS ne peut pas être envisagée de manière professionnelle sans une réelle formation. Que ce soit pour une production en solo ou en équipe complète, chaque utilisateur devra posséder des connaissances relatives au processus technique permettant la captation des images, et notamment la gestion de l'exposition.

La lumière est un sujet vaste et complexe. Quand on parle de « langage visuel », on comprend « écriture » en lumière. Esthétiquement, la lumière donne son atmosphère au film. Sa connaissance et sa maîtrise font appel à deux aspects majeurs :

- un facteur technique, incontournable, qui concerne les réglages internes du boîtier (sensibilité, ouverture, vitesse, balance des blancs) ; ces derniers définissent la quantité et la qualité de la lumière captée. Comme en photographie, vous devrez complètement maîtriser ces paramètres pour pouvoir intervenir sur la gestion de la lumière naturelle lors de la réalisation de films en mode manuel ;
- un facteur esthétique, plus subjectif, moins rationnel, qui définit le style de l'image. Conditionné par des partis pris artistiques (profondeur de champ plus ou moins réduite, création d'une lumière personnelle), il privilégie généralement les éclairages artificiels pour retranscrire précisément une atmosphère, sublimer une lumière naturelle ou pour rattraper un éventuel manque de luminosité. Les équipements associés aux lumières artificielles constituent une véritable industrie et leurs maniements requièrent, eux aussi, de solides compétences techniques.

Le chef opérateur ou le directeur de la photographie sont les chefs d'équipe spécialisés dans le domaine de la lumière artificielle.

## Les réglages internes des EOS

Les réglages internes des EOS sont très performants, capables d'ajuster l'exposition d'une image avec précision et de garantir un rendu fidèle des couleurs. Cependant, bien que le mode vidéo utilise les mêmes paramètres que pour la photo, on privilégiera une nouvelle fois le mode manuel pour optimiser l'exposition des prises de vues vidéo. Nous allons voir pourquoi.

## AVIS D'EXPERT

**Lumière solaire et anti-solaire**

Le célèbre directeur de la photographie Henri Alekan a introduit ces notions dans son ouvrage *Des ombres et des lumières*. De son point de vue, l'origine de la lumière par rapport à sa hauteur sur la ligne d'horizon permet d'opposer :

- la lumière solaire, qui vient « du dessus » de la ligne d'horizon : c'est la lumière du soleil sur la Terre, la lumière du jour. Venue d'en haut, elle éclaire tout, uniformément et également. Elle est rassurante et « égalisante ».
- la lumière anti-solaire, qui vient « d'en dessous » de la ligne d'horizon, : c'est la lumière artificielle, la lumière créée par l'homme, celle de l'âtre, du feu, une lumière qui sert à éclairer la nuit. Elle n'illumine que certaines zones, laissant les autres dans l'obscurité. Elle est déstabilisante, inquiétante. Sur un visage, elle éclaire les narines et le globe oculaire, créant une perception inhabituelle des personnages, dont l'effet déstabilisant peut-être soit comique, soit dramatique.

(Source : Wikipédia)

Crépuscule parisien (à gauche) et lever de soleil (à droite) sur la base militaire française de Nijrab en Kapisa (Afghanistan). Photos extraites de vidéos réalisées avec un 5D MkII.
5D MkII, EF 24-105 mm L IS USM.

## Deux familles de modes d'exposition

Le mode photographique des EOS Canon dispose depuis longtemps de nombreux modes d'exposition (automatiques, semi-automatiques ou manuel) qui s'adaptent parfaitement aux conditions de prise de vue des photographes et au rendu esthétique qu'ils souhaitent obtenir.

A contrario les professionnels du cinéma ou de la vidéo privilégient essentiellement le mode d'exposition manuel apparu avec le firmware de juin 2009 sur le 5D MkII. Cependant l'ensemble des modes automatiques restent également disponibles pour les autres utilisateurs du mode vidéo.

Pour éviter toute confusion, un rappel complet sous la forme d'un tableau des différents modes d'exposition proposés par les EOS 7D, 5D MkII et 1D MkIV est préférable (voir page suivante).

Les modes d'exposition des boîtiers HDSLR Canon (7D, 5D MkII, 1D MkIV).

| Picto des modes | Nom des modes | Spécificités des modes |
|---|---|---|
| □ | Automatisme total | Prise de vue entièrement automatique (non disponible sur le 1D MkIV). |
| CA | Créatif auto | À la différence du mode Automatisme total qui définit tous les réglages, le mode Créatif auto permet de modifier la luminosité de l'image, la profondeur de champ et le Style d'image (non disponible sur le 1D MkIV). |
| C1 C2 C3 | Enregistrement des réglages utilisateur | Vous pouvez enregistrer la plupart des réglages actuels de l'appareil photo contenant vos modes de prise de vues, menus et fonctions personnalisées préférés sur trois positions différentes (non disponible sur le 1D MkIV). |
| P | Programme d'exposition automatique | L'appareil détermine automatiquement la vitesse d'obturation et l'ouverture adaptées à la luminosité du sujet. |
| Av | Priorité à l'ouverture | Vous réglez l'ouverture et l'appareil détermine automatiquement la vitesse d'obturation en vue d'obtenir l'exposition correcte, adaptée à la luminosité du sujet. |
| Tv | Priorité à l'obturation | Vous réglez la vitesse d'obturation et l'appareil détermine automatiquement l'ouverture en vue d'obtenir l'exposition correcte, adaptée à la luminosité du sujet. |
| M | Exposition manuelle | Vous déterminez la vitesse d'obturation et l'ouverture selon vos besoins. |
| B | Pose longue | Quand la vitesse d'obturation « Bulb » est réglée, l'obturateur reste ouvert tant que vous maintenez le bouton de prise de vue enfoncé à fond (non disponible pour le mode vidéo des HDSLR). La pose longue est naturellement indisponible pour le mode vidéo. |



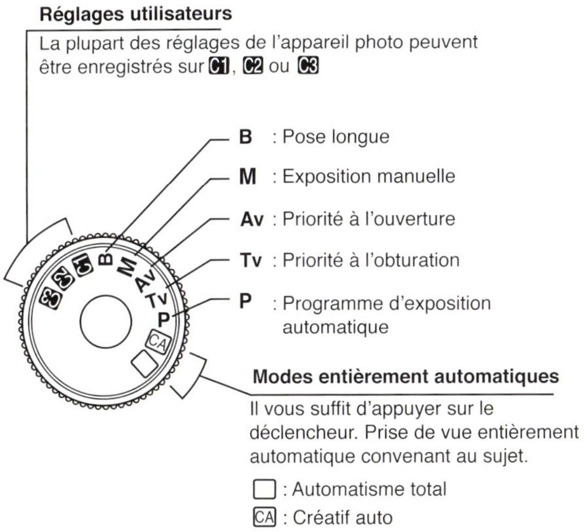


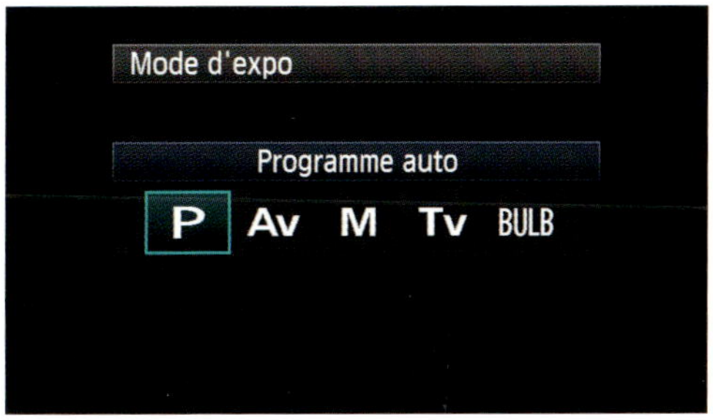


Menu des modes d'exposition disponibles sur les HDSLR Canon. La sélection de ces différents modes se fait grâce à la molette située sur le dessus de l'appareil, à gauche pour les EOS 5D MkII et 7D. Sur le 1D MkIV une touche dédiée permet de sélectionner les différents modes d'exposition sur le Live view (capture ci-dessus).

## Les modes d'exposition automatiques P, Av, Tv

Le réglage de l'exposition du 5D MkII ne disposait à l'origine que de fonctionnalités automatiques, mais il a heureusement bénéficié dès le 2 juin 2009, à la demande insistante des utilisateurs, d'une mise à jour autorisant un réglage manuel des paramètres d'exposition (le

7D et le 1D MkIV, plus récents, n'ont pas eu à souffrir de ce manque). Le mode automatique a donc très vite été abandonné par l'ensemble des vidéastes, à la fois :

- pour éviter une dégradation de l'image, car pour compenser le manque de luminosité et corriger l'exposition, le mode automatique dédié à l'enregistrement vidéo des EOS privilégie les hautes sensibilités (la présence de bruit numérique disgracieux dans l'image est donc accentuée) ;
- pour pouvoir intervenir librement sur l'esthétique de l'image : tout travail personnel sur l'atmosphère des films est en effet totalement entravé par le mode automatique (les contre-jours volontaires ou les éclairages particuliers, à la bougie par exemple, sont alors extrêmement compliqués à réaliser). La gestion de la profondeur de champ est également limitée en mode d'exposition automatique, car elle reste dépendante des réglages imposés par le boîtier.

La gestion automatique de l'exposition ne laisse qu'un contrôle limité à l'utilisateur, mais elle a eu son heure de gloire avant la mise à jour de juin 2009 : à la sortie du 5D MkII, les professionnels désireux de tester cette nouvelle technologie ont été attirés par les possibilités optiques (rendu 35 mm), mais ont dû se contenter de cette exposition automatique.

Néanmoins à la différence de l'autofocus des HDSLR, la gestion automatique de l'exposition n'est pas à proscrire complètement, car certaines fonctionnalités des boîtiers bonifient quelques-unes ses caractéristiques :

- le réglage de la correction d'exposition : comme en photographie, les modes automatiques P, Av et Tv offrent un outil de correction simple de l'exposition. Bien que l'ouverture, la vitesse et la sensibilité ne soient pas sélectionnables en mode automatique, une compensation de l'exposition est possible via une variation générale de la luminosité (modification de l'ensemble des trois paramètres liés à l'exposition). Même si le réglage des paramètres reste tributaire du mode automatique sélectionné, cette compensation permet de répondre parfaitement aux variations d'exposition rencontrées sur les tournages extérieurs en plein jour (news). Elle peut ainsi être également recommandée aux néophytes qui préféreront se concentrer sur le fond plutôt que sur la forme, et pourront ainsi facilement optimiser l'exposition pendant l'enregistrement ;
- la mémorisation de l'exposition : cette fonction a permis aux premiers utilisateurs vidéo du 5D MkII (avant la sortie salvatrice du firmware 1.1.0) de bloquer les variations d'exposition pendant les prises de vues. En effet, en cas de grandes variations de luminosité (pour les prises de vues en mouvement, par exemple), l'ouverture varie lors de la capture, le capteur doit compenser sans cesse l'entrée du flux lumineux ce qui produit des effets de pompage disgracieux qui se traduit au visionnage par un rendu « amateur » qui perturbe la lecture de l'image. Mais la mémorisation d'exposition permet de s'affranchir de ces inconvénients en bloquant le réglage sur une exposition souhaitée.

Même si elle n'atteint pas la flexibilité du mode manuel, la mémorisation d'exposition utilisée comme limiteur d'exposition permettra un rendu d'image sans altérations.

© Sébastien Devaud

La touche * des reflex EOS, dédiée à la mémorisation de l'exposition.

## En pratique

### Travailler en mode d'exposition automatique

Lors de l'enregistrement de vidéos avec les modes automatiques P, Av et TV, le réglage de l'exposition est défini automatiquement ; la vitesse d'obturation et l'ouverture ne peuvent donc être paramétrées, de même que la sensibilité ISO qui est fixée par le boîtier entre 100 et 6400 ISO.

Cependant, avec le menu écran positionné sur Affichage vidéo, vous pouvez ajuster la luminosité de l'image lors de l'enregistrement vidéo (correction de l'exposition) en réglant le commutateur sur ⌐ et en tournant la molette ◎ (cela n'est pas possible en modes Auto ▭ et Créatif auto CA qui n'autorisent aucune intervention extérieure au boîtier).

L'exposition peut être mémorisée lors de l'enregistrement vidéo, en appuyant sur la touche * (mémorisation d'exposition). Pour annuler cette mémorisation, appuyez sur la touche ⌐.

Retenez aussi que :

- le réglage de temporisation de mesure sélectionné dans l'option du menu Réglages fonction visée/vidéo n'est pas opérationnel lors de l'enregistrement vidéo ;
- une valeur de diaphragme peut être déterminée pour l'exposition en appuyant sur la touche de mémorisation de l'exposition. Pour sélectionner les petites ouvertures, pointez une source lumineuse et enclenchez la mémorisation en laissant le bouchon d'objectif : vous obtiendrez les très grandes ouvertures ;
- la vitesse et l'ouverture affichées lors de l'enregistrement vidéo lorsque le déclencheur est enfoncé à mi-course concernent uniquement la prise de vue photo et ne correspondent pas aux réglages utilisés pour la vidéo.

(D'après document Canon France)

En résumé, retenez qu'en présence de luminosité suffisante, les modes automatiques vidéo P, Av et Tv associés aux fonctionnalités internes des EOS peuvent donner entière satisfaction (repérage, news, Web) mais que concernant les productions professionnelles (fictions, publicités), c'est le mode manuel qui reste préconisé.

## Le mode d'exposition manuel M

Pour pouvoir régler manuellement l'exposition pendant l'enregistrement vidéo avec les EOS, le mode M doit être sélectionné sur les boîtiers ; il donne accès à tous les paramètres qui influent sur l'exposition (sensibilité, vitesse d'obturation, ouverture du diaphragme…). Pour déterminer l'exposition avec précision, l'indicateur de niveau d'exposition des boîtiers ou un posemètre externe comme référence reste nécessaire. La différence majeure entre ces deux indicateurs réside dans leur mesure de la lumière : le posemètre externe mesure la lumière incidente tandis que celui des EOS mesure la lumière réfléchie.

Lors de l'utilisation du Live view pour une prise de vue photo, la mesure de la lumière est toujours une mesure Évaluative (indépendamment du mode de mesure sélectionné pour une prise de vue sans Live view). Lors de l'enregistrement vidéo, elle est automatiquement basculée en mesure Moyenne à prédominance centrale, et ne peut être modifiée (sauf si le mode d'autofocus Direct avec détection de visages est sélectionné, alors on repasse en mesure Évaluative).

Le posemètre interne des boîtiers EOS fait appel à une mesure de la lumière Moyenne à prédominance centrale pour interpréter et indiquer le niveau de l'exposition. Cette mesure, au même titre que la mesure dite « Évaluative », couvre la totalité du capteur mais, comme son nom l'indique, elle donne un résultat qui est « orienté » vers le centre de l'image. Elle est parfaite en vidéo pour couvrir la plupart des sujets puisqu'elle s'applique tout de même sur l'ensemble de l'image.

Il reste maintenant à étudier en détail chacun des réglages manuels opérables sur les boîtiers EOS pour accéder à un niveau d'exposition souhaité.

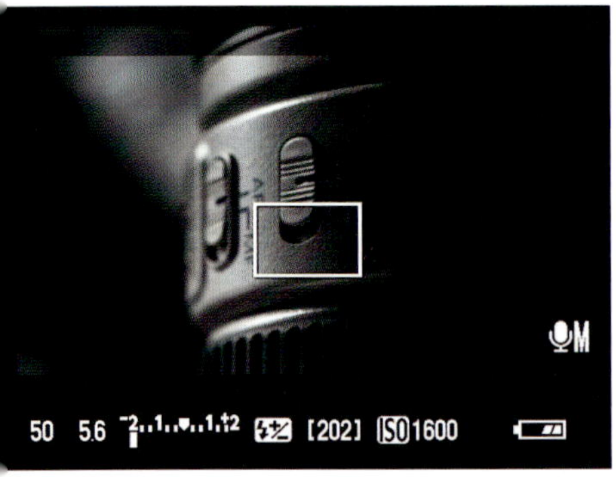


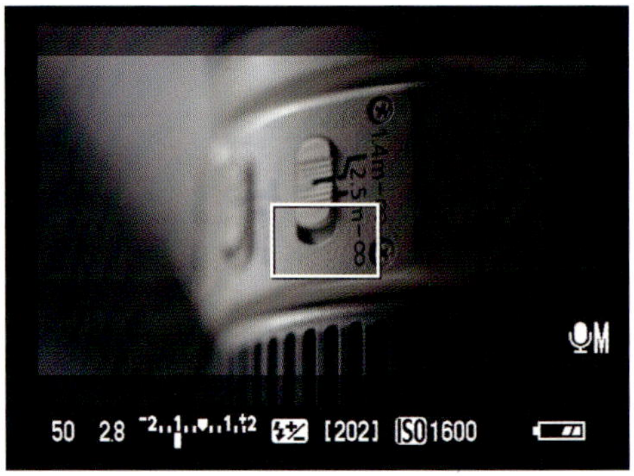

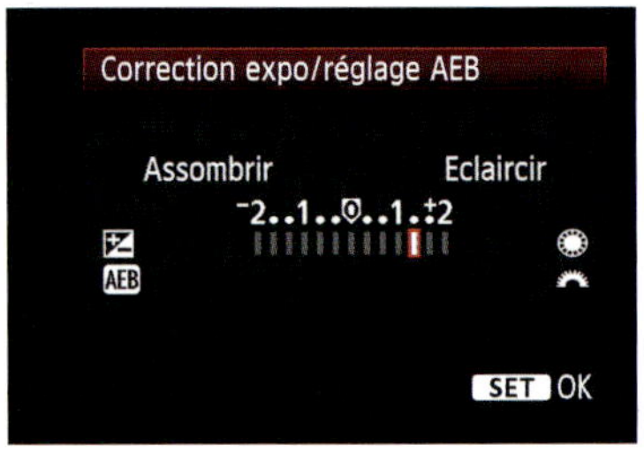


© Sébastien Devaud

Live view mettant en évidence l'asservissement du diaphragme et de l'obturateur à l'indicateur de niveau d'exposition (le posemètre) des boîtiers. À la différence du mode d'exposition manuel qui permet de régler l'exposition en modifiant les paramètres du couple ouverture vitesse (trois premières images), le mode d'exposition automatique (dernière image) permet d'éclaircir ou d'assombrir l'image mais laisse la gestion des paramètres ouverture, vitesse et sensibilité sous le contrôle des boîtiers.

À ouverture de diaphragme et vitesse constantes, plus on augmentera la sensibilité ISO, plus la lumière captée par le boîtier sera amplifiée. Quand on joue avec la sensibilité, on amplifie ou on réduit en quelque sorte la lumière électronique créée par le capteur.

## La sensibilité photo au service de la vidéo

La sensibilité détermine la luminosité de l'image et donc sa qualité en basse lumière. En photographie et au cinéma, cette sensibilité se mesure en ASA ou en ISO, mais en ce qui concerne le matériel électronique, comme les caméras professionnelles broadcast, elle est exprimée en dB.

Dans tous les cas, les différentes valeurs de sensibilité permettent de rendre le capteur plus ou moins sensible à la lumière. Plus la sensibilité affichée est petite, moins le capteur sera sensible à la lumière : par exemple, une sensibilité de 100 ISO est recommandée en pleine journée pour pouvoir garder le diaphragme le plus ouvert possible (et donc avoir une profondeur de champ minimale). Plus le chiffre est grand, plus le capteur sera sensible à la lumière.

### Plages de sensibilité admises pour la vidéo

La sensibilité des boîtiers EOS varie sur des plages de sensibilité allant de ISO 100 à ISO 6 400 pour le 5D MkII et le 7D, et est étendue à ISO 12 800 pour le 1D MkIV, exclusivement. Des plages extensibles dédiées à la photographie sont également proposées sur les EOS mais restent totalement inadaptées au mode vidéo (ISO 50-12 800 pour le 7D, ISO 50-24 600 pour le 5D MkII, ISO 50-102 400 pour le 1D MkIV).

À la différence de la photo, la qualité du rendu des vidéos au-delà de ISO 1 600 ne peut plus en effet être considérée comme professionnel à cause du bruit numérique généré par ces hautes sensibilités (l'augmentation de la sensibilité crée une image avec du grain/bruit de plus en plus fort et se traduit aussi par une perte de détails et de couleurs). Les expériences que j'ai menées sur mes diverses productions avec les HDSLR et quelques tests spécifiques semblent même établir des limites à ne pas dépasser, différentes pour chacun des reflex : ISO 800 pour le 7D, ISO 1 600 pour le 5D MkII et ISO 3 200 pour le1D MkIV.

## TECHNIQUE ET MATÉRIEL

### La cellule et la charte de gris neutre : deux outils à ne pas négliger

Le **posemètre,** plus communément appelé « cellule », est un appareil très précis qui mesure l'intensité lumineuse et qui en détermine le couple vitesse/diaphragme adapté à la prise de vue. Il mesure la lumière provenant d'une source d'éclairage continue. C'est le compagnon idéal des directeurs de la photographie dans le monde du cinéma (à l'inverse du flashmètre réservé aux photographes). Il existe deux types de posemètres :

- le posemètre à lumière incidente, qui est surtout utilisé pour des scènes d'intérieur car il ne prend en compte que la lumière provenant de face par rapport à l'appareil. Cette mesure offre du coup une précision d'exposition qui permet d'éviter les pièges des réflexions des zones très claires ou très sombres des sujets filmés : on ne mesure pas la lumière renvoyée par le sujet mais directement celle qui l'atteint ;
- le posemètre à lumière réfléchie : l'angle de mesure est d'environ 30°, il reçoit les brillances de toutes sources de lumière et en fait une moyenne. C'est la mesure des posemètres interne des boîtiers EOS, elle n'analyse que la lumière renvoyée par le sujet et cela peut parfois être trompeur à cause de la nature de ce dernier…

(D'après http://pagesperso-orange.fr/lukic)

La **charte de gris neutre** est basée sur un gris à 18 % (coefficient de réflexion « moyen » d'un sujet type). Elle a deux intérêts majeurs : tout d'abord, comme son nom l'indique, elle reproduit un gris à 18 % qui est justement celui qui est utilisé par l'indicateur de niveau d'exposition de nos appareils (il est donc recommandé pour réaliser une exposition précise). En outre, elle est d'une grande aide pour calibrer parfaitement la balance des blancs et obtenir une bonne reproduction des couleurs (pour optimiser le réglage de la balance, un gris neutre à 18 % reste en effet privilégié par rapport à une feuille de papier blanc). Il existe plusieurs fabricants de ce type de charte ; on en trouve à tous les formats, dans toutes les matières, et surtout à tous les prix.

© Arthur Azoulay, Matthieu Dubail, Focus numérique

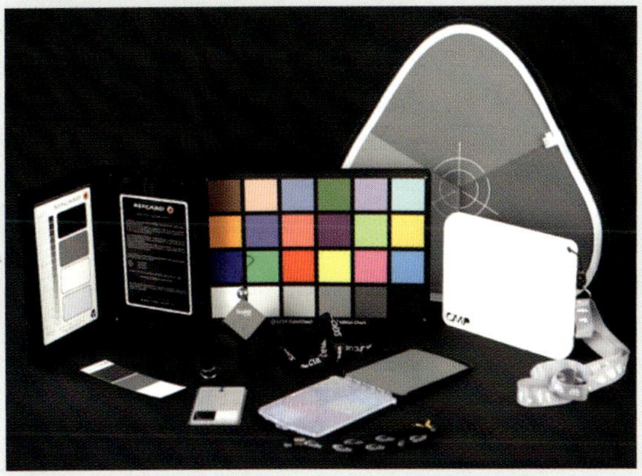

© Sekonic

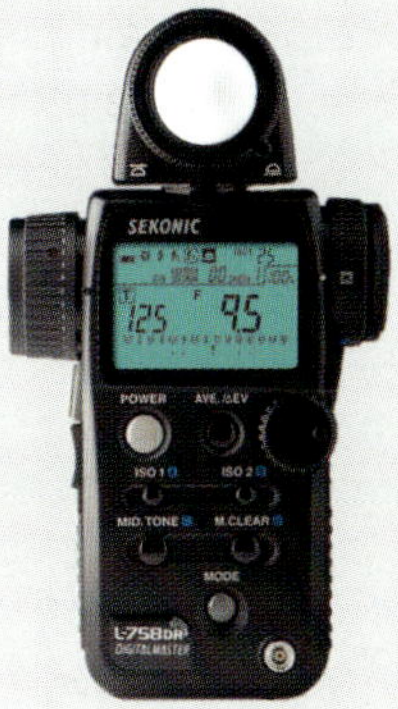


© Minolta

Sélection de quelques posemètres (Sekonic, Minolta, Gossen) et de plusieurs charte de gris neutre (Chartes Lastolite Xpo et Ezy, Munsellab. Scuadra, CMP, QPcard, Kaiser).

© Gossen

© Sébastien Devaud

Photos extraites de vidéos réalisées avec les EOS réglés sur leur sensibilité la plus élevée, pour mettre en évidence les dégradations occasionnées par ces très fortes amplifications numériques : ISO 12800 pour le 5D MkII (a, b) et le 7D (c), et comparaison entre les sensibilités ISO 102400 (e) et ISO 3200 (f) pour le 1D MkIV. La sensibilité ISO 3200 du 1D MkIV reste idéale et optimale pour réaliser des vidéos en conditions de faible luminosité (d).

## SUR LE TERRAIN

### Le 1D MkIV : une alternative à la vision nocturne des caméscopes

L'utilisation d'une valeur extrême telle que ISO 102 400 peut être d'une certaine utilité pour un JRI. Au même titre qu'avec la fonction Nightshot (vision nocturne) disponible sur certains caméscopes grand public, les journalistes ont parfois besoin de réaliser des caméras cachées dans des conditions de quasi-obscurité. La qualité de l'image n'étant alors pas primordiale, l'utilisation de cette sensibilité extrême pourra apparaître salutaire. La possibilité d'employer des appareils photo en tant que caméras n'étant pas encore très connue, l'enregistrement des vidéos pourra être déclenché en toute discrétion, sans éveiller la curiosité des protagonistes.

Des correspondances entre la sensibilité en ISO des appareils reflex et le gain en dB des caméscopes permettent d'analyser et de comparer les rendus de vidéos réalisées dans des conditions de luminosité similaire (de même que le bruit généré). Le tableau ci-dessous permet par exemple de comprendre que les vidéos tournées à ISO 1 600 sur les boîtiers EOS peuvent être comparées en termes de sensibilité aux images de caméscopes professionnels tournées avec un gain de +24 dB.

Correspondance approximative des sensibilités photo avec les gains vidéo.

| Gain (vidéo) | Sensibilité (photo) | Utilisation préconisée |
|---|---|---|
| 0 dB | 100 ISO | Sensibilité native des capteurs CMOS, à utiliser en plein jour, au soleil. |
| 6 dB | 200 ISO, +1 diaph | Au même titre que la valeur précédente, cette sensibilité utilise pleinement les performances des capteurs CMOS. |
| 12 dB | 400 ISO, +2 diaph | Sensibilité à utiliser en extérieur sous un ciel couvert, nuageux. |
| 18 dB | 800 ISO, +3 diaph | Sensibilité à utiliser en intérieur, en lumière artificielle. Elle correspond à la limite recommandée pour le 7D sur les productions professionnelles. |
| 24 dB | 1 600 ISO, +4 diaph | Sensibilité à utiliser dans un environnement intérieur peu lumineux (concerts, nocturnes) ou pour un éclairage à la bougie. Elle correspond à la limite recommandée pour le 5D MkII sur les productions professionnelles. |
| 30 dB | 3 200 ISO, +5 diaph | Sensibilité à privilégier uniquement pour les tournages nocturnes ne présentant pas de meilleures alternatives. Cette sensibilité correspond à la limite recommandée du 1D MkIV sur les productions professionnelles. Si les conditions le permettent, il reste préférable d'utiliser des lumières artificielles pour augmenter le niveau de luminosité de la scène. |

## UN PEU DE THÉORIE

### Origine et principe du bruit

Le terme « bruit » est utilisé de manière générique dans le monde de l'électronique pour désigner des perturbations dans un signal (c'est-à-dire dans un courant électrique qui transmet une information). Les premiers à avoir utilisé l'électronique pour transmettre des données faisaient passer du son, qu'il s'agisse de radio ou plus tard d'amplification acoustique ; les interférences provoquaient alors la présence de bruits : crachotements, sifflements, fond sonore... Dans notre monde d'imagerie, le même phénomène électronique provoque de la neige, de la granulation ou des pixels colorés, mais le terme « bruit » est resté.

En augmentant la sensibilité, on amplifie les très faibles courants électriques, pour pouvoir les mesurer (rappelez-vous que chaque photosite est un petit capteur solaire et qu'on mesure le courant pour savoir quelle quantité de lumière il a reçue). Mais si on double l'intensité du courant, on double également les petites perturbations dues au hasard (la lumière n'arrive pas toujours parfaitement de manière homogène sur le capteur) et aux limites de la construction des capteurs (quand on fabrique des fils de quelques microns de largeur, on ne peut garantir qu'ils vont tous transmettre l'électricité de la même façon...). Ces perturbations se traduisent par du bruit, c'est-à-dire par des pixels qui n'ont pas la teinte voulue : ils peuvent être plus clairs, plus sombres, ou avoir une couleur différente de celle attendue. Une image à haute sensibilité est donc granuleuse et assez laide ; pour limiter ce phénomène, on peut toujours envisager de la « lisser » en postproduction mais alors elle deviendra du coup plus floue.

(Source : Franck Mée/LesNumeriques.com)

### Sensibilités natives et intermédiaires

De nombreux tests ont été réalisés avec les EOS pour valider ou infirmer une rumeur persistante qui dit que les valeurs ISO 160, ISO 320, ISO 640, ISO 1 250 et ISO 2 500 correspondraient aux « sensibilités natives » des HDSLR. Une diminution notable du bruit numérique pour ces valeurs ressort en effet sur l'ensemble des tests (voir figure ci-contre). Comme de nombreuses autres rumeurs, celle-ci est sans fondements : Canon a confirmé officiellement que la sensibilité ISO 100 avait été déterminée et déclarée comme la sensibilité native des capteurs équipant les EOS, conformément à la norme ISO. Les multiples de cette valeur (ISO 200, ISO 400, ISO 800 et ISO 1 600) obtenus numériquement par la seule intervention des amplificateurs équipant les capteurs constituent ainsi l'ensemble des sensibilités ISO natives du capteur.

> La sensibilité native du capteur est la sensibilité ISO minimale du capteur, sans amplification.

En revanche, toutes les autres valeurs de sensibilité proposées sur des plages intermédiaires (ISO 125, ISO 160, ISO 250, ISO 320...) ou étendues (ISO 50, ISO 12 800, ISO 102 400) ne sont que des extrapolations de ces valeurs natives, elles subissent donc un second traitement numérique qui modifie leur plage dynamique (nouvelle amplification numérique pour les valeurs supérieures aux valeurs natives ou, au contraire, « adoucissement » pour les valeurs inférieures, voir les exemples présentés dans le tableau ci-contre). Bien que des inconvénients en ce qui concerne le niveau de saturation et l'espace colorimétrique liés aux sensibilités intermédiaires aient été relevés, leurs différences avec les sensibilités natives ne sont pas assez considérables pour en interdire l'utilisation.

Conséquences de l'amplification des sensibilités.

| Valeurs de sensibilités | Correspondance par rapport aux valeurs natives | Qualité des sensibilités |
|---|---|---|
| ISO 100 | ISO 100 | Sensibilité native |
| ISO 125 | ISO 100 + amplification numérique | Plus de bruit, plage dynamique plus large |
| ISO 160 | ISO 200 + amplification numérique | Moins de bruit, réduction de la plage dynamique |
| ISO 200 | ISO 200 | Multiple de la sensibilité native |
| ISO 250 | ISO 200 + amplification numérique | Plus de bruit, plage dynamique plus large |
| ISO 320 | ISO 400 + amplification numérique | Moins de bruit, réduction de la plage dynamique |
| ISO 400 | ISO 400 | Multiple de la sensibilité native |

et ainsi de suite...

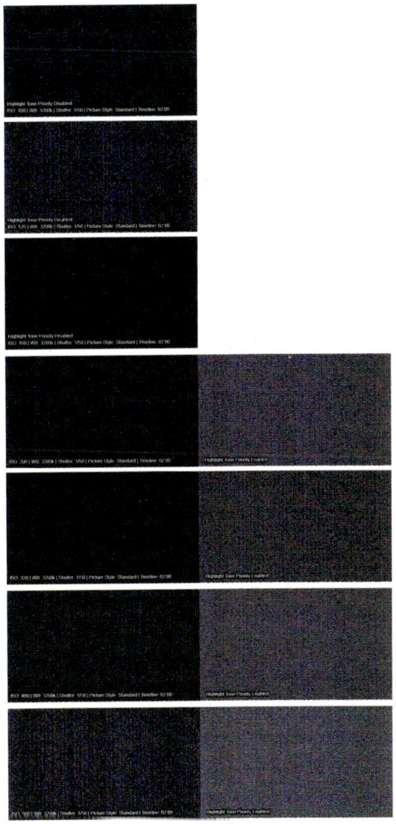

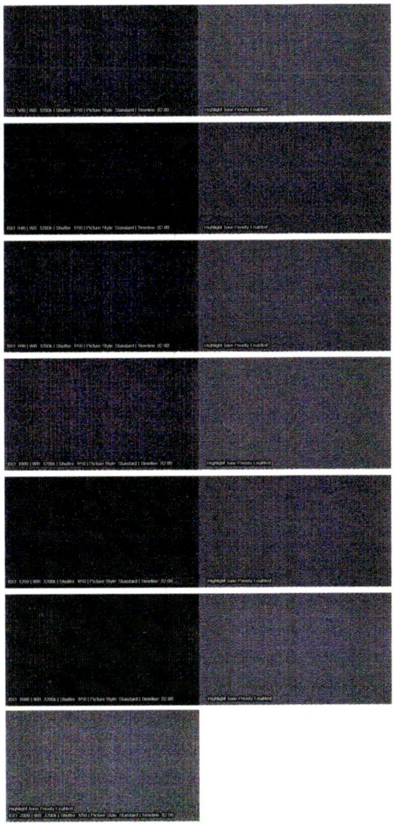

Les photos du test réalisé par Daniel Lipats et visibles sur le site Cinema5D mettent bien en évidence la réduction du niveau de bruit sur les sensibilités intermédiaires multiples de ISO 160. Bien que cet avantage puisse séduire, il ne faut pas oublier que ces sensibilités intermédiaires sont stimulées artificiellement à partir des véritables sensibilités natives. Ces valeurs ISO restent issues d'un compromis lié à de multiples paramètres ; le bénéfice d'une réduction de bruit peut ainsi masquer un inconvénient sur la plage des couleurs, par exemple.
En revanche, l'intérêt majeur de ce test demeure la fonctionnalité de la priorité aux hautes lumières qui, à l'instar du réglage Auto de la sensibilité, doit être prohibé pour l'enregistrement des vidéos EOS. À l'origine conçue pour avoir un maximum de dynamique en photographie (le maximum de nuance de lumière entre les tons sombres et les tons foncés), cette fonctionnalité, au regard des résultats du test, génère une amplification du niveau de bruit tellement élevée que ses bénéfices potentiels apparaissent annihilés. (www.cinema5d.com/viewtopic.php?f=14&t=4736#p32686)

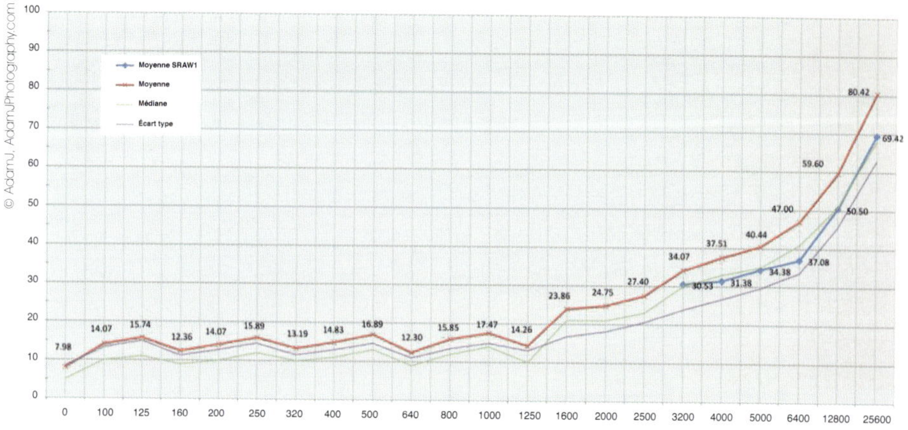


Ce graphique édité par le photographe AdamJ et qui montre les niveaux de bruit en fonction de la sensibilité ISO confirme les résultats du test de Daniel Lipats. Graphique réalisé sur la base d'une seconde d'exposition w/+3 EV en utilisant l'application Adobe Camera Raw 4.6.

## Plus de bruit avec les HDSLR qu'avec les caméscopes ?

À l'heure actuelle, très peu de caméscopes peuvent rivaliser avec les reflex vidéo en termes de rendu en conditions de faible luminosité et donc de hautes sensibilités. Si on ajoute le facteur du rapport qualité/prix, la comparaison n'est même plus envisageable. Une fois encore, ce sont les privilèges du mode photo qui surclassent le mode vidéo des HDSLR, toutefois de nombreux paramètres liés aux capteurs CMOS et quelques caractéristiques électroniques des boîtiers EOS influent sur les performances :

- la taille des photosites des capteurs des reflex Canon (avantage des grands capteurs 24 × 36 5D MkII) est supérieure à celle des capteurs de caméscopes professionnels 2/3″. Plus les photosites sont gros, plus ils sont sensibles. Malgré les différences de taille des photosites et des capteurs (APS-C, APS-H, 24 × 36), les trois HDSLR (7D, 1D MkIV et 5D MkII) conservent des sensibilités ultra performantes par rapport aux autres caméras du marché ;
- un traitement de réduction de bruit par l'électronique favorise le mode vidéo des reflex. Même si le processeur DIGIC 4 est plus performant en photo qu'en vidéo, ses algorithmes de réduction du bruit minimisent fortement le fourmillement électronique des images générées par le capteur CMOS à haute sensibilité ;
- du mode photo au mode vidéo, la taille de l'image et sa résolution en pixels diffèrent : bien que les capteurs de nos reflex annoncent des résolutions en nombre de pixels extrêmement grandes (jusqu'à 21 millions de pixels pour le 5D MkII), ce qui est vrai en photo n'est pas toujours exact en vidéo. En effet, des tirages réalisés à partir de photographies prises à ISO 3 200 en RAW à 21 millions de pixels ne présenteront quasiment aucun bruit, en revanche les vidéos réalisées avec ce même capteur à la même sensibilité seront beaucoup plus sujettes au bruit : en enregistrant nos vidéos en Full HD, on a réduit l'image de 21 millions de pixels à 2,1 millions de pixels (1 920 × 1 080), il est donc normal que le bruit soit plus présent ;
- les capteurs CMOS des EOS peuvent aussi générer du bruit à cause de l'échauffement qu'ils subissent (la visée par l'écran fonctionnant en continu en mode vidéo).

En mode d'exposition manuel M, le réglage automatique de votre sensibilité équivaut à une sorte d'exposition automatique. En définissant une ouverture et une vitesse d'obturation constantes avec une sensibilité ISO réglée sur Auto, l'appareil photo ajustera automatiquement cette dernière pour donner l'exposition correcte. Les possibilités de sur ou sous-exposition de vos séquences ainsi que la fonction de compensation d'exposition ne sont alors plus disponibles. Le réglage Auto ISO est donc à prohiber en mode d'exposition manuel, il lui fait perdre tous ses bénéfices.

En conditions de faible luminosité, d'autres défauts peuvent apparaître sur les vidéos : les zones bruitées d'une image peuvent provoquer des difficultés d'encodage au même titre que les nuances fines des dégradés de couleurs. Ces zones délicates à haute sensibilité provoquent des fourmillements dans l'image, très difficiles à encoder : les macro-blocs.

Ces photos extraites de plusieurs productions personnelles (clip *Hip Hop*, à gauche, documentaire en Colombie et à New York, au milieu et à droite) présentent une forte granulation résultant d'un parti pris artistique. Les avancées technologiques évoluant de manière exponentielle, l'amélioration du rendu des prises de vues réalisées avec de hautes sensibilités continuent d'être un fer de lance pour les constructeurs. Toutefois certains réalisateurs apprécient l'esthétique d'une image bruitée, cette altération visuelle est à prendre en compte selon le type d'image que l'on veut obtenir.

Pour conclure avec ces problèmes de bruit élevé, il est important de noter que de nombreuses solutions telles que des filtres électroniques et autres traitements applicables en postproduction via les logiciels de montage et de traitement d'images sont également disponibles pour limiter et masquer la présence de ces défauts (voir le chapitre 9).

## L'ouverture et la vitesse : un couple indissociable

En plus du réglage de la sensibilité, deux paramètres majeurs entrent en jeu pour déterminer l'exposition d'une image en vidéo :

- le **diaphragme**, qui est un système à iris, comme l'œil, et qui régule et ajuste le flux d'entrée de la lumière dans le boîtier. On parle « d'ouverture du diaphragme » *(diaphragm aperture)*. Ce réglage a un impact direct sur la profondeur de l'image. Classiquement, plusieurs valeurs peuvent être prises, du diaphragme le plus ouvert possible au diaphragme le plus fermé possible : 1,2, 1,4, 1,8, 2,8, 4, 5,6, 8, 11, 16, 22, 32. On « ouvre » ainsi le diaphragme à 1,4 et on le « ferme » à 32 ;
- la **vitesse d'obturation** (temps de pose ou temps d'exposition – *shutter speed*), qui n'est pas asservie, comme au cinéma, au défilement de la pellicule. Sa vitesse n'étant plus limitée à la cadence images, l'obturateur électronique des boîtiers EOS devient un

> Quand on passe d'une valeur de diaphragme à sa valeur directement supérieure, c'est deux fois plus de lumière qui entre dans le boîtier.

> Quand on passe d'une vitesse d'obturation à une autre, on divise ou on multiplie par deux la quantité de lumière qui arrive dans l'appareil.

paramètre à prendre en compte pour définir l'exposition, comme en photo. Exemple de valeurs courantes : 1/50 s, 1/250 s, 1/1 000 s, 1/4 000 s, etc. Ce réglage a un impact sur la perception du mouvement de l'image.

Nous allons étudier dans cette section quelles sont les influences de chacun de ces paramètres sur la profondeur de champ et la perception du mouvement.

## Ouverture du diaphragme et profondeur de champ

Lorsque le diaphragme est largement ouvert (f/1,2), beaucoup de lumière entre dans l'objectif, la profondeur de champ est réduite. Cela permet d'isoler un sujet net dans un environnement flou (portraits, certains plans macro, etc.). Lorsque le diaphragme est fermé (f/16) en revanche, peu de lumière entre dans l'objectif, la profondeur de champ augmente : c'est utile pour intégrer une action ou un personnage dans un décor.

Sur les productions de news où la profondeur de champ doit être maximale, il existe une valeur appelée « hyperfocale » bien pratique pour les JRI, qui facilite ou évite même la gestion de la mise au point. Cette hyperfocale privilégie l'utilisation de focales courtes et de diaphragmes fermés. Des sites calculant les valeurs d'hyperfocale de vos équipements à partir de la focale de votre objectif, de l'ouverture du diaphragme et la diagonale de votre format sont disponibles sur le Web (par exemple à l'adresse http://35mm-compact.com/photographie/calculateur-profondeur-de-champ.htm).

La distance hyperfocale, ou « l'hyperfocale », est la distance minimale pour laquelle les sujets seront perçus comme nets quand on règle la bague de mise au point sur l'infini.

Il est également important de noter que le fait de sélectionner les ouvertures extrêmes peut poser des problèmes de netteté sur les bords de l'image (diaphragme ouvert) et de diffraction (diaphragme fermé). En règle générale, le potentiel optimal des objectifs est atteint quand la valeur de diaphragme est supérieure de deux valeurs à celle de l'ouverture maximale (un objectif ouvrant à f/2,8 nécessite ainsi une ouverture de f/5,6 pour vous que vous puissez bénéficier de ses plus subtiles performances).

Mise en évidence des propriétés de l'ouverture et de son influence sur la profondeur de champ.

## Vitesse d'obturation et perception du mouvement

Lorsque la vitesse d'obturation est très rapide (1/4 000 s, par exemple), l'image est peu exposée, les mouvements sont très nets, sans filé. Cela permet de « figer » un mouvement à un instant précis (la photo d'une goutte d'eau rebondissant sur une surface) ou de décomposer un mouvement, notamment pour réaliser des arrêts sur image parfaits.

Lorsque la vitesse d'obturation est lente (moins de 1/50 s), l'image est plus exposée, le mouvement est flou. Cela permet de mettre celui-ci en valeur (par exemple le swing d'un golfeur, avec un flou sur les bras et sur le club alors que le reste du corps restera net) ou de réaliser des « filés » lorsque l'on suit un sujet en mouvement avec sa caméra ou son appareil photo (ce qui crée un sujet net sur un fond flou).

Pour filmer un sujet en mouvement avec les boîtiers EOS et garantir un rendu naturel (en évitant les mouvements saccadés et les tremblements), une vitesse d'obturation comprise entre 1/30 et 1/125 s est recommandée : au-delà, le boîtier ne garantit plus la fluidité du mouvement du sujet.

Plus la vitesse d'obturation sera importante, moins le mouvement sera fluide.

À la différences des hautes vitesses qui sont accessibles avec le mode vidéo (en haut), les poses lentes sont uniquement envisageables avec le mode photographique (en bas).

## EN PRATIQUE

### Filmer des écrans

Quand vous filmez des écrans, utilisez des vitesses fonctionnant sur la même fréquence qu'eux (écran TV, moniteur informatique…) ou diminuez-la à 50 Hz. Cela vous évitera de voir des bandes ou un scintillement apparaître sur vos vidéos.

Le mode d'exposition manuel des HDSLR permet d'atteindre des vitesses d'obturation allant jusqu'à 1/4 000 s, mais à moins de vouloir extraire des photos à partir d'une vidéo, les vitesses trop élevées (supérieures à 1/125 s) ne sont pas recommandées : les obturations rapides ont de gros inconvénients dans la reproduction du mouvement, car des effets stroboscopiques risquent de se manifester. La reproduction du mouvement à la fréquence d'échantillonnage de l'écran de diffusion impose un minimum de filé dans l'image pour éviter les saccades. Dans le cas contraire, la continuité des mouvements pourra être mise à mal et l'œil percevra les séquences comme des suites d'images indépendantes et non comme des images animées en continuité.

Le plus difficile est donc de trouver l'équilibre entre une vitesse d'obturation suffisamment élevée pour figer l'action mais suffisamment lente pour obtenir une vidéo fluide. Encore une fois, si le but de vos séquences vidéo réside dans l'extraction de captures d'images *(frame grab)*, les hautes vitesses seront tout à fait adaptées.

Le photojournaliste David Stephenson a réalisé un petit test vidéo sur l'envol de ses pigeons dans sa cour en utilisant deux 5D MkII à deux vitesses d'obturation. On voit parfaitement la différence dans la netteté des images extraites des deux vidéos réalisées en Full HD à 30 i/s : la vitesse d'obturation plus élevée (1/2 000 s, en haut à gauche) produit un focus ultra précis propre au rendu photo, alors que la vitesse d'obturation lente (1/30 s, en haut à droite) offre un flou de mouvement privilégié par la vidéo (http://vimeo.com/5191552). L'écart entre les vitesses 1/30 et 1/25 s offre une différence de netteté importante et souvent suffisante pour pouvoir extraire des photos de ses séquences vidéo (photos du bas).

© David Stephenson

© Sébastien Devaud

### Le couple ouverture/vitesse

La vitesse d'obturation et l'ouverture du diaphragme forment un couple indissociable : comme ces deux paramètres jouent sur la quantité de lumière qui entre dans l'objectif, le choix d'une ouverture impose la vitesse nécessaire pour une bonne exposition, et vice versa. Ainsi, si on ouvre de deux diaphragmes, il faudra pour garder la même exposition augmenter la vitesse d'obturation de deux valeurs.

Comment, alors, modifier un seul des deux paramètres à la fois tout en gardant une bonne exposition à la prise de vues?

- En conditions de faible luminosité, si vous souhaitez garder un diaphragme de prédilection pour vos optiques supérieur à votre ouverture maximale et qu'une vitesse de 1/30 s reste insuffisante pour obtenir une exposition correcte, ajustez uniquement votre vitesse d'obturation en augmentant la quantité de lumière qui entre dans l'objectif par des éclairages d'appoint ou des réflecteurs.
- En conditions de forte luminosité, si vous souhaitez bloquer votre vitesse d'obturation à 1/125 s et ajuster votre ouverture tout en gardant une faible profondeur de champ, réduisez la quantité de lumière qui entre dans l'objectif avec un filtre neutre ou un filtre polarisant.
- Si votre couple vitesse/diaphragme vous semble idéal (cas de l'hyperfocale par exemple) mais que votre exposition reste inadaptée à votre sujet, regardez si une modification de la sensibilité est encore envisageable.

Attention, même si les règles de la photo concernant l'ouverture et la vitesse d'obturation s'appliquent à la vidéo, il ne faut pas perdre de vue que la vidéo consiste à saisir des mouvements qu'il faut restituer correctement.

## La cadence images

Comme nous l'avons déjà évoqué, la cadence images n'asservit plus la vitesse d'obturation comme sur les caméras cinéma utilisant de la pellicule argentique. Sur les boîtiers reflex EOS, la fréquence images est générée à partir du processeur DIGIC 4.

À l'instar du mode manuel d'exposition rendu accessible avec le premier firmware de juin 2009, le 5D MkII vient tout juste d'accéder à la norme de fréquence images européenne PAL de 25 i/s grâce à son nouveau firmware 2.0.4 (le 16 mars 2010). Cette standardisation était attendue par tous les utilisateurs européens depuis la sortie du boîtier. En effet, le standard de diffusion étant cadencé sur 25 i/s en Europe, un traitement de conversion en postproduction de 30 vers 25 i/s était jusque-là indispensable pour pouvoir diffuser ses films sur les chaînes européennes.

La cadence de 24 i/s réservée au secteur cinématographique est également devenue disponible avec cette mise à jour du firmware. Seules les cadences de 50 et de 60 i/s en 720p proposées par le 7D et le 1D MkIV n'ont pas été retenues pour le 5D MkII, sans doute en raison de la présence requise du double processeur DIGIC 4, absent sur ce modèle.

Les réglages manuels que nous venons de passer en revue ont pour fonction de contrôler la quantité de lumière nécessaire au réglage d'une exposition souhaitée, mais il existe d'autres paramètres privilégiant la correction de la qualité de la lumière, et parmi eux, la balance des blancs.

Le firmware 2.0.4 sorti en mars 2010 apporte des modifications importantes concernant les cadences images du mode vidéo du 5D MkII.

| **NTSC** | **Firmware 2.0.4 Cadence images** | | **Firmware 1.2.4 (ou plus ancien) Cadence images** | |
|---|---|---|---|---|
| Format d'enregistrement | Annoncée | Réelle | Annoncée | Réelle |
| 1920 × 1080 | 30 | 29,97 | 30 | 30,00 |
| 1920 × 1080 | 24 | 23,976 | - | - |
| 640 × 480 | 30 | 29,97 | 30 | 30,00 |

| **PAL** | **Firmware 2.0.4 Cadence images** | | **Firmware 1.2.4 (ou plus ancien) Cadence images** | |
|---|---|---|---|---|
| Format d'enregistrement | Annoncée | Réelle | Annoncée | Réelle |
| 1920 × 1080 | 25 | 25,00 | 30 | 30,00 |
| 1920 × 1080 | 24 | 23,976 | - | - |
| 640 × 480 | 25 | 25,00 | 30 | 30,00 |

## UN PEU DE THÉORIE

### Un format HD aux cadences multiples et standardisées

Si le format est unique en HD, la cadence images est une question à étudier à tête reposée car, en réalité, les Américains produisent non pas à 30, mais à 29,97 i/s, cadence héritée du passage de la télévision N & B au NTSC composite dans les années 1950. À cette époque, il avait été constaté que pour éviter le moirage dû à la sous-porteuse couleur sur les télévisions N & B, il suffisait de décaler très légèrement la fréquence images des émissions en couleurs. Ce décalage correspond à une image supprimée toutes les mille images.

C'est ce qui correspond au code temporel *drop frame*. Ainsi, la cadence images habituelle est toujours de 29,97 i/s (30/1,001) alors même que l'on produit en composantes (et non plus en composite) depuis les années 1980. C'est pourquoi les normes HD comportent les doubles cadences images de 30 et 29,9 i/s, 60 et 59,94 i/s.

Pour la HD à 24 i/s, on doit aussi envisager le fonctionnement à 23,98 i/s (24/1,001),à laquelle s'ajoutent bien sûr les deux cadences européennes, le 25 et le 50. Ainsi la norme 274M ne comporte-t-elle pas moins de onze variantes sur la base de 1920 × 1080, depuis le 60 i/s en progressif jusqu'au 23,98, en passant par le 30, le 29,97 et le 25, entrelacés ou progressifs.

(Source : Sonovision n° 499)

## La balance des blancs, pour un rendu fidèle des couleurs

Le réglage de balance des blancs s'apparente au choix d'une pellicule lumière du jour ou lumière artificielle au cinéma : chaque source de lumière dispose en effet de sa propre température de couleur, qui est perçue plus ou moins « chaude » par l'œil humain.

La balance des blancs permet donc d'étalonner le capteur de votre boîtier et de corriger la dominante de couleur en fonction de l'éclairage ambiant. Cette technique a pour avantage de restituer les couleurs les plus naturelles possible, que ce soit en intérieur ou en extérieur. On réalise ce réglage en présentant devant l'appareil une surface étalon reconnue comme « blanche », normée ou déterminée comme telle par l'œil humain (voir encadré ci-dessous). L'électronique modifie alors les réglages internes de l'appareil pour que cette surface apparaisse blanche lors de l'enregistrement. Cette opération est à refaire à chaque fois que l'on change de conditions d'éclairage.

## PETIT RAPPEL THÉORIQUE

### La température de couleur

La couleur est intimement liée à la lumière. Quand la lumière du jour varie au fil des heures, les couleurs changent, depuis la dominante bleutée du milieu de la journée jusqu'au jaune-orange au crépuscule. Pour caractériser cette dominante colorée, on parle de « température de couleur ». C'est une notion très importante pour les gens qui manipulent des images en couleurs, car la référence que l'on nomme « blanc » peut prendre une teinte non neutre qui va influencer l'ensemble des couleurs. C'est Lord Kelvin (1824-1907) qui a eu l'idée de comparer les variations de couleur de la lumière du jour avec celles d'un corps non coloré (le corps noir) que l'on chauffe à haute température et qui passe successivement du rouge, au jaune, au blanc et enfin au bleu. Il propose ainsi une comparaison commode pour caractériser les illuminants naturels ou artificiels. La température de couleur est donc l'indice de neutralité du blanc. Elle est exprimée en kelvins (le kelvin, K, est l'échelle absolue pour mesurer la température ; une température de 0 K correspond à 273,15 °C).

La lumière émise par le ciel bleu (sans rayons directs du soleil) correspond à 6 000 K ; celle d'un ciel entièrement nuageux correspond à 6 500 K, le ciel bleu additionné des rayons du soleil donne une lumière à 5 000 K alors qu'une banale ampoule incandescente diffusera sa lumière aux environs de 2 800 K.

Pour imiter la lumière du jour, on utilise des tubes fluorescents contenant des gaz rares diffusant une lumière entre 4 500 et 6 500 K. La lumière du jour peut varier dans des conditions extrêmes de 2 000 à 16 000 K. Plus une lumière est froide, plus sa notation sera élevée et plus elle tirera sur le bleu, et inversement, plus une lumière est chaude, plus sa notation sera basse et plus elle tirera vers le jaune ou l'orange.

(Source : Daniel Metz, www.profil-couleur.com)

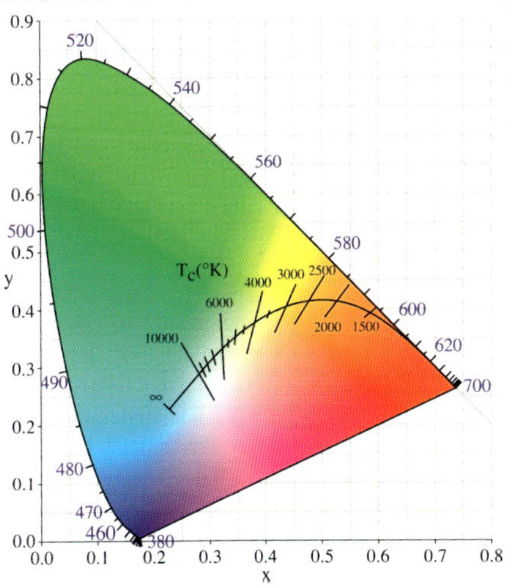




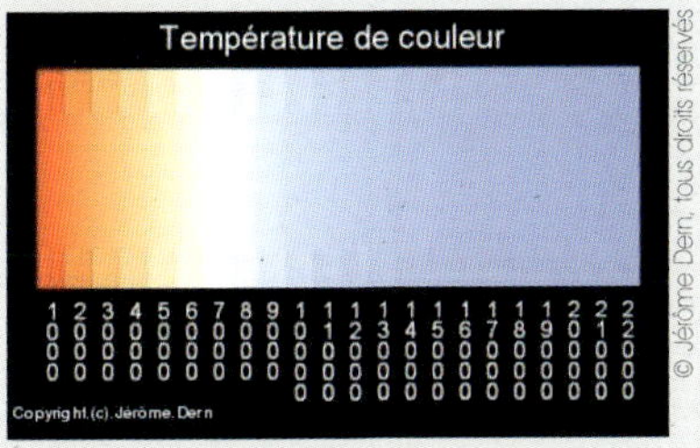




Schéma et tableau représentant les températures de couleur. Le Planckian-Locus CIE (1931) diagramme chromatique xy incluant le locus planckien avec indications des températures. Les longueurs d'ondes monochromatiques sont indiquées en bleu.

## Régler la balance des blancs à la prise de vues

La balance des blancs d'une photographie qui a été enregistrée au format RAW peut être facilement retouchée sur un logiciel de traitement d'images adapté. En vidéo, les logiciels de montage permettent également de corriger cette balance mais de manière beaucoup plus limitée (car la vidéo est déjà compressée) : il est donc fortement recommandé de réaliser la balance des blancs *avant* la prise de vues.

Corriger la balance des blancs pour enlever une dominante inadéquate donnera bien sûr plus de réalisme à l'image, qui gagnera ainsi en pertinence et en fidélité de rendu. Toutefois, le résultat d'une balance des blancs trop parfaitement réalisée pourra dans certains cas apparaître trop neutre (comme dans la majorité des news tournées pour la télévision…). On peut alors délibérément choisir de tromper l'appareil de prise de vues en lui présentant une surface référence non conforme, lui appliquer volontairement une correction inadaptée pour obtenir un effet particulier. Ce réglage de balance, s'il est détourné, fera donc appel à toute votre créativité et vous amènera à des rendus d'images très personnels.

Image extraite d'une vidéo où l'on peut distinguer deux températures de couleur différentes : le paysage très froid (bleu) et l'éclairage urbain très chaud (orangé).
5D MkII équipé d'un zoom Nikon 35-70 mm.

© Sébastien Devaud

Images extraites d'une vidéo où la balance des blancs a été modifiée pour saturer la lumière du crépuscule.

© Sébastien Devaud

Il y a plusieurs façons de réaliser la balance des blancs sur les boîtiers EOS :

- à l'aide de la commande balance des blancs Auto (3 000 - 7 000 K) ;
- à l'aide de réglages de balances des blancs pré-enregistrés : Lumière du jour (5 200 K), Ombragé (7 000 K), Nuageux, crépuscule, coucher de soleil (6 000 K), Éclairage tungstène (3 200 K), Lumière fluorescente blanche (4 000 K) ;

/ à l'aide de l'option balance des blancs Personnalisée (2 000 - 10 000 K) ;
/ à l'aide du mode de sélection de la température de couleur modifiable par paliers de 100 K de 2 500 à 10 000 K.

Les réglages de la balance des blancs disponibles sur les HDSLR.

| Picto | Mode | Température de couleur approximative (en K) |
|---|---|---|
| AWB | Auto | 3 000 - 7 000 |
|  | Lumière du jour | 5 200 |
|  | Ombragé | 7 000 |
|  | Nuageux, crépuscule, coucher de soleil | 6 000 |
|  | Éclairage Tungstène | 3 200 |
|  | Lumière fluorescente blanche | 4 000 |
|  | Utilisation du flash | 6 000 |
|  | Personnalisé | 2 000 - 10 000 |
| K | Température de couleur | 2 500 - 10 000 |

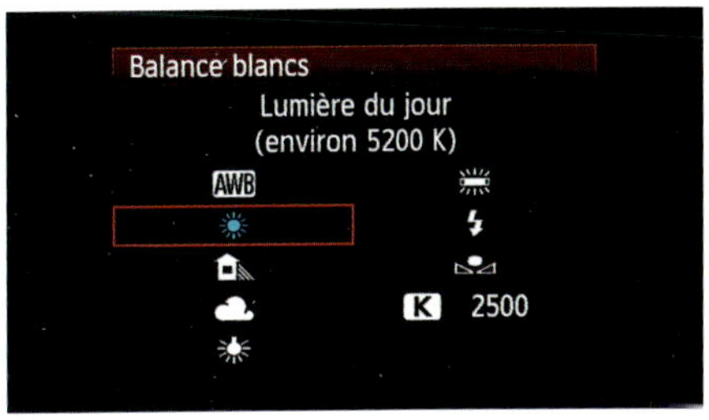

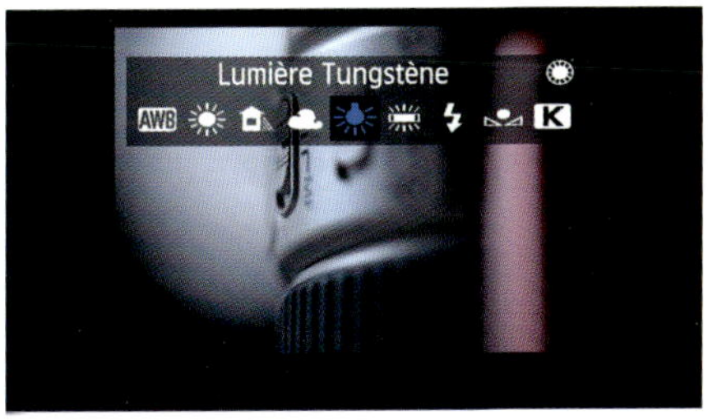


Menus du Live view dédié à la balance des blancs du mode vidéo des HDSLR.

Tous ces modes de réglages se répartissent en deux catégories, les balances des blancs automatiques et manuelles. Le mode manuel Personnalisé ainsi que la possibilité de sélectionner manuellement une température de couleur sont plus précis et donnent accès à une échelle de températures beaucoup plus large (2 000 - 10 000 K) que les modes automatiques ou pré-enregistrés (3 000 - 7 000 K). Ces deux modes manuels sont préconisés pour l'enregistrement des vidéos Full HD.

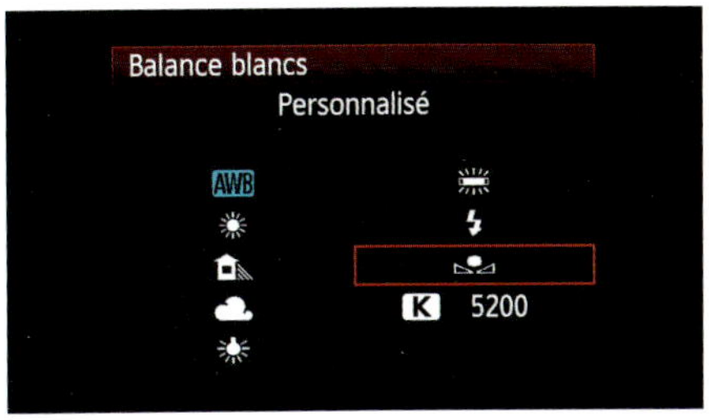

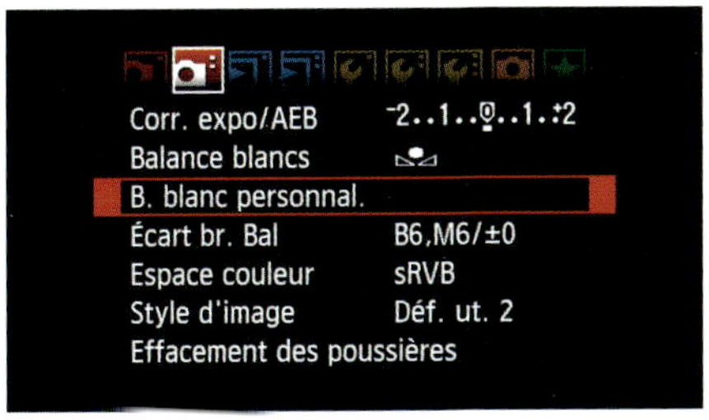

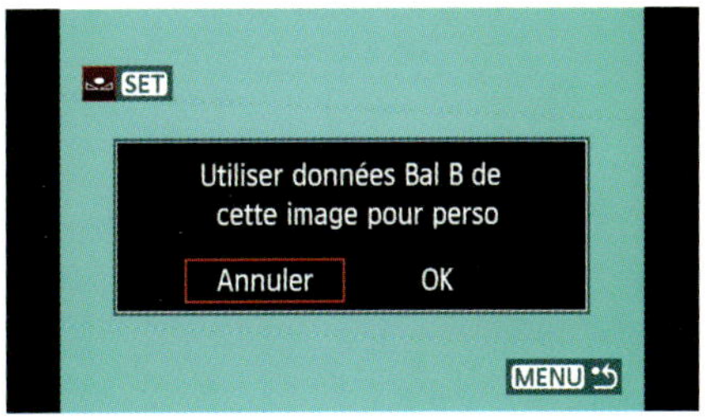


Menus du Live view pour réaliser une balance des blancs personnalisée. En plus d'être la plus fiable et la plus précise, cette méthode permet également de modifier la température de couleur en photographiant une valeur de blanc volontairement modifiée (à droite).

L'échelle mired exprime les écarts de couleur de façon linéaire, quelles que soient la température de couleur et la source de lumière.

## La fonction Correction de la balance des blancs

Les boîtiers EOS disposent d'une fonction de correction de la balance des blancs suffisamment fine pour pouvoir rectifier avant de tourner la balance des blancs qui a été réglée pour la prise de vues. À l'instar des filtres de conversion de température de couleur ou de correction de couleur, elle donne accès à la correction de chaque couleur sur 9 niveaux, chaque niveau de correction correspondant à une valeur de 5 mireds.

Pour garantir la précision de vos réglages et un rendu des couleurs fidèle à la réalité, l'utilisation d'un moniteur externe étalonné, de très bonne qualité (avec oscilloscope et vectorscope intégrés), est cependant vivement recommandé (voir le chapitre 6).

Le grand intérêt de cette correction est qu'elle permet d'intervenir directement sur l'axe chromatique Vert/Magenta, alors que le réglage de base de la balance des blancs ne permet que de réchauffer ou de refroidir le rendu des couleurs sur l'axe chromatique Bleu/Ambre. En effet, la fonction Correction de la balance des blancs se présente dans le menu sous la forme de deux axes chromatiques (B pour bleu, A pour ambre, M pour magenta et G pour vert, voir figure ci-dessous), l'intersection de ces axes indiquant la balance des blancs telle qu'elle a été réglée sur votre sujet. Pouvoir intervenir sur chacune des couleurs permettra, dans la pratique, de modifier de manière personnelle et subjective une balance des blancs parfois trop neutre.

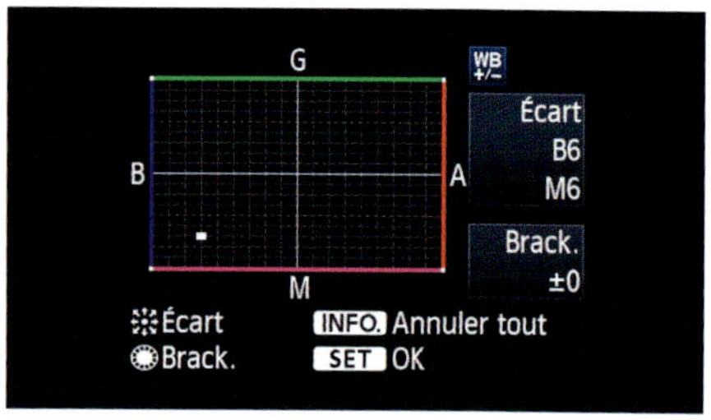


Captures d'écrans du Live view avec le menu de correction de la balance des blancs des boîtiers EOS. Déplacez le curseur à la position désirée pour que la couleur correspondante soit modifiée.

# Les jeux de réglages « Styles d'image » : des pellicules virtuelles

En plus des réglages opérables manuellement sur ces boîtiers pour ajuster et contrôler le rendu couleur de vos images, les EOS proposent des jeux de réglages pré-enregistrés (netteté, contraste, teinte, saturation…) appelés « Styles d'image ». Ils servent à paramétrer simplement votre reflex dans certaines situations données (pour le paysage, pour le portrait…). Par défaut, les boîtiers Canon disposent de six Styles d'image pré-enregistrés et de trois Styles d'image que vous pourrez personnaliser à votre guise (la possibilité de personnalisation et de création de nouveaux Styles d'image rend cette fonctionnalité encore plus attractive). Tous ces styles peuvent être rassemblés en quatre catégories.

Choisir un Style d'image peut être comparé au choix que l'on effectue avec les différentes marques de pellicules argentiques film que l'on sélectionne en fonction de leurs caractéristiques (sensibilité et température de couleur).

## Les Styles d'image personnalisés et téléchargeables

Pouvoir éditer soi-même des jeux de réglages et les enregistrer en tant que Styles d'image permet un échange entre utilisateurs. Grâce aux logiciels PictureStyleEditor et EOS Utility fournis sur le CD d'installation de votre boîtier Canon, vous pourrez sans difficulté appliquer les Styles d'image que vous avez créés ou téléchargés sur votre reflex (on l'a dit, vous disposerez pour cela de trois possibilités d'enregistrement).

## Les Styles d'image Standard, Portrait, Paysage et Fidèle

Ces quatre styles pré-enregistrés adoptent des réglages spécifiques conçus initialement pour les photographes. Concernant la réalisation de vidéos, leur utilisation est préconisée quand l'étape d'étalonnage n'est pas prévue dans la chaîne de production.

### EN PRATIQUE

#### L'avantage du PictureStyleEditor

Lorsque vous filmez avec un EOS, l'une des premières choses que vous devriez faire est de passer du Style d'image Standard au Style d'image Neutre, afin de limiter le contraste et de produire une image plus plate qui vous donnera plus de flexibilité en postproduction.

Mais ce n'est que le début de l'optimisation des réglages de votre EOS. L'étape suivante consiste à utiliser le logiciel PictureStyleEditor, qui est indispensable pour les directeurs de la photographie travaillant avec les reflex EOS (les utilisateurs de Nikon ont un logiciel similaire, le Picture Control Utility). Il permet d'effectuer un large éventail de réglages à partir du Style d'image que vous aurez choisi ou créé (rendu colorimétrique, courbe de gamma, etc.), un peu comme si vous aviez à piocher dans un stock de pellicules film. Il offre la possibilité de mettre en œuvre un workflow « pseudo-RAW » (les vidéos des EOS n'ont malheureusement rien de comparables aux images RAW de caméra comme la RED, où l'on peut, après la prise de vues et sans altérer l'image, manipuler la balance des blancs, la luminosité ou le contraste). Si vous utilisez les Styles d'image à bon escient, vous pourrez obtenir une image beaucoup plus adaptée aux travaux d'étalonnage en postproduction (les Styles d'image pré-enregistrés produisent des images avec un fort contraste et des noirs profonds qui laissent très peu de latitude aux éventuelles interventions en postproduction).

La plupart d'entre nous n'auraient jamais pensé que les courbes de gamma et les matrices de couleur seraient un jour modifiables par les vidéastes et les cinéastes sur un reflex à 2 000 $. Mais il se trouve, par bonheur, que le logiciel Canon pour la personnalisation des Styles d'image de photos fonctionne également en mode vidéo !

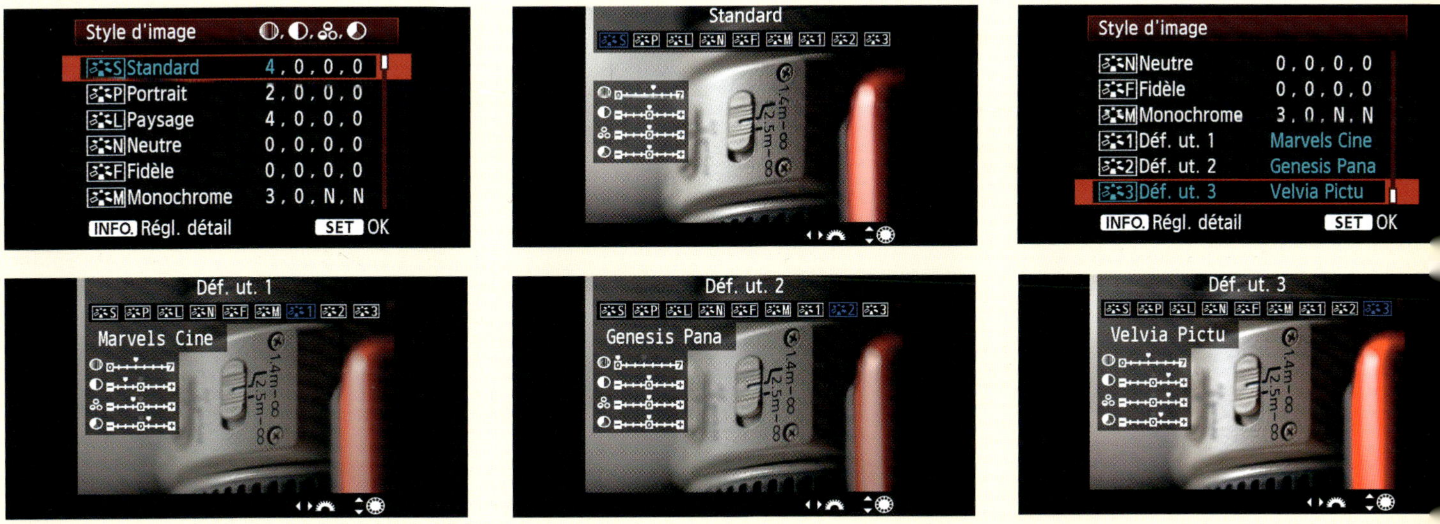


Les Styles d'image par défaut (voir les deux premières captures) des reflex sont conçus pour produire des résultats sublimant l'image, mais ne sont pas adaptés pour envisager de faire des corrections colorimétriques et des mises à niveau en postproduction. Les Styles d'image personnalisés et téléchargeables tels que Marvel's Cine Style, Genesis Panalog ou Velvia (voir les captures ci-dessus) sont parfaits pour produire des images avec très peu de contraste, très plates avec de hautes gammes dynamiques (similaires aux caméras film argentique) et ainsi privilégier l'étape de l'étalonnage.

- Le style Standard est associé au mode d'exposition automatique; il offre un rendu flatteur et est recommandé à ceux qui souhaitent diffuser leurs films sans avoir recours à un étalonnage.
- Le style Portrait privilégie le traitement de la peau et offre un rendu doux et chaleureux. Il peut être profitable d'analyser son impact lors de productions publicitaires en studio (corps nus, bébés, cosmétiques, parfums et crèmes).
- Le style Paysage sature les couleurs bleues et vertes. Ses propriétés autorisent la réalisation de plans d'ensemble privilégiant les ciels, mers, feuillages... Il offre un rendu contrasté et saturé comparable à la correction colorimétrique d'un filtre polarisant.
- Le style Fidèle fixe une température de couleur qui retranscrit la lumière du jour. Son jeu de réglages est particulièrement adapté aux productions de news en extérieur, où la fidélité des contrastes et des couleurs donne du réalisme à l'image. Son rendu apparaît souvent trop plat pour d'autres utilisations.

## Le Style d'image Neutre

C'est le Style d'image recommandé pour réaliser des productions comprenant une étape de postproduction complète. Aucun traitement n'est effectué sur l'image, ce qui lui confère un rendu doux et peu saturé. L'étalonnage de votre film sera alors réalisé sur un logiciel de traitement d'images puissant, en postproduction.

Un forum regroupant uniquement les films réalisés avec le Style d'image Monochrome est actuellement consultable sur Internet : http://vimeo.com/groups/5D Mk IIbw et http://vimeo.com/groups/blackwhite.

## Le Style d'image Monochrome

Ce style particulier est recommandé lorsque vous êtes certain de tourner en noir et blanc. Même s'il est possible de désaturer simplement et rapidement la totalité d'un film en couleurs lors de la phase de postproduction pour obtenir un film N & B, tourner directement avec ce Style d'image facilite la lecture de l'atmosphère du film (l'esthétisme de la lumière et la composition des cadres étant différemment abordés en N & B).

© Sébastien Devaud

Photos N & B extraites d'une production personnelle réalisée en 2006 à New York.

## ANECDOTE DE TOURNAGE

### Des rushs « neutres » sur *M. Métronome*

Au début du tournage de *M. Métronome*, après avoir implanté le set lumière autour de la batterie, j'ai consulté le directeur photo Thibaud Danton pour savoir quel Style d'image et quel réglage de balance des blancs il préconisait. Je lui ai confirmé qu'une étape complète de postproduction serait réalisée sur le logiciel de montage Final Cut Pro (un étalonnage ainsi qu'une correction des défauts de sensibilité étaient prévus sur un autre logiciel de traitement d'images puissant, Shake).

Nous avons finalement décidé de tourner avec un Style d'image Neutre et une balance des blancs réglée à 2 500 K pour neutraliser et même refroidir la teinte chaude produite par les projecteurs Dedolight utilisés sur le set lumière. Pour garder la main sur la correction de teinte colorimétrique en postproduction, il est en effet toujours préférable de refroidir un peu son image sur le tournage pour mieux la réchauffer à l'étalonnage (l'inverse ne fonctionne pas).

Le résultat des rushs produits avec ce Style d'image Neutre a permis de choisir quel traitement numérique de température de couleur et de contraste serait le plus adapté une fois le montage terminé. Un étalonnage « chaud » est d'ailleurs visible sur le montage final.

Comparaison de deux images extraites des rushs bruts (à gauche) de *M. Métronome* par rapport aux mêmes images étalonnées extraites du montage définitif (à droite).

Le Style d'image Monochrome offre également des possibilités de virage et de filtrage performants. Quatre filtres, virtuellement intégrés aux boîtiers EOS, simulent et génèrent parfaitement les effets des filtres « réels » (verres et gélatines) équivalents. Chaque filtre couleur a pour fonction d'éclaircir les éléments qui sont de la même couleur que lui et d'assombrir ceux de la couleur complémentaire :

- le filtre jaune densifie légèrement les éléments bleus de l'image et contraste un peu l'ensemble. Il peut être utilisé comme référence, car son rendu est flatteur ;
- le filtre orangé donne un résultat similaire au filtre jaune en plus marqué. Il est utile pour limiter les irrégularités de la peau éclairée par des lumières incandescentes aux températures inférieures à 4 000 K ;
- le filtre rouge donne un caractère dramatique à l'image, le contraste est très fort et les éléments bleus apparaissent quasiment en noir (en opposition, les hautes lumières peuvent apparaître surexposées) ;
- le filtre vert privilégie les paysages où le détail dans les zones de verdure est recherché. Il densifie les zones bleues et rouges et éclaircit les zones vertes, tout en contrastant l'ensemble de l'image.

À la différence des filtres qui interviennent sur le contraste des différentes teintes de gris, les virages permettent de teinter l'image. Quatre virages (sépia, violet, bleu, vert) sont proposés sur les reflex, leur action produit une coloration complète de l'image monochrome. Leur rendu très subjectif sera intimement lié à l'esthétisme recherché.

Les réalisateurs doivent proposer des images avec de réels partis pris et de véritables convictions personnelles pour que les films continuent d'être considérés comme des œuvres. La qualité n'en ressortira que meilleure.

Tout comme l'utilisation de filtres externes que nous allons traiter dans le chapitre suivant, l'utilisation des Styles d'image personnalisés garantit un rendu de l'image moins destructeur qu'un traitement numérique en postproduction : la vidéo étant déjà compressée lorsque les rushs arrivent à l'étape de l'étalonnage, l'application de traitements et filtres à la prise de vues restera en effet toujours plus subtile et n'induira pas de perte de qualité de l'image. Seule son irréversibilité reste handicapante : il faut en effet considérer la vidéo à l'instar d'une image JPEG et non comme un fichier RAW.

Il est également bon de noter que le système de visée par l'écran tient compte et reproduit le Style d'image choisi. C'est également vrai pour un contrôle sur un moniteur externe.

## Filtrer la lumière sur le tournage

Tous les filtres du marché, quel que soit le support optique sur lequel ils sont montés (caméras, appareils photo...), ont pour objectif de traiter la lumière en amont du capteur ; ils peuvent être très utiles pour réduire et adapter la lumière reçue par ce dernier. Ils ouvrent également la voie à certains effets spéciaux et peuvent enfin avoir pour fonction de modifier la qualité de la lumière, en jouant sur la balance des blancs et des couleurs.

L'action des filtres est irréversible, à la différence des post-traitements numériques, le rendu obtenu sera de meilleure qualité puisque l'image sera filtrée avant d'être compressée.

Bien que les logiciels de traitement d'images et certaines fonctionnalités numériques intégrées aux reflex EOS proposent des caractéristiques similaires à certains filtres (filtres de conversion pour la balance des blancs, filtres couleurs pour le Style d'image Monochrome, filtres à effet en postproduction), leur utilisation reste profitable pour deux raisons majeures :

## AVIS D'EXPERT

**Jean-Marie Delorme, directeur photo amateur des EOS, répond à un questionnaire sur la gestion de la lumière**

*– Comment doit-on appréhender cette gestion de la lumière sur les différents types de production (news, fiction, pub, clip)?*

Je compose ma lumière comme en film, le fait de tourner en EOS n'a pas d'incidence. Cependant, les grandes ouvertures et le choix de la sensibilité sont appréciables. Je ne fais jamais de balance des blancs.

*– Que représentent pour un directeur photo les possibilités du PictureStyleEditor?*

J'ai récemment utilisé un Style d'image customisé dont j'ai été très satisfait. Je travaillais auparavant en mode Standard, mais j'avais remarqué une tendance prononcée dans les rouges, sur les carnations – qu'il est bon de prévenir avec le maquillage. J'ai donc testé le PictureProfileEditor qui est un très bon outil pour composer des courbes de gamma sur mesure. Cependant, je suis adepte de n'utiliser qu'une seule courbe, la plus plate possible et de relever les contrastes en étalonnage à la finition du film.

*– Quelles sont vos préférences de réglages en termes de sensibilité, vitesse et ouverture?*

Je travaille de manière «normale», au 50e de seconde, aux ASA 160, 320 et 640. J'ai remarqué que les autres sensibilités me donnaient un rapport signal/bruit moins satisfaisant. J'essaye aussi de ne pas travailler systématiquement à pleine ouverture afin de bénéficier du meilleur rendement des optiques.

*– Quels conseils pourriez-vous donner à propos de l'utilisation de filtres (Mattebox ou filtres circulaires)?*

Avec les reflex HDSLR Canon, j'utilise (comme en film) des filtres avec un pare-soleil.

*– Des filtres de diffusion (Soft/Fx par exemple) sont-ils recommandés pour atténuer un piqué trop important, voire disgracieux (visages en gros plan, aliasing...)?*

Le choix des filtres est toujours subjectif, mais j'aime en effet «casser» la dureté des optiques modernes avec un *Soft/Fx* sur les portraits; en extérieur, j'utilise des séries neutres.

*– Sur les productions où les boîtiers sont intégrés avec d'autres modèles de caméras (RED, EX3, Arri...), la volonté d'associer les boîtiers EOS à d'autres types de caméras est-elle vraiment justifiée?*

On peut toujours mélanger des images d'EOS avec d'autres formats, cependant l'image du 5D MkII a une forte personnalité et l'œil averti verra la différence.

*– Les boîtiers doivent-ils être considérés uniquement comme des caméras de complément?*

Pour moi, l'EOS n'est absolument pas une caméra d'appoint, de complément ou de remplacement, c'est une caméra à part entière que j'utilise sur de nombreux tournages et dont les productions sont pleinement satisfaites.

*– Ces intégrations sont-elles destinées uniquement à des productions particulières, telles que le clip ou la publicité?*

J'ai fait le choix de travailler principalement en publicité, clip et fiction avec des boîtiers EOS.

*– Des phases de postproduction sont-elles nécessaires pour mieux intégrer les images de ces différents types de caméras? Les différents formats des rushs des caméras ne compliquent-ils pas cette étape de postproduction?*

Je ne suis pas un adepte du RAW au tournage, et la compression me convient. Cependant, tourner en EOS c'est un peu comme tourner en inversible, la dynamique n'est pas extraordinaire et il faut faire des choix au tournage. En revanche, je noterai le très bon et fidèle rendu des couleurs, même des couleurs spéciales (comme celles des tissus fluorescents).

*– Quels sont les avantages et les inconvénients de cette intégration?*

La gestion du son est un point faible, car il faut enregistrer celui-ci à part et clapper les prises – ce qui ne convient pas à tous les types de productions. La coupure de l'enregistrement après 12 minutes peut aussi limiter l'utilisation des boîtiers EOS.

Aujourd'hui, pour qu'il soit pratique de tourner avec une si petite caméra, il faut que les artisans du cinéma pensent des accessoires dédiés et que les fabricants d'optiques nous proposent les solutions.

*– Pour conclure, auriez-vous quelques mots sur les boîtiers 7D et 1D MkIV?*

Les modes ralentis du 7D et du 1D MkIV sont intéressants, de même que la grande sensibilité du 1D.

- le rendu de certains filtres est unique, leur utilisation doit alors obligatoirement être prévue lors de la prise de vues (les filtres gris neutre ou les filtres polarisants) ;
- l'étape d'étalonnage et de traitement d'images n'est pas prévue dans votre chaîne de production mais vous souhaitez pourtant donner une atmosphère unique à vos images, ils vous seront précieux.

Pour tous ces filtres, mieux vaut procéder à des essais afin de constater s'ils doivent être accompagnés ou non d'une compensation d'exposition. L'indicateur de niveau d'exposition intégré au boîtier saura vous fournir une exposition « juste », qui prend en compte les caractéristiques optiques de vos filtres, grâce au posemètre interne mesurant la lumière réfléchie. En revanche, l'exposition calculée par un posemètre externe (mesure de la lumière incidente) devra être modifiée en fonction de chacun de vos filtres.

Il existe deux grandes familles de filtres :

- les filtres « à vis », à monture circulaire, qui sont les plus nombreux et répandus. À l'origine conçus pour les photographes, ils s'utilisent de la même façon dans le monde de la vidéo ;
- les filtres à monture carrée destinés aux porte-filtres : on y trouve les gammes dédiées aux caméras film qui sont souvent onéreuses et de très bonne facture car essentiellement destinées à un usage professionnel.

## Utiliser des Mattebox

Le *flare* se matérialise sur l'image par des ronds lumineux plus ou moins nets ; ils sont provoqués par la réflexion de la lumière de projecteurs (très courant lors des concerts), ou du soleil, sur la lentille frontale de l'objectif.

Une Mattebox est à l'origine un accessoire destiné aux caméras film. Elle propose deux fonctionnalités essentielles qui améliorent le rendu de l'image.

Sa première fonction est comparable à celle d'un pare-soleil perfectionné. La Mattebox se monte en effet sur la face avant de la lentille qu'elle protège, et comprend habituellement des ailettes réglables appelées *french flag*. Ces dernières peuvent être déplacées et ajustées pour éviter ou réduire les effets de *flare* quand ils sont non désirés.

Sa seconde fonction est celle d'un porte-filtres amélioré. Les modèles de Mattebox haut de gamme comprennent deux tiroirs, dont un tiroir rotatif (destiné au filtre polarisant, par exemple). Ces tiroirs ont pour but de maintenir les filtres en verre ou en plastique parfaitement en face de la lentille frontale. Outre cette possibilité commune à tous les porte-filtres, l'atout majeur des Mattebox réside dans le format des filtres adaptés. Bien qu'onéreux, ces filtres de grande taille (4 × 4 ou 4 × 6) permettent d'utiliser toutes les focales disponibles sans que vous ayez à les changer, contrairement aux filtres à vis qui doivent impérativement correspondre au diamètre de chacun de vos objectifs (les Mattebox constituent donc une alternative économique aux filtres à vis).

Aujourd'hui, des Mattebox sont conçues directement pour l'ergonomie des boîtiers reflex EOS. La majorité des modèles sont soutenus par deux tiges qui courent tout le long de la caméra. Les modèles légers, peu encombrants et privilégiant les objectifs grands-angles, sont recommandés pour une utilisation avec les HDSLR

b

Reflex EOS équipés de Mattebox Arri et Chrosziel (a, b) testées par Sebastian Wöber sur le site Cinema5D, ainsi que la Mattebox Genus du photographe Steven S. Miric (c) et celle de la société Redrock Micro (d).

c

d

© Redrock Micro

À l'instar de leurs modèles Follow focus, les Mattebox des marques Chrosziel (la 450-R2 Super Wide, 1 250 €) et Arri (la MMB-1, 1 500 $) sont les références dédiées aux HDSLR. Deux autres modèles plus économiques et très performants méritent également d'être signalés : la Genus Wide 4 × 4 Mattebox (795 $) et la Redrock Micro Mattebox (635 $).

© Chrosziel

Avec leur technologie brevetée, les nouveaux Chrosziel Direct Swing-Away-System (DSW) adaptés aux tiges de 15 mm permettent à toutes les Mattebox (pas seulement les Chrosziel) et pare-soleil d'être balancés vers l'extérieur sans pour autant devoir être retirés de leur support. Ces adaptateurs facilitent et accélèrent le temps consacré aux changements d'objectifs. Leur prix de 328 € vaut largement le temps qu'ils font économiser sur les tournages…

## AVIS D'EXPERT

**Benjamin Steele, directeur général de la société Emit**

Une Mattebox doit éliminer la lumière parasite et permettre l'utilisation de filtres (si possible dans différents formats), le tout sans vignetage. La marque Chrosziel propose une Mattebox avec un boîtier grand-angle à la fois léger et robuste, doté d'un revêtement breveté spécial (le même utilisé dans la gamme film) qui « absorbe » réellement la lumière parasite. La Mattebox est fournie avec deux tiroirs 4 × 4 et 4 × 4,565, un support léger à tige 15 mm et un volet haut pliable.

## Choisir des filtres correcteurs ou esthétiques ?

Tous les filtres que nous allons présenter ici existent dans tous les formats (monture carrée et monture circulaire à vis), à toutes les qualités (plastique, verre) et à tous les prix. C'est pourquoi, nous n'étudierons que les caractéristiques et les diverses applications de ces derniers (étant donné leur nombre, ils ne seront pas répertoriés sur d'autres critères).

### Les filtres UV pour protéger les optiques

Le filtre UV filtre les rayons ultraviolets du soleil et n'a aucune action sur les couleurs. Il renforce ainsi le pouvoir filtrant du traitement déjà présent sur les lentilles de vos objectifs. Mais son utilisation première est de protéger l'objectif des agressions extérieures (poussière,

À l'instar des lunettes de soleil pour nos yeux, un grand nombre de filtres diminuent efficacement l'intensité de la lumière et permettent ainsi de bénéficier d'une profondeur du champ réduite en pleine journée.

© Sébastien Devaud

© Sébastien Devaud

eau, chocs, rayures...) : il peut être laissé en permanence s'il bénéficie d'un traitement multicouche (mention « MC »), qui garantit une qualité supérieure pour limiter certains effets indésirables :

- l'apparition de *flare* lors de prises de vues nocturnes (les filtres non traités MC devront parfois être retirés pour limiter ces réflexions) ;
- les problèmes de netteté que l'on relève avec les filtres UV bas de gamme qui, même s'ils protègent la lentille frontale, ne doivent pas pour autant dégrader le rendu de l'image.

## Les filtres gris neutre pour réduire la luminosité

Le filtre gris neutre ND *(Neutral Density)* a pour fonction de limiter la pénétration de la lumière dans des conditions de luminosité extrême. À la différence des boîtiers EOS, la plupart des caméscopes haut de gamme sont équipés de manière standard d'une sélection de filtres neutres intégrés, car réduire l'ouverture est quasiment indispensable pour réaliser des tournages extérieurs en conditions de forte luminosité. Pour nos reflex, l'investissement reste obligatoire.

Attention : l'utilisation d'un filtre neutre implique une réinitialisation de la balance des blancs.

En photographie (pose lente), le filtre gris neutre est fréquemment utilisé pour donner un effet « flou » ou « filé » à une cascade, un torrent, un rivage, ce qui est inenvisageable en vidéo. Mais sa seconde fonction importante, la réduction de la profondeur de champ, est disponible pour tout type d'image.

Les paramètres optiques des filtres neutres varient en fonction de leur densité ; en réduisant la quantité de lumière, ils interviennent sur les réglages d'ouverture de diaphragme (profondeur de champ) et de vitesse d'obturation. Voici quelques coefficients de pose intéressants à mémoriser pour pouvoir comprendre, optimiser et combiner leur utilisation :

- utilisation à l'unité : filtre gris neutre ND4 (-2 diaph ou temps d'expo ×4) et filtre gris neutre ND8 (-3 diaph ou temps d'expo ×8) ;
- utilisation en superposition : filtres ND4 + ND4 (–4 diaph ou temps d'expo ×16), filtres ND4 + ND8 (-5 diaph ou temps d'expo ×32), filtres ND8 + ND8 (–6 diaph ou temps d'expo ×64).

Quelques filtres particuliers, disposant des mêmes fonctionnalités que les filtres neutres, donnent accès à des traitements très spécifiques et améliorent le confort d'utilisation :

- les filtres gris neutre dégradés, qui permettent d'assombrir une partie très spécifique de l'image : le centre, pour compenser le vignetage de certaines optiques, ou la partie supérieure ou inférieure de l'image, pour assombrir un ciel, par exemple ;
- les nouveaux filtres Fader ND et Vari-ND fonctionnent avec un système de doubles filtres polarisants circulaires : vous pouvez, à la manière d'une bague de diaphragme, faire varier les différentes densités de votre filtre et du coup réduire ou augmenter la quantité de lumière atteignant le capteur. Vous ferez ainsi évoluer votre profondeur de champ pendant la prise de vues, avec une ouverture et une vitesse d'obturation constantes.

© Light Craft Worshop

a

© Julia Borst

b

© Singh-Ray

c

© Tous droits réservés

d

Les filtres Fader ND (a, b), proposé par la société Light Craft Worshop, et Vari-ND, de la société Singh-Ray (c), permettent de modifier la densité par simple rotation du filtre. L'addition de plusieurs filtres neutres empilés les uns sur les autres pour obtenir de hautes densités peut à présent être évitée (d).

Des avantages concrets apparaissent sur les tournages par l'utilisation des filtres Fader ND et Vari ND :

- l'échelle des densités gris neutre est regroupée sur un même filtre (gain de temps et d'argent) ;
- ils sont disponibles pour les montures à vis standards (77 mm et 82 mm) ;
- la gestion de la mise au point est nettement simplifiée : avant d'utiliser une forte densité qui assombrira la visée, on pourra aisément réaliser la mise au point sur une densité claire.

© Sébastien Devaud

Ces trois photos sont extraites d'une séquence vidéo réalisée avec un 5D MkII équipé d'un filtre Fader ND proposé par la société Light Craft Worshop. Les densités ND2 (à gauche), ND8 (au milieu) et ND400 (à droite) ont été sélectionnées pour réaliser cette séquence.

## Les filtres polarisants pour supprimer les reflets

La lumière est une onde électromagnétique qui est composée de plusieurs types de polarisation. Certains filtres photo appelés « polarisants » permettent de sélectionner une de ces polarisations particulières : ils ne laissent passer que la lumière polarisée de manière rectiligne par rapport à eux.

Les filtres polarisants éliminent ainsi les lumières réfléchissantes présentes sur l'eau, le verre et les surfaces particulièrement brillantes, comme les lacs ; ils améliorent également le contraste en intensifiant le bleu du ciel dans un axe de 90° par rapport au soleil. Le filtre polarisant circulaire supprime le voile atmosphérique en renforçant la saturation des couleurs. Il peut être utilisé sur tous les boîtiers ; sa densité permet de réduire l'ouverture des objectifs et, comme avec les filtres gris neutre, la profondeur de champ peut être réduite.

Le rendu des images polarisées donne des effets de couleurs et de contrastes très intéressants sur le plan artistique. C'est le seul filtre qui ne peut pas être reproduit par des logiciels de traitement d'image. Il reste inimitable à la prise de vues.

## Les filtres couleurs pour modifier l'intensité des couleurs

Au même titre que les filtres couleurs (électroniques) disponibles dans le Style d'image Monochrome, ces filtres (physiques) permettent de faire ressortir certaines couleurs et d'en absorber d'autres. Parmi les différents filtres photo colorés on distingue :

- le **filtre jaune**, qui absorbe les ultraviolets, atténue les rayonnements bleus et augmente le contraste des scènes extérieures. Il améliore notamment le contraste des ciels et des nuages et éclaircit les tons des feuillages ;
- le **filtre orange**, qui accentue la lisibilité des rouges et des jaunes et qui filtre le bleu, créant ainsi des effets dramatiques sur les paysages (ciels tourmentés et forts contrastes entre les bleus et les jaunes). Il ajoute des détails dans les lointains ;

Ces photos sont extraites d'une séquence vidéo réalisée avec un 5D MkII équipé d'un filtre polarisant circulaire Hoya. Les reflets du lac sont totalement annihilés offrant une quasi-transparence sur la faune et la flore aquatiques.

- le **filtre rouge**, qui absorbe l'ultraviolet, le bleu, le vert et le jaune. Idéal pour créer des effets de ciels tourmentés ou de nuit. Très utile également pour certaines applications avec des films infrarouges ;
- le **filtre vert**, qui augmente le contraste des scènes en éclaircissant les sujets de couleur verte (feuillages, herbes...) ;
- le **filtre jaune-vert**, qui s'utilise pour les portraits en extérieur et donne des tons naturels en éclaircissant la couleur de la peau ;
- le **filtre bleu**, qui améliore les prises de loin, dans les paysages, en accentuant la brume.

## Les filtres à effets

Il en existe de multiples modèles : flou, brouillard, dégradé, étoiles, voile... Leur influence est souvent très subjective, car ils jouent sur l'esthétique de l'image.

Les quatre marques Tiffen, Schneider, Formatt et Lee Filters proposent des gammes complètes de filtres à effet dédiées au cinéma et à la télévision broadcast. Sur leurs sites respectifs, on peut facilement visualiser l'effet produit par chacun de leurs filtres (option très pratique quand on recherche un effet précis). On citera entre autres, la multitude des filtres diffuseurs destinés à adoucir l'image ou une partie de l'image avec plus ou moins d'intensité (Black Pro-mist, Black diffusion, Soft/fx, Warm Soft/fx, Smoque, Nude/fx...). Ils sont essentiellement utilisés pour travailler les rendus de peau (à la manière du photographe Hamilton qui fixait des bas nylons Dior sur ses objectifs pour adoucir le rendu de ses portraits...), mais sont aussi associés aux plans larges de paysages (comme dans *Barry Lyndon*, de Stanley Kubrick).

Des filtres couleur peuvent également générer une atmosphère particulière. À l'image des virages monochromes, ils donnent une teinte générale à l'image. Citons les filtres Tobacco, Chocolate, Amber, Storm Blue et Sahara Gold.

D'autres filtres à effet tels que les filtres étoiles sont également proposés. Comme leur nom l'indique, ils génèrent un effet « étoile » (dont le nombre de branches dépend du filtre choisi) à partir des sources lumineuses présentes dans le champ de vision. Ils n'ont d'influence que sur l'esthétique de vos vidéos. Leur utilisation reste très spécifique. Les émissions télé de variétés sont assez friandes de cet effet qui apporte à l'image une ambiance chaleureuse, festive et clinquante.



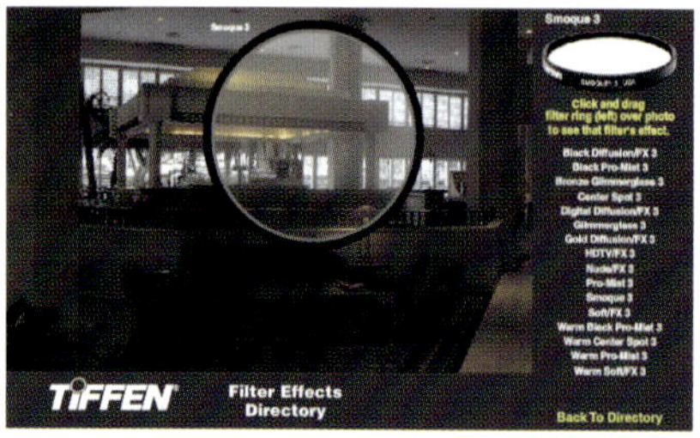

Applications disponibles sur le site Tiffen pour visualiser l'effet produit par chacun de leurs filtres.

## Les filtres de conversion pour gérer la température de couleur

Comme nous l'avons vu plus haut, les filtres de conversion ne sont pas indispensables puisque les boîtiers numériques actuels permettent tous de régler la balance des blancs. Les solutions proposées par les boîtiers sont largement suffisantes pour passer outre l'évocation de ces filtres.

# Travailler la lumière artificielle

Tous les éléments et notions nécessaires pour réaliser une exposition précise et correcte de vos vidéos en lumière naturelle ont été étudiés dans la première partie de ce chapitre. Il reste maintenant à aborder le travail de la lumière avec des équipements dédiés qui permettent de jouer sur sa qualité.

Bien qu'il soit le plus renommé et le plus puissant projecteur HMI du monde, le soleil n'est pas à la disposition des productions. Ce projecteur naturel restera à jamais le meilleur compagnon des directeurs photo, mais il est aussi son meilleur ennemi, car il impose de composer :

- avec ses horaires, qui délimitent deux tranches d'excellence assez courtes, de l'aube jusqu'au lever du soleil et entre chien et loup, au crépuscule (à l'opposé, au zénith, le soleil donne une image aux contrastes durs, avec des ombres particulièrement disgracieuses) ;
- avec la météo, qui conditionne totalement le rendu de l'image : à la différence d'une journée ensoleillée qui donne une atmosphère chaleureuse et conviviale, une journée orageuse sera plutôt propice à une ambiance morose, voire dramatique.

Photos extraites de diverses productions personnelles réalisées aux meilleures heures de la lumière solaire (aube et crépuscule).

© Sébastien Devaud

© Julia Borst

© Sébastien Devaud

© Sébastien Devaud

© Chemical Wedding

La nouvelle application Helios Sun calculator pour iPhone et iPod Touch est une aide sans équivalent pour les cinéastes et les photographes qui travaillent en lumière naturelle. Elle simule graphiquement la course du soleil du crépuscule à l'aube, pour un jour donné, à une heure donnée, et quel que soit le lieu.
L'Helios Sun calculator est essentiel pour tous ceux qui ont besoin de planifier une journée autour d'une mise en scène dépendant de la constante évolution de la lumière solaire. Les gaffers, les directeurs de la production, les premiers assistants réalisateur et les directeurs photo sont déjà conscients de la valeur de cette information. Pour les autres, retenez qu'il est désormais possible de prédire l'exposition au soleil sur le terrain, sans avoir besoin de tableaux ou de graphiques complexes.

Bien que certaines lumières dites « traditionnelles » (tungstène, HMI, néon…) soient considérées comme des références incontestables, la plupart des recommandations à suivre désignent les projecteurs à LED comme le standard de demain.

Pour remédier aux caprices du soleil et permettre une gestion précise de la lumière (tant en quantité qu'en qualité), des équipements très spécifiques et performants ont été élaborés par l'industrie audiovisuelle et cinématographique, sous la dénomination de « lumière artificielle ». Le matériel d'éclairage s'est ainsi développé et répond aujourd'hui à toutes les demandes. Que ce soit en studio ou en extérieur, chaque type de production peut ainsi disposer d'équipements adaptés, cependant un personnel qualifié reste préconisé pour leur manipulation.

Les boîtiers numériques Canon peuvent utiliser les mêmes systèmes d'éclairage que les caméras. Ils bénéficient donc des mêmes avancées technologiques. Les nouveaux projecteurs à LED, par exemple, offrent de nombreux avantages :

- ils ne chauffent pas et sont bien plus résistants que les projecteurs classiques ;
- ils peuvent être alimentés de manière autonome par des batteries de caméras ;
- ils sont très économiques au regard de leur puissance, et ne requièrent que de très peu d'énergie pour fonctionner ;
- ils sont équipés en lumière du jour et ont peut faire varier leur intensité à volonté.

Cette nouvelle technologie d'éclairage équipe aujourd'hui la quasi-totalité des types de projecteurs du parc lumière. Les mini-torches dédiées aux reflex EOS en sont donc pour la plupart pourvues. Nous n'allons pas étudier ici les différents systèmes d'éclairage disponibles pour les reflex en fonction des différents types de projecteurs disponibles, mais plutôt en fonction des types de production que vous serez amené à rencontrer et de leurs exigences respectives. Nous vous proposerons aussi, au cas par cas, des sélections de sets de référence.

## La lumière minimale des news : torches et réflecteurs

### Les torches

Dans le monde des news, les reporters et JRI travaillent essentiellement dans la journée avec la lumière naturelle et s'accommodent des systèmes d'éclairage urbains la nuit. Mais le rendu, très réaliste, apparaît souvent trop brut. Un système d'éclairage connu sous la dénomination de « torche minette » améliore celui-ci de manière efficace. Ces torches auto-

## TECHNIQUE ET MATÉRIELS

### Les différents types de projecteurs

***Les projecteurs à incandescence***

Ces projecteurs légers sont très répandus, on y trouve notamment les mandarines, les blondes, les Dedolights... Ils produisent une lumière artificielle chaude, mais peuvent être aussi convertis en lumière du jour quand on leur applique des gélatines. Les mandarines sont de 800W, mais il en existe en 650W. Les blondes sont de 1 000W; elles sont faciles à transporter et à suspendre, ce qui en a fait l'éclairage habituel des tournages de terrain. Leur faisceau est semi-dirigé. Elles possèdent un réglage de focalisation variable de Spot (faisceau plus concentré) à Flood (faisceau plus étalé).

Il existe une catégorie très spécifique de projecteurs à incandescence : les Fresnels. Ce sont de gros luminaires, dotés d'ampoules de 1 000 à 5 000 W pourvues d'un réglage de focalisation et de réglages de centrage. Il existe de petits modèles de 300W, les Mizards. À l'avant se trouve une lentille de Fresnel (surface en verre moulé de cercles concentriques). Les Fresnels servent essentiellement en studio. Les Mizards sont parfois utilisés en reportage/documentaire pour éclairer des interviews de manière sophistiquée.

***Les projecteurs HMI***

Ces projecteurs type jour ont un rendement lumineux très élevé. Un HMI de 200W éclaire autant qu'un Fresnel de 2 000W, pour une consommation par définition moindre et un échauffement bien inférieur. Les lampes sont très fragiles et ont une durée de vie limitée, mesurée par un compteur. Ce sont des lampes à décharge dont l'alimentation est faite par un ballast, gros bloc lourd et encombrant, placé au pied de l'éclairage. Les HMI vont de 200W à 18kW. Les gros HMI permettent de simuler une arrivée de lumière solaire. Les projecteurs sont encombrants et doivent être manipulés à plusieurs.

***Les projecteurs fluorescents***

Ces projecteurs produisent une lumière diffuse, non dirigée, qui dépend de l'orientation du tube. Relativement légers, faciles à cacher dans le décor, ils ne chauffent pas excessivement et leur ballast est intégré. Les tubes peuvent être ajustés sur « lumière du jour » ou « lumière artificielle ». On citera les Kino-FLO, mini-FLO, et toute la gamme des projecteurs de la marque Kinoflo.

***Les boîtes à lumière***

Apparues à la fin des années 1990, ce sont de grandes surfaces lumineuses, fournissant une plage de lumière large et étale. Il en existe deux sortes : les projecteurs traditionnels recouverts d'une « bulle » blanche translucide en tissu, et les projecteurs de type lumière froide.

***Les LED***

Ces nouveaux projecteurs sont constitués de diodes électroluminescentes. Ils n'ont que des avantages : très directionnels, légers, faible consommation, longévité record, 16 millions de couleurs, pilotage possible par console DMX.

(Source : ECV, http://ecolecinevideo.free.fr)

nomes (alimentées par des batteries ou des piles) constituent un équipement minimaliste, pratique, performant et léger.

Leur utilisation est privilégiée :

- quand on doit recueillir les propos d'un individu en mouvement, avec une faible luminosité : la lumière frontale des torches produit assez de luminosité pour déboucher le sujet du fond (qui est alors sous-exposé);
- quand on veut diminuer le contraste entre un sujet et son fond trop lumineux, ou, à l'extrême, en contre-jour : en augmentant la lumière sur le sujet, on gagne un ou deux diaphragmes et donc du détail sur le fond (qui était jusque-là surexposé);
- quand on veut correctement exposer un sujet fixe : en complément d'autres sources naturelles ou artificielles, ces torches peuvent souligner une vraie direction de lumière. Elles se fixent de la même manière qu'un flash sur la griffe de vos reflex EOS, mais peuvent également être déportées sur des pieds lumière pour souligner diverses directions d'eclairage.

Les modèles de torches minettes pour les boîtiers Canon sont pour la plupart des torches LED équilibrées en lumière du jour (filtre de conversion en lumière tungstène fourni à l'achat). Elles disposent presque toutes d'un variateur permettant une exposition précise du sujet. Les différences notables que l'on relève entre les cinq torches recommandées ci-dessous résident dans leur prix : plus il est élevé, plus il garantit résistance, performance et précision. Seul le modèle Litepanel peut être considéré comme professionnel, l'expérience de la marque dans ce domaine ainsi que la puissance de cette torche, sa fréquence et sa finesse de réglage, la placent largement au-dessus des autres :

- torche LP MicroPro (370 €) et MicroPro hybrid de Litepanels ;
- torche Bescor LED-35D (150 $) ;
- torche DLC DSLR (100 $) ;
- torche Hot Shoe LED Light (89 $).

Le récent modèle LP MicroPro hybrid de Litepanels reste actuellement la torche LED à privilégier avec les HDSLR Canon. Une présentation des nouvelles torches du stand Litepanel au Nab 2010 est visible à l'adresse suivante : http://vimeo.com/10906051.

© Daniel Chung

© Litepanels

## Les réflecteurs

La lumière réfléchie est devenue un outil de plus en plus utile quand le temps, le budget ou l'espace sont limités. Qu'elle soit naturelle ou artificielle, une source unique de lumière en complément de réflecteurs peut souvent suffire à l'établissement d'une implantation lumière soignée.

Plus fastidieux à utiliser, l'autre compagnon indispensable du reporter est le réflecteur souple. C'est une solution parfaite pour un contrôle rapide et efficace de la lumière réfléchie, en intérieur comme en extérieur. Tenus à la main ou fixés sur pied/bras magique, les réflecteurs souples n'ont que des avantages.

Des modèles économiques disposent de surfaces supplémentaires à fixer par système de fermeture Éclair et à utiliser en plus du réflecteur classique translucide. Selon le rendu souhaité (+/- naturel, *soft* ou *hard*, chaud ou froid), des surfaces or, argent, noir, et blanc sont disponibles. D'autres modèles plus résistants, pliants mais rigides, sont utilisables à l'extérieur, même avec de la brise ; la marque Laslolite est spécialisée dans ce type d'équipement et propose tous les modèles à toutes les tailles et à tous les prix.

En extérieur, travailler avec des réflecteurs et avec le soleil, si l'on suit les règles de base de la lumière (voir la règle des trois points), peut garantir une lumière esthétisante. Un réflecteur orienté face argentée et associé au soleil, utilisé comme réflecteur *hard*, combiné à un autre réflecteur positionné face blanche, utilisé lui comme réflecteur *soft*, produiront une qualité de lumière soignée.

Pour les petits budgets ou pour faire des tests avant d'investir, des équipements de la vie courante peuvent tout à fait rivaliser avec les réflecteurs professionnels :

Les réflecteurs modulables de la société Lastolite sont par leur diversité adaptés à tous les types de production.

- un grand carton blanc (réflecteur *soft*) ;
- du papier aluminium ;
- des couvertures de survie (or ou argent) ;
- des miroirs (réflecteurs *hard* à combiner avec des réflecteurs *soft*).

# La lumière standard des interviews

Les interviews représentent la majeure partie des productions en télévision. Elles peuvent être réalisées dans l'urgence, comme nous venons de le voir pour les news, ou être plus soignées grâce à une réalisation en multicaméra. Sur un plateau TV, les débats se déroulent souvent en direct, ce qui nécessite une régie où le réalisateur devra directement *switcher* ses caméras pour créer le programme. Cependant, si le direct n'est pas privilégié, les interviews peuvent être effectuées avec plusieurs caméras autonomes (unités ENG). Dans ce cas précis, le choix des reflex Canon apparaît alors très judicieux.

## La règle des trois points

Comme avec les caméras traditionnelles, certaines règles incontournables devront être respectées pour optimiser la réalisation d'interviews avec les boîtiers HDSLR.

1. Pour l'implantation des appareils, respecter la règle des 180° pour les champs/contrechamps, vue de l'interviewer/vue de l'interviewé, qui permet une bonne continuité visuelle : on trace une ligne au sol que les caméras ne peuvent pas franchir au risque de filmer le sujet sous un autre angle, ce qui perturberait la continuité (on parlerait alors de « faux raccord »).

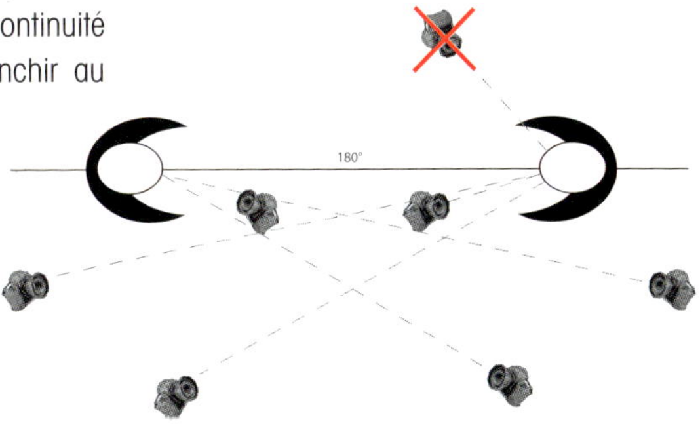


La règle des 180° consiste à toujours placer les cameras destinées à filmer un champ/contrechamp du même côté de la ligne des 180° ; cette ligne des 180° est perpendiculaire à la ligne d'action. (D'après http://jmmesa.free.fr/gan/formation/video/raccords.htm)

2. Pour le montage, ne pas oublier de réaliser un clap de début ou de fin pour pouvoir synchroniser le son et l'image de l'ensemble des caméras en postproduction.
3. Pour l'implantation lumière, la règle des trois points est préconisée ; c'est une règle de base pour l'éclairage classique d'un sujet :
   - la face *(keylight)* est la lumière principale, c'est elle qui définit l'atmosphère lumineuse ; cette source dominante justifie et détermine la puissance et l'emplacement des autres sources ;
   - l'effet *(fill light)*, positionné latéralement, estompe les ombres denses créées par le *keylight* sur le sujet en révélant des détails dans les noirs (sa puissance correspond à peu près à la moitié du keylight) ;
   - le contre-jour *(backlight)*, en arrière du sujet, définit une découpe du sujet et le sépare du fond en ajoutant une sensation générale de profondeur (sa puissance est souvent équivalente à celle du *keylight*).

Une lumière complémentaire peut aussi être nécessaire pour éclairer le décor de fond derrière votre sujet.

La technique d'éclairage en trois points doit être appliquée à chacun des protagonistes participant à l'interview, pour achever une implantation équilibrée sur tous les champs.

© Sébastien Devaud

© Sébastien Devaud

© Sébastien Devaud

Éclairage à trois points pour Claire Barsacq (ci-contre), présentatrice du JT de M6, et (ci-dessus) en fort contre jour pour Laura, musicienne basée à Londres.

Le choix des projecteurs n'a pas d'incidence sur les performances de la règle des trois points, on peut ainsi facilement envisager des configurations simples grâce à l'utilisation de réflecteurs, diffuseurs et variateurs. Seule l'atmosphère recherchée (température de couleur, puissance du *keylight* principal), la géographie des lieux de tournage et le budget disponible conditionneront la sélection de vos projecteurs.

Pour être véritablement satisfait, gardez toujours à l'esprit que le plus difficile n'est pas de savoir allumer des lumières, mais de savoir en éteindre ! Cette règle s'applique dans la plupart des productions, qu'elles soient extérieures ou intérieures.

## Les sets préconisés

Pour mieux appréhender le type d'éclairage adapté aux interviews, voici quelques configurations que j'ai sélectionnées en fonction de plusieurs critères (la flexibilité, la maniabilité, le budget) et qui répondront aux exigences de cette technique. Souvenez-vous que les variateurs de puissance et les diffuseurs sont quasiment indissociables de ces projecteurs et permettent d'équilibrer précisément l'ensemble des sources utilisées.

Le réglage de la balance des blancs devra être le même sur chacun des boîtiers EOS, il sera réalisé une fois l'implantation lumière achevée. La présence d'un chef opérateur en plus du réalisateur constitue l'équipe minimale pour ce type de production.

1. La valise lumière est la configuration la plus économique. Composée d'une blonde (1 000 W), de deux mandarines (800 W) et de deux Mizards (300 W), c'est la configuration standard disponible chez tous les prestataires à un prix très compétitif. Une mandarine suffira pour éclairer votre personnage ; l'autre, placée au-dessus et derrière lui, servira de *backlight*. Un Mizard placé sur le côté du sujet servira de *fill light*. Enfin, la blonde plus ou moins diffusée pourra éclairer votre décor pour équilibrer le fond.
2. Si vous souhaitez une ambiance très intimiste en intérieur nuit, vous pouvez n'utiliser que des petites sources telles qu'une valise Dedolight (100 à 400 W) pour éclairer vos protagonistes et vous servir des lumières du lieu de tournage (lampes de bureau, de chevet, appliques) pour donner de l'énergie au décor du fond. Le système Dedolight présente plusieurs avantages : il est ultra compact, ultra précis, avec un faisceau sans point chaud et un grand choix d'accessoires. Les sources sont alimentées par un transformateur et disposent toutes d'un variateur de puissance. Pour réaliser le film *M. Métronome*, nous n'avons utilisé que ce type de projecteur.

Implantation lumière avec projecteurs Dedolight sur le film test de l'EOS 5D MkII, *M. Métronome*.

© Xavier Forcioli

© Chimera

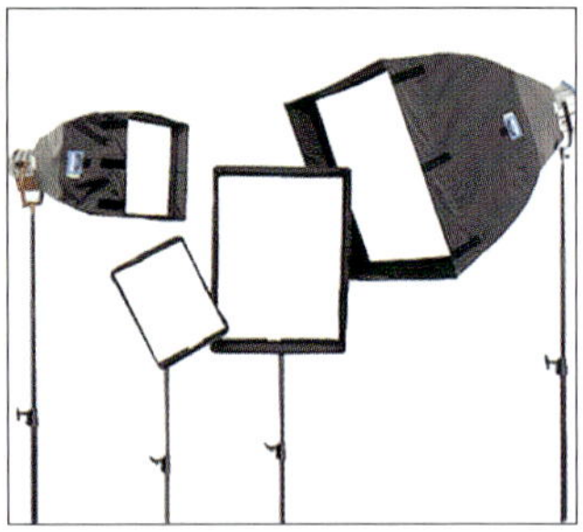

© Kinoflo

Les systèmes néons Kinoflo et les boîtes à lumières Chimera permettent d'obtenir une lumière très douce.

3. Une troisième configuration permet d'obtenir une lumière puissante et économique qui privilégiera la douceur avant tout : ce sont les tubes néon. La marque Kinoflo est spécialiste de ce type d'équipements. Des tubes fluorescents de 60 et 120 cm, d'une température de couleur aux alentours de 3000 K (lumière artificielle) ou de 5600 K (lumière du jour) sont associés par 2 ou par 4 sur des supports dédiés. Ces systèmes qui produisent une lumière très douce peuvent également être diffusés par des calques. Ils sont alimentés par des ballast et ne consomment quasiment rien.

Ces systèmes d'éclairage portatifs ont changé la manière d'éclairer des professionnels. Ils produisent la *softlight* la plus polyvalente du marché et proposent des applications variées. Les kits Diva-lite, BarFly et VistaBeam restent des valeurs sûres. Cette qualité de lumière très douce peut aussi être obtenue grâce à des boîtes à lumière pouvant se fixer sur tous les projecteurs classiques (HMI, flash, tungstène) afin de moduler et de diffuser la lumière ; la marque Chimera est spécialisée dans ce type d'équipement.

© Sébastien Devaud

Les tubes néons produisent une lumière très soft, adaptée aux plans beauté. Ils ont également constitué un excellent accessoire pour Laura sur le tournage de *Plus vite que la musique* en 2005.

4. Enfin, sur une production extérieure, si vous ne disposez pas du budget suffisant pour louer des projecteurs et que la journée reste ensoleillée, munissez-vous de réflecteurs tels que des miroirs et des feuilles de calques, et de plaques de polystyrène comme diffuseurs. Des miroirs utilisés comme *keylight* renverront la lumière du soleil sur vos sujets sans pour autant les éblouir, s'ils sont placés assez haut. D'autres miroirs dirigés sur des diffuseurs constitueront les *fill light*. Enfin, si vous avez placé votre sujet en contre-jour par rapport au soleil, la lumière incidente du soleil lui-même pourra servir de *backlight*. Une alternative efficace et économique pour soigner une lumière avec comme seule source d'éclairage le soleil… Si les conditions le permettent, et si vous avez bien placé vos sujets, cette technique donnera une belle lumière réaliste.

Set de tournage en interview avec trois EOS 1D MkIV.

## La lumière de studio, les grosses productions (publicité, fiction, TV) et packshot

Les grosses productions concernent essentiellement les mondes de la fiction, de la publicité et des plateaux TV, et bénéficient de budgets conséquents. La location de studios équipés, la constitution d'une équipe complète ou l'utilisation d'équipements lourds et puissants sont monnaie courante sur ce genre de production. Cependant, grâce à leur approche « caméra cinéma » et la polyvalence qu'ils proposent, les boîtiers HDSLR trouvent naturellement leur place sur ces tournages.

De plus en plus de longs métrages et de publicités sont aujourd'hui réalisés, du moins en partie, avec ces reflex (citons par exemple les récentes productions de Claude Lelouche, de Cédric Klapisch – *Ma part du gâteau*, son prochain long métrage –, de Darius Konji ou de Robert Rodriguez – vidéoclip de Bob Schneider). Bien que l'avantage économique soit indéniable, le grand intérêt que portent les réalisateurs et les directeurs de la photographie à cette nouvelle technologie reste lié au rendu impressionnant de l'image.

### Une étape de pré-production importante

Même avec des boîtiers EOS comme caméra principale, la préparation, la création et l'implantation de la lumière suivent les mêmes étapes de production que les tournages utilisant des caméras professionnelles, numériques ou argentiques :

- la présence d'un directeur de la photographie est primordiale, car son rôle est déterminant sur l'ensemble de ces tournages (voir encadré ci-dessous) : il intervient à chaque étape de production pour appréhender et préparer sa lumière en fonction de l'atmosphère et de la charte artistique choisies par le réalisateur ;

## LES MÉTIERS DU CINÉMA

**Le directeur de la photographie**

Le directeur de la photographie, aussi appelé directeur photo ou chef opérateur de prise de vues, est la personne responsable de la prise de vues au tournage d'un film. Il coordonne les efforts de trois équipes : caméra, machinerie et lumière ou éclairage. Il peut aussi assumer le travail du cadreur. Concepteur de l'image du film, il crée l'esthétique de l'éclairage et est donc un collaborateur essentiel de la mise en scène, par son apport à la plastique du film. Lorsqu'il ne se consacre qu'à l'éclairage et qu'un cadreur opère la caméra et assure le cadre, il dirige l'équipe d'électriciens-éclairagistes, qui positionne sous ses ordres les projecteurs et accessoires. Il peut parfois assurer le cadre et la lumière. À la finalisation du film, en postproduction, il supervise l'étalonnage des images du film.

(Source : Wikipédia)

- en pré-production, le repérage reste indispensable pour lister les décors et leurs contraintes. Connaître la géographie des lieux est également très important pour évaluer la probabilité d'intempéries, identifier les sources d'énergie ou la direction de la lumière naturelle au cours de la journée. Que ce soit en studio ou en extérieur, des plans d'éclairage sont souvent nécessaires pour compléter le découpage des séquences et faciliter le travail de l'équipe lumière.

Finalement, une liste d'éclairage sera remise à la production en fonction des besoins du film. En général, elle est composée de petites et grandes sources, larges et directionnelles, pour pouvoir faire varier les puissances et l'étalement. Du matériel électrique et de fixation ainsi que les réflecteurs, les diffuseurs et les variateurs constitueront également une partie non négligeable de cette liste. L'ensemble de cet équipement est souvent loué pour la durée complète du tournage, et stocké dans les camions destinés à la lumière et à la machinerie.

### Les sets préconisés

Nous n'allons pas étudier ici le détail des projecteurs et des techniques d'éclairage destinés aux grosses productions, cela serait trop ambitieux et même hors sujet. Comme les torches LED évoquées précédemment, il existe des équipements légers et pratiques qui répondent aux attentes de ces grosses productions, notamment en studio (publicité, packshot) et pour des conditions extrêmes, comme les intérieurs des véhicules de transport (voiture, train, avion).

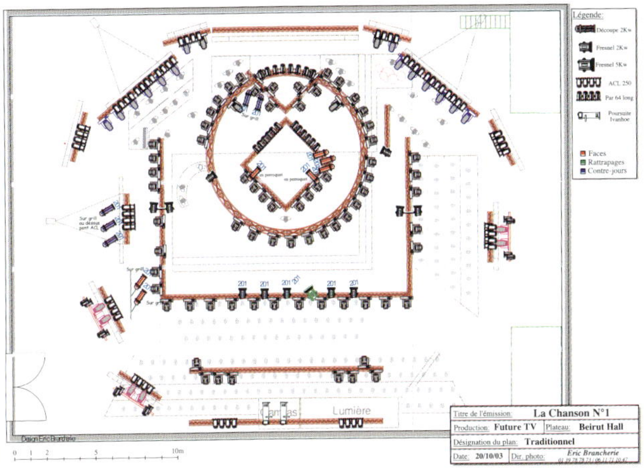


c

Sur les plateaux de télévision, les grills lumière (a, b) permettent une implantation unique des projecteurs automatisés. Pour modifier les ambiances en fonction des différents types d'émissions, les directeurs photo proposent des plans d'éclairage (c) qui indiquent le positionnement, le type et le réglage de puissance de chacun de leurs projecteurs.

Les marques Gekko, Rosco, Litepanel, pour les projecteurs LED, et Kinoflo, pour les fluos, proposent toutes des systèmes compacts, précis et de très faible consommation. Si les éclairages LED ont l'avantage en termes de taille, de poids et d'alimentation, les fluos sont inégalables dès qu'on parle de qualité de lumière. Voici quelques équipements spécifiques pour les productions utilisant les boîtiers Canon.

- Le **Ring lite** est un anneau lumineux composé de diodes électroluminescentes (LED) ou d'un fluo circulaire que l'on vient placer sur l'objectif de la caméra grâce à un adaptateur circulaire, vissé sur le pas de filtre de l'objectif (similaire à ceux utilisés lors du montage d'une Mattebox). La lumière frontale produite par ces anneaux est douce, étale, « dimmable ». Le Ring lite Cinema de Litepanels reste la référence, mais le Kamio de Kinoflo ou le Kisslite de Gekko sont des solutions intéressantes aussi.

- Une autre utilisation révolutionnaire profite également aux Ring lite : **les nouveaux systèmes d'incrustation nomades**. Les systèmes Reflecmedia (Chromaflex) et Datavideo (CKL-100) proposent tous les deux des kits permettant d'obtenir des qualités d'incrustation impressionnantes grâce à des Ring lite équipés en LED vertes ou bleues et à un

Apprécié des « Steadicameurs », les Ring lite sont souvent utilisés dans le monde de la mode et des cosmétiques.

© Billy DeCola

© Billy DeCola

© Billy DeCola. www.tune-in-tokyo.com

5D MkII équipé du Ring lite Mini Litepanels.

matériau rétro-réflectif disponible dans toutes les tailles. Avec la possibilité qui nous est offerte d'emporter ces systèmes d'incrustation au bout du monde, l'ergonomie de nos boîtiers devient un avantage. Nous disposons à présent d'un studio d'incrustation performant, léger et économique, sans équivalent.

5D MkII équipé du Ring lite et du système Chromaflex de la société Reflecmedia, testé par Guy Cochran. Test visible en suivant le lien suivant : http://vimeo.com/2856291.

© Guy Cochran

- **D'autres petites sources LED** méritent d'être évoquées, parce que leurs performances sont en accord parfait avec l'utilisation très polyvalente du mode vidéo des reflex EOS. On citera notamment :
  - le nouveau kit Rosco Litepad, livré dans une valise étanche Pelican et composé d'un assortiment de six panneaux LED de différentes tailles et formes, ainsi que d'accessoires pour fournir une solution d'éclairage prête à l'emploi. Ces panneaux sont très légers et très fins, parfait pour les scènes d'intérieur voiture ;
  - le célèbre et incontournable Litepanels Mini, aujourd'hui mis à jour avec le Litepanels Miniplus (photo a ci-contre), qui est sans doute l'investissement que l'on ne regrettera jamais. Compact, puissant, solide, « dimmable » et autonome, il reste utile et efficace sur tous les types de productions.
- Si des sources plus puissantes sont nécessaires, la série 1×1 de Litepanels composée de panneaux de 30 × 30 cm modulables en ×4 ou ×16 doit être considérée comme une solution qui fait référence aujourd'hui.

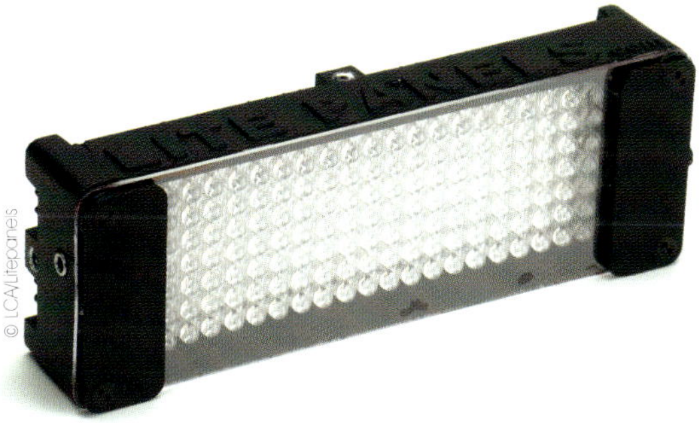

© LCA/Litepanels

a

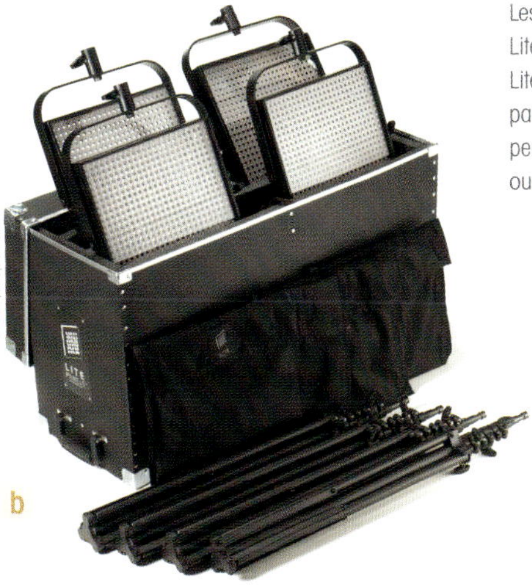

© LCA/Litepanels

b

Les célèbres systèmes Litepanels MiniPlus (a) et Litepanels 1 × 1 (b). Ces panneaux de LED modulables peuvent être assemblés × 4 ou × 16 (c, d).

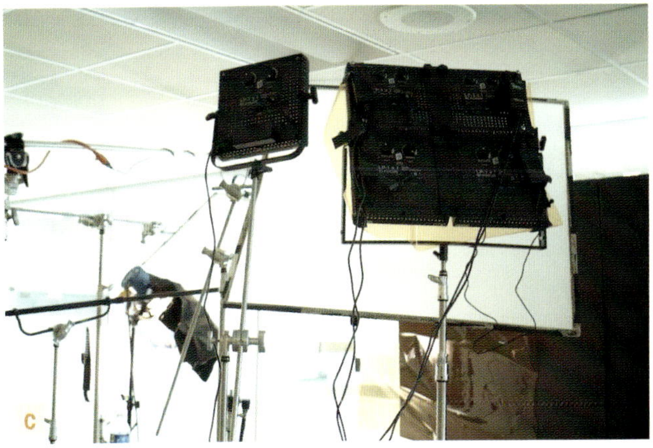

c

© Vincent Laforet, blog vincentlaforet.com

d

© Vincent Laforet, blog vincentlaforet.com

Au même titre que la miniaturisation de la technologie des caméras, le développement de l'industrie de l'éclairage tend à privilégier la compacité, la légèreté et la faible consommation de ces nouveaux projecteurs. Les projecteurs à LED et type fluo qui ont également pour avantage de ne pas chauffer, répondent de mieux en mieux aux attentes des professionnels de la lumière. Ils alimentent parfaitement les capteurs de nos nouveaux boîtiers.

## L'avis des directeurs photo

Pour conclure ce chapitre, j'ai laissé le dernier mot à deux directeurs photo, avec qui j'ai utilisé ou testé le 5D MkII. Je leur ai demandé de raconter en quelques lignes leur ressenti et leur éventuelles réserves après une ou plusieurs expériences de tournage avec ce boîtier.

## Thibaud Danton

Thibaud Danton est le directeur photo avec lequel j'ai collaboré pour réaliser le film test du 5D MkII pour Canon France : *M. Métronome*.

Je suis de la génération intermédiaire, celle qui a connu à la fois le film et ses traditions centenaires, et le monde numérique; j'ai donc hérité d'une double culture. Mais grâce au 5D MkII, je constate que les trois supports image (la photo, la vidéo et le film) ne font plus qu'un. Un monde magique s'ouvre à nous, aux chefs opérateurs, aux réalisateurs, et photographes; nous avons le moyen rêvé de faire des films accessibles à tous!! Canon l'a fait! Ceci n'est pas sans rappeler l'ère du Super 8.

Je pense que, grâce à Canon, le monde de la TV redécouvre la profondeur de champ qui avait été perdue avec la disparition des news filmées en 16 mm. La génération du flux numérique vidéo pour diffusion TV retrouve avec bonheur ce flou organique et la définition des objectifs photo. Un flou qui n'est plus « manichéen » (l'image floue en numérique n'était pas belle, sans couleurs, et fut longtemps censurée en TV) : il est rond, souple, volatile, et « accueillant », grâce au capteur de grande taille. Je vois du détail dans les arrière-plans, mon flou raconte quelque chose et participe à l'histoire. Il devient cinématographique ou plutôt « photogénique ». Il est à nouveau apprécié à sa juste valeur cinématographique…

J'ai beaucoup apprécié aussi la convivialité et la souplesse de l'appareil, la discrétion, l'énorme potentiel de créativité qu'il apporte. On peut maintenant, entre autres, passer les frontières sans carnet ATA, sillonner de nouveau le monde seul, se faire très discret… L'usage de cet appareil est illimité, partir capturer des instants uniques peut se faire d'une façon autonome.

Le choix qualitatif des optiques Canon participe bien sûr grandement au succès de ces appareils hybrides photo-vidéo. Ces objectifs sont abordables et offrent une définition de toute beauté et une large palette d'utilisation : j'utilise par exemple un 90 mm Shift pour envelopper un visage féminin; pour filmer certains événements sportifs, je choisirai de très longues focales, comme des 300-600 mm.

L'addition qualitative des optiques photo couplées à un capteur Full HD permet de retrouver, grâce au 5D MkII, la sensation du tournage film pour un budget « low cost ».

© Xavier Farcioli

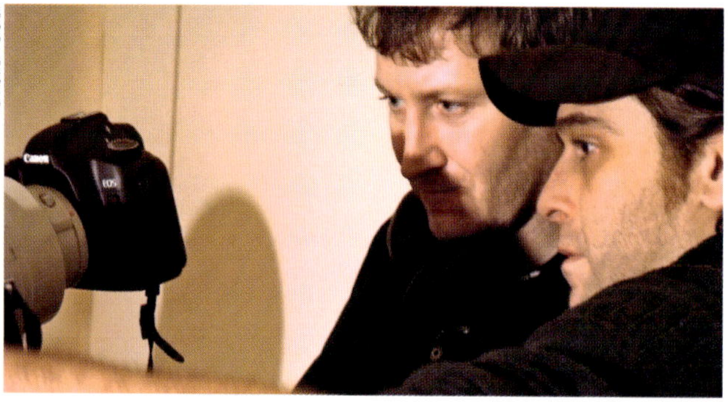


© Xavier Farcioli

Photo making of du film test de l'EOS 5D MkII, *M. Métronome*, avec le directeur de la photographie Thibaud Danton.

## Éric Brancherie

Éric Brancherie est le directeur de la photographie avec qui nous avons testé le 5D MkII en conditions de très faible luminosité.

Sur un projet récent de tournage d'une fiction de 90 minutes en vidéo HD, la question du choix technologique de prise de vues est très vite apparue lors de la préparation. Il s'agissait de filmer une reconstitution d'un fait divers se déroulant au XVIII$^{e}$ siècle. Le réalisateur et la production souhaitaient travailler le plus possible dans une lumière naturelle et réaliste, notamment pour les intérieurs nuit. L'autre parti pris était de tourner certaines grandes scènes en plans séquence, en multi-axes, afin de privilégier le jeu des comédiens mais aussi un gain de temps.

Il nous fallait donc trouver une caméra discrète (possibilité de cacher des appareils parmi les figurants ou dans le décor), raisonnable en termes de prix (il fallait jusqu'à 5 angles de prise de vues sur certaines scènes d'action) et surtout d'une bonne sensibilité pour les tournages de nuit. Mon choix s'est donc dirigé vers le 5D MkII. Mais n'ayant que très peu d'expérience de ce genre de « caméra », j'ai fait appel à Sébastien Devaud pour réaliser quelques essais en basse lumière.

Nos premiers tests ont porté principalement sur l'éclairage des visages, en plans moyens et *close-up*, en plans fixes et en mouvement. Les sources lumineuses choisies étaient un chandelier à cinq branches, une lampe à huile et un feu de cheminée. Nous avons aussi testé de petits LED Panels de 10 × 30 cm, gélatinés en double CTO (204) pour nous rapprocher de la couleur des bougies. Les focales utilisées ont été le EF 50 mm à pleine ouverture (f/1,8) et un zoom EF 70-200 mm à f/2,8 avec une sensibilité ISO 640.

Les images les plus réalistes (et les plus satisfaisantes esthétiquement parlant) ont été celles tournées avec seulement un chandelier en trois quart arrière et un petit LED Panel en indirect sur un réflecteur blanc. Un long travelling dans un couloir parfaitement noir (chandelier à la main, sans aucun autre apport de lumière) faisait aussi partie de nos tests.

Je dois avouer que nous avons été agréablement surpris par la qualité des images : aucun bruit dans les noirs, équilibrage des couleurs tout à fait réaliste avec une température de blancs de 3 200 K, sensibilité idéale, une définition plus que convenable, même à pleine ouverture. Le plus bluffant reste bien sûr la profondeur de champ due au capteur 24 × 36, profondeur qui se rapproche de ce que l'on a pu connaître en film 70 mm.

Il ne faut pas oublier non plus le côté *plug-and-play* que nous a apporté un MacPro équipé d'un lecteur de carte CF : quinze minutes après le tournage, nous étions capables de visionner les rushs et de commencer le montage directement sur le fichier extrait de la carte, en pleine définition !

Notre tournage commencera l'été prochain (2010). D'autres tests, notamment en extérieurs pour se rendre compte des rendus en haute lumière, suivront. Mais notre choix est maintenant fait et peut-être d'ici là pourrons-nous profiter de la nouvelle version de ce boîtier annoncé par Canon…

© Sébastien Devaud

Le directeur de la photographie Éric Brancherie éclairé par la lumière des bougies d'un chandelier. Test basse lumière.

Émission *Plus vite que la musique*, avec Laura.

/ CHAPITRE 8 /

# Applications et intégration des HDSLR sur divers types de productions

Le surprenant mode vidéo confère aux boîtiers Canon HDSLR un statut d'hybride sans équivalent, surclassant largement les caméscopes grand public et rivalisant avec les caméras professionnelles HD-TV et D-Cinema. En bénéficiant des nombreux avantages liés à la fonction première de ces appareils photo (compacité, grands capteurs, gamme optique, prix...), le potentiel vidéo de ces boîtiers a suscité l'intérêt de l'ensemble des secteurs d'activités liés à l'image. Que ce soit dans le milieu professionnel (TV, cinéma, photo) ou dans le domaine public, les avantages des reflex EOS (compacité, polyvalence, maniabilité) ont autorisé leur intégration sur l'ensemble des productions professionnelles : les boîtiers peuvent ainsi être utilisés comme caméra de complément ou même comme caméra principale. Nous y consacrerons tout le début de ce chapitre.

Bien que la possibilité d'enregistrement de vidéos soit aujourd'hui l'option la plus convoitée par les utilisateurs des nouveaux EOS, leur fonction originelle d'appareil photo professionnel donne accès à des techniques de prise de vue « photo » pour la vidéo (Stop-motion et dérivés), car un film n'est jamais qu'une suite d'images animées... L'utilisation du mode rafale, par exemple, favorise la création de petites séquences réalisées en compilant l'ensemble de prises de vue photo haute définition sur un unique fichier vidéo. Ce sont les performances de ces nouveaux EOS associées à la créativité des utilisateurs qui permettent l'interaction de techniques photo et vidéo. Nous traiterons dans la seconde moitié de ce chapitre de ces applications et de leurs utilisations respectives (techniques d'intervallomètre à l'origine du Stop-motion et de ses déclinaisons, possibilité de prendre des photos pendant l'enregistrement de vidéos).

En plus de compter parmi les logiciels les plus utilisés, le fameux utilitaire lecteur multimédia universel QuickTime autorise l'ouverture de séquences d'images et propose des fréquences comprises entre 1 et 60 images/s pour créer des suites d'images continues.

## Une intégration plébiscitée sur les productions professionnelles

Avec l'expérience acquise pendant l'année 2009 et l'émergence d'accessoires perfectionnés (stabilisateur, convertisseur HD-SDI, alimentation autonome, transmission HF, montures PL...), tous les types de productions sont à présent envisageables avec la technologie

© Sébastien Devaud

Séquence d'images réalisées en mode rafale avec un 1D MkIV. Les performances du mode rafale varient actuellement entre 4 et 10 images par seconde (4 pour le 5D MkII, 8 pour le 7D, 10 pour le 1D MkIV) et proposent des rafales maximales comprises entre 13 et 28 images pour les fichiers RAW et 121 et 310 images pour les fichiers JPEG Qual. Max. Ces modes évoluent de manière exponentielle et vu l'impact phénoménal provoqué par la sortie de ces nouveaux HDSLR, on imagine aisément la conception prochaine d'un mode rafale continu de 25 images par seconde au format RAW.

HDSLR, et sont même déjà largement représentés sur le Web à une échelle mondiale (fiction, documentaire, news, publicité, clip, multicaméra, 3D relief...).

L'utilisation des HDSLR en tant que caméras de complément reste privilégiée par les professionnels (intégrées aux unités de tournage avec d'autres modèles de caméras professionnelles), cependant leur utilisation comme caméra principale s'est démocratisée avec la sortie des différentes mises à jour et occupe à présent une place prépondérante sur le marché des caméras. Qu'il s'agisse de productions institutionnelles en multicaméra ou de grosses productions cinéma, les reflex ont été adoptés par les pros et les résultats obtenus vont au-delà de toutes les espérances...

## Les boîtiers EOS comme caméras de complément

Tous les systèmes de transmission HF et de contrôle à distance évoqués dans les chapitres précédents privilégient l'utilisation autonome des boîtiers HDSLR. Employées comme caméras de complément, c'est-à-dire associés à d'autres modèles de caméras, ils donnent accès à des axes de prises de vues improbables et surprenants pour tous les types de productions (au regard de leur compacité et de leur poids, il est par exemple très facile de transformer ces boîtiers en caméras zénithales grâce à un simple déport).

La configuration classique pour réaliser les plateaux d'une interview pour la télévision ou pour le Web est le plus souvent constituée de trois caméras (deux sont destinées au champ et contre-champ et la troisième au plan large). Le remplacement de cette troisième caméra par un boîtier s'avère très payant d'un point de vue économique et esthétique.

### Pour les plans larges autonomes des news (exemple des plateaux de *Zone interdite*)

Je réalise depuis maintenant quatre saisons les plateaux extérieurs de l'émission *Zone Interdite* sur M6. La configuration matérielle nécessaire à la réalisation de ces plateaux (trois caméras) correspond parfaitement à notre propos dans le sens où l'utilisation de boîtiers EOS compacts et légers en complément de caméras traditionnelles s'adapte parfaitement aux conditions de tournage en extérieur. L'équipe complète, déjà nombreuse, est constituée d'une dizaine de postes : la présentatrice, la maquilleuse, la coiffeuse, le rédacteur en chef et son adjoint, la scripte, la chargée de production, le chef opérateur (lumière et cadre sur

une caméra), l'ingénieur du son, l'assistant vidéo et moi-même (à la réalisation et au cadre sur une caméra).

En fonction de la destination prévue pour chaque émission et des moyens de transport mis à notre disposition, nous aménageons notre liste de matériel type. Elle est bien sûr également dépendante des besoins spécifiques de chaque enregistrement :

- nombre de lancements et d'interviews à réaliser (évaluation des besoins en énergie) ;
- nombre de protagonistes à interviewer sur un même set (détermination du nombre de micros et de caméras nécessaires) ;
- configuration des lieux de tournage (adaptation de la lumière).

L'expérience des diverses contraintes rencontrées aidant, nous avons pris l'habitude de tourner à trois caméras XD-CAM HD en laissant la troisième caméra autonome (sans opérateur) une fois cadrée sur le plateau : ce plan large référence n'étant utilisé en montage que pour situer le décor et faire respirer l'interview, nous ne jugeons pas nécessaire en effet de modifier son cadre pendant l'enregistrement.

Le poids et l'encombrement de ces unités de tournage (caméras, accessoires et lumière) sont une réelle contrainte pour l'équipe, surtout quand le train est le seul moyen de transport. L'arrivée sur le marché fin 2008 du 5D MkII a tout de suite suscité chez moi l'idée d'un remplacement possible, mais son workflow idéal m'étant encore inconnu, je n'ai pas voulu l'intégrer immédiatement dans notre configuration.

C'est en avril 2009 que l'occasion parfaite s'est présentée : le départ pour les camps avancés des régiments de Chasseurs alpins français sur le front afghan. Le danger étant maximal, l'équipe envoyée sur place a dû être réduite à sa plus simple expression : la présentatrice, le rédacteur en chef, un photographe-reporter de guerre, l'ingénieur du son et moi-même, comme réalisateur des plateaux.

Me retrouvant seul responsable de l'image, j'ai dû rapidement imaginer et tester une configuration efficace pour pouvoir à la fois réaliser les interviews sur trois caméras distinctes et voyager de manière légère et réaliste dans des conditions extrêmes. Mon choix s'est arrêté sur deux caméras Sony HVR-Z7, avec double enregistrement sur carte mémoire et DV-CAM,

L'équipe de tournage des plateaux des émissions de l'été de *Zone Interdite* tournées au Pays Basque, présentées par Mélissa Theuriau et diffusées sur M6 durant l'été 2008.

associées à un 5D MkII (EF 24-105 mm, f/4 L IS USM) qui a pris la place de la troisième caméra autonome dédiée aux plans larges. Les tournages étant prévus en majorité en extérieur et les conditions climatiques étant propices à une forte luminosité, le complément de trois mini-lightpanels autonomes (pour les intérieurs) et deux réflecteurs souples ont été suffisants pour optimiser le réglage de cette lumière naturelle.

## TÉMOIGNAGE

### Patrick Robert, photographe-reporter de guerre

Le célèbre photographe-reporter de guerre, Patrick Robert, qui nous accompagnait pour couvrir l'événement en Afghanistan, était également équipé de deux boîtiers 5D MkII. Je lui ai proposé de couvrir un quatrième axe avec son regard de photographe et, bien que n'ayant aucune expérience en vidéo, il a accepté. Le passage en douceur des photographes à la vidéo peut aujourd'hui être résumé par la phrase étonnante qu'il m'a rétorquée quand je lui ai demandé comment le tournage s'était passé : « Oui, tout s'est bien passé, mais la présentatrice a beaucoup fermé les yeux ! »

L'introduction d'un système vidéo à l'intérieur de mes boîtiers photo a été une surprise inespérée et en même temps effrayante. En effet, personne ne pouvait imaginer qu'on pourrait filmer avec le boîtier qu'on utilise au quotidien ! On s'attendait plutôt à voir arriver une caméra capable de faire des photos de qualité suffisante pour être publiées, le risque pour les photo-reporters de news étant de se voir remplacer à termes par les vidéastes d'agences qui feraient en même temps films et photos.

Pour l'instant, mon principal intérêt est de pouvoir compléter mes reportages de séquences vidéo de la même qualité que mes images afin de réaliser des montages film-photos dynamiques. Avant la sortie des HDSLR, je n'ai jamais réussi à sortir à temps ma petite caméra vidéo du sac, à y penser au bon moment, à la régler et à concevoir un plan utile pour un usage anticipé dans un ensemble cohérent… et signifiant !

Las ! Je n'ai plus d'excuses. Pour autant, l'outil est perfectible et les problèmes restent nombreux : la mise au point manuelle est quasiment impossible à main levée en reportage, il est impossible de suivre un sujet en mouvement, même avec l'hyperfocale en pleine lumière et au grand-angle ! Par ailleurs, la haute définition révèle le moindre écart de netteté et rend le plan inmontable (or, pour les reportages d'actualités, il est impossible de faire « rejouer » son sujet…).

Autres inconvénients, les accessoires de stabilisation du boîtier valent plus cher que l'appareil lui-même, et augmentent singulièrement son encombrement, réduisant d'autant son intérêt pour les reporters-photographes perpétuellement confrontés à l'encombrement et au poids du matériel.

Malgré ces quelques réserves qui laissent une marge de progression pour les prochaines générations de boîtiers, je dois reconnaître que les potentialités de cette technologie ouvrent un large champ de possibilités pour la mise en valeur des reportages photo au service des histoires racontées sur des supports adaptés, comme le Web et la télévision. Et pour un photographe de news qui vient de l'argentique comme moi, le plaisir d'utiliser ses optiques à leurs focales réelles (5D MkII) et de voir son image s'animer en HD a de quoi réconcilier avec la vidéo !

(Propos recueillis le 21/12/2009)

Sur le tournage, l'utilisation du boîtier a été rapide et très performante. Fixé au bout d'un bras magique, ses réglages, sa fixation et son déclenchement instantané m'ont laissé le temps de gérer le cadre des champs et contre-champs. L'ingénieur du son, Philippe Casanova, ayant gentiment accepté de gérer les focales d'une des deux Z7, nous avons réussi dans un temps record à ampexer tous les plateaux prévus.

Pour le montage, les rushs des plateaux (DV-CAM des Z7 et cartes CF du 5D MkII) sont respectivement partis dès notre atterrissage en digitalisation, pour les images Z7, et en conversion, pour les images 5D MkII. Le soir-même, ayant en ma possession l'intégralité des copies des rushs (j'ai récupéré les cartes mémoire des Z7 et j'avais fait un *back up* de mes cartes CF du 5D MkII), j'ai pu facilement commencer le montage à mon domicile et prendre connaissance de l'ensemble des rushs.

Le lendemain, après l'import des rushs convertis et de mes premiers plateaux déjà finalisés, l'ensemble des interviews a pu être monté dans un banc de montage à M6. La diffusion

> Le système optique des caméras type Sony HVR-Z7 n'est pas aussi performant que celui des HDSLR Canon. Pour intégrer différents types de caméras dans une même configuration, la sélection des focales doit s'effectuer en fonction de la qualité du système optique de chaque caméra. Pour les plateaux de *Zone interdite* en extérieur, le choix des longues focales pour les caméras type Z7 ou EX3 et du plan large pour l'EOS a permis de privilégier une profondeur de champ réduite et la meilleure définition sur l'ensemble des caméras.

© Sébastien Devaud

Ces deux photos sont extraites des interviews réalisées sur le front afghan avec le 5D MkII pour l'émission *Zone Interdite* en mai 2009. Elles montrent bien les écarts de contraste autorisés, proches de ceux de la pellicule argentique. Le rendu du ciel et le détail dans les zones basses lumière sur ces images montrent la large plage dynamique proposée par les EOS.

étant prévue deux jours plus tard, nous avons réussi à terminer largement dans les temps. Les images des plans larges du 5D MkII ont été très bien intégrées avec celles des Z7, seules quelques modifications d'étalonnage ont été nécessaires pour qu'elles se marient idéalement, mais l'avis général a été unanime : les images des EOS font la différence par leurs rendus remarquables !

Cette expérience vécue de l'intérieur dans des conditions très difficiles (peu de temps et de personnel) est la preuve irréfutable que l'utilisation des boîtiers Canon comme caméra de complément autonome fonctionne et doit même être recommandée sans appréhension sur les production de type news.

**Alain Tixier, réalisateur de l'émission *Ushuaia Nature* depuis 1989**, confirme que la polyvalence des HDSLR favorise la réalisation de séquences inadaptées aux autres modèles de caméras. Il est également convaincu des possibilités sans équivalence offertes par la compacité des EOS comme caméras de complément.

« L'émission *Ushuaïa Nature* sur TF1 a toujours tenté d'être à la pointe de la qualité de l'image. C'est un peu son fond de commerce. Dotée depuis cinq ans de caméras HDCAM Sony 750, elle est passée cette année aux caméras HD Sony 900 R et 800 HD 422. Ces caméras possèdent toutes les qualités, sauf la discrétion…

Comme l'émission tente d'approcher des situations de plus en plus complexes, comme s'immiscer au milieu d'ethnies vivant encore en harmonie avec la nature, il est parfois difficile de capturer des moments d'exception. De plus, lorsque Nicolas Hulot pilote des engins étonnants pour approcher des sites de plus en plus inaccessibles, il est bien évident qu'un système de prise de vues embarqué, souple et léger, est indispensable pour pouvoir mixer les images Cineflex de son vol et les gros plans de ses émotions.

Je suis persuadé, et je vais faire du prosélytisme auprès de la chaîne, qu'une utilisation intelligente du 5D MkII pourrait nous aider dans un grand nombre de situations, comme le tournage de plans divergés alors que les caméras principales attirent toute l'attention. En tant que réalisateur ayant le talent d'un caméraman de secours, j'ai souvent remarqué que si j'avais eu un moyen de prise de vues discret à ma disposition, j'aurais pu « piéger » des attitudes ou des événements que j'étais le seul à observer. J'ai vécu beaucoup de grosses frustrations de ce genre, et je savais quel « plus » considérable ces images auraient pu apporter au montage.

En repérage, il nous arrive aussi d'être confrontés à des événements que nous ne pourrons jamais remettre en situation au moment du tournage avec une équipe pléthorique. Là encore, la mise à disposition d'un 5D MkII discret et performant permettrait de combler ces vides franchement désagréables.

Il y a mille situations dans lesquelles l'utilisation d'un tel appareil peut apporter quelque chose. La plus classique étant la réactivité. Quand une tonne de matériel est immobilisée dans des containers divers, il est pratique de sauver le plan ou la situation qui ne se reproduira jamais avec un simple appareil photo qui dissimule une caméra digne du grand écran. »

## En tant que caméras embarquées : des paluches de luxe

Bien que discréditée et dénigrée par un grand nombre d'amateurs qui trouvent les boîtiers trop compacts et regrettent leur manque d'automatismes, l'ergonomie des reflex est aujourd'hui l'une des caractéristiques responsable du succès des boîtiers chez les professionnels. La volonté actuelle de miniaturiser la technologie des caméras et la baisse importante du budget des productions ont très rapidement favorisé l'intégration de cette nouvelle caméra légère et économique.

La compacité des HDSLR est en effet bénéfique pour les chefs machinistes des équipes cinéma qui ont très vite apprécié l'association des performances du mode vidéo à la taille réduite du corps de caméra des reflex. Les écarts de prix entre les caméras embarquées habituellement utilisées sur ces productions professionnelles et les HDSLR Canon sont tellement importants que les équipes n'hésitent plus à entreprendre des plans risqués qu'ils n'auraient jamais envisagés auparavant.

Quel que soit le type de production envisagé, le choix d'une caméra professionnelle doit aujourd'hui prendre en compte trois catégories de matériel : les caméras films D-Cinema,

Image du montage du 5D MkII sur la publicité Total F1 réalisée par Gérard Pirès (image Éric Dumage). Cette publicité est parmi les premières à avoir utilisé le 5D MkII comme caméra embarquée. En publicité ou en cinéma, il est très courant que le prix de location du support de l'appareil photo soit le même que celui du boîtier nu… Suivez le lien suivant pour visionner cette publicité www.youtube.com/watch?v=p3N_1lqn4jA.

## AVIS D'EXPERT

### Les caméras embarquées par Jean Chesneau (société Propulsion)

Les paluches 1/3″ que nous avons l'habitude d'utiliser sont l'Iconix HD-RH1 (photo a) et la Toshiba HD IK-TU (photo b) à optiques interchangeables en monture C, ou les Horus en 1/4″. Les capteurs de ces caméras, qui s'achètent entre 15 000 et 18 000 €, sont de bonne facture, mais les optiques disponibles sont malheureusement très décevantes et, pour la plupart, destinées à la télésurveillance. Avoir un bon capteur avec de mauvaises optiques est relativement frustrant.

Une tête 2/3″, comme la SI-2K de P + S Technik (photo c) ou les Modula font le tiers de la taille d'un boîtier EOS, est un excellent produit (enregistrement en 4:4:4 sortie HD-SDI), surtout associée à des optiques de qualité, mais d'un tout autre budget : le prix de la tête seule est déjà de 15 000 €, l'enregistreur pouvant atteindre plusieurs dizaines de milliers d'euros avec le SSR de Panavision ou le Venom FlashPak, par exemple. On dispose alors d'un capteur gros comme un œuf, avec un enregistreur gros comme un bœuf (plus sérieusement, il est de la taille d'une boîte à chaussures).

Le compromis proposé par les reflex Canon reste aujourd'hui un choix souvent privilégié par les clients pour son rapport coût/compacité/résultat et une profondeur de champ « 35 mm ». Le département Disney Broadcast Audiovisuel, par exemple, qui est à l'affût des dernières technologies, a fait le choix de ce type de caméra au détriment des paluches. Si les hautes sensibilités du 1D MkIV s'avèrent de bonne qualité, nous généraliserons l'utilisation de ce boîtier pour toutes les prises de vues embarquées commandées par la société Disney.

Exemples de productions effectuées avec un 5D MkII et/ou un 7D (caméras embarquées) :

© Iconix

© Toshiba

© Silicon Imaging

Modèles de paluches Iconix et Toshiba, et le kit Band Pro proposé par Silicon Imaging, équipé de la tête de caméra SI-2K évoquée par Jean Chesneau. Le kit Band Pro a été imaginé suite au succès de la SI-2K sur le tournage de *Slumdog millionaire*. Les configurations HDSLR apparaissent très similaires à ce kit.

- publicité Total F1 ;
- institutionnel Citroën et Renault, 5D MkII en studio ;
- Long métrage *Iron Man 2* de Jon Favreau, 5D MkII installés sur Porsche travelling pour les pelures réalisées sur le circuit du Grand Prix de F1 de Monaco ;
- institutionnel Michelin, 5D MkII installés sur Rig voiture, sur voiture travelling et sur quad travelling, avec tête gyrostabilisée Libra5 ;
- prises de vues embarquées sur des attractions du parc Disneyland Paris ;
- divers clips et autres institutionnels avec le 7D.

les caméras broadcast HD-TV et les hybrides HDSLR. De nombreuses productions basculent aujourd'hui facilement en cours de tournage vers les solutions EOS. Les producteurs de films publicitaires ou institutionnels haut de gamme, notamment, voient d'un très bon œil le rendu exclusif des EOS et n'hésitent plus à favoriser les reflex face aux autres modèles de caméras : en plus d'être économiquement avantageux, ils répondent aux exigences esthétiques de nombreux clients.

Le film institutionnel Michelin est une parfaite démonstration des performances du 5D MkII en configuration caméra embarquée : trois méthodes de stabilisation professionnelles ont été utilisées pour réaliser ce film très dynamique : quad avec tête gyrostabilisée, ventouses dynamiques et en voiture travelling classique.

Images du tournage du film Michelin (5D MkII comme caméra principale) avec les équipements de la société Propulsion installés par Jean Chesneau et Jeff Dubut. En haut : sur tête Libra 5 gyrostabilisée 3 axes (Pan Tilt roll) sur un quad avec liaison HF pour le retour d'image. Au centre : en configuration caméra embarquée avec les ventouses dynamiques. En bas : en voiture travelling classique, prise de vues à main levée, boîtier suspendu à des benjee. On peut apercevoir sur les deux photos du bas le directeur de la photo Philippe Simon, qui compte également parmi les utilisateurs pionniers du 5D MkII.

## TÉMOIGNAGE

**Olivier Georges, chef machiniste (société Castor équipement)**

Depuis 15 ans, les caméras paluches n'ont pas arrêté de voir leur taille de capteur diminuer, passant d'un 1/2″ (un best-seller : la XC 999 de chez Sony) à du 1/5″ aujourd'hui (la MC1, dernier modèle de chez Sony) : ceci a eu pour effet de réduire la taille de la caméra mais aussi d'augmenter la profondeur de champ. C'est pour cette raison que, sur un film institutionnel pour Peugeot, nous avons préféré utiliser un boîtier HDLSR Canon pour avoir un capteur de grande taille et donc une profondeur de champ minimale, qui donne des arrières-plans flous avec un rendu image plus « cinéma », qui se rapproche d'une image film.

© Olivier Georges

7D fixé sur le pare-choc de la voiture sur le film Peugeot.

Les productions de magazines automobiles TV telles que *Turbo*, sur M6, ou *Automoto*, sur TF1, font également très souvent appel aux systèmes de caméras embarquées, mais, à l'inverse des productions cinéma, elles continuent d'utiliser les modèles à petits capteurs proposés par Sony : l'absence de conversion et de *process* en postproduction sur ces modèles reste en effet un avantage majeur sur les productions où le temps consacré à la postproduction est ultra réduit. Cependant, les récentes améliorations du workflow EOS vont sans doute modifier la donne et annihiler ce dernier avantage (apparition du firmware 2.0.4 avec disponibilité du standard européen 25p qui évite une première conversion, et mise en ligne plug-in FCP E1 qui multiplie par trois la vitesse de calcul nécessaire à la seconde conversion des rushs – voir le chapitre suivant).

## Les boîtiers EOS comme caméras principales : les dispositifs multicaméras HDSLR

Pour optimiser les rendus de vos productions et pour atteindre un certain idéal, on ne parlera pas de mariage ou d'association des boîtiers avec d'autres modèles de caméras, mais plutôt de multiplication du nombre de boîtiers EOS.

En effet, comme avec tous les autres types de caméras, le meilleur résultat en dispositif multicaméra sera obtenu avec un parfait clonage d'un modèle unique, qui garantit des rendus identiques. Aucune configuration ne saura jamais remplacer la similitude de rendu de caméras réglées sur des paramètres identiques. Une année complète a pourtant été nécessaire pour laisser le temps aux professionnels et aux fabricants d'accessoires de trouver les solutions et les workflows adaptés aux exigences de ce type de production multicaméra.

Pour autant, l'association au sein de la même gamme EOS, de différents boîtiers 7D, 1D MkIV et 5D MkII sur une même production peut aussi apparaître profitable au regard des performances des différents capteurs (sensibilité, mode ralenti en 720p et de leurs influences sur les optiques).

## TÉMOIGNAGE

### Un tournage multicaméra, par Vincent Laforet, photographe

Je viens de terminer un projet institutionnel qui impliquait l'utilisation simultanée de plusieurs reflex à plusieurs endroits, aux États-Unis. Notre objectif était de produire un rapport annuel qui vive à la fois en version papier, avec des photographies, et en numérique, sur le Web, avec des séquences vidéo. La majorité des séquences vidéo et des photos ont été réalisées avec des reflex EOS 1D MkIV, ce qui nous a permis de voyager « léger » (dans notre cas avec tout de même 18 caisses, soit près de 300 kg). La disponibilité des équipements dédiés à ces EOS étant très rare, nous avons dû nous équiper en amont, en vérifiant précisément notre matériel, au lieu de le louer localement chez les prestataires spécialisés.
Le client, tout en souhaitant conserver la qualité des productions professionnelles, ne disposait pas d'un budget élevé pour réaliser son film interne. Par conséquent, les HDSLR se sont révélés une solution idéale pour ce travail. Ce fut une session vraiment fantastique, qui nous a permis de démontrer ce qu'une caméra hybride comme le 1D MkIV pouvait apporter aux clients de films institutionnels ; les boîtiers nous ont fait gagner beaucoup de temps, car ils ont pu être utilisés simultanément sur un dispositif multicaméra. Le meilleur commentaire que j'ai entendu jusqu'ici est que les clients ont apprécié autant le rendu des photos que celui des séquences vidéo.

(Source : http://blog.vincentlaforet.com)

## Une configuration qui se démocratise grâce aux accessoires et aux mises à jour

L'année 2009 a vu doucement émerger les configurations multicaméras EOS, avec de petites captations de concerts faisant simultanément appel à trois ou quatre reflex (la partie audio étant toujours enregistrée de manière autonome) ; des systèmes de talkies-walkies pour communiquer et de transmission HF composite (type Transvideo Titan) pour visualiser l'ensemble des cadres des caméras ont facilité la réalisation de ces premières tentatives. Toutefois, ces configurations ne sont pas optimisées pour ce type de tournage et c'est souvent à l'étape de postproduction que certains problèmes d'homogénéité des rendus peuvent apparaître (différences d'exposition ou de température de couleur, focales similaires...).

Le célèbre photographe Vincent Laforet, qui compte parmi les ambassadeurs Canon depuis la sortie du 5D MkII, a récemment réalisé un gros film institutionnel avec un dispositif multicaméra (voir son témoignage en encadré ci-dessus).

Boîtier 1D MkIV équipé entre autre d'un système de transmission HFHD IDX CW-5 et d'un convertisseur HDMI-HD-SDI et d'une télécommande HF Preston FIZ sur le set multicaméra de Vincent Laforet.

Le miniconvertisseur Decimator MD Quad (1 099 €, disponible chez Atreid) équipant les moniteurs vidéo sur le set de Vincent Laforet.

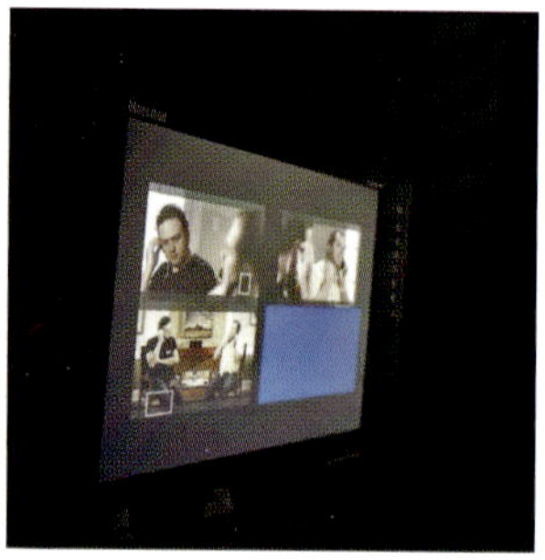

© Vincent Laforet. blog.vincentlaforet.com

À la différence des productions artisanales où les conditions de tournage restent compliquées et non sécurisées, les productions professionnelles semblent à présent pouvoir optimiser ce dispositif grâce aux récents équipements perfectionnés du marché. Les miniconvertisseurs, distributeurs ou diviseurs des signaux de sorties numériques des reflex, en particulier, sont dédiés à ces dispositifs. Ils permettent de contrôler et d'homogénéiser simultanément l'ensemble des réglages et valeurs de cadre des différents EOS. Plusieurs solutions plus ou moins performantes sont actuellement proposées sur le marché :

- les miniconvertisseurs Decimator MD Quad récupèrent jusqu'à quatre signaux numériques HD-SDI pour une diffusion simultanée sur un moniteur unique, grâce à un système de découpage performant. À l'instar des minirégies, la possibilité de conversion de la sortie HDMI des EOS en HD-SDI privilégie l'utilisation de ces Decimator MD Quad sur les dispositifs multicaméras professionnels ;
- les distributeurs ou diviseurs HDMI sont une alternative plus économique, mais ils n'autorisent pas tous le découpage *multiscreen* des différentes sources sur un même écran. Seul la sélection successive des différentes sources en plein écran reste proposée.

Le HDMI Splitter 1×2, proposé par le constructeur Jag35 (à gauche et au milieu), est adapté à la norme HDMI 1.3 propre à la sortie des EOS. Le constructeur Jag35 propose un kit de tournage complet totalement dédié aux EOS (à droite).

© Jag35

© Jag35

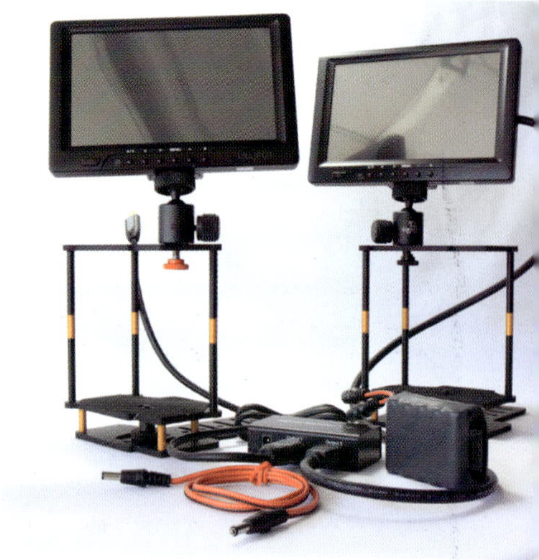

© Jag35

© Vincent Laforet. blog. vincentlaforet.com

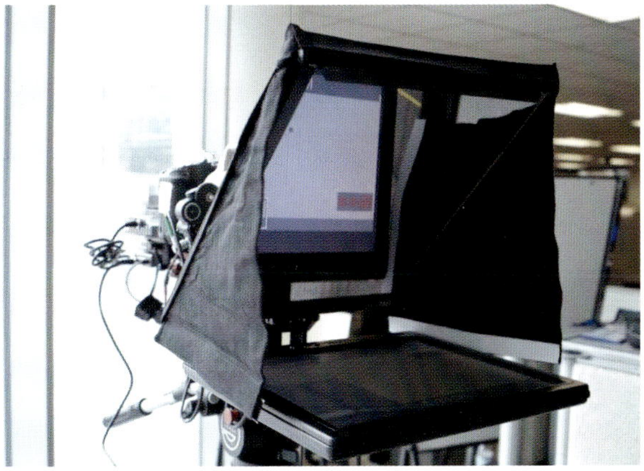

Prompteur qui équipe le Rig EOS 1D MkIV sur le set de Vincent Laforet.

La possibilité d'adaptation des prompteurs sur les reflex EOS (dispositif qui permet à un présentateur de télévision de lire un texte défilant sur un écran placé dans l'axe de la caméra qui le filme) reflète parfaitement l'intégration réussie des EOS comme caméra de news dédiées aux journalistes. Les productions TV imposent des délais et des coûts de production ultra réduits, alors que les films institutionnels semblent réunir toutes les conditions pour que les performances des EOS soient optimisées (budget suffisant pour avoir de multiples boîtiers équipés d'optiques et de stabilisateurs de qualité professionnelle sur le tournage, et pour garantir une postproduction adaptée).

Le cas particulier du célèbre directeur de la photographie américain, Shane Hurbult, mérite d'être évoqué ici (voir encadré page 304). Il a développé une méthodologie de tournage multicaméra HDSLR redoutable, qui repose totalement sur les avantages des EOS (compacité, monture PL, prix). La puissance de feu et l'expérience de sa *dream team*, galvanisée par le procédé HDSLR, confèrent à ses travaux un statut de référence et crédibilise cette technologie auprès des rares professionnels encore dubitatifs.

Au même titre que Shane Hurlbut ou Rodney Charters (le directeur photo de la série *24 heures Chrono* évoqué au chapitre 5), le chef opérateur Gale Tattersal est un utilisateur émérite du mode vidéo des EOS. Il a tourné entièrement l'épisode final de la saison 5 de *Dr House* avec un 5D MkII. (http://ausiellofiles.ew.com/2010/05/07/house-season-finale-spoilers)

© Redrock Micro

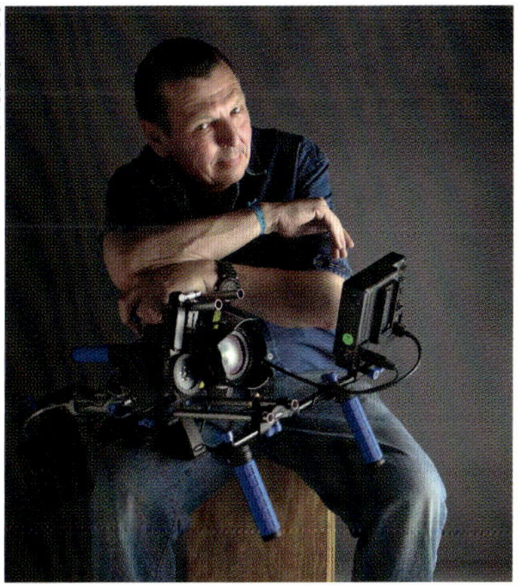

## TÉMOIGNAGE

### Installation et tournage multicaméra institutionnel, par Jean-Marie Delorme, directeur photo (19/03/10)

Le sujet du film était un exercice de sauvetage en mer réalisé par la flottille 32 F de l'Armée française. Le commanditaire en était le Musée de l'air et de l'espace, du Bourget, et le film était supervisé par le Sirpa mer. Production Mewe prod, à Boulogne-Billancourt. L'objet du film était d'animer l'intérieur d'un Super Frelon exposé au Musée de l'air et de l'espace. Cet appareil avait été transformé en salle de spectacle avec une dalle 65" à l'avant, cinq écrans de 35" à la place des hublots et une vidéo projection sur un écran en plexiglas à l'arrière pour que le spectateur puisse se placer dans une spatialisation à 360° pour visionner le sauvetage comme s'il y participait. Pour tourner ce film, les boîtiers EOS Canon ont été retenus contre d'autres caméras (paluches Horus et Sony XDCam EX3) après un repérage, un tournage test et la projection de ce dernier. Nous avons utilisé cinq 5D MkII et deux 7D, ainsi qu'une caméra paluche Sony MC-1 : deux 5D MkII équipés de 24 mm filmaient de chaque côté, par les hublots, l'un vers l'avant (avec un 35 mm), l'autre en caméra portée vers l'avant (avec un zoom court 16-35 mm). Nous disposions également d'un corps caméra de secours. Le 7D se trouvait dans un second hélicoptère qui filmait le nôtre. Les prises de vues à partir du Lynx devaient être stabilisées, c'est pourquoi j'ai fait appel à Jean Chesneau pour qu'il réalise un système gyrostabilisé suspendu au nouveau Easyrig 4, ce qui a évité toute certification aéronautique.

## TÉMOIGNAGE

**Comment les reflex numériques peuvent changer la manière de réaliser des interviews, par Shane Hurbult (ASC) American Cinematographer**

J'ai découvert le 5D MkII à une réunion de l'ASC *(American Society of Cinematographers)*, chez le prestataire Samy camera, à Los Angeles, juste avant la sortie commerciale de l'appareil en septembre 2008. Une caméra d'environ 1 Kg avec un capteur CMOS plein format 24 × 36 à 21 Mpix, pouvant filmer en Full HD 1920 × 1080 à 30 i/s (enregistrement sur cartes CompactFlash UDMA), avec une sensibilité ajustable de 50 à 25600 ISO était née. J'ai depuis tourné un certain nombre de projets avec le 5D MkII, et je n'ai jamais été aussi excité par les possibilités créatives qu'un appareil photo pouvait offrir aux cinéastes. Grâce à son très faible encombrement qui permet de travailler rapidement, cet appareil a vraiment changé le marché des caméras.

La technologie des caméras cinéma est issue de la photo, mais la technologie HD a été fondée à partir de la vidéographie ENG. Ce qui nous a manqué, c'est une caméra HD née de la tradition photographique, et c'est exactement ce que nous avons reçu avec les HDSLR Canon.

La petite taille 5D MkII et son faible poids (il est infiniment souple et maniable), vous permettent de vous déplacer rapidement et de capturer des perspectives qui seraient impossibles avec un autre système caméra. Sa taille de capteur renvoie aux caractéristiques de profondeur de champ propres au procédé VistaVision. Ce capteur serait exceptionnel dans n'importe quel corps de caméra, mais le fait qu'il soit monté dans une caméra de 1 kg déplace complètement le paradigme de la réalisation cinéma.

Vous pouvez utiliser le 5D MkII en faisant appel à des configurations inimaginables avec des caméras film, et pendant de longues périodes, sans fatigue. Bien sûr, vous pouvez toujours le monter sur des tiges, l'habiller avec une Mattebox et même en faire un monstre, mais cela va dans la mauvaise direction.

Ma première chance de mettre le 5D MkII à l'épreuve est venue de McG qui m'a demandé de filmer une série de 10 webisodes de trois minutes, pour une campagne de marketing interactif pour Terminator Salvation (juin 2009). Nous avons réussi à tourner l'ensemble des 10 épisodes en trois jours. Après, j'ai utilisé le 5D MkII sur le long métrage documentaire *Cheech & Chong's Hey Watch This,* dirigé par Christian Charles et produit par Weinstein Co., et qui mêle des extraits du spectacle filmé en direct (tourné avec Panasonic AJHPX3700 VariCams) avec une série de vignettes *backstage* (tournées avec le 5D MkII). J'ai bouclé cette production en trois jours.

J'ai aussi utilisé le 5D MkII pour tourner une série de petits films institutionnels (vidéos de recrutement pour l'US Navy) : le sujet d'un des films relate le travail d'un nageur de la marine lors d'un sauvetage en mer. Nous le suivons depuis la base, où il reçoit l'appel, jusque dans l'hélico de secours, au-dessus de l'océan, et finalement dans l'eau, où il sauve un pilote de son épave. Nous avons tourné toute l'action simultanément avec sept 5D MkII en trois heures (y compris les plans à l'intérieur de l'hélicoptère, d'un hélicoptère à l'autre, et sous l'eau).

Ma méthode pour travailler rapidement consiste à augmenter le nombre de caméras disponibles sur le tournage. Sur la production que je tourne actuellement pour les réalisateurs Scott Waugh et Mike McCoy, *The only easy day was yesterday*, nous avons commencé avec sept 5D MkII, et ce n'était pas suffisant. Pour devenir incroyablement efficaces, nous avons dû utiliser jusqu'à quinze caméras. Les reflex sont équipés pour répondre aux différentes configurations de la journée de tournage, mais nous gardons toujours quelques boîtiers nus, pour parer aux situations imprévisibles. Nous ne voulons jamais perdre de temps à modifier un dispositif sur le tournage, comme passer d'un mode caméra sur crosse d'épaule à un mode casque embarqué ou Steadicam. S'équiper avec autant de caméras n'augmente pas spécialement notre structure, je pars avec une équipe de cinq à neuf techniciens, et tous les reflex et leurs accessoires dans neuf valises Pélican.

Ce type de configuration exige un esprit ouvert et une approche cinématographique scolaire dans laquelle chacun est suffisamment souple pour s'attaquer à des emplois multiples. Les projets que j'ai mentionnés n'auraient pas été possible sans mon équipe d'élite, qui comprend mes cadreurs de longue date, Gary Hatfield et Rudy Harbon, et les assistants caméra Marc Margulies, Darin Necessary et Mike Svitak. Quand nous sortons sur un tournage, je peux donner à chacun d'eux sa propre caméra, et l'on peut abattre un très grand nombre de configurations en un temps très court. Tout le monde a un grand sens du cadrage, de la composition et de la lumière. Nous venons également de mettre en location des kits, livrés conditionnés dans des valises Pelican, pour que chaque EOS dispose de tous les accessoires dont vous avez besoin pour tourner un film : ND, cartes mémoire, batteries, chargeurs, etc. *(N.d.E. : voir le chapitre 3 du présent ouvrage).*

(Source : www.hurlbutvisuals.com, janvier 2010)

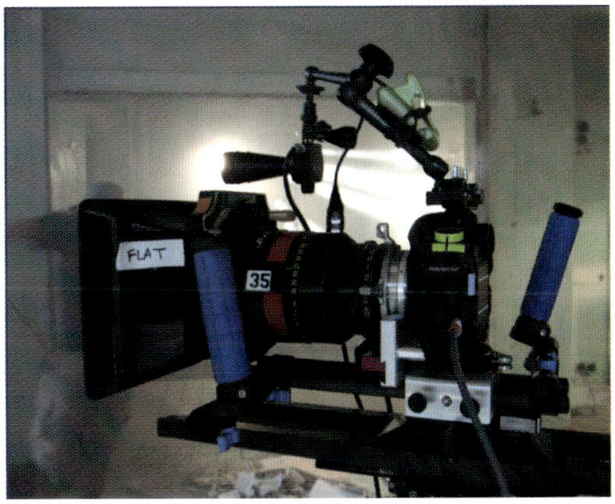

Série de 3 configurations EOS sur les tournages de Shane Hurlbut.

Série extraite de la vidéo *Navy Rescue Swimmer Spot,* réalisée par Scott Waugh et Mike McCoy pour Bandito Brothers Production Compagny.

## Un avenir dans la captation en direct ?

La majorité des configurations multicaméras sont réalisées par le milieu TV, or la configuration propre à ce secteur demeure la diffusion en direct. Un dispositif multicaméra implique la nécessité de commuter les différentes sources audio et vidéo de l'événement pour pouvoir réaliser la captation du programme.

Images extraites d'un petit clip souvenir que j'ai offert à Virginie Guilhaume, réalisé au 5D MkII le jour de la finale de la *Nouvelle star 2009* au pavillon Baltard.

© Sébastien Devaud

TECHNOLOGIE

### Le logiciel 7D Tool

Le 7D est une excellente caméra pour filmer en Full HD. Toutefois, les fichiers que vous obtenez sur la carte mémoire CompactFlash sont compressés en H.264 avec un échantillonnage de 4:2:0. Pourtant, la sortie HDMI de l'appareil photo produit un signal non compressé 1080i à 60 Hz, avec encodage chroma 4:2:2, ce qui donne une qualité d'image supérieure à celle des images enregistrées sur la carte CompactFlash. Le logiciel 7D Tool, de la société suédoise Syndicate, permet de récupérer des séquences 25p ou 24p du flux HDMI NTSC du 7D. En raison de la nature de cette sortie, la résolution maximale des fichiers que l'on peut obtenir correspond à des séquences de 1620 × 910 à 24p ou 25p, avec une reconstitution d'un échantillonnage 4:4:4 et un point rouge dans le coin supérieur droit. Le point rouge (signal d'enregistrement) peut être remplacé par les pixels correspondants à partir des séquences enregistrées parallèlement sur la carte compact de l'EOS en H.264. Le fichier de sortie final sera un fichier QuickTime contenant des images enregistrées sans compression, ce qui implique un espace disque disponible suffisamment grand pour stocker ces fichiers de grande taille. Les futures versions du firmware Magic Lantern pourraient soutenir le logiciel 7D Tool en permettant la suppression du point rouge, ou peut-être même la capture du signal HDMI débrayé en 1080p décompressé.

Plus d'infos (en anglais) sur le site : www.syndicate.se/Default.aspx?Id=299

Les caractéristiques du signal numérique produit par la sortie HDMI des boîtiers EOS ne sont pas adaptées à ces captations en direct. En effet, si la sortie HDMI commune aux trois boîtiers 7D, 5D MkII et 1D MkIV autorise une récupération d'un signal non compressé avec un meilleur échantillonnage que celui enregistré sur les cartes CF (4:2:2 au lieu de 4:2:0), de nombreux inconvénients et bridages limitent malheureusement la qualité de numérisation de ce dernier :

- quelle que soit la fréquence images choisie pour filmer (24p, 25p ou 30p), la sortie du signal HDMI des EOS reste exclusivement en NTSC à 29,97 i/s ; son intégration au sein d'un éventuel dispositif multicaméra *live* impliquerait donc une conversion du signal pour repasser au standard PAL européen ;
- le signal de la sortie HDMI correspond à une image miroir de la visée par l'écran (Live view) des EOS, qui est au format 3:2, réservé à la photographie. Bien que la relecture des rushs déjà compressés en H.264 soit disponible en Full HD, la sortie HDMI non compressée pendant l'enregistrement semble être bridée, elle offre un format maximal de 1 620 × 910.

Capture d'écran du Live view où le format PAL 25p est sélectionné pour enregistrer les vidéos, ce qui n'a aucune influence sur le format de la sortie HDMI qui demeure NTSC (propriété de l'élément d'un fichier numérisé sur Final Cut Pro à partir de la sortie HDMI).

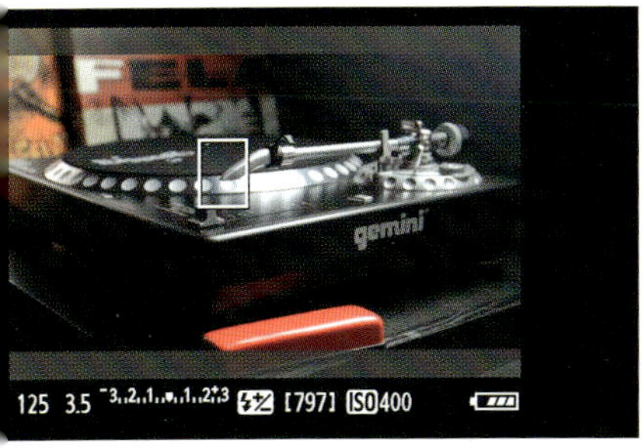


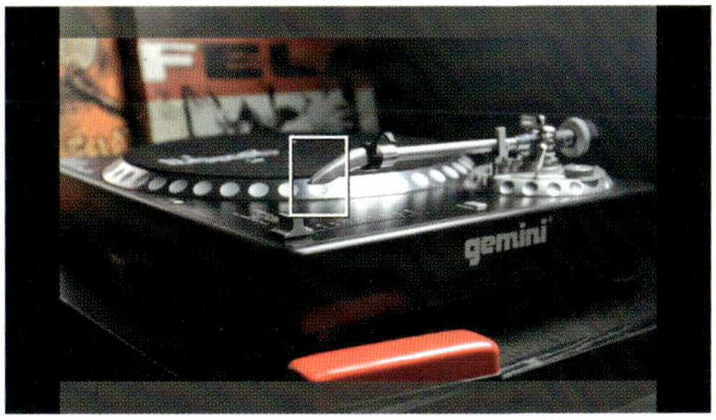

À gauche : image extraite des séquences vidéo numérisées à partir de la sortie HDMI des boîtiers EOS qui équivaut à une copie conforme de la visée par l'écran (Live view) des EOS. Sur cette capture, le mode Info est actif et diminue de manière importante la taille de l'image. Au milieu : mais même avec le mode Info désactivé, la taille d'image maximale correspond au format 1 620 × 910 pendant l'enregistrement. À droite : seule la relecture des rushs déjà compressés en H.264 propose une image au format Full HD en sortie. À ce stade, la compression des rushs en H.264 étant déjà effectuée, les bénéfices d'un meilleur échantillonnage et d'absence de compression de la sortie HDMI sont annihilés. (La relecture des séquences s'effectue à partir des données déjà compressées enregistrées sur la carte.)

© Sébastien Devaud

Image extraite des séquences vidéo numérisées à partir de la sortie HDMI des boîtiers EOS. Elle met en évidence la présence du cadre d'agrandissement et du signal d'enregistrement en surimpression qui rendent les rushs inexploitables.

/ la sortie *live* HDMI comprend un cadre de mise au point/agrandissement qui ne peut pas être désactivé, sauf pendant l'enregistrement mais c'est alors le symbole de l'enregistrement (matérialisé par un point rouge) qui masque une petite partie de l'image ;

/ le cas particulier du signal HDMI du 5D MkII rend sa capture totalement inexploitable pendant l'enregistrement : il reste stable pendant la phase de réglage mais coupe et passe en 480p dès le début de l'enregistrement (le 7D et le 1D MkIV, eux, ne modifient pas leur format de sortie pendant l'enregistrement grâce aux performances de leur double processeur).

En plus de la question du signal récupéré à la sortie HDMI des boîtiers, un autre inconvénient lié à la conception « photo » des reflex EOS est problématique concernant leur utilisation en plateaux multicaméras TV pour le direct : l'absence de lampe témoin, ou *tally camera* (également connue sous l'appellation *on-air*). Habituellement situé juste au-dessus de la lentille ou sur le viseur des caméras, ce petit signal (généralement une lumière rouge) indique aux personnes filmées et aux différents techniciens quelle caméra

## EN PRATIQUE

### Récupération du signal HDMI non compressé pour la postproduction

Bien que le signal de sortie HDMI présente les nombreux inconvénients précités (taille réelle de l'image 1620 × 910, signal d'enregistrement – point rouge – présents sur les fichiers, fréquence NTSC), il semble que l'absence de compression H.264 ainsi que l'échantillonnage 4:2:2 intéressent suffisamment de professionnels pour que les possibilités de capture du signal HDMI des EOS soient envisagées en vue d'obtenir des sources de meilleure qualité en postproduction.

Outre les possibilités de numérisation offertes par les nombreuses cartes d'acquisition associées à des unités centrales performantes (la Decklink HD Extreme de Blackmagic est parfaite pour une utilisation en studio, par exemple), il existe des systèmes de numérisation autonomes qui ne nécessitent pas d'ordinateur et enregistrent sur leur propre support : les enregistreurs de chez Convergent Design type NanoFlash (enregistrement MPEG-2 HD sur CompactFlash, iFrame jusqu'à 260 Mbit/s) et FlashXDR ou KiPro de chez Aja (enregistrement en ProRes HQ sur disque dur ou cartes SxS) peuvent ainsi être recommandés sur les tournages extérieurs.

© Convergent Desig

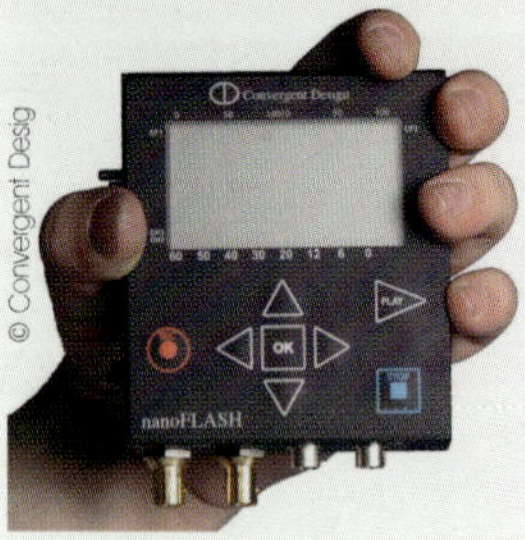


© Convergent Desig

© AJA

Les modules NanoFlash (2 995 $) et FlashXDR (4 995 $) de Convergent Design ou l'enregistreur numérique professionnel portatif KiPro (3 995 $) de AJA sont conçus pour améliorer la qualité du rendu (colorimétrie et définition) en utilisant la haute qualité des images non compressées issues de nombreuses caméras via les sorties HD-SDI, SD-SDI, et HDMI (en fonction des modèles).

Ce prototype artisanal de tally (construit à ma demande par Romain Pinel, le responsable technique de la société any LED basée à Grenoble), adapté aux EOS, est une alternative économique et performante pour contrôler le déclenchement de l'enregistrement des HDSLR quand le reflex est utilisé de manière autonome, sans moniteur externe. (Disponible à la commande pour moins de 50 € sur le site www.anyled.fr)

est en train de filmer en direct. Toute l'équipe peut ainsi suivre en temps réel la sélection des caméras utilisées pour réaliser le « programme principal ».

Mais la question de l'intégration de boîtiers reflex pour la captation en direct ne se résume pas aux dispositifs multicaméras. À l'instar des configurations interview, les plans larges autonomes embarqués sur des axes improbables sont très appréciés sur les gros événements TV en *live* (mouvements de grue sur *prime time*, *Cable Cam* sur matchs de foot) : le remplacement de ces caméras par des boîtiers privilégierait le choix d'une machinerie bien plus légère et d'axes encore plus surprenants. La nouvelle société Cap'ta Prod propose des solutions de captation haute définition qui utilisent l'ensemble des nouvelles technologies disponibles sur le marché. Leur témoignage nous permet d'y voir plus clair concernant cette configuration (voir encadré).

On l'a dit, le signal de la sortie HDMI des EOS n'est pas opérationnel pour envisager une intégration au sein d'une configuration *live*. Seul un éventuel firmware, permettant le transfert du signal HDMI débrayé en Full HD 1920 × 1080 pendant l'enregistrement, rendrait pertinente cette intégration des boîtiers. Les miniconvertisseurs HDMI-HDSDI, associés à des solutions portables de mélange et montage vidéo, seraient parfaits pour réaliser une petite captation avec plusieurs boîtiers. Des systèmes efficaces sont déjà disponibles :

- la Sony AWS-G500HD Anycast (photo a) ;
- la Panasonic AV-HS400 Mélangeur Video SD/HD (photo b) ;
- le système Tricaster.

Le format compact de ces stations se marie parfaitement avec les appareils EOS et autorise toutes les destinations comme décor de vos productions.

Une dernière solution économique permettant de récupérer directement le signal vidéo des EOS mérite d'être mentionnée : la sortie A/V composite présente sur les trois boîtiers comme autre sortie possible peut avoir une utilité pour les VJ's et les producteurs du Web. De petits mélangeurs comme le mixeur vidéo V4 d'Edirol (photo c) permettent dès maintenant, grâce à leurs entrées composites, d'exploiter les performances du procédé Canon à petite échelle. Les rendus n'ont aucun intérêt en termes de qualité, mais mélangés à des effets sur des projections VJ's, ils sauront satisfaire ces créatifs de la nuit.

Si l'on ne dispose pas de moniteurs externes, cette absence de *tally* peut aussi être très pénalisante pour contrôler le départ et l'arrêt de l'enregistrement des vidéos des reflex EOS en utilisation autonome.

## TÉMOIGNAGE

**Virgil Beljambe, chef de projet de la société Cap'ta Prod**

Cap'ta Prod est une jeune entreprise de captation audiovisuelle qui a démarré avec un seul et unique objectif : rendre les captations audiovisuelles dans leur ensemble les plus compactes et les plus accessibles possible. En cherchant des produits répondant aux normes HD, nous espérons proposer des solutions de plus en plus compétitives.

Le salon Siel et Satis 2009 nous a permis de mieux connaître, grâce à Sébastien Devaud, les produits EOS Canon. Pour être honnêtes, nous devons bien avouer que nous ne nous étions pas encore posé la question de la possible intégration d'un « appareil photo numérique » dans notre dispositif à la place de nos caméscopes actuels... Nous utilisons pour le moment des Sony PMW-EX1 et PMW-EX3 offrant une image Full HD avec un rapport qualité/prix exceptionnel. Notre exploitation de ces caméscopes est plutôt destinée aux captations en direct ; pour le moment, il est rare que nous enregistrions sur les cartes en interne.

En voyant les produits présentés au Satis par Canon, nous avons pu nous rendre compte de leurs prouesses en termes de sensibilité et de résolution. L'attrait est donc de taille pour notre société qui propose principalement des captations de concert où la foule est présente ; la légèreté des équipements est donc primordiale. Imaginer nos cadreurs avec des EOS pour les plans serrés sur les musiciens ou dans la fosse pourrait répondre à nos demandes. Bien entendu, les produits actuels ne sont pas encore adaptés aux besoins techniques de captations audiovisuelles *live*, mais cette impulsion donnée est prometteuse. Si demain Canon nous offre un accès complet sans bridage sur une sortie HDMI Full HD pour que nous l'encodions en HD-SDI, et que nous puissions en même temps enregistrer sur les cartes en interne pour diverger le signal, alors les prérogatives techniques de nos captations seront pleinement remplies. Nous réfléchirons sérieusement à tester des configurations avec des boîtiers EOS accessoirisés (Follow focus, crosse d'épaule, poignées), sur lesquels nous adapterons un monitoring HD et une sortie HD-SDI supplémentaire pour l'envoi du signal dans notre car régie. Enfin, si ces boîtiers pouvaient être compatibles sur les protocoles de *tally*, nous pourrions proposer des solutions de captations multicaméras complètes.

Nous allons donc nous mettre en mode de « veille technologique » auprès de Canon pour suivre avec intérêt les nouvelles annonces que nous espérons imminentes !

(Propos recueillis le 07/12/2009)

© Sony

© Panasonic

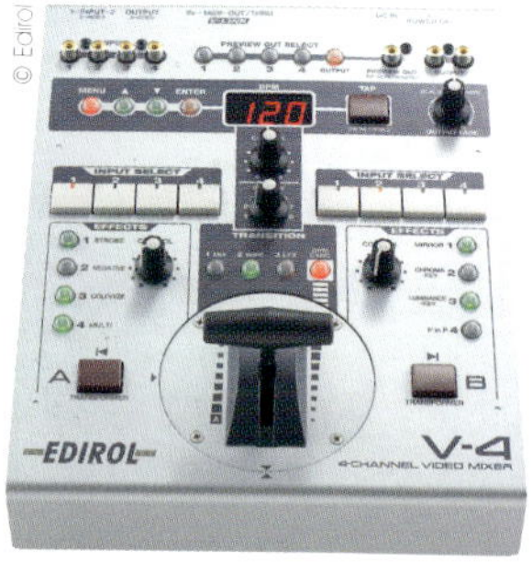

© Edirol

Photos des mélangeurs portatifs HD-SDI et composite en comparaison au grosses régies des chaînes hertziennes optimisées pour la captation en direct.

© Sébastien Devaud

© Sébastien Devaud

# Les boîtiers EOS comme caméras principales : autres intégrations spécifiques

Les performances des HDSLR permettent de les associer à des équipements et à des procédés liés à tous types de haute technologie : que ce soit dans le « domaine public » ou dans les milieux de l'audiovisuel et du cinéma, des applications très spécifiques ont adopté les EOS pour bénéficier de leur ergonomie et de leur rendu étonnant.

## Les HDSLR adaptés à la 3D relief ?

La 3D au cinéma a déjà les faveurs du public, comme l'a prouvé le récent succès du film *Avatar* (la grosse production du début de l'année 2010, du célèbre réalisateur James Cameron). Les nouveaux films *Alice au Pays des merveilles*, de Tim Burton, ou *Le choc des titans*, du Français Louis Leterrier, prouvent que les distributeurs du milieu cinématographique misent sur cette technologie. Le procédé utilisé pour réaliser des images en 3D (la stéréoscopie) date de la fin du XIXe siècle, mais c'est grâce aux avancées actuelles qu'il resurgit et apparaît particulièrement impressionnant aux yeux des spectateurs. Le nouvel intérêt porté à cette

Image anaglyphe extraite du court-métrage *Frigo* réalisé par Joséphine Derobe (voir son témoignage à la page suivante). Pour visualiser cette image en 3D, l'utilisation de lunettes 3D est nécessaire.

### UN PEU DE THÉORIE

**Stéréoscopie et anaglyphes**

C'est vers la fin du XIXe siècle que l'éminent chercheur Ducos de Hauron, qui avait déjà créé un procédé de photographies en couleurs, développa la photographie anaglyphe propre à la 3D. Ce processus s'adapte particulièrement bien à l'écran informatique et connaît aujourd'hui un renouveau.

Un anaglyphe est constitué de deux images superposées (appelées « homologues ») de couleurs complémentaires, qui représentent une même scène mais vue de points légèrement décalés : le plus souvent, la vue gauche est en rouge et la vue droite en cyan. Ces images homologues ne sont donc pas identiques : le décalage (appelé « parallaxe » ou « disparité ») n'est pas le même pour tous les éléments de l'image ; il est d'autant plus grand, dans un sens ou dans l'autre, que les éléments sont situés près du plan de l'image physique. Plus l'image cyan est décalée vers la gauche par rapport à la rouge, plus l'élément semble éloigné. Dans le cas inverse, il semble ressortir du support.

© Panasonic

La caméra Panasonic AG-3DA1 proposée à 21 000 $ est la première caméra intégrée 3D à double objectif à proposer des zooms optiques, chose impossible à faire sans une adaptation dynamique de la focalisation des objectifs (ce dont le modèle Panasonic est capable). Précision technique, l'enregistrement se fait en Full HD 1 920 × 1 080 en 60, 30, 25 et 24 i/s, avec un capteur 3-CMOS.

technologie  n'est pas issu d'une tendance éphémère mais est plutôt à l'origine d'une révolution durable.

Pour conquérir le public en masse, les constructeurs veulent maintenant, après le cinéma, accélérer le mouvement vers la TV. C'est ce qui explique la récente vague d'annonces de nouveaux équipements proposant cette fonctionnalité. Après la révolution HD, c'est la 3D qui s'invite sur les téléviseurs, console de jeux, caméras, appareils photo… L'objectif des fabricants est un décollage commercial de la TV en 3D en Europe courant 2010, même si elle n'en est qu'à ses balbutiements.

Panasonic et Sony se sont déjà positionnés : Panasonic fut le partenaire 3D pour *Avatar* et Sony vient de réaliser son partenariat avec la FIFA afin qu'au moins 25 matchs de la Coupe du Monde 2010 soient tournés à partir de caméra 3D Sony. Évidemment, tout un chacun ne sera pas équipé pour en profiter pleinement, mais Sony a créé des événements publics afin de vous proposer de découvrir sa technologie 3D, et quoi de mieux que des matchs de football pour populariser le tout. Attendez-vous aussi à un Blu-Ray 3D dédié à la Coupe du Monde 2010 dans les mois qui viennent, surtout vers Noël 2010…

Face à cette révolution et aux exigences des productions 3D de ce nouveau marché porteur, les reflex EOS se placent favorablement. Bien que des problèmes de synchronisation du mode vidéo des deux reflex nécessaires à la prise de vues soient un réel inconvénient, les avantages liés à la compacité, au poids et à la qualité des rendus privilégient le choix de ces boîtiers pour ce type de production. Quelques modules stéréo minimalistes disposant de possibilités bien plus limitées que celles offertes par les modules professionnels commencent déjà à émerger et laissent présager une apparition massive de supports dédiés à la réalisation de vidéos 3D avec les EOS durant l'année 2010.

© P + S Technik

© P + S Technik

Le module 3D pour Steadicam conçu par Philippe Bordelais et sous-traité par la société allemande P+S Technik. Ce système qui accepte de nombreux types de caméras, y compris les EOS (à gauche), a été testé sur de nombreux matchs de football (à droite) pour être utilisé pour la Coupe du Monde.

© Philip Bloom

Le Rig artisanal 3D présent sur la Master class organisée par Philip Bloom à Los Angeles, le 6 mars 2010.

© Syndicate

Le Rig artisanal stéréo dédié au 7D proposé par la société Syndicate : DUO7D3D Stereoscopic camera solution.

## Quelques témoignages sur la 3D relief

Ne maîtrisant pas encore précisément les techniques de prise de vues 3D, j'ai préféré donner la parole au chef machiniste Jean Chesneau (pour la partie technique) puis à la réalisatrice Joséphine Derobe (pour le côté pratique et son approche de la réalisation 3D avec des reflex EOS) qui font partie, pour le moment et à ma connaissance, de la seule équipe française à avoir réalisé une production 3D professionnelle avec des HDSLR Canon.

### Jean Chesneau, chef machiniste (société Propulsion) :

« La stéréoscopie *(stereoscopy)* est le procédé de prise de vues pour la réalisation des films 3D relief. Il date de la fin du XIX^e^ siècle. Depuis, la recherche artistique n'a cessé d'évoluer. L'écriture et la réalisation de films en stéréo doit suivre des règles très précises. Pour réaliser des films en 3D, il faut utiliser deux caméras et deux objectifs identiques. Les deux objectifs sont plus ou moins écartés et convergent plus ou moins : c'est la gestion de cet écartement et de cette angulation qui donne la puissance des perspectives de l'image stéréo. L'expérience et la compétence du stéréographe sont déterminantes et nécessaires pour évaluer et appliquer les réglages de ces prises de vues. Pour travailler dans de bonnes conditions, l'assistant stéréographe équipé de lunettes anaglyphes (rouges/vertes), disposera d'un moniteur 3D (Transvideo) afin de pouvoir visualiser son travail en temps réel.

Des écarts de 1 mètre entre les objectifs peuvent être réalisés (grâce à un module parallèle) pour des prises de vues hélico, alors que quelques millimètres (grâce à un module à miroir) suffiront pour des plans rapprochés. Ces modules ou Rigs stéréo sont généralement conçus pour faire varier l'écartement et l'angulation entre les deux appareils pendant le tournage.

L'utilisation des boîtiers EOS pour réaliser de la stéréo est un choix très pertinent : capteur de bonne qualité, grande dimension équivalant au S35 mm cinéma (7D), format compact ultra économique (boîtier à 1 500 €, ce qui est un coût insignifiant par rapport à celui de son environnement matériel).

Jean Chesneau en train de réaliser un travelling sur dolly d'un module miroir stéréo conçu par Alain Derobe (les deux 5D MkII sont montés verticalement sur le Rig) lors du tournage du court-métrage relief de Joséphine Derobe, Frigo.

Le choix de caméras 2/3" équipées Pro 35, Red ou 35 mm implique des configurations lourdes et imposantes (jusqu'à 80 cm en longueur). Les fabricants de Rigs pour ces caméras sont aujourd'hui nombreux sur le marché (Alain Derobe, P+S Technik, Binocle, Element Technica, Laurent Verduci...), mais il n'existe pas encore de modules spécifiques pour les HDSLR (avec les EOS 7D, nous utilisons pour le moment un Rig EX3). C'est la raison pour laquelle Propulsion s'est attelé à développer un module miroir plus compact, compatible avec les reflex. Seul inconvénient, les boîtiers ne sont toujours pas synchronisables, ce qui est très pénalisant pour les mouvements rapides d'objets ou de caméras.

L'arrivée prochaine de diffuseurs de programmes TV 3D relief et des nouveaux écrans plats grand public adaptés va favoriser le développement des contenus. L'effet est tellement phénoménal que la contrainte de porter des lunettes pour admirer la diffusion passe au second plan et est vite acceptée. Les fabricants d'écrans vont tout faire pour développer cette technologie qui apporte une dimension supplémentaire à l'image et ouvre de nouvelles perspectives de marché.

De gauche à droite : Jean Chesneau, Hugo Barbier (directeur photo et stéréographe) et Joséphine Derobe (réalisatrice et stéréographe) en train de calibrer le module miroir avec les deux 5D MkII.

## Joséphine Derobe, photographe, stéréographe et réalisatrice (propos recueillis le 31/12/2009) :

Après une formation de journaliste presse écrite, j'ai travaillé plusieurs années dans le reportage photo en tant que rédactrice mais en accordant une partie plus importante pour l'image. En 2006, j'ai assisté mon père, Alain Derobe (stéréographe depuis quinze ans), sur la partie relief du tournage du *Réveil des géants d'Auvergne*, une production AmaK Studio. Ce fut le coup de foudre pour la stéréoscopie et depuis, je travaille exclusivement dans le relief : en écriture, en prise de vues et aussi en postproduction, car le stéréographe doit pouvoir appréhender un projet dans sa globalité pour accorder le relief au plus près des intentions du réalisateur. En août 2009, j'ai écrit et réalisé mon premier court-métrage relief, *Frigo*. Le film est actuellement en cours de postproduction.

*Frigo* est le journal intime d'un réfrigérateur, un genre de roman-photo animé de sa vie au sein de la famille avec qui il a vécu plusieurs décennies. La vision de *Frigo* est irréelle et loufoque ; dans son univers onirique, les humains ont des attitudes mécaniques et les objets sont vivants et humanisés. *Frigo* est un projet où le visuel prime, sa vision décalée de notre monde laisse libre cours à l'imagination et à la fantaisie. Mon choix s'est donc porté sur la technique de la pixilation (système de prise de vues image par image) pour animer les objets, leur donner des mouvements fluides et, à l'inverse, appliquer une gestuelle hachée aux comédiens. Comme nous avions un temps de tournage limité et beaucoup de comédiens (y compris de jeunes acteurs, et même un bébé), diriger en prise de vue image par image aurait été extrêmement délicat. Nous avons donc décidé, avec Pascal Charpentier le responsable des effets spéciaux et Hugo Barbier le chef opérateur, de filmer les acteurs en vidéo et de retravailler les plans en postproduction en enlevant des images et en « re-timant » les scènes pour redonner un effet pixilation. Nous avons gardé le mode de prise de vues image par image pour l'animation des objets. Voilà pourquoi notre choix s'est porté sur le 5D MkII.

Cet appareil était idéal pour notre projet, car il nous a permis de passer du mode photo en haute résolution, pour l'animation d'objets sur fond vert (ce qui nous permettait de travailler en postproduction pour faire le compositing entre les objets et les plans tournés en vidéo avec les acteurs), au mode vidéo, pour les comédiens dans un décor, sans changer d'appareils. Cela a apporté une cohérence de rendu image entre les prises de vues photo et vidéo. Le choix du 5D MkII, avec son mode vidéo Full HD 1 920, est aussi un choix de qualité en vidéo, moins onéreux que la location de caméras HD.

Le mode de compression élevé pour la vidéo engendre en revanche des effets destructifs de l'image qui peuvent être très ennuyeux, voire rédhibitoires pour certains films, notamment l'aliasing et le *cross color*. Dans certains plans, nous avons été obligés de changer des costumes à cause des motifs.

Nous avons eu quelques doutes, lors du tournage, à cause de ces problèmes de compression, mais Thierry Pouffary, le 1er assistant caméra et expert des HDSLR Canon avec qui je travaille sur beaucoup de projets reliefs, avait en sa possession un 5D MkII et un 7D ; il les utilise régulièrement pour des publicités, des clips, de la mode et je crois même qu'il s'en est servi sur un téléfilm. Il nous a montré les rushs bruts du film sur un écran de 12 m de base, ainsi et que différents extraits de clips sur lesquels il avait travaillé en 5D MkII. Il en ressort une qualité image indéniable qui passe en cinéma. Le traitement de l'image du

5D MkII en basse luminosité est l'un des points très forts de cet appareil en conditions de basse lumière, même en mode vidéo. Je viens de faire l'acquisition d'un 7D et nous allons prochainement, avec Hugo Barbier, faire des tests comparatifs entre le 5D MkII et le 7D sur les défauts de compressions des deux et leurs comportements en basse lumière.

Pour le projet *Frigo*, nous n'avons utilisé qu'un couple de 5D MkII, car le 7D et le 1D MkIV n'étaient pas encore sortis. À cette période, le 5D MkII avait évolué en mode manuel pour la vidéo, ce qui a autorisé des réglages plus souples mais on ne pouvait filmer qu'à 30 images par seconde. Depuis, il a été upgradé et le 7D et le 1D MkIV proposent plusieurs cadences : 24, 25 et 30 i/s.

Les optiques fixes Canon EF que nous avons utilisées sont de très bonne qualité. En revanche, les changements de points en cours de prise de vues avec n'importe quelle optique photo entraînent un réel pompage, qui nous a parfois obligé à faire une mise au point intermédiaire entre deux sujets plutôt que de changer le point pendant le plan. Utiliser des optiques photo en film entraîne de réels inconvénients, notamment à cause de la bague de point qui n'est pas adaptée pour être motorisée. En relief, le problème est d'autant plus important qu'il faut que les deux appareils changent de point en même temps. Face au succès des HDSLR en vidéo, des techniciens ont depuis trouvé des solutions, comme transformer la monture de l'appareil en format PL, ce qui permet de mettre des optiques cinéma adaptées au tournage.

Pour le relief, nous superposons l'image de la caméra gauche avec celle de la caméra droite et nous ajustons les semelles des appareils sur le Rig, modules à miroir ou côte à côte pour faire correspondre parfaitement les images. C'est une opération importante qui nécessite, pour être précis, un écran de contrôle comme le Transvideo 3D qui peut afficher les deux flux en même temps et de manière synchrone. Le problème principal actuel pour les HDSLR est justement qu'ils ne sont pas synchronisables en mode vidéo. Nous avons donc fait nos ajustements sans moniteur, en vérifiant tour à tour, sur les deux Live view, que les deux appareils cadraient exactement la même chose. En plus du calibrage des appareils, la synchronisation des caméras est indispensable lorsque l'on souhaite filmer des sujets en mouvement. Nous avons donc fait une synchro au montage en nous basant sur le clap, mais cela nous a interdit tout mouvement rapide dans les scènes, car il peut y avoir un décalage d'une demi-image entre les deux caméras lorsqu'il n'y a pas une parfaite synchronisation entre les appareils dès le départ. Pour info, je sais que des professionnels travaillent actuellement pour trouver un moyen de synchroniser les boîtiers HDSLR, ce qui permettra aux stéréographes d'utiliser le moniteur 3D Transvideo afin de calibrer et d'ajuster au mieux les appareils sur leur Rig – modules à miroir ou côte à côte. Le Rolling shutter des HDSLR, comme sur la caméra Red, est aussi un problème en relief pour les mouvements rapides, surtout lorsqu'ils sont appareillés sur un Rig à miroir. Par contre pour

Joséphine Derobe, réalisatrice et stéréographe, à côté du module miroir d'Alain Derobe, avec les deux 5D MkII lors du tournage du court-métrage *Frigo*. En arrière-plan, Thierry Barbier, producteur d'AmaK Studio.

les prises de vue photo, il a été possible de synchroniser le déclenchement des appareils via un logiciel en les raccordant sur un ordinateur. Mais en mode vidéo, les appareils ne peuvent toujours pas être synchronisés.

À ma connaissance, je ne crois pas qu'il y ait eu jusqu'à maintenant d'autres projets en relief avec des 5D MkII en France que *Frigo*. Actuellement, nous sommes en cours de post-production, je ne sais pas encore tout ce que nous pourrons faire ou ne pas faire avec les fichiers vidéo du 5D MkII, notamment en étalonnage.

La non-synchronisation des appareils HDSLR en mode vidéo reste le problème le plus important sur des projets en relief, mais les améliorations de ces appareils évoluent si vite qu'il n'est pas impossible que ce point soit réglé dans seulement quelques mois. Le relief a je crois de beaux jours devant lui, surtout avec des films comme *Scrooge, Avatar, Alice au Pays des merveilles* et tous les dessins animés. Les spectateurs semblent prêts à revenir dans les salles de cinéma et même à payer un peu plus cher pour voir un spectacle différent, plus immersif. Le relief explose aux États-Unis et l'Europe se réveille elle aussi. Je crois sincèrement qu'il peut proposer un autre cinéma, avec un autre langage visuel que le cinéma traditionnel et il serait dommage de faire des films en 3D tout en pensant 2D, c'est-à-dire uniquement pour un effet « de mode » ou un effet « gadget ». »

## Les HDSLR adoptés par le « domaine public »

L'adoption des boîtiers vidéo par différents corps de métier extérieurs au monde audiovisuel est une preuve de plus de la pertinence de cette nouvelle technologie. L'enregistrement des vidéos sur les EOS accompagne et favorise les avancées technologiques et techniques de nombreuses professions.

- **La recherche médicale et scientifique** peut filmer et enregistrer l'évolution de tous types de cellules grâce aux compatibilités d'adaptation des boîtiers sur les microscopes. La société Micro Tech Lab, spécialisée dans ce domaine, propose tous les adaptateurs nécessaires (modèle LM-scope adapter, notamment) pour les différents modèles de microscopes et considère les boîtiers HDSLR comme les plus adaptés à ce procédé technique.

Sur son site *The Sterile Eye*, le photographe médical norvégien Øystein Horgmo propose deux articles (*Canon 5D MkII put to the clinical test* et *The medical photographer's ultimate tool?*) dans lesquels il raconte pourquoi il a choisi le 5D MkII pour ses tournages d'opérations et nous donne son avis de spécialiste des besoins médicaux en termes d'imagerie.



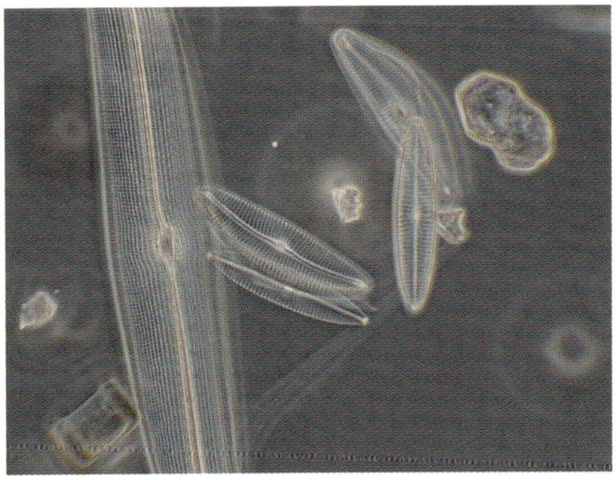

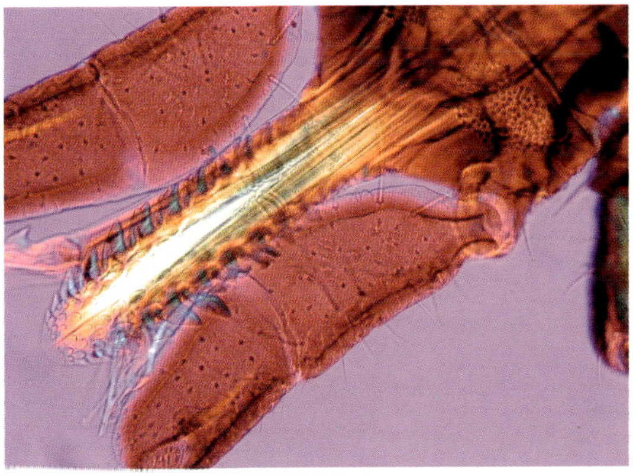

Photos de cellules réalisées avec LM-scope adapter.

© Electrophysics

L'Astroscope Night Vision Adapter ne requiert pas de piles supplémentaires ou d'ajustement particulier sur le terrain pour fonctionner. De conception modulaire, cet adaptateur de dernière génération en termes de vision nocturne vous permet d'utiliser vos objectifs haute performance Canon pour prendre des images plein cadre à des distances supérieures à 1 000 mètres. Il passe tous les signaux de communication entre le boîtier et la lentille, ce qui assure l'ensemble des fonctionnalités du boîtiers, telles que la stabilisation d'image. (www.electrophysics.com/Browse/Brw_ProductLineCategory.asp?CategoryId=147&Area=NV)

/ **L'Armée française** a ouvert en 1915 le service Cinéma des armées, qui avait pour fonction première de servir l'information et l'histoire de la guerre. Depuis la création de l'ECPAD en 2001, les directives établies par la Défense française demeurent le témoignage et la conservation, auxquels s'est dernièrement ajoutée la communication : images d'actualité, reportages photo et vidéo, courts et moyens métrages sur commande (présentation d'un régiment, d'un nouvel équipement...), couverture des grands événements de la vie militaire, les équipes de l'ECPAD (photographes, preneurs de son...) travaillent chaque jour pour couvrir l'actualité Défense. Ces images sont mises à disposition des grands médias, mais elles ont pour vocation à venir enrichir les archives. Ces productions se sont développées au fil des années en suivant les évolutions technologiques importantes de l'audiovisuel, les reflex EOS y sont totalement adaptés.

Le nouvel adaptateur Astroscope Night Vision Adapter, de la société Own the Night spécialisée dans le domaine de la vision nocturne professionnelle depuis 1997, permet la prise de vues de nuit par intensification du rendu de l'image. Avec lui, Own the Night espère proposer une solution efficace pour une utilisation à grande échelle avec les militaires et les organismes d'application de la loi (police, services secrets, contre-espionnage...), partout dans le monde. À l'instar de la fonction Nightshot présente sur les caméras amateurs, ce procédé reste en effet optimal dans des conditions de très faible luminosité, voire d'obscurité complète.

/ Le milieu marin est un véritable vivier créatif, quelle que soit la profession concernée : **les plongeurs** (armée, sportifs, sauvetage), **les chercheurs** (spécialistes des fonds marins et de la faune aquatique), **les sportifs** (surfers, véliplanchistes...), les amoureux de la mer et de son étude semblent comblés par le mode vidéo des boîtiers HDSLR. La société Backscatter en particulier, spécialiste du matériel photo et vidéo sous-marin, propose un nombre très important de caissons dédiés aux boîtiers Canon, et notamment au modèle pionnier 5D MkII. Cette multitude de caissons professionnels confirme de manière réaliste que le procédé a été totalement adopté par ces professions et que la demande est grande. (voir au chapitre 3 le paragraphe sur les caissons étanches, dans la section « Le froid et l'eau »).

/ Aux États-Unis, le corps enseignant utilise déjà ces boîtiers comme **outil de formation** aux métiers du journalisme : les professeurs de l'université de Californie de Berkeley, par exemple, recommandent les EOS pour les travaux pratiques de sujets news. Le double emploi photo/vidéo des boîtiers est un véritable atout pour ces formations au journalisme (c'était, du reste, la démarche initiale de Canon quand elle a imaginé ce procédé révolutionnaire).

En France, ArtFx est une école 3D d'enseignement supérieur, formant à l'image de synthèse 3D, à l'animation 3D et aux effets spéciaux numériques. Située à Montpellier, cette école a été créée par des professionnels du cinéma, de l'animation, du jeu vidéo et des effets visuels. Dès son ouverture, elle a affiché une volonté très nette de mettre à la disposition des étudiants le meilleur matériel possible et ce, dans de nombreuses disciplines (qu'il s'agisse de matériel informatique, de tournage numérique ou encore de prises de vues). Baptiste Firroloni, directeur de formation chez ArtFx, nous dévoile les tout derniers travaux pratiques réalisés avec les boîtiers Canon.

ArtFx Training était présent cette année au Salon de la photo, sur le stand de Canon, afin de présenter des prises de vues vidéo avec les nouveaux boîtiers 5D MkII et 7D. Nous avions tourné en avant-première des images vidéo avec le 7D afin de présenter ses capacités en prises de vues cinéma. Nous avons aussi effectué des prises de vues comparatives entre le 5D MkII et le 7D : je n'ai pas relevé de différences notables de qualité d'image en termes de définition, il est donc tout à fait possible de mélanger les deux types d'images.

Ceci autorise donc les prises de vues multicaméras où, pour profiter du meilleur des deux boîtiers, le 5D MkII offre une plus faible profondeur de champ, donc une image plus « cinéma », et le 7D un bon rapport de grossissement avec les longues focales, appréciable en reportage (je tiens à préciser que, même si la profondeur de champ est inférieure avec le 7D, elle n'est pas pour autant ridicule, puisqu'elle est identique à celle d'une caméra cinéma).

Les images étant enregistrées avec une compression H.264, il est important de les exposer au plus juste à la prise de vues ; il sera en effet quasiment impossible d'aller chercher en postproduction du détail dans les noirs ou d'étalonner des images contenant de beaux dégradés de gris sans risquer d'y apporter du bruit numérique ou des risques de solarisation. La précision est donc indispensable lors de la prise de vues.

« *Pour moi, conclut Gilbert Kiner, (directeur d'ArtFx), l'intérêt d'un tel investissement est de donner aux élèves l'accès à de vrais boîtiers pro qui disposent, en outre, d'une durée de vie d'une bonne dizaine d'années.* »

Tous les accessoires nécessaires à ces différentes applications en complément des boîtiers restent très onéreux et inaccessibles aux amateurs. Les prix élevés et la haute technologie de ces adaptateurs montrent encore une fois le niveau de confiance accordé à ce mode vidéo. Tous ces spécialistes utilisent les boîtiers comme un outil de travail et doivent obtenir des résultats souvent plus pratiques qu'esthétiques. Pour ces professions, les connaissances théoriques de la photo déjà acquises sur le terrain et l'utilisation quotidienne des reflex ont favorisé un passage en douceur à la vidéo.

## Quand la vidéo rencontre la photo

Les boîtiers 7D, 5D MkII et 1D MkIV profitent tous les trois de capacités photographiques très perfectionnées, qui les classent au rang de boîtiers professionnels. Nous avons jusqu'à présent traité séparément des modes photo et vidéo de ces appareils, mais nous allons voir qu'il existe des applications qui les associent sur une même production.

© Pete Souza/Maison Blanche

Une anecdote raconte qu'après la séance de prise de vue pour sa photo officielle, le président Obama a essayé la fonction vidéo du boîtier en filmant son chien Bo…

Ce portrait de Barack Obama a été réalisé avec le 5D MkII par le photographe Pete Souza ; c'est le premier portrait officiel d'un président des États-Unis pris en numérique. Une nouvelle reconnaissance pour ce boîtier.

# Prendre des photos pendant un enregistrement vidéo

Selon le manuel de l'utilisateur des HDSLR Canon, vous pouvez « prendre une photo à tout moment en enfonçant à fond le bouton de prise de vue, même pendant l'enregistrement vidéo ». Cette option offerte par le mode vidéo n'autorise pas l'utilisation du flash pendant l'enregistrement, en revanche le mode rafale, la sélection du format et de la qualité des photos restent disponibles.

Quel que soit le nombre de photos réalisé pendant l'enregistrement d'une vidéo, l'appareil produira sur la carte un fichier vidéo unique (.mov) et autant de fichiers JPEG et RAW que de photos prises. À la lecture du fichier vidéo, la durée des différentes prises de vue photo sera représentée par de petites pauses en images figées sur la vidéo. Cette propriété peut être exploitée à des fins professionnelles, car la possibilité de photographier pendant l'enregistrement de vidéos donne de meilleurs résultats que l'extraction de photos à partir de vidéos.

## Des applications pratiques

La technique qui consiste à extraire des photos d'une vidéo est courante et nécessite de hautes vitesses d'obturation pour que les images aient un bon niveau de netteté (voir « Vitesse d'obturation et perception du mouvement » au chapitre précédent). La qualité des photos extraites dépend aussi beaucoup de la résolution de la vidéo originelle. Associé aux qualités optiques des boîtiers, le format Full HD 1 920 × 1 080 fournit une qualité d'image suffisante pour être utilisée sur de nombreux médias (TV, Web...).

Cependant pouvoir prendre des photos avec les boîtiers EOS *pendant* l'enregistrement vidéo offre de meilleures performances, notamment grâce au mode rafale, ne serait-ce que par la présence des fichiers JPEG et RAW enregistrés séparément sur la carte. Le choix du meilleur format (RAW à 21 Mpix) associé à des rafales maximales de 13 images pour le 5D MkII font de cette option l'alternative recommandée en termes de qualité dans plusieurs cas :

- quand la réalisation d'une vidéo est programmée en prévision d'une sélection d'images arrêtées ou pour immortaliser un moment clé (sur un documentaire animalier, pour des feux d'artifices, pour l'arrivée d'un événement sportif...) : bien que la qualité de la vidéo soit inférieure à celle de la photo, les séquences vidéo en complément du mode rafale ont l'avantage de ne pas être limitées à quelques secondes. Ces séquences vous garantissent l'enregistrement de l'événement et peuvent vous éviter de rater de potentiels instants clés en mode rafale. Ce bénéfice sera surtout profitable aux travaux des photographes.
- quand l'importance accordée à la vidéo est équivalente à celle des photos. Sur les productions de fiction, par exemple, la polyvalence des boîtiers Canon les rend omniprésents : en plus d'être considérés comme caméras principales sur les plateaux, ils pourront être présents sur toutes les étapes de production :
  - en repérage, en qualité de viseur de champ de luxe, les deux modes photos/vidéo fourniront alors tous les documents nécessaires à l'établissement du découpage et du story-board ;
  - pendant le tournage, où des photos déclenchées au début des prises de vues constitueront des illustrations idéales pour accompagner les rapports de scriptes ;

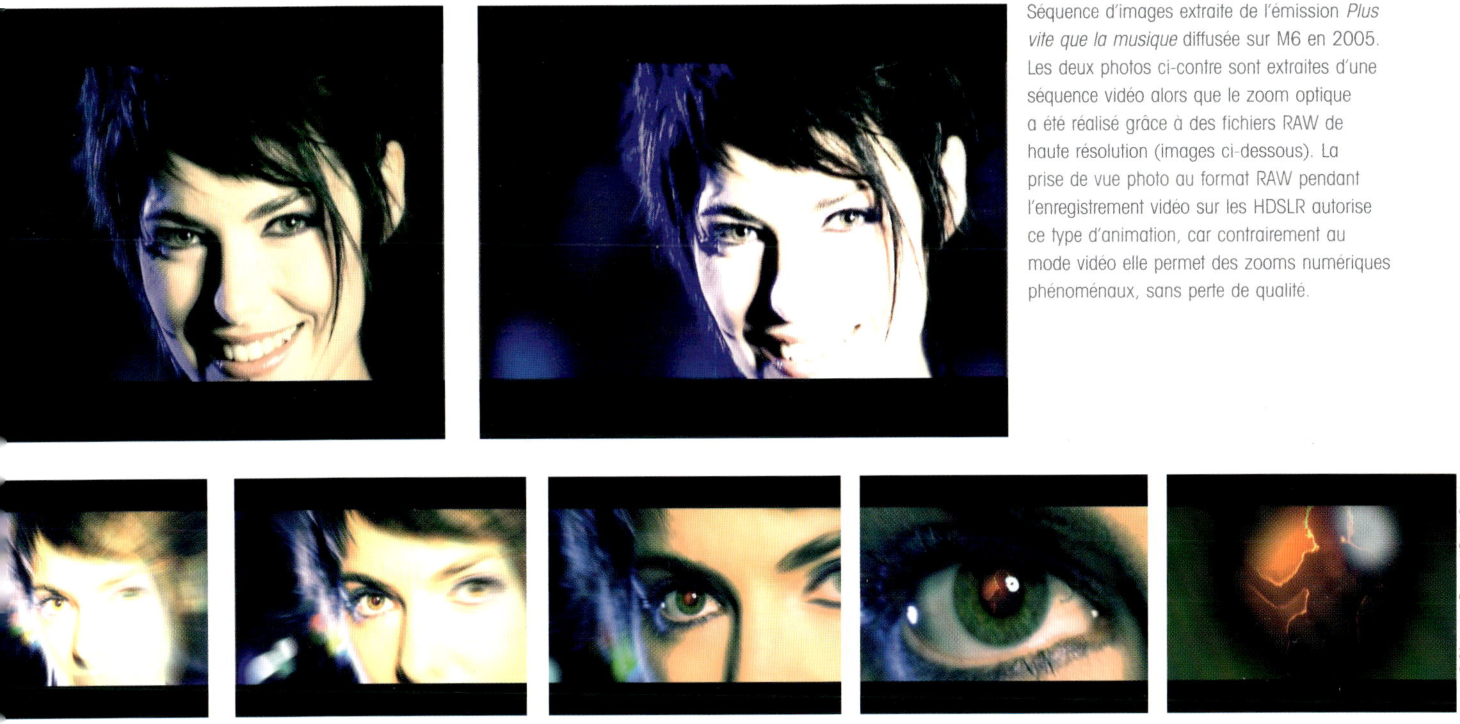

Séquence d'images extraite de l'émission *Plus vite que la musique* diffusée sur M6 en 2005. Les deux photos ci-contre sont extraites d'une séquence vidéo alors que le zoom optique a été réalisé grâce à des fichiers RAW de haute résolution (images ci-dessous). La prise de vue photo au format RAW pendant l'enregistrement vidéo sur les HDSLR autorise ce type d'animation, car contrairement au mode vidéo elle permet des zooms numériques phénoménaux, sans perte de qualité.



- quand on veut réaliser en postproduction une animation 2D à partir d'une image figée de la vidéo. Cette technique de *freeze* de l'image est très répandue sur le montage des publicités, des clips musicaux, des génériques ou des programmes courts en général. Souvent associés à des flashs lumineux, ces instantanés rythment le montage de manière dynamique et moderne.

Un nouveau procédé de montage appelé « PhotoFusion » est l'une des premières applications vidéo utilisée de manière spontanée par les photographes. Cette technique basée sur la création d'une vidéo fait appel à l'interaction des deux modes. Simples et authentiques, ces montages sans prétention (forme minimaliste du web documentaire qui mélange photos et vidéos montées sur une musique) sont idéals pour répondre aux attentes des films de mariage ou des *making of*; ils ont comme avantage principal de pouvoir être réalisés sur des logiciels accessibles (iMovie) ne nécessitant pas une connaissance précise du montage.

Des spécialistes du procédé de PhotoFusion diffusent déjà leurs « œuvres d'art » sur la toile : http://thebuibrothers.com, http://fusionatomy.com/photo-fusion.

## Cas particulier du web documentaire

L'arrivée remarquée des web documentaires sur Internet confirme cette volonté de marier les genres. Ce nouveau mode de communication et de diffusion de l'information est une nouvelle forme d'écriture audiovisuelle. Le photographe concepteur/formateur multimédia, Vincent Gruyer, explique dans son blog sur les usages du Web le principe de ce nouveau système d'information « dont vous êtes le héros » :

Consultez le blog du photographe Vincent Gruyer sur les usages du Web à l'adresse : www.tutorials-computer-software.com.

« Dans les web documentaires, on utilise le principe général du multimédia, à savoir l'assemblage de données hétérogènes, numérisées ou de synthèse, de différentes sources (sons, images, vidéos, textes, interface homme/machine) qui génère un système d'information utilisant les capacités de l'ordinateur.

Ce qui m'intéresse dans ces web documentaires, c'est la recherche dans l'écriture du scénario. Ici le spectateur n'est plus inactif, il n'est plus obligé de suivre la structure linéaire et rigide d'un documentaire classique, le parcours ordonné par le réalisateur dans le montage et la construction des informations. Chacun peut au contraire, en fonction de ses envies, de ses attentes, de sa pensée, de son parcours, construire sa propre réflexion – mais (et c'est important) le parcours est bien sûr contrôlé par les auteurs/réalisateurs dans la construction du projet : il y a toujours une intention, une idée, un message à transmettre.

Nous verrons sur la toile de plus en plus de web documentaires où l'internaute contrôlera et organisera la progression de sa réflexion. Ce système d'information actif deviendra dans peu de temps le principe documentaire de notre époque. La télévision telle que nous la connaissons actuellement a du souci à se faire, car elle risque de disparaître… Mais je me pose une question : comment les publicitaires et le marketing vont-ils intégrer et contrôler ce nouveau système d'information ? »

Voici, pour finir, quelques liens de web documentaires qui font référence à ce jour : www.lacitedesmortes.net, www.thanatorama.com, http://gaza-sderot.arte.tv/fr, http://prisonvalley.arte.tv/?lang=fr, www.france24.com/static/infographies/lune/index.html.

Lors de la conférence *Ayez le reflex photo*, organisée à la MEP par Photographie.com le 06 novembre 2009, à laquelle j'étais invité pour témoigner, l'auditoire était essentiellement composé de photographes. Plusieurs d'entre eux ont ouvertement confirmé que l'association de la nouvelle technologie des HDSLR à ce nouveau procédé de communication les séduisait réellement. Didier Gauducheau, photographe indépendant témoigne :

Consultez le site de Didier Gauducheau à l'adresse : www.didiergauducheau.com

« Nous sommes à un tournant. Les reflex numériques permettent de faire de la vidéo et pas n'importe laquelle : de la Full HD avec la possibilité d'accéder à la gamme complète des focales photographiques.

Les photographes ont tendance à ne pas voir les avantages d'une telle opportunité. Réticence par peur de la remise en question de leur profession ? Il est vrai que nous avons déjà eu à nous adapter au passage du numérique, à la crise de la presse et à la crise tout court. Cela nous montre bien que nous sommes à un tournant ! La naissance de la photographie en 1826 a dû, elle aussi, être une révolution, avec ses pour et ses contre. Cela n'a pas empêché la fulgurante ascension de l'image dans notre quotidien.

Il ne sert à rien de dire que le photojournalisme est mort ! Certes, il est sûrement en train de disparaître sous la forme sous laquelle nous le connaissons, car la presse écrite est mise à mal. Les pratiques changent : les 15-25 ans ne lisent pas de presse écrite et ne regardent pas la télévision parce que l'ordinateur, mais surtout le téléphone mobile, sont devenus les compagnons les plus précieux des nouvelles générations. Il nous faut donc repenser la manière de donner à voir et à lire sans perdre notre temps à polémiquer sur la disparition de telle ou telle forme, afin d'aiguiser (et demain plus que jamais) le sens critique des futurs citoyens du monde. Nous aurons toujours besoin de contenus, de mots pour raconter, interpeler, et d'images pour donner à voir l'indicible, interroger soi-même et le monde.

Pour moi, le web documentaire est la forme la plus adaptée à la consultation en ligne sur ordinateur et surtout sur mobile (une fois que le Flash sera lisible sur mobile) de n'importe quel contenu d'information, reportage, documentaire… et aussi d'autres formes d'écriture à inventer. Il est la rencontre entre le photojournalisme et la télévision.

Dans un web documentaire, nous retrouvons de l'écrit, des vidéos, des photos. Avec la renaissance du diaporama (tombé en désuétude avec la mort de la diapositive) qui peut être aussi sonorisé, la photographie trouve là une autre manière d'être vue.

Mort et renaissance sont des états immuables. Quels que soient les domaines concernés, la vie et la mort suivent leur cours. Cela nous demande de nous adapter, de nous interroger, de nous former, d'échanger, de nous associer. Il nous suffit tout simplement de sortir de notre routine pour explorer d'autres manières d'être au monde, car le monde ne s'interroge pas sur le bien fondé de son changement ! Il nous oblige juste, pour notre plus grand plaisir, à avoir recours à la plus formidable des capacités de l'homme : celle de faire appel à son imaginaire pour inventer le monde de demain. »

## Construire des vidéos à base d'animation de photos

Nous venons de voir que le mode rafale pouvait garantir des suites d'une dizaine d'images à très haute résolution. Des qualités d'enregistrement moins gourmandes en capacité et en vitesse d'écriture que le format RAW permettent des rafales allant jusqu'à 320 images. Ces suites d'images compilées les unes aux autres forment des animations qui peuvent se révéler intéressantes, pour l'industrie des effets spéciaux par exemple. À la différence des vidéos issues de technologies électroniques de capture d'images, d'enregistrement en temps réel et de transmission, ces animations sont créées par l'association d'images indépendantes, diffusées à une fréquence paramétrable pour obtenir l'illusion d'un film.

### L'effet Stop-motion, une technique ancienne

L'apparition du Stop-motion date de 1908. Un siècle plus tard, ce procédé éprouvé reste toujours d'actualité. Cette technique d'animation image par image permet de créer un mouvement à partir d'objets immobiles. Bien que relativement basique en comparaison des techniques d'animation contemporaines réalisées sur des logiciels spécialisés, comme After Effects, ce travail image par image garde tout son charme et revient même à la mode.

Le concept est proche de celui du dessin animé : une scène (en général constituée d'objets) est filmée à l'aide d'une caméra capable de ne prendre qu'une seule image à la fois (l'utilisation d'un intervallomètre est recommandée ; la télécommande Canon TC80-N3 offre cette fonctionnalité). Entre chaque image, les objets de la scène sont légèrement déplacés. Lorsque le film est projeté à une vitesse normale, la scène semble animée.

Depuis sa création, de nombreuses déclinaisons de cette technique d'animation sont apparues et sont même, pour certaines, considérées comme de nouveaux modes d'expression et des références dans le milieu du cinéma. Les performances photographiques et les capacités de stockage des boîtiers EOS répondent parfaitement aux besoins de ce procédé.

Ce procédé a très vite été adopté par le cinéma et, dès 1933, il sera utilisé pour réaliser les effets spéciaux de *King Kong*. Soixante ans plus tard, on le retrouvera dans *L'Étrange Noël de Monsieur Jack* réalisé par Tim Burton, ou encore dans la série *Wallace et Gromit*.

Le procédé Go-Motion se distingue du Stop-motion par le déplacement du sujet dans la direction du mouvement que l'on souhaite représenter. La célèbre scène d'apesanteur intersidérale de *2001, l'odyssée de l'espace*, réalisé par Stanley Kubrick en 1968, a utilisé ce procédé.

## L'effet Time-lapse, l'animation tendance

L'effet Time-lapse se caractérise par un enregistrement fractionné par intervalles de temps. Son rendu est très proche du Stop-motion, mais sa réalisation n'oblige pas à déplacer les objets dans le cadre, pour un enregistrement image par image, ils doivent au contraire évoluer naturellement.

Autre différence, les Stop-motions se distinguent par leur fréquence images qui cherche à simuler celle d'une vidéo classique, alors que le Time-lapse est un effet qui consiste à diffuser les images d'une action dans un temps plus court que celui de l'action initiale. Les fréquences images étant normalisées à 24, 25 ou 30 images par seconde, il faut donc filmer à une vitesse inférieure pour obtenir cet effet d'accéléré, ou appliquer un traitement logiciel en postproduction. Si on réalise par exemple une animation de 6 i/s et qu'on les assemblent à une fréquence de 24 i/s, le résultat sera une animation quatre fois plus rapide que la normale.

La majorité des types de productions actuelles ont au moins une fois fait appel à cet effet d'accéléré. Sa propriété narrative « d'ellipse esthétique » reste une référence en postproduction. Le Time-lapse est essentiellement utilisé pour signifier le temps qui passe : un coucher de soleil, l'ouverture d'une fleur ou l'évolution des nuages sont des sujets appréciés. Il permet donc de voir en quelques secondes des événements qui durent plusieurs minutes, plusieurs heures, plusieurs journées, ou même des années (une vidéo dédiée à l'observation des nuages peut être composée de photos espacées toutes les 5 secondes environ).

Le Time-lapse rend spectaculaire les scènes les plus banales, dont les mouvements sont imperceptibles : nuages, astres, nature... Cette technique permet aussi d'économiser les capacités d'enregistrement de vos boîtiers en préservant leurs espaces mémoire de la présence de lourds fichiers vidéo.

Time-lapse des chutes du Niagara. Cette technique d'enregistrement par intervalles de temps permet d'augmenter les capacités d'enregistrement en diminuant le nombre de trames par seconde. Les jeux de lumière des chutes ont été enregistrés avec ce procédé pendant trois heures, pour obtenir au final une animation en accéléré de 2 minutes, à une fréquence de 12 i/s (intervalles espacés toutes les 5 s).

© Sébastien Devaud

© Keith Loutit

© Keith Loutit

© Keith Loutit

Des groupes de discussions, forums et sites de vidéos dédiés se sont constitués autour du Time-lapse. Les optiques spéciales disponibles pour les boîtiers EOS (fish-eye, TS-E, macro) ont également favorisé la naissance de nouveaux courants. Un effet bluffant de maquette est par exemple obtenu grâce à l'association du Time-lapse, des optiques à décentrement et d'un étalonnage particulier.

## PROCÉDÉ

### À l'opposé du Time-lapse, le ralenti

À l'exception du Bullet-time, qui est un procédé très spécifique, le ralenti réel ne peut pas être actuellement réalisé avec un procédé photo. Il faudrait pour cela que le mode rafale puisse atteindre des vitesses minimales de 60 i/s pour égaler les possibilités déjà offertes par les vidéos 720p des boîtiers Canon. Ce ralenti propose une réduction de la vitesse de vos images de 50 %. Seules des caméras numériques encore rares et très spécifiques autorisent la réalisation de ralentis pouvant atteindre de très hautes fréquences images (2 500 i/s avec la SprintCam V3).

### L'effet Bullet-time, la pixilation et le Light painting, des déclinaisons du Stop-motion

L'effet Bullet-time (ou effet Temps mort, Smirnoff ou Matrix) est un effet visuel caractérisé par un ralenti extrême, permettant, par exemple, de suivre la trajectoire d'une balle depuis le canon d'une arme jusqu'à sa cible, ou de donner l'impression que la caméra « tourne » autour d'une scène figée, comme si le temps s'était arrêté. Il fut popularisé par la trilogie *Matrix*

© Eric Oh, www.ericoh.ca

© Eric Oh, www.ericoh.ca

© Castor Equipment/Olivier Georges

Les systèmes multicaméras Bullet-time sont très compliqués et longs à mettre en œuvre car ils nécessitent l'installation et la synchronisation d'un grand nombre de boîtiers (plus d'une centaine de boîtiers par prise de vues ont été utilisés par John Gaeta, directeur des effets spéciaux du film *Matrix*).

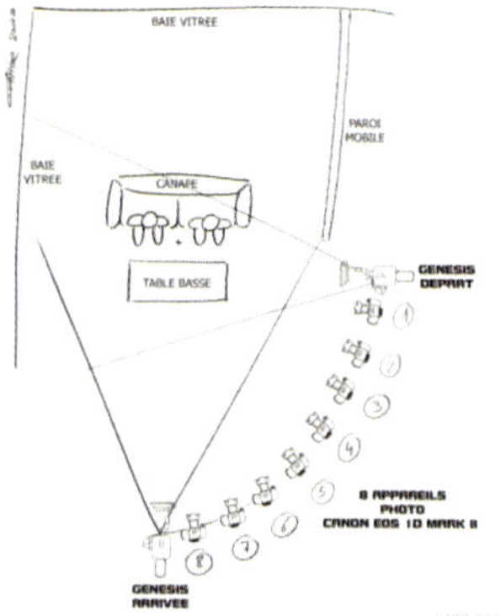


© Castor Equipment/Olivier Georges

des frères Wachowski. Ce sont eux qui le baptiseront *Bullet-time photography* (littéralement « enregistrement le temps d'une balle »), mais son existence est plus ancienne, et malgré son nom, cet effet ne se limite pas, bien sûr, aux seules trajectoires de balles...

Techniquement, si un vrai effet Bullet-time est obtenu virtuellement grâce à une série d'appareils photo disposés autour de l'action et enclenchés simultanément selon un timing bien précis, la capture de mouvements semble désormais davantage employée. Il existe cependant des techniques moins onéreuses, mais au rendu un peu moins satisfaisant :

- la pixilation (de l'anglais *pixilated*), qui est une technique d'animation déclinée du Stop-motion où des acteurs réels (humains et animaux) sont filmés image par image. Le réalisateur Jan Kounen a utilisé ce procédé dans son court-métrage *Gisèle Kérosène*;

## PROCÉDÉ

### L'effet Temps mort, le premier effet Bullet-time

C'est le photographe plasticien français Emmanuel Carlier qui, le premier, aura l'idée en 1991 de disposer 50 appareils photo à déclenchement synchronisés autour d'une arène circulaire. Au centre de l'arène pouvaient s'ébattre divers sujets se livrant à diverses occupations mouvementées (Olivier Martinez se renversant une bouteille de lait sur la tête, Caro et Jeunet faisant les zouaves...). Le montage image par image de chaque cliché obtenu, par le même procédé que le Stop-motion, aboutissait à un saisissant effet 3D baptisé à l'époque « effet Temps mort » par son créateur. Il fut présenté au public à la Biennale d'art contemporain de Lyon et, à la télévision, dans une émission de Bernard Pivot.
Aussitôt, les concepteurs d'effets visuels de tout poil s'emparèrent de l'innovation, la reprenant à leur propre compte, parfois en l'améliorant (mais souvent pas du tout). L'un des premiers fut le vidéaste Michel Gondry, qui l'introduisit dans un clip des Rolling Stones puis dans une publicité pour la vodka Smirnoff, d'où son autre appellation « d'effet Smirnoff ».



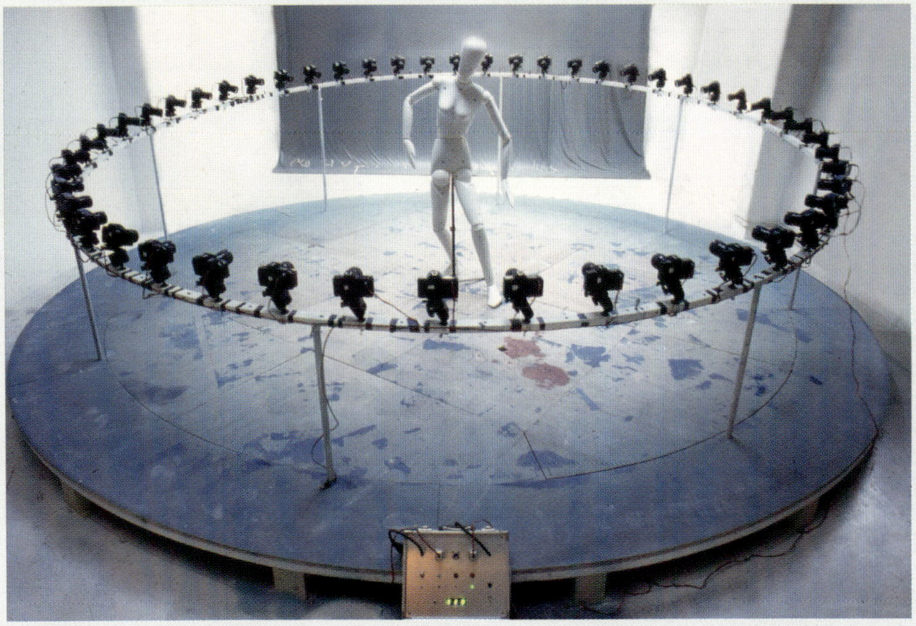

Le plateau Bullet-time d'Emmanuel Carlier avec ses 50 appareils photo disposés autour d'une arène circulaire. Au centre, Mike, le mannequin en mousse.

Exemple des plateaux de *Plus vite que la musique* sur M6 comme Bullet-time simplifié (par des techniques détournées, il est possible de donner l'illusion de véritables Bullet-time avec un unique appareil photo).

On parle de « Light graffiti », car l'exercice s'apparente au graffiti avec bombe aérosol. D'ailleurs le Light painting en général est souvent pratiqué en ville, pour jouer avec le mobilier urbain et composer avec les éclairages artificiels. Ceci dit, rien ne vous empêche de pratiquer le Light graffiti en intérieur (entrepôts, appartement…) ou en pleine nature.

- le Light painting (aussi appelé « Light drawing », « Light graffiti » ou « Light graph ») est une technique photo qui consiste à jouer avec une source de lumière dans un environnement sombre pour dessiner des trainées lumineuses. En réglant le boîtier sur une longue exposition, on permet au capteur d'enregistrer les mouvements de la source de lumière.

Associé à l'effet de Stop-motion, le Light painting produit des vidéos bluffantes, mais sous réserve d'un travail de réalisation et de postproduction réellement considérable. Comme toutes les techniques d'animations originales, elles ont été adoptées en priorité sur les productions publicitaires et les clips vidéo, adeptes des nouvelles technologies.

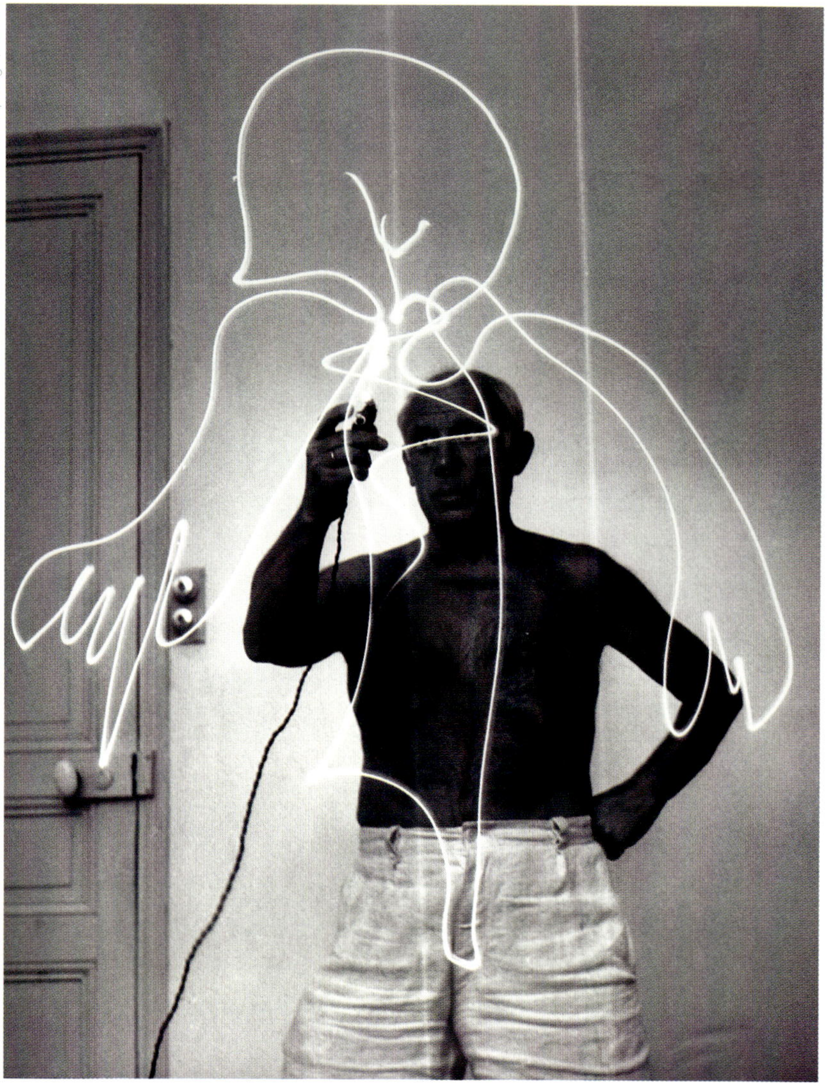

Le Light painting n'est pas un phénomène récent puisque le photographe Albanais Gion Mili l'avait déjà expérimenté avec la complicité de Pablo Picasso en janvier 1949.

© Goepel & Warnecke, www.lightmark.de

Cenci Goepel et Jens Warnecke forment un duo de photographes connu sous le nom de Lightmark, qui vient directement de leur technique de prédilection, le Light painting.

Tous ces nouveaux modes d'expression artistiques connaissent actuellement un regain d'intérêt, comme en témoignent les groupes et communautés qui se sont crées autour de ces sujets sur le Web ces derniers temps. Les trois boîtiers EOS (7D, 1D MkIV et 5D MkII) restent avant tout d'excellents appareils photo totalement adaptés à ces techniques de prise de vues qui offrent de nouvelles possibilités créatives.

© Laurent Riobé

Une variante de la technique du Light painting consiste à non pas orienter la source lumineuse face à l'objectif, comme c'est le cas du Light graffiti, mais contre un objet ou une personne, afin de la mettre en valeur par de l'éclairage. L'avantage de cette technique par rapport au flash est que vous pouvez sélectionner très précisément les zones à éclairer et la quantité de lumière à distribuer sur le sujet.

/ PARTIE 4 /

# La postproduction

Le tournage terminé, les boîtiers HDSLR ne sont plus utiles pour finaliser votre production ; un entretien régulier et rigoureux reste toutefois la règle fondamentale pour prolonger la durée de vie de votre matériel. Des procédures et conseils pour entretenir et protéger vos EOS concluront cet ouvrage dans le chapitre 10.

Mais auparavant, le sujet essentiel de cette partie réside dans la toute dernière étape de production : la postproduction. Seules les cartes mémoire contenant vos rushs sont nécessaires pour réaliser votre montage (le transfert des rushs depuis la carte sur un disque dur ou sur votre station de montage suit le même processus que les photographies). Grâce aux nouvelles technologies numériques, la postproduction des vidéos réalisées avec les EOS est aujourd'hui totalement intégrée à l'ensemble des solutions logicielles de montage et de traitement d'images. Toutefois, au regard de la demande des utilisateurs, et plus particulièrement des photographes, une description précise du workflow idéal ainsi que des différentes solutions *image process* vont constituer le développement de ce premier chapitre.

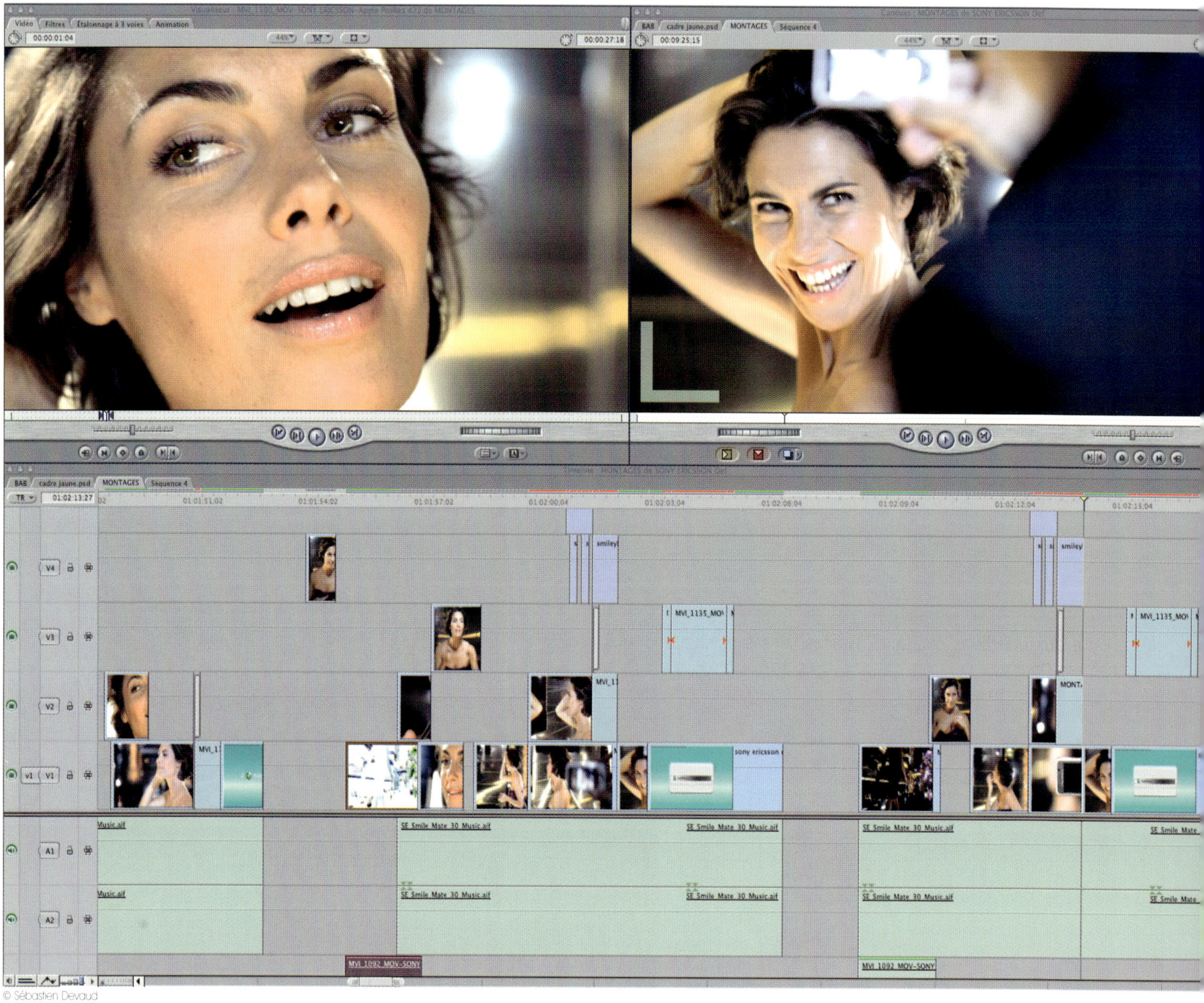
Vidéo
Filtres
Etalonnage à 3 voies
Animation
00:00:01:04
00:00:27:18
BAB
cadre jaune.psd
MONTAGES
Séquence 4
00:09:25:15
01:02:13:27
Music.aif
SE Smile Mate 30 Music.aif
sony ericsson
MVI_1092_MOV-SONY

/ CHAPITRE 9 /

# Montage et conformation

La créativité des utilisateurs et l'art du montage constituent normalement les deux facteurs essentiels qui permettent de raconter au mieux l'histoire imaginée et associée à vos images. L'ambiance musicale et visuelle destinée à donner une dimension à vos films représente la dernière étape de la chaîne de production. Cependant, tous ces procédés artistiques sont souvent confrontés à de nombreuses contraintes techniques. Les alternatives pour les résoudre au mieux restent l'établissement d'une chaîne de postproduction réfléchie (worflow), ainsi que le recours à des techniciens spécialisés (étalonneur, mixeur, graphiste...).

Pour exposer au mieux les méthodes et procédés permettant de faciliter cette dernière étape de production, j'ai choisi de structurer ce chapitre en répondant aux questions courantes posées sur les différents forums dédiés aux boîtiers Canon :

- Comment lire le format MPEG-4 des rushs des boîtiers Canon de manière fluide sur les stations de montage ?
- Quel profil doit-on sélectionner sur les différentes stations de montage pour créer un projet compatible avec le format H.264 des boîtiers Canon ?
- Comment récupérer et synchroniser les rushs audio enregistrés séparément ?
- Des procédés d'identification des rushs existent-ils pour faciliter le montage ?
- Des solutions pour éliminer la présence de bruit et de Rolling shutter propres au rendu des appareils EOS existent-elles ?
- Comment faut-il envisager la phase d'étalonnage : au tournage en paramétrant les différents menus dédiés ou après le montage, comme rendu ultime ?
- Comment choisir son format de sortie finale en fonction de son type de diffusion ?

© Sébastien Devaud

© Vincent Laforet

Table de montage FCP studio sur le film *M. Métronome* (en haut) et sur le tournage de Vincent Laforet (en bas).

## AVANT-PROPOS

**Préalable à cette section sur le workflow**

Pour éviter une mauvaise interprétation sur le choix arbitraire du workflow recommandé, il serait préférable que je mentionne une partie de mon passé. Cinq années de ma vie ont été dédiées à la profession de monteur (de 1994 à 1999). Après avoir reçu une formation sur un système trois machines Beta SP, j'ai vu naître le montage virtuel et je l'ai adopté immédiatement. Les systèmes de montage Avid sur lesquels j'ai le plus monté professionnellement, le MEDIA 100 ou Première (Adobe), ont tous été en ma possession sur une longue période, pourtant ma préférence va aujourd'hui à la suite complète Final Cut Pro (FCP) Studio 2 (Apple). Étant amoureux de la firme Apple depuis sa création, la chaîne idéale de postproduction workflow que j'ai choisie de vous présenter est composée spécifiquement d'équipements professionnels de la marque (hardware et software). La suite Final Cut Pro Studio comparée aux performances des autres stations de montage s'est révélée la plus efficace pour la gestion des rushs des boîtiers EOS et apparaît comme la référence sur tous les forums. Ce workflow prend en compte les temps de conversion et divers calculs, et n'a qu'une seule vocation : optimiser les vitesses d'exécution des *process image* et garantir un rendu de la meilleure qualité possible.

# Quel workflow pour le montage ?

## Une solution idéale : FCP Studio en cinq étapes

Cette suite logicielle a obtenu ses lettres de noblesse par sa conception très ouverte sur une compatibilité avec la majorité des formats existants et sur la précision de ses nombreuses applications. Par souci de clarté et pour offrir un modèle de comparaison, il est capital d'exposer ma configuration matérielle (bureau et portable) sur laquelle toutes les étapes du workflow présenté ici sont réalisées avec succès.

Configuration bureau :

- 1 Mac Pro DualCore, 2,66 GHz, 2-Core Intel Xeon ;
- 1 carte graphique 2× NVIDIA GeForce 7300 GT ;
- 1 carte Blackmagic HD Extreme ;
- 5 Go de RAM ;
- 1 système d'exploitation Mac OS X (Leopard 10.5.6) ;
- 1 suite logicielle Final Cut Studio Pro ;
- 10 disques durs LaCie D2 Quadra, 500 Go, branchés en Firewire 800 ;
- 1 écran 30″ Apple cinéma Display HD ;
- 1 paire d'enceintes Genelec 1029A.

Configuration portable :

- 1 MacBook Pro 15″ Intel Core i7, 2,66 GHz ;
- 1 carte graphique NVIDIA GeForce 330M ;
- 1 option Résolution HD et anti-reflets ;
- 1 disque dur interne 500 Go, 5 400 tr/min ;
- 1 nouveau système d'exploitation Mac OS X (Snow Leopard 10.6) ;
- 1 suite logicielle Final Cut Studio 2 ;
- 1 videur de cartes 500 Go Hyperdrive Color space.

Cette configuration a facilité la réalisation de mes diverses productions HDSLR, et s'avère très performante sur toutes les étapes de travail. L'acquisition de la stabilité parfaite d'une station de montage étant longue et fastidieuse, je n'ai pas encore décidé de faire évoluer la configuration bureau vers des mises à jour software déjà installées sur ma configuration portable. Pourtant, de réelles améliorations et des performances accrues ont été reconnues et vérifiées. Les dernières configurations proposées à la location et à la vente par les prestataires spécialisés (VideoPlus, Atreïd, CTM Solutions, Eliote, Auvitec…) constituent également d'excellentes références en termes de dernières générations optimisées. Elles sont consultables sur les sites respectifs des sociétés.

## Étape 1 : la conversion systématique

Même si les logiciels de montage proposent de plus en plus de fonctionnalités temps réel, la compression H.264/MPEG-4 des rushs des boîtiers EOS est un codec dédié à l'enregistrement et pas à l'édition. Ce codec propose un excellent ratio qualité d'image/débit, au détriment d'une forte compression limitant ses possibilités d'édition. La lecture des rushs présente encore des problèmes de fluidité sur les tables de montage.

Pour être montés, les rushs H.264 doivent donc être convertis dans un format adapté à la suite FCP. Deux logiciels de conversion permettent cette « décompression », cet « upgrade » ou ce « gonflage » des rushs :

Les comparatifs qualitatifs et temporels de ces deux logiciels donnent des résultats assez équivalents avec un léger avantage pour MPEG Streamclip qui reste gratuit et compatible avec les deux plates-formes PC et Mac. L'atout de Compressor réside dans son intégration totale dans la suite FCP studio.

- Compressor est le célèbre logiciel d'encodage d'Apple (il fait partie de la suite FCP Studio. Il simplifie le processus d'encodage et permet d'être plus efficace, que ce soit lors de la génération d'un seul fichier ou de la production de multiples fichiers dans divers formats. Avec des droplets optimisés et de nouveaux modèles de traitement par lots, Compressor vous permet même de gagner encore plus de temps (avec la version 3.5, il est possible de convertir vos rushs et de travailler simultanément sur FCP) ;
- MPEG StreamClip de Squared5 est un puissant convertisseur, lecteur et éditeur vidéo gratuit pour les plates-formes Mac et Windows. Il reconnaît, convertit et encode aisé-

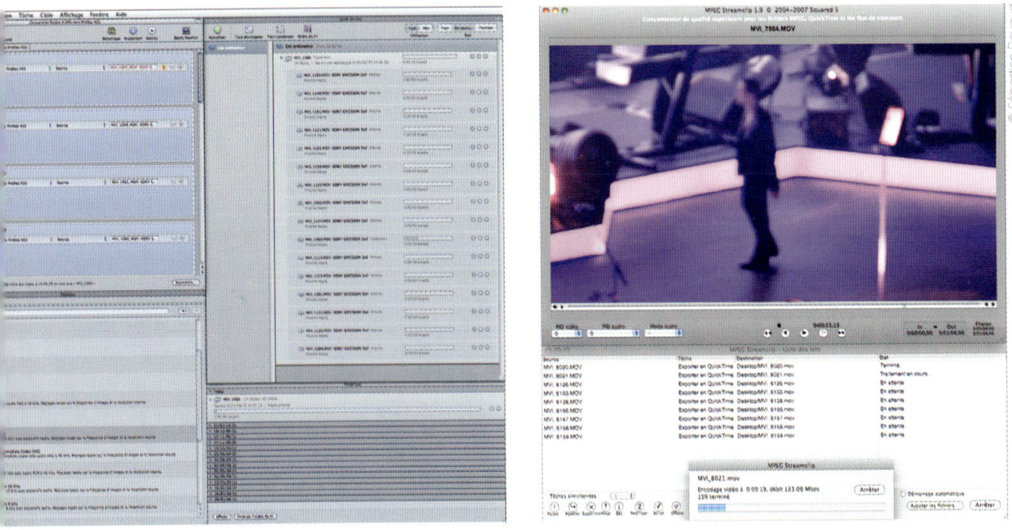

© Sébastien Devaud

Indicateur de process Compressor et MPEG Streamclip. Pour estimer la durée des process de conversion, multipliez par trois la durée totale des rushs que vous souhaitez convertir et vous obtiendrez un résultat approximatif du temps nécessaire.

ment le format MPEG-4 des boîtiers EOS. Il permet de modifier la taille, le format, le recadrage, la fréquence, le débit et bien d'autres paramètres des rushs. C'est un outil efficace et complet.

Néanmoins, suite à la révolution rencontrée avec les HDSLR, Canon a, depuis mars 2010, rendu disponible gratuitement au téléchargement son propre plug-in dédié à la conversion des rushs : l'EOS Movie Plugin-E1. Il permet de lire sur le logiciel d'édition vidéo d'Apple, (Final Cut Pro, version 6.0.6 ou 7.1), le format vidéo EOS Movie des HDSLR ainsi que les fichiers EXIF (métadonnées) qui sont associés aux séquences. Les séquences vidéo des trois boîtiers EOS (5D MkII, 1D MkIV et 7D) sont pris en charge par la version initiale de ce plug-in logiciel.

## TECHNOLOGIE

### L'EOS Movie Plugin-E1, plug-in incontournable pour FCP

L'EOS Movie Plugin-E1 n'élimine pas la nécessité de transcodage, mais il inclut plusieurs améliorations qui rendent l'étape de postproduction des séquences vidéo HD EOS avec Final Cut Pro plus rapide et aussi transparente que possible.

***Caractéristiques principales***

Le 5 février 2010, Canon a annoncé le lancement d'un nouveau plug-in gratuit pour FCP. Une fois installé, il fonctionne en tandem avec le logiciel et peut être appelé directement à partir du menu Lister et transférer. Le processus de montage devient beaucoup plus lisse et hautement automatisé. Voici quelques avantages de ce plug-in.

- Un *timecode* basé sur la date et l'heure d'impression des séquences vidéo est à présent disponible pour chaque clip et peut ensuite être visualisé à partir de FCP à travers le processus d'édition.
- Une conversion automatique des clips H.264 à divers codecs Apple en fonction de la version FCP. Les formats sélectionnables sont :
  – pour FCP 7 : ProRes 4444, ProRes 422 (HQ), ProRes 422, ProRes 422 (LT), ProRes 422 (Proxy), Apple Intermediate Codec ;
  – pour FCP 6 : ProRes 422 (HQ), ProRes 422.
- Le temps de conversion peut être jusqu'à 3 fois plus rapide qu'avec Compressor (testé sur un Mac Pro Quad-Core de 2,8 GHz).
- Avec la fonction Lister et transférer, les utilisateurs peuvent définir des points d'entrée et de sortie dans la fenêtre en haut à droite et importer uniquement la partie du clip nécessaire

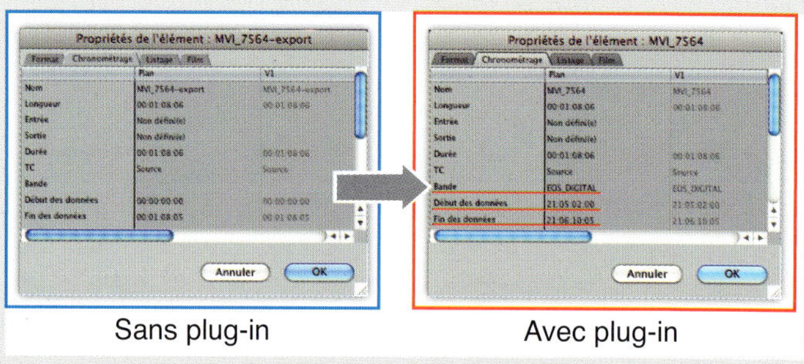


Les informations du code temporel sont ajoutées à chaque média importé. Elles sont basées sur la date et l'heure du boîtier source. Les informations contenues dans les fichiers EXIF associées aux séquences réalisées avec les HDSLR constituent de véritables cartes d'identité pour chacun de vos rushs. Pour la vidéo, ces fichiers se présentent sous la forme de fichiers (.thm) associés aux fichiers (.mov) des HDSLR Canon.

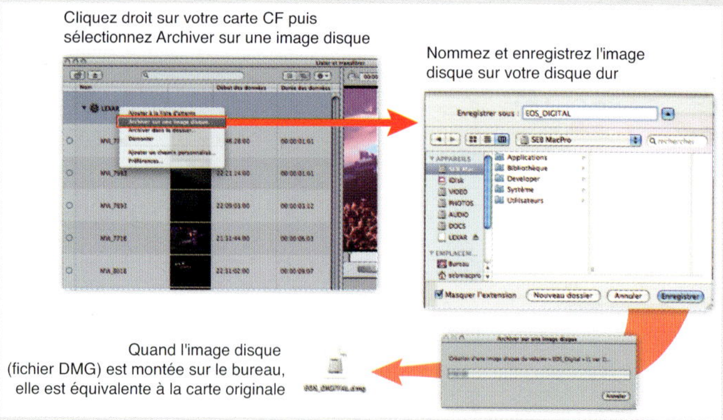


EOS Movie Plugin-E1 rend l'étape d'édition plus simple, en offrant par exemple de créer une image disque pour archiver les médias stockés sur une carte CF.

pour le projet, ce qui améliore considérablement la vitesse et la productivité.

/ Il y a possibilité de créer une image disque (fichier DMG) de la carte mémoire qui peut être montée et utilisée pour les opérations de capture à la place de la carte physique, ce qui permet un archivage de tous vos films et la possibilité de libérer vos cartes CF pour une réutilisation immédiate.

***Compatibilité***

Ce nouveau plug-in logiciel Canon ne fonctionne qu'avec les versions de FCP 6.0.3 à 7.0 (bien que Canon soit conscient que de nombreux passionnés de la vidéo et les professionnels puissent utiliser des versions antérieures de Final Cut).

***Exemple de workflow avec l'EOS Movie Plugin-E1***

Une fois votre carte mémoire CF placée dans un lecteur connecté à votre ordinateur, suivez les étapes ci-dessous pour importer des images à l'aide EOS Movie Plugin-E1.

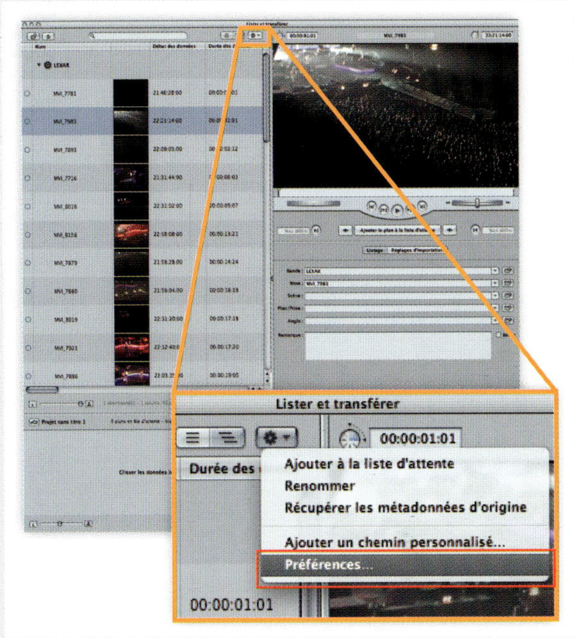


Dans la fenêtre Lister et transférer, sélectionnez Préférences dans le menu Action (icône en forme d'engrenage vers le haut de la fenêtre).

1. Dans FCP, sélectionnez Fichier>Lister et transférer. La fenêtre Lister et transférer apparaît et affiche des vignettes de tous les médias présents sur la carte CF de votre EOS dans la colonne de gauche.
2. De cette fenêtre, vous pouvez sélectionner vos préférences d'importation et de conversion à votre codec Apple préféré.
3. Dans la fenêtre des préférences d'importation, sélectionnez Canon DSLR comme format source, puis le format cible de votre choix (comme Apple ProRes 422).
4. Appuyez ensuite sur OK pour revenir dans la fenêtre Lister et transférer.
5. Sélectionnez la/les vignette(s) pour voir la/les séquence(s) dans la fenêtre de prévisualisation de droite et placez vos points d'entrée et de sortie selon vos besoins.
6. Ajouter les noms et numéros de bobine, les infos de la scène et autres notes dans la zone d'exploitation, selon les besoins.
7. Faites glisser-déposer la/les séquence(s), ou appuyez sur le bouton Ajouter la sélection à la liste ou sur le bouton Ajouter plan à la liste (en dessous de la fenêtre de visualisation) pour passer vos séquences dans la zone de transfert en bas à gauche.
8. Depuis cette zone de transfert, tous les médias sont automatiquement importés et convertis. Les fichiers convertis apparaîtront dans la zone du navigateur de votre fenêtre de projet FCP, prêts à aller directement dans la *timeline* du montage.

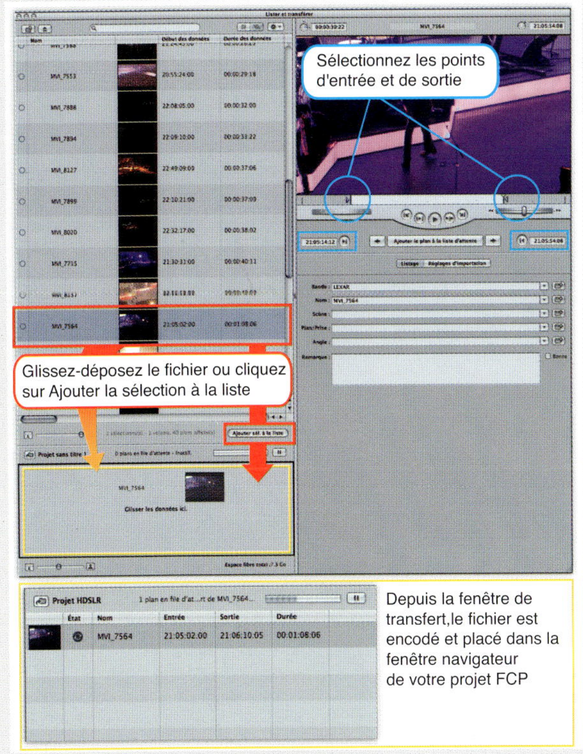


Ce plug-in permet aux monteurs de profiter pleinement de la fonction Lister et transférer de FCP pour importer des vidéos issues des HDSLR EOS.

***Disponibilité***

EOS Movie Plugin-E1 est actuellement disponible au téléchargement gratuit sur les sites web de Canon, dans le monde entier. Avec ce nouveau plug-in, le vaste éventail de clients qui utilisent Final Cut Pro bénéficie d'un chemin d'accès simplifié pour la sélection et l'édition des fichiers vidéo EOS. Il fonctionne de façon transparente dans FCP, accélère significativement le workflow et encourage les utilisateurs – même ceux qui travaillent dans des délais serrés – à profiter de la qualité et de l'accessibilité des vidéos Full HD des EOS.

(Extrait du document Canon USA du 23 février 2010, traduit et adapté par S. Devaud : www.usa.canon.com/dlc/controller?act=GetArticleAct&articleID=3249)

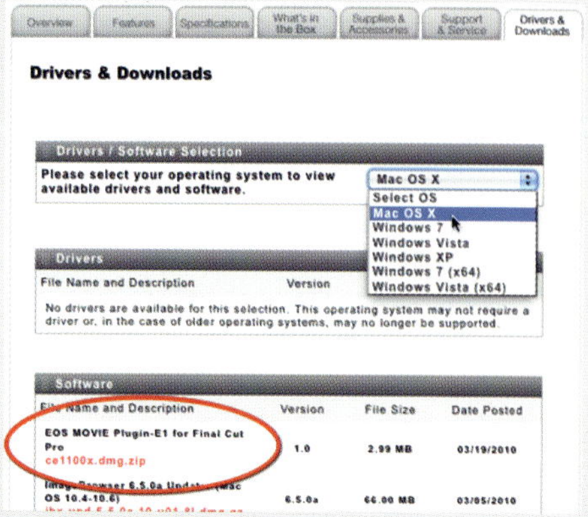


Vous devez sélectionner votre système d'exploitation afin d'afficher la liste complète des téléchargements disponibles.

Si vous ne disposez pas d'assez d'espace disque pour réaliser la conversion des rushs dans ce format très gourmand, l'utilisation du format de compression XDCAM EX sera une bonne alternative : il propose à peu près les mêmes fonctionnalités et ses besoins en stockage sont largement moins importants.

Le format de conversion retenu et recommandé pour les rushs H.264 est le codec devenu référence, Apple ProRes 422. Il est proposé sous quatre variantes à sélectionner en fonction du type de production et de la quantité de rushs à convertir : Proxy, LT, Normal et HQ. Le mode Normal reste préconisé pour la majorité des productions : ce codec est idéal et compatible avec toutes les applications de la suite FCP Studio, les possibilités d'édition sur les ordinateurs portables sont également envisageables.

La conversion des rushs des boîtiers EOS est donc une phase inaltérable, les temps de calculs étant assez conséquents, il est préférable de réaliser ces *process* dès que possible après la fin du tournage qui est également souvent pour les productions TV, la veille du montage. Cette phase de conversion est comparable à la digitalisation des rushs numérisés au codec adapté à partir de bandes numériques. Cette phase de digitalisation très rependue est encore un peu plus rapide à réaliser (elle correspond exactement à la durée des rushs) mais à la différence des *process* de conversion, elle nécessite une surveillance plus importante.

Si votre montage doit débuter dès la fin du tournage, l'utilisation simultanée ou en réseau d'autres stations (iMac, portables...) dédiées à la conversion des rushs vous fera gagner un temps précieux. Dans tous les cas, une fois convertis, les rushs des boîtiers Canon devront être regroupés et copiés sur le disque de montage externe dédié au montage, s'ils ne sont pas déjà présents.

## Étape 2 : importation et identification des rushs

Cette étape du worflow est caractérisée par la constitution de différents dossiers (les « bins ») où seront organisés et classés les fichiers audio et vidéo des diverses productions. Des éléments tels que le découpage et le rapport de scripte, s'il existe, demeurent des outils précieux pour cette phase de préparation.

L'importation des rushs convertis (Apple ProRes 422) et sauvegardés (effectuer un *back up* provisoire si possible) sur notre nouveau projet FCP est donc une phase simple, mais capitale, en termes de préparation et d'identification. Le traitement du stockage des rushs sur le tournage associé aux possibilités internes de classification des vidéos enregistrées

## POUR ALLER PLUS LOIN

### Le cas particulier du 720p

Le cas particulier du format 720p à 50 et 60 i/s destiné aux ralentis proposé par les boîtiers EOS et des tournages multicaméras avec différents modèles de caméras doivent également être évoqués. Bien que le système de montage FCP autorise la lecture de différents formats sur la même séquence, il reste préférable de tout convertir au même codec pour travailler au même format. Les rushs 720p devront être convertis en Apple ProRes 422 et « upscallés » en 1080p. Pour les rushs des autres modèles de caméras tournant en Full HD, une conversion en Apple ProRes 422 sera également nécessaire si les deux codecs ne cohabitaient pas sur la même séquence.

***Les cadences 50 et 60 i/s en 720p et le ralenti (d'après Baptiste Firroloni, ArtFx)***

Les EOS 7D et 1D MkIV proposent de tourner à 50 et 60 i/s, afin de créer des vidéos ralenties. C'est un avantage certain, dans la mesure où toutes les caméras ne permettent pas forcément cette cadence de capture. Bien sûr, il est toujours possible de filmer à une fréquence classique, par exemple 25p, puis de ralentir les images au montage – toutes les solutions de montage proposent en effet de modifier la vitesse des rushs, que ce soit en ralentissant ou en accélérant. En ce qui concerne les ralentis, le logiciel est dans l'obligation de recréer des images qui n'existent pas dans le rush original ; pour ce faire, il va créer les images manquantes en se basant sur les images existantes, générant souvent des images floues, ou dédoublées.

Dans le cas des caméras proposant des fréquences élevées, le problème ne se pose pas. Les images sont physiquement capturées à haute vitesse. Par conséquent, toutes les images nécessaires au ralenti sont enregistrées. Il ne reste plus au monteur qu'à informer le logiciel de montage de la nature de la vidéo. En effet, le logiciel de montage va utiliser par définition le rush à la vitesse demandée, c'est-à-dire 25 i/s ; par conséquent, les images supplémentaires ne seront pas utilisées. Il convient donc de modifier le rush, en changeant sa fréquence native. De cette façon, le logiciel utilisera toutes les images existantes.

Dans le cas de Final Cut Studio, il n'est malheureusement pas possible d'interpréter le métrage différemment à l'intérieur de FCP. Il faut pour cela faire appel au logiciel Cinema Tools, fourni avec Final Cut Studio.

1. Lancez Cinema Tools, et choisissez Créer une nouvelle base de données, ignorez les options proposées et validez.
2. Allez dans le menu Fichier, puis choisissez Import clip. Choisissez votre rush à 50p. Dans le visualiseur qui s'ouvre, cliquez sur Conform. Choisissez la cadence images de votre montage 24, 25 ou 30.
3. Fermez Cinema Tools : votre changement de cadence a été déjà enregistré dans le fichier vidéo.

À partir de maintenant, FCP va considérer votre rush à la vitesse que vous avez spécifiée dans Cinema Tools. Votre vidéo est désormais un ralenti dit « physique ».

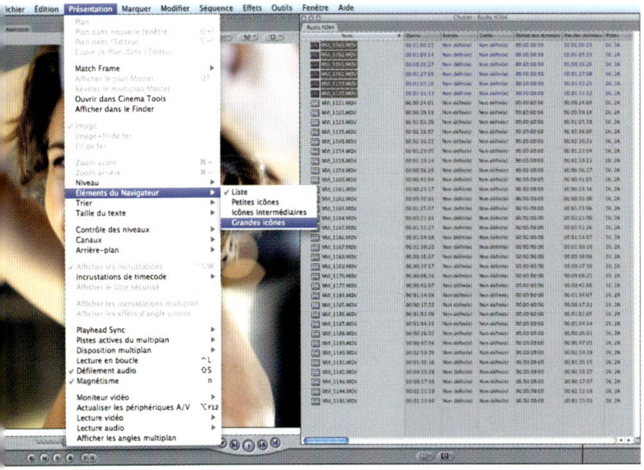

Les fonctions de présentation de FCP sont la seule alternative pour identifier facilement les plans du tournage. Elles favorisent à la fois le dérushage et la synchronisation. Allez dans le menu Présentation de FCP puis dans Éléments du navigateur, et remplacez les listes par les grandes icônes.

S'ils ont été enregistrés de manière autonome, les rushs audio devront également être importés pour être par la suite synchronisés. La suite FCP reconnaît et lit tous les formats audio, la conversion vers des codecs références AIFF ou WAV demeure une garantie de qualité.

favorisent aussi une bonne identification des rushs en montage (voir la section « Stocker les rushs » au chapitre 3).

Le système FCP propose un procédé simple, unique et précis d'identification des rushs des boîtiers Canon. Une fois importées, les longues listes de plans numérotés, sans titre, peuvent être remplacées par des petites vignettes « animables ». La sélection des rushs devient alors très évidente. Une autre fonctionnalité liée à ces vignettes permet de ranger les plans dans un ordre précis et personnel, à la différence des rushs numérotés qui imposent un ordre chronologique.

### Étape 3 : création d'une séquence et synchronisation des rushs

Le classement des rushs étant opéré, il est temps à présent de créer une nouvelle séquence sur la *timeline*. Elle peut être réalisée en suivant deux procédures :

- sélectionnez un préréglage de séquence parmi les nombreux proposés par le logiciel FCP – dans notre cas, sélectionnez « Apple ProRes 422 1 920 × 1 080 (24p, 25p ou 30p selon la cadence images de vos rushs) 48 kHz » ;
- ou glissez n'importe lequel de vos rushs convertis sur la nouvelle séquence et confirmez positivement la demande du logiciel : « Modifier les réglages de la séquence et les faire correspondre à ceux du plan ? ». La séquence se conforme automatiquement en calquant ses paramètres sur ceux du rush converti.

**RAPPEL**

**Pour les possesseurs du 5D MkII**

Les soucis de conversion de cadences 30 i/s en 24 et 25 i/s largement évoqués sur le Net comme point noir majeur du 5D MkII ne sont plus d'actualité depuis la sortie du firmware 2.0.4. Les modifications des cadences images réelles 23,98 et 29,97 ont également permis de résoudre les problèmes de synchronisation audio. Parmi les solutions logicielles qui ont permis aux utilisateurs de HDSLR de réaliser des transcodages de 30 i/s en 25 i/s, on peut retenir (en plus de logiciels comme Shake et Compressor) Twixtor, qui permet de faire des ralentis et des accélérés avec un algorithme de détection optique de mouvement, et JES desinterlacer, qui s'est fait connaître pour être plus rapide que Compressor.

Pensez à activer l'oscillateur audio de la séquence *timeline* de FCP pour pouvoir visualiser les ondes des différentes pistes audio.

« Le montage est l'art d'exprimer ou de signifier par le rapport de deux plans juxtaposés de telle sorte que cette juxtaposition fasse naître l'idée ou exprime quelque chose qui n'est contenu dans aucun des deux plans pris séparément. L'ensemble est supérieur à la somme des parties. »
Sergueï Mikhaïlovitch Eisenstein

Une fois la séquence conformée au format Apple ProRes 422 adapté, le montage peut débuter, mais peut rester quelques étapes préliminaires, comme la synchronisation de l'image et du son (uniquement, s'ils ont été enregistrés séparément). Les différents procédés de synchronisation fonctionnent parfaitement avec FCP, ils sont expliqués au chapitre 4, dans la section « La synchro et les enregistreurs externes ».

### Étape 4 : le montage traditionnel

Raconter en images ou l'art du montage doivent être les seules directives à suivre lors de cette étape. Un récit cinématographique s'écrit à partir d'images et de sons. Le montage est le langage visuel qui donne au film sa forme finale. La technique n'a plus sa place durant ce travail, la connaissance du système doit être acquise pour échanger des idées, proposer des coupes et laisser libre cours à sa créativité et à sa sensibilité. Les notions artistiques et esthétiques reprennent le dessus sur la forme. On peut considérer le montage comme la troisième écriture d'un film, la première écriture étant le scénario et la deuxième le tournage.

## ANECDOTE DE MONTAGE

**Bien choisir son monteur**

À partir de 1999 n'étant plus monteur mais réalisateur, j'ai choisi de faire appel à des monteurs intermittents pour monter à mes côtés. Ma recherche avait pour vocation première d'échanger sur les différentes finesses de montage avec force de proposition. Malheureusement, l'apparition du montage virtuel a fait proliférer un nombre important de techniciens s'attribuant les qualités de monteur alors qu'ils ne maîtrisaient aucunement cet art. La phrase typique « Tu as de la chance, je suis le plus rapide au clavier » a confirmé définitivement que le choix des monteurs avec qui je travaillerai se ferait exclusivement sur casting, avec rencontre au préalable.

À la différence du montage traditionnel, la captation en direct en multicaméra implique que l'enchaînement des plans soit définitif en temps réel. J'apprécie également cet exercice pour son côté spontané et pour l'adrénaline qu'il génère.

### Étape 5 : une sortie non compressée privilégiée

Le montage terminé et après validation des différentes instances concernées (producteur, client, rédacteur en chef...), le film virtuel doit être compilé pour ne constituer qu'un seul fichier. Ce fichier est la plupart du temps destiné à être utilisé comme le master de travail qui sera fourni aux ultimes phases de traitement d'images et de mixage. Un paramétrage identique au format et à la taille de la séquence de montage, sans compression supplémentaire, caractérisent les réglages préconisés pour effectuer cette sortie.

L'alternative la plus simple et la plus efficace pour éviter cette sortie reste de finaliser sa production dans le propre workflow constitué par la suite FCP. Les applications proposées dans la suite Final Cut Studio (Color, Motion, Soundtrack, Cinema Tools, Compressor, DVD studio) constituent déjà des références dans le milieu professionnel et vous accompagnent jusqu'à la diffusion.

En plus d'être compatible avec la majorité des formats vidéo et audio, le logiciel FCP autorise de nombreux exports du montage virtuel au sein d'excellents logiciels de traitements d'images (After Effects, Shake...).

Le workflow FCP (d'après http://yervantblog.com/?p=1305&lang=sk).

## Les autres alternatives

Le workflow précédent apparaît donc comme la référence actuelle pour les productions utilisant les boîtiers Canon comme caméra. Néanmoins, j'ai parfaitement conscience que cette configuration matérielle n'est pas à la portée de toutes les bourses. Sa vocation première reste de garantir aux productions professionnelles un workflow stable et performant.

Nous avons déjà noté que le montage FCP sur les ordinateurs portables Apple était possible grâce à la conversion des rushs au codec Apple ProRes 422. De nombreux autres workflows existent, mais même s'ils répondent aux attentes de certains, les performances constatées en termes de compression d'image ou temps de calcul sont toutes annoncées inférieures à la configuration FCP.

Le workflow Première Pro CS4 (d'après www.frosted.ca/2009/03/26/canon-5d-mark-ii-premier-pro-cs4-1080p-workflow). Le codec de conversion Apple Intermediate Codec est également adapté aux logiciels de montage iMovie et Final Cut Express.

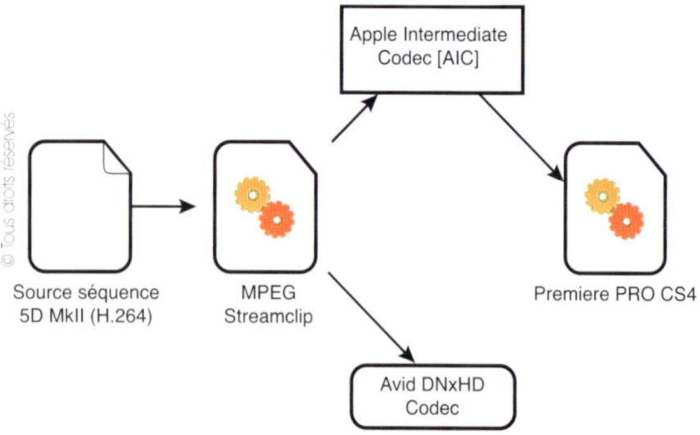



### Les solutions économiques

Sur les plates-formes Mac, les logiciels de montage amateurs d'Apple, **iMovie** et **Final Cut Express**, peuvent éditer les rushs des boîtiers EOS. Le codec de conversion recommandé est alors Apple Intermediate Codec (bien moins performant en termes de rendu que le ProRes 422). La suite **Vegas 9** de Sony propose aussi une solution avec un module de conversion, Production assistant, intégré au logiciel.

Ces solutions économiques restent destinées aux amateurs qui ne souhaitent pas investir dans une configuration onéreuse et qui désirent rentabiliser leurs anciennes stations de montage. Un décorateur ou un directeur de casting pourront également être satisfaits par ce type de workflow où l'utilisation des formats 720p reste recommandée.

## Les workflows Avid et Premiere Pro se sont fait attendre

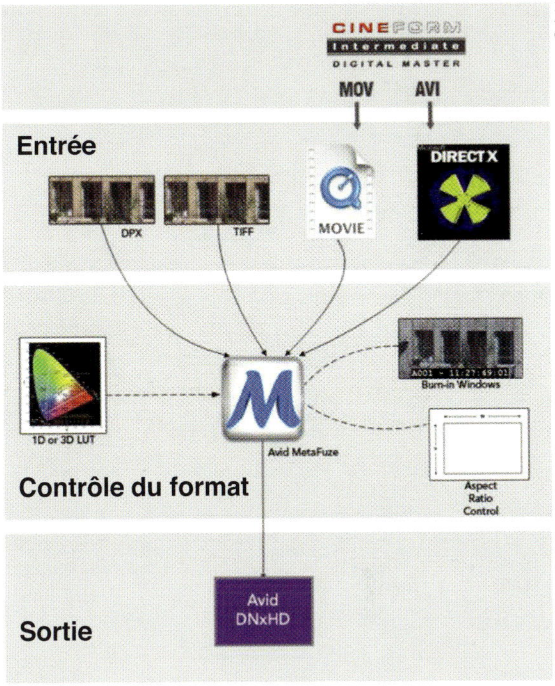

© Avid

Le workflow Avid 2009; le logiciel Cineform apparaît dans ce workflow car il est recommandé si vous souhaitez changer votre cadence (30 i/s en 24 i/s par exemple) en amont de l'étape de conversion.

Les systèmes Avid sont leader sur le marché du montage virtuel depuis leur création. Leurs solutions professionnelles stables, performantes et judicieuses en termes de montage ont très vite galvanisé les monteurs. Les télévisions, sociétés de production et prestataires audiovisuels sont actuellement tous équipés de ces systèmes aujourd'hui standardisés sous l'appellation « banc Avid ». Dans le cas des productions réalisées avec les boîtiers Canon, le workflow Avid est très longtemps resté hors de propos, car pour en avoir fait les frais, je me souviens que l'importation d'une dizaine de minutes de rushs convertis pouvait prendre des heures entières. Aujourd'hui, la dernière version Avid Media Composer 5 supporte les codecs QuickTime ProRes et H.264. Si vous utilisez une version antérieure de Media Composer, la solution Avid MetaFuze semble à privilégier (voir ci-contre).

**Avid MetaFuze** est une application gratuite de conversion automatique des formats DPX, RED R3D ou QuickTime, et même des fichiers sources 3D stéréoscopiques en médias Avid DNxHD natifs ou non compressés. Déportez la conversion de vos fichiers sur d'autres ordinateurs pour libérer des ressources et réservez vos systèmes de montage à des tâches plus créatives. Convertissez en un clic vos fichiers par lots en préservant et en corrigeant les métadonnées. Ce type de mise à jour très tardive opéré par Avid a fortement participé (et participe encore) à l'abandon de ces systèmes fermés au profit de solutions ouvertes, comme la suite FCP Pro. Les systèmes Avid restent leader sur le marché professionnel avec un avantage majeur sur la mise en réseau multistation et leur omniprésence chez tous les professionnels (prestataires, TV...), mais les systèmes FCP ou Premiere Pro, économiques et performants, gagnent chaque jour du terrain en proposant une liberté et des possibilités d'utilisation très ouvertes sur les nouvelles technologies.

Sur les plates-formes Windows et Mac, la dernière version de **Premiere Pro CS5** d'Adobe constitue aujourd'hui une solution adaptée au workflow EOS. Ses options de réglage RAM et son nouveau moteur vidéo logiciel (GPU) semblent même autoriser des possibilités de montage avec les rushs natifs EOS sans conversion préalable.

# La conformation

C'est la phase ultime, celle où l'on peaufine, où le perfectionnisme peut opérer. Chez tous les prestataires de service qui offrent la possibilité de louer des bancs de montage, toutes les étapes de conformation (mixage, étalonnage, trucage...) sont également proposées avec les services d'un technicien spécialisé. Le montage finalisé, deux possibilités s'offrent à vous en fonction des logiciels de conformation possibles :

- si vous restez au sein du même workflow FCP ou Avid, exportez les données de votre projet uniquement sur un logiciel compatible avec votre workflow. Les rushs utilisés par le montage (présents sur le disque dur externe relié à votre station) seront automatiquement identifiés par le logiciel de conformation;

Le monde numérique autorise et permet aujourd'hui de compiler les films sans engendrer de réelles pertes de génération et de « rester broadcast » à toutes les étapes.

- si vous souhaitez sortir du workflow FCP ou Avid car vos logiciels de conformation ne sont plus compatibles, compilez un master de travail à partir de votre montage, sans compression supplémentaire, pour pouvoir l'importer sur les divers logiciels de conformation. Les rushs présents sur le disque dur ne seront plus d'aucune utilité sauf en tant que sauvegarde.

En résumé, c'est le logiciel de traitement d'images ou de son sélectionné qui dictera la suite des événements à la sortie du montage. Cette ultime conformation sépare à nouveau le travail de l'image et du son. Toutes ces étapes pourront être réalisées en simultané, leurs spécificités restant indépendantes ; à vous de vous organiser et de vous multiplier pour être présent sur chacune d'entre elles.

## Le mixage audio

À la différence de l'image, les fichiers audio même de très bonne qualité sont très légers. Leurs manipulations, conversions et exportations restent très simples et rapides à gérer. Sur les systèmes de montage Avid et FCP, les exports du montage des pistes audio vers le mixage sont prévus et doivent suivre des procédures claires et vérifiées (export OMF sur ProTools sur Avid et export direct vers LogicAudio ou Soundtrack pour FCP).

Si ces deux solutions ne répondent pas à vos attentes, fournissez le master de travail au mixeur pour avoir un repère image accompagné d'un export de toutes les pistes audio séparées de votre montage, qui tient le plus souvent sur une clé USB. Le mixeur possédera alors tous les éléments nécessaires à la réalisation du mixage final, mais en quoi consiste-t-il ?

### Postsynchro, voix off, création de BOF

La postsynchronisation existe au cinéma depuis 1932. Elle s'est développée en raison des bruits parasites qui se produisent lors de l'enregistrement sur le plateau de tournage. En France et dans la plupart des pays d'Europe, on utilise un système appelé « bande rythmo » comme repère pour guider les comédiens.

Avant de débuter le mixage à proprement parler, certaines étapes liées à l'enregistrement de sources sonores supplémentaires sont nécessaires. Elles requerront la lecture du master de travail image comme repère visuel pour diriger les diverses intentions de ton. Ces opérations varient en fonction des différents types de production.

- La **postsynchronisation** permet de réenregistrer un dialogue en studio dans la même langue que l'original. En fiction, on peut ainsi améliorer le jeu des comédiens. Elle se différencie du **doublage**, bien qu'utilisant les mêmes techniques de base, lequel permet de réaliser une adaptation synchrone des dialogues et donc de changer de langue.
- La **voix off** (*voice-over*) utilisée dans le domaine audiovisuel est un procédé narratif qui fait intervenir une voix (souvent un commentaire) qui n'appartient pas à la scène montée. Elle se distingue en fiction de la **voix intérieure** qui représente les pensées d'un personnage ; en publicité, on parlera plutôt de l'enregistrement du « **claim** » (slogan associé à la promesse, *packshot* sonore).
- La création d'une **bande originale de film** (BOF), au même titre que l'enregistrement ou le mixage d'un concert, rend obligatoire l'utilisation d'une grande console de mixage. La musique de film est une composante essentielle de la dramaturgie cinématographique. Elle a pour but de supporter l'action en renforçant les émotions. Si vous ne faites pas appel à un compositeur, vous pouvez toujours utiliser les pistes sons de vos albums préférés en les accompagnant d'une déclaration d'utilisation à la SACEM.

### Le nettoyage et le mixage

Ce sont des opérations techniques qui permettent, dans un premier temps, de supprimer tous les défauts présents sur les sources sonores. À l'instar de la vidéo où l'on supprime le bruit de l'image, on peut diminuer ou supprimer les souffles et bruits parasites sur les pistes sons. Ensuite, on réalise le mixage final, le mix, qui consiste à équilibrer les amplitudes et les fréquences de toutes les sources audio regroupées et synchronisées pour parvenir à une continuité sonore unifiée.

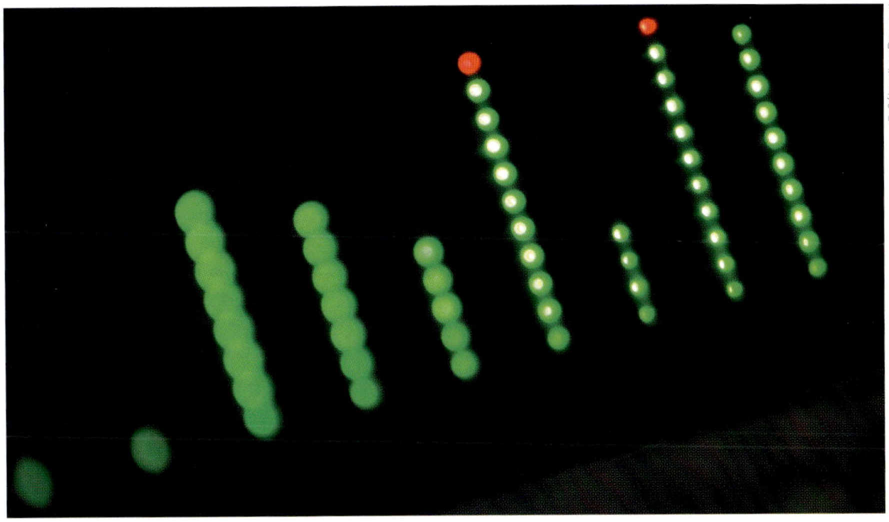
© Sébastien Devaud

Vu-mètres numériques.

- En fiction, le nombre de pistes pouvant souvent dépasser la centaine, des prémixages seront pratiqués en amont du mixage final. Le 5.1 reste le format de mixage le plus usuel au cinéma.
- En publicité, l'objectif principal de ce genre de mixage est d'obtenir le meilleur rapport signal/niveau d'audition. La devise est : « Plus fort que fort ! »
- En concert et à la télévision, les mixages sont le plus souvent réalisés en direct, simultanément à la captation des images de l'événement.

## *Image process* : workflow idéal et rendus ultimes

Avec l'émergence du « tout numérique », de nombreuses solutions logicielles sont aujourd'hui disponibles pour finaliser les productions. Elles proposent toutes des particularités et des fonctionnalités plus ou moins performantes selon leurs objectifs.

Dans le milieu professionnel, les différentes étapes du workflow *image process* nécessitent la plupart du temps de faire appel à des techniciens spécialisés : la correction des rushs, l'étalonnage (diverses mises à niveau et corrections colorimétriques), le trucage (compositing, typographie, 3D) et enfin les divers sorties calculées et converties en fonction de la diffusion (Blu-Ray, Internet, serveurs, BétaHD, 2K et 4K).

J'ai choisi de donner la parole à deux spécialistes de l'*image process* : Baptiste Firroloni (directeur de formation de l'école d'effets spéciaux ArtFx), qui a rédigé cette section dédiée à l'*image process*, et Grégoire Ausina, opérateur et spécialiste de l'*image process* des HDSLR. Leurs connaissances précises de l'ensemble des logiciels de traitement d'images du marché et du fonctionnement des HDSLR les autorisent à porter un jugement précis associé à des conseils efficaces.

## TÉMOIGNAGES

### Deux spécialistes français d'*image process*

**Baptiste Firroloni**

Ma carrière professionnelle s'est instinctivement dirigée vers l'image il y a 11 ans. À l'époque, je m'intéressais principalement à la 3D. En me spécialisant dans la 3D photoréaliste, je me suis occupé d'effets spéciaux cinéma avant de devenir superviseur d'effets spéciaux. La 3D étant un média très laborieux, j'ai commencé à m'intéresser au montage et à l'habillage, permettant une création beaucoup plus réactive. Je suis alors devenu monteur et truquiste dans le jeu vidéo, réalisant les bandes annonces internationales de ces jeux.

Après quelques années, j'ai monté un collectif de graphistes *free lance*, spécialisé dans les productions TV. C'est là que j'ai rencontré ArtFx, l'école d'effets spéciaux et de cinéma d'animation 3D, dans laquelle je suis devenu l'intervenant en compositing, Tracking 3D et photographie. Devant le succès d'ArtFx, nous avons décidé de proposer nos services aux pros en activité, en créant ArtFx Training, centre de formation professionnelle.

Je suis désormais directeur de formation chez ArtFx Training, où je rassemble une communauté de spécialistes passionnés par la création par l'image et par le transfert du savoir. Je suis spécialisé dans les workflows alternatifs, notamment sur les HDSLR, et toutes les nouvelles caméras permettant aux réalisateurs de créer leurs univers pour des budgets sensés. Je suis par ailleurs photographe et VJ ! Toutes mes activités sont rapportées ici : www.firr.fr

**Grégoire Ausina**

J'ai fait de la prise de vues mon métier il y a un peu plus de 10 ans. J'ai fait ce choix par passion, abandonnant des études scientifiques bien avancées. Je me suis retrouvé caméraman pour le Sirpa Terre et, juste après, JRI pour la rédaction de France 2 pendant quelques années. Mon jeune appétit pour l'action était alors plus que satisfait, mais je n'ai jamais délaissé la technique et j'ai toujours voulu utiliser mon matériel au maximum de ses possibilités. Mon bagage scientifique et mon envie de peaufiner l'image m'ont tout naturellement amené vers la postproduction où j'ai pu tirer le meilleur parti de mes connaissances.

Autant vous dire qu'à la sortie du 5D MkII, il ne m'a pas fallu des mois pour me décider. J'en ai parlé à Jean-Marie Delorme, un ami chef opérateur issu de la fiction. Nous étions d'accord tous les deux : il nous le fallait pour travailler. Jean-Marie s'est occupé d'équiper le boîtier avec tous les accessoires cinéma nécessaires; moi, je me suis occupé à trouver les solutions en postproduction pour pouvoir travailler avec le format H.264 des HDSLR.

J'ai choisi la suite Final Cut Studio pour la palette d'outils qu'elle offre, son prix attractif et son ouverture à différents formats. L'idée est de s'arranger pour monter les images natives en H.264 avec le moins de traitements possible et de reporter les gros traitements sur le montage définitif uniquement. Ensuite, la sélection du codec final est complètement libre et dépend du type de finition que vous envisagez. Le ProRes 422 HQ est un bon choix et, dans la plupart des cas, il pourra vous accompagner tout au long de la postproduction, du montage en passant par l'étalonnage, par le trucage puis le compositing, jusqu'à la livraison. Ces étapes de finition sont, à mon avis, incontournables. Quand on fait un film au 5D, on joue dans la cour des grands. La HD ne pardonne pas les erreurs aussi facilement que la SD : il faut être précis, du tournage (mise au point, exposition) jusqu'à la finition (étalonnage, compositing), car les erreurs sont, elles aussi, en haute définition et sautent aux yeux. J'utilise Color pour l'étalonnage, car son interface dédiée me convient bien : les outils sont placés intelligemment et respectent une logique de travail. C'est un logiciel qui a été créé par des gens qui savent ce qu'est un étalonnage. En revanche, la partie intégration à Final Cut peut réserver quelques surprises. Il y a moins de problèmes avec la dernière version, mais j'avoue m'être arraché les cheveux plusieurs fois pour exporter ma séquence avec les versions précédentes. Évidemment, on ne fait pas d'étalonnage HD sans moniteur HD calibré et cela représente un investissement, mais on peut s'en sortir avec de bon conseils. Pour cela, je me suis tourné vers Atreïd, un excellent fournisseur de matériel qui m'a proposé un moniteur LCD haut de gamme, avec un boîtier de conversion SDI > DVI auquel je donne une LUT 3D qui me garantit le calibrage.

## Correction des rushs EOS

Les rushs des HDSLR ne sont pas exempts de défauts. L'aliasing, la compression ou le Rolling shutter sont des obstacles qu'il faut savoir gérer au moment de la prise de vues ou de la postproduction.

**Le bruit.** Les derniers reflex du marché sont réputés se sortir honorablement des problèmes de bruit. D'après les récents tests exécutés par Zacuto (Zacuto Shootout), les rushs des reflex, bien

À gauche, image capturée en basse lumière, présentant beaucoup de bruit. Au milieu, détail, avec le bruit renforcé. À droite, résultat d'un filtre anti-bruit, avec le bruit de couleur supprimé par flou et le bruit de luminosité amoindri.

qu'en deçà de la pellicule cinéma, n'ont pas à rougir en matière de sensibilité. Pour autant, le bruit est un défaut qu'on peut être amené à devoir gérer pour les prises de vues en basse lumière. Les capteurs des reflex ont une résolution native très élevée : le processeur du reflex redescend la résolution à du 1080 ou du 720 en temps réel, et cette baisse en résolution entraîne un bruit numérique relativement disgracieux en haute sensibilité. Là où le bruit numérique en photo est très petit, et à l'échelle du pixel, en vidéo son motif est plus grand.

Les logiciels de compositing, de montage et d'étalonnage proposent des outils de gestion du bruit. Il existe beaucoup de bruits numériques, générés par différents phénomènes. En ce qui concerne le bruit de sensibilité, on discerne deux motifs qui viennent polluer l'image : le bruit de luminance (taches claires ou sombres) et le bruit de chrominance (taches de couleurs : bleu, vert, rouge).

- Le bruit de chrominance est facilement gérable : les logiciels proposent un traitement basé sur un flou des couleurs. En gardant la luminance de l'image mais en floutant les couleurs, les taches colorées disparaissent. Le système visuel du cerveau humain est beaucoup plus sensible à la lumière qu'à la couleur, donc en floutant les couleurs, la perte d'information est quasiment invisible.
- Le bruit de luminance est beaucoup plus difficile à gérer pour les mêmes raisons : l'œil humain étant très sensible à la luminance, il est délicat de supprimer le bruit sans supprimer les détails de l'image. Les logiciels proposent donc des systèmes de suppression de bruit basés sur un flou suivi d'un renforcement local de l'image : il s'agit de flouter les détails d'une certaine taille, puis de renforcer la netteté. C'est un exercice délicat, car en fonction des plans, il peut arriver que certains détails de la scène ressemblent à s'y méprendre à du bruit; ils vont donc être supprimés, ce qui dégrade grandement l'image.

**L'aliasing.** Les capteurs photo ont des résolutions très hautes : 16, 18, voir 21 Mpix. Ils sont équipés de filtres passe-bas qui suppriment les motifs à trop haute fréquence qui produiraient des moirés. Malheureusement, le mode vidéo n'enregistre, en Full HD, que l'équivalent d'environ 2 Mpix. Par conséquent, les filtres anti-aliasing des capteurs photo sont inopérants en vidéo.

## AVIS D'EXPERT

**Complément de Grégoire Ausina**

Les DSLR offrent une sensibilité en basse lumière inégalée si on les compare aux caméras vidéo actuelles. On dispose d'une plage de sensibilité incroyable, de 100 à 25 600 ISO théoriques pour le 5D MkII, sans parler du 1D MkIV. Mais ces hautes sensibilités ne sont pas sans inconvénients, elles amènent du bruit d'amplification dans les basses lumières. En pratique, on travaille au maximum à 1 600 ISO avec le 5D dont le bruit est raisonnable, et si le besoin se fait sentir de traiter ce bruit en postproduction, il existe quelques solutions logicielles. La meilleure à mon sens se trouve chez The Foundry, dans la série de plug-ins Furnace dédiée à la restauration d'images. F_DeNoise prend un échantillon du bruit dans l'image et lui applique un traitement avec un résultat étonnant. Évidemment, cela demande pas mal de calculs, mais cela fonctionne plutôt bien.

On peut ajouter à cela que pour passer de 21 à 2 Mpix, le processeur de l'appareil utilise la technique la plus rapide et la moins qualitative, appelée « décimation ». Cette technique consiste tout simplement à ne lire qu'une partie des pixels, en ignorant les pixels superflus. Ce choix est motivé par le fait que les processeurs photo n'ont pas la puissance nécessaire pour procéder à un sous-échantillonnage aussi important. Même sur un ordinateur puissant, changer la résolution de façon propre est une opération lente, beaucoup trop lente pour un boîtier qui doit travailler en temps réel, en plus de la compression et de l'écriture sur disque.

Le résultat est un aliasing, ou un effet d'escalier sur les lignes horizontales ou verticales. Il en découle aussi un moiré sur les hautes fréquences, comme les vêtements à petit motifs, ou certaines architectures à motifs répétitifs.

Comme pour le bruit, il existe un aliasing de chrominance et un aliasing de luminance. Le premier, qui génère des taches bleues et vertes sur les arêtes des objets, peut être compensé par un flou de la couche de couleur, mais le second est quasiment incorrigible. C'est donc lors de la prise de vues qu'il faut anticiper l'aliasing, en suivant quelques règles simples :

- éviter les scènes comportant des détails répétitifs trop petits ;
- dans le Style d'image réglé sur le boîtier, choisir le réglage de netteté le plus bas : la perte en piqué est moins grave que l'aliasing qui peut résulter d'une image plus nette ;
- utiliser des filtres diffusants, à visser sur l'objectif. Ces filtres sont équivalents à ceux qui équipent le capteur, mais sont plus adaptés à la résolution Full HD.

À gauche, image réalisée avec un 7D.
Au centre, détail, avec aliasing en luminance et chrominance sur le cerclage autour de l'objectif.
À droite, aliasing en chrominance corrigé.

© ArtFx

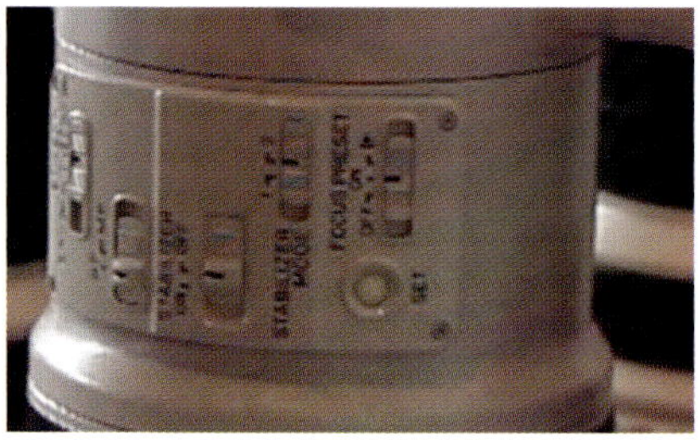

**Les macroblocs.** La compression H.264 utilisée par les boîtiers Canon fonctionne sur le principe du GOP (*Group Of Pictures*). La compression n'enregistre pas les zones de l'image qui ne bougent pas, comme dans un paysage fixe. Bien que cette technique soit très efficace, elle trouve ses limites dans les plans mobiles ou ceux qui présentent de délicats dégradés. Limité par le débit de la caméra et de son support de stockage, le codec se doit de restreindre les informations dans les plans très dynamiques. Il en résulte des macroblocs (MB), gros carrés qui apparaissent en majorité dans les zones floues de l'image, dans les mouvements, le dégradé et les zones sombres. Si une correction est absolument nécessaire, il est possible d'appliquer un flou à l'aide d'un logiciel de compositing. Ce flou supplémentaire, s'il est bien géré, sera imperceptible.

Les macroblocs résultent de la difficulté, pour la compression, d'enregistrer de légers dégradés ou des mouvements rapides, donc flous la plupart du temps. En effet, les zones à haute fréquence (beaucoup de détails) ne montrent pas de macroblocs, grâce au haut débit utilisé par la caméra.

L'opération est relativement laborieuse, car il faut tracer un masque de la forme de la zone de l'image fautive, appliquer un flou soigneusement réglé, puis « tracker » le plan si celui-ci est mobile afin que le masque suive le mouvement. Toutefois, cela reste une solution efficace pour endiguer les macroblocs.

**Le Rolling shutter.** Le Rolling shutter (RS), ou effet de « jello », est un effet de déformation dû à la vitesse de lecture du capteur. Le capteur et le processeur de l'appareil photo ne sont en effet pas conçus initialement pour la vidéo. Le capteur est certes lu à une vitesse tout à fait honorable, mais trop lente : entre la lecture de la première ligne du capteur et la dernière, la caméra ou les objets dans le champ se sont légèrement déplacés. Il en résulte une image ou des objets déformés.

L'effet le plus représentatif est une image entièrement penchée de façon diagonale, lors des panoramiques rapides. Un effet qui entraîne aussi, par exemple, une image qui « vibre » dans les mouvements de caméra dynamiques, comme les prises à l'épaule ou à main levée.

Plusieurs outils proposent de corriger cette déformation, au prix d'une légère perte d'information (proportionnelle à la force de l'effet). Parmi ceux-ci, deux logiciels sont relativement connus :

- RollingShutter, de The Foundry, est un plug-in pour After Effects et Nuke. En entrant une valeur relative au boîtier utilisé (par exemple 0,56 pour le 5D MkII, valeur que l'on obtient grâce au plug-in), le logiciel va analyser les mouvements de l'image et appliquer une déformation inverse à celle qui est présente. Si l'image et les objets sont effectivement redressés, le logiciel doit zoomer dans l'image pour éviter des contours noirs ;

## AVIS D'EXPERT

### Le point de vue de Grégoire Ausina

Les DSLR sont basés sur une technologie de capteurs CMOS. Ces capteurs sont très intéressants car ils offrent une résolution énorme et en Full frame. Le capteur 24 × 36 Full frame du 5D lui ouvre la porte à une gamme d'optiques très intéressantes. On peut enfin facilement profiter en vidéo de la qualité et de la variété de l'offre optique du monde de la photo. La profondeur de champ spécifique au 35 mm n'est plus inaccessible, les objectifs à effet comme les Tilts and Shift, les fish-eyes, tout est possible maintenant. On peut même en bricolant monter des optiques 35 mm si un projet le nécessite.

En revanche, qui dit CMOS dit Rolling shutter. Le CMOS fonctionne avec un balayage vertical pour capturer l'image. Dans la plupart des situations, ce balayage est assez rapide pour ne pas être remarqué, mais parfois, lors de mouvements rapides, ce balayage crée un effet indésirable. Pour comprendre le principe il faut s'imaginer que le DSLR est une photocopieuse ultra rapide : si on bouge l'original de façon importante pendant le balayage, on obtient une image déformée. Le problème c'est que dans une image filmée les éléments ne bougent pas à la même vitesse, donc l'image est déformée différemment en divers endroits, ce qui complique pas mal les choses si on veut faire des corrections en postproduction. Le plug-in RollingShutter de The Foundry est efficace pour corriger spécifiquement ce défaut du CMOS. Il contient plusieurs *presets* adaptés à différents modèles de caméras, car les DSLR ne sont pas les seuls à souffrir de ce défaut.

© ArtFx

À gauche, image déformée en oblique, lors d'un panoramique horizontal. À droite, image redressée en postproduction.

/ Lock & Load de CorMelt est un plug-in pour FCP (ne pas sortir de son logiciel de montage est un avantage certain, de même qu'appliquer une correction immédiatement). Il fonctionne d'une façon similaire à RollingShutter, à ceci près qu'il propose aussi une stabilisation de l'image. Le résultat est très impressionnant, notamment pour les plans cadrés à l'épaule.

D'une manière générale, le Rolling shutter est un effet qui tend à s'amenuiser, au fur et à mesure que les technologies permettent de lire le capteur plus rapidement. De plus, il n'est pas forcément gênant pour un plan classique, destiné à un public non initié. Sa correction est toutefois obligatoire si une étape de Tracking 3D est utilisée. En effet, ce dernier se base sur la géométrie de l'image pour recréer l'espace de la scène ; si l'image est déformée, il sera très difficile à effectuer.

## TECHNOLOGIE

### Un filtre pour la stabilisation intégré à FCP

Dans Final Cut Pro, il est possible de stabiliser une scène heurtée à l'aide du filtre, SmoothCam. L'effet est si probant qu'il peut être confondu avec un accessoire de stabilisation… de prise de vues ! Le filtre s'inspire de la technologie Optical Flow rencontrée dans Shake, le logiciel de compositing Apple. Pour simplifier, l'image subit un certain nombre de corrections optiques et de calculs vectoriels qui compensent les tremblements du cadre au grand-angle, lors d'un travelling marché par exemple. Le filtre effectue à la fois une translation (axes X et Y), une rotation (autour du point central de l'image) et une mise à l'échelle (axe Z) dans le sens opposé au mouvement « parasite ». Aucune pose de points clés n'est nécessaire (ni autorisée d'ailleurs).

(Source : www.magazinevideo.com/tests-en-ligne.php?Clef=137)

© Sébastien Devaud

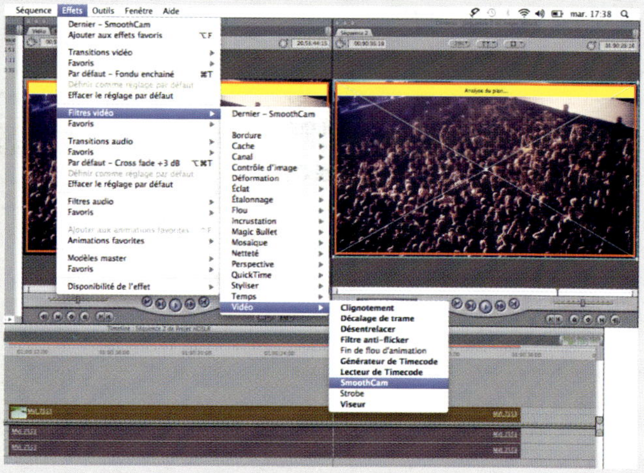


Le filtre Smoothcam de FCP7.

## Étalonnage du montage des rushs EOS

L'étalonnage est l'étape de correction de luminosité, de contraste, de couleurs et d'effets appliqués en dernier lieu à un film. Il a pour objectif d'homogénéiser les rushs, puis d'attribuer un style d'image au film.

**L'homogénéisation des rushs.** C'est une étape primordiale. Avec l'apparition de caméras abordables, il est devenu plus courant de se retrouver avec un film tourné avec des caméras différentes. C'est à l'étalonnage que l'on va corriger les rushs, pour annuler les différences de rendu d'images.

Bien que les tailles de capteurs engendrent évidemment une différence de profondeur de champ, les différentes caméras ont aussi des rendus très divers en termes de piqué, de teinte, de gestion du blancs, etc. Les logiciels d'étalonnage proposent des outils d'analyse du flux vidéo (histogramme, oscilloscope, parade, etc.) et de correction qui permettent de mélanger des images de toutes sortes.

ArtFx Training est par exemple amené à mélanger des rushs issus de reflex, de Red One et de caméras plus conventionnelles ; chaque type de caméra ayant sa propre philosophie, il convient de réfléchir au mélange dès la prise de vues. Dans un autre registre, la production de la série *Dr House*, qui a filmé l'épisode final au 5D MkII, a réalisé des tests avant de valider le choix ; il s'est agit, pour un épisode, de filmer avec les caméras pellicule classiques, et de doubler les prises avec le 5D MkII. Un montage de test a été réalisé en mélangeant les deux types d'images, avec succès.

L'homogénéisation des rushs est aussi nécessaire lors de prises de vues espacées dans le temps, mais rapprochées au montage. Les différences de lumière, inévitables, sont amenuisées avec de bons réglages.

## TECHNOLOGIE

### Un plug-in de correction colorimétrique efficace et apprécié

Les outils d'Imagerie Magic Bullet Looks de la société Red Giant permettent de faire de la correction colorimétrique précise et offrent l'originalité de proposer une centaine de styles préréglés, vous permettant de créer une atmosphère pour chaque séquence. Ces outils logiciels se présentent en tant que :

- plug-in pour After Effects, Final Cut Pro, Avid, Premiere Pro et Motion ;
- logiciel autonome (LooksBuilder) qui s'installe sur un portable pour vous permettre de prévisualiser les styles lors de la prise de vues sur le tournage.

Inclus en complément du kit Magic Bullet Looks, vous trouverez le logiciel Magic Bullet Misfire pour réparer les dégâts d'un film : éraflures, poussières, dégâts du temps qui passe (prix : 399 $, upgrade 99 $).

© Sébastien Devaud

Grâce à plus d'une centaine de styles uniques, idéalement organisés par catégorie dans la Bibliothèques de styles, vous disposez d'un excellent point de départ pour définir l'ambiance d'une scène.

**Appliquer un style au film.** Comme pour la photographie, il convient d'appliquer un style à son film et à ses différentes séquences : noir et blanc, images froides, images chaudes, images vignetées, etc. Cette étape n'est pas propre aux reflex vidéo et reste une étape très créative de la production du film. L'étalonneur est une personne finalement très proche du directeur de la photographie, tous deux ayant le même objectif : produire l'image désirée par le réalisateur. L'étape d'étalonnage fonctionne de la façon suivante :

- l'étalonnage primaire est une correction globale de l'image (chacun des plans est traité individuellement). Il s'agit ici de corriger les problèmes d'exposition, de balance des blancs, de vignetage, etc. ;
- l'étalonnage secondaire consiste à corriger certaines zones locales de l'image, si nécessaire. Il peut être utilisé pour assombrir un ciel, relever les couleurs d'une végétation, ré-éclaircir un visage dans l'ombre, etc. Dans les productions pouvant se le permettre, quasiment tous les plans subissent un étalonnage secondaire permettant d'affiner le travail du directeur de la photographie ;
- l'étape des effets : il est possible d'ajouter des effets lourds, comme de la diffusion de lumière, du vignetage flou, du grain, etc. ;
- l'étalonnage primaire de sortie : il s'agit ici d'appliquer le style voulu à l'image. C'est une étape très similaire au premier étalonnage primaire, à ceci près qu'ici c'est quasiment le même qui est appliqué à tous les plans.

**Inconvénient de la compression H.264 des HDSLR.** À la différence de caméras comme la Red One, les HDSLR sont réputés pour appliquer une compression importante à leurs images. Bien que cette compression soit quasiment invisible à l'œil nu, c'est un obstacle important lors de l'étalonnage. Il ne sera par exemple pas possible de corriger des erreurs d'exposition ou de température de couleur trop importantes. Toutefois, si l'image de base est bien capturée, il est tout à fait possible d'aller assez loin dans l'étalonnage.

La règle de base qui s'applique pour les images compressées est de procéder à une prise de vues soignée. En effet, si la scène filmée est trop contrastée, il va falloir choisir entre enterrer

© ArtFx

À gauche, une scène très contrastée, le personnage est en contre-jour. À droite : grâce à l'étalonnage global et local, il est possible de ré-éclairer dans une certaine mesure certaines zones de l'image.

## AVIS D'EXPERT

### Le point de vue de Grégoire Ausina

J'ai tendance à penser qu'un film tourné en HD doit toujours être étalonné. L'image HD est tellement précise qu'elle gagne vraiment à être équilibrée en postproduction. La prise de vues avec HDSLR est assez délicate. L'exposition se fait par combinaison du diaph optique, de la sensibilité et du shutter. Ces trois paramètres ne sont pas linéaires. Le diaphragme se règle avec un pas minimal de 1/3 Stop avec un objectif Canon, et selon les crans pour un objectif manuel. On peut monter un objectif carrossé pour le cinéma comme ceux de la série Compact Prime CP.2, mais ce n'est pas forcément dans les moyens de tout le monde et cela n'empêche pas quelques écarts qui pourraient être dus à un monitoring trop léger. Bref, le 5D est une caméra qu'il faut bricoler et accessoiriser, donc il faut prévoir un petit rattrapage en finition.

Les solutions d'étalonnage se sont démocratisées ces dernières années. On trouve dans tous les logiciels de montage des outils basiques de correction colorimétrique. La suite Final Cut comprend Color, qui est une très bonne interface d'étalonnage. Il faut investir dans du matériel pour l'utiliser correctement, mais c'est un bon outil, pensé avec une logique d'étalonneur. Il fut un temps où se cachaient beaucoup de bugs derrière cette belle vitrine, notamment pour ce qui concerne la passerelle avec Final Cut, mais la dernière version a réglé tout cela. Très récemment, Blackmagic design a proposé son interface Da Vinci Resolve à 995 $ sur Mac, alors qu'il y a 6 mois il fallait débourser au minimum 200 000 $ pour pouvoir s'offrir le luxe de travailler avec cet outil de configuration matérielle très haut de gamme. Autrement dit, il n'y a plus de raison de se priver et avec un bon réglage de Picture Profile (Marvels cine-gamma), on peut tirer un maximum des boîtiers EOS avec un gamma adapté à un futur étalonnage.

des zones sombres et surexposer des zones claires. Il convient, dans le cas de caméras compressées, de faire ce choix soigneusement dès la prise de vues.

**Mise en garde : ne vous reposez pas sur votre ordinateur pour la correction de vos images!** L'ordinateur permet de régler la netteté, la luminosité, le contraste et bien d'autres paramètres des images que vous prenez avec votre EOS. Cependant, faites attention à ne pas devenir trop dépendant de votre ordinateur pour corriger les défauts de vos vidéos. En effet, la plupart des traitements d'images s'accompagnent d'une baisse de la qualité de l'image, notamment avec un format déjà compressé comme le H.264 des séquences HDSLR. Pour réaliser de bonnes vidéos, il est primordial de vérifier l'exposition et la mise au point, et de stabiliser l'appareil. Si vous souhaitez tirer le meilleur parti des performances de vos objectifs EF, il est préférable d'utiliser les logiciels de traitement d'images uniquement pour peaufiner les derniers détails de votre montage final. Il est en général difficile d'obtenir de meilleurs résultats que ceux offerts par la vidéo originale en retouchant l'image sur ordinateur dans un second temps. À la différence du format RAW disponible pour le mode photo, qui permet de manipuler et de modifier l'image comme vous le souhaitez sans pour autant perdre en qualité, le format H.264 des séquences vidéo est comparable au format JPEG des photos et ne laisse que peu de latitude pour revenir sur les paramètres de prise de vues. (D'après document Canon adapté aux HDSLR.)

## Les effets spéciaux

**Le compositing.** Le compositing consiste à mélanger différentes sources d'images : plusieurs images filmées, un Matte painting, ou des éléments en 3D. Une des techniques de mélange d'image est le *chroma-key*. Plus communément appelée « fond vert », cette technique consiste à filmer un sujet sur fond vert, afin de le replacer dans un autre décor. Le *keying* se base sur la couleur verte pour séparer sujet et décor. Les compressions d'images sont souvent basées sur la couleur. Le système visuel humain y étant peu sensible, il ne se rend pas compte que la compression a supprimé des informations de couleurs. Si cette

À gauche, image capturée devant un fond vert. À droite, la même image après application d'un process de chroma-key. Le sujet est extrait du fond qui peut maintenant être remplacé par un autre décor (film ou recréé).

technique est très efficace pour économiser du stockage en gardant une image propre, elle n'est pas idéale pour le *keying*, qui a justement besoin de ces informations. Toutefois, les hauts débits des reflex limitent les dégâts, en enregistrant suffisamment d'informations.

**Le Tracking 3D**. C'est une étape d'analyse de rush qui en détermine les informations 3D : réglages optiques de la caméra, sa position dans l'espace du décor, dimension du décor et surtout mouvement 3D de la caméra. Ces informations sont ensuite injectées dans un logiciel 3D permettant d'intégrer des éléments virtuels dans un plan réel filmé et mobile.

Les logiciels de Tracking se basent sur la construction géométrique de l'image, et le déplacement des objets à l'image. Le Rolling shutter induit, comme nous l'avons abordé plus haut, une déformation de l'image, obstacle au Tracking 3D. Dans le cas de plans peu mobiles, le RS ne pose pas de problème majeur. Toutefois dans le cas d'images très mouvementées, il convient de corriger l'image, donc la redresser, avant de « tracker ».

Images extraites du court-métrage réalisé par des étudiants de la promo 2009 de l'école ArtFx : *Sushi Express*. Il a été tourné entièrement avec un 5D MkII et utilise un Tracking de la tête 3D sur l'acteur principal (http://vimeo.com/5439422).

## AVIS D'EXPERT

### Le point de vue de Grégoire Ausina

Le compositing lui aussi est devenu de plus en plus accessible. Qu'il faille animer des typos, faire du Tracking, du Rotoscoping ou de la 3D, les outils n'ont jamais été aussi puissants et abordables. After Effects est un incontournable, surtout dans sa nouvelle mouture CS5. Motion amène une interface nouvelle et intéressante. D'autres, comme Nuke, rassemblent les avantages du compositing nodal hérité de Shake ou de Combustion. Smoke vient de sortir sur plate-forme Mac avec une station 2K aux alentours de 15 000 €. Toutes ces solutions profitent en plus d'une large gamme de plug-ins spécialisés. Les possibilités et les choix sont tellement vastes qu'il faudrait un livre entier pour en faire un inventaire exhaustif, donc je ne m'engagerai pas dans cette voie ici, mais il faut retenir qu'en matière de trucage aussi les outils sont là.

## Conversions pour la diffusion

Une fois les images montées, corrigées et étalonnées, il convient de procéder à l'export final du film. Les systèmes de montage modernes proposent tous les formats nécessaires afin de se conformer aux normes de diffusion. Il est ainsi courant de procéder à plusieurs exports de son film, pour chaque vecteur de diffusion.

**Le Web.** Les sites de partage de vidéos sur le Web sont légions. En tête : YouTube, Dailymotion, Vimeo. Ces sites ont un moteur de conversion automatique qui va convertir systématiquement votre vidéo pour la mettre au format du site, le plus souvent du Flash.

> Pour ce qui est des films diffusés sur Internet, les débits permettent désormais de diffuser en 720p et 1080p.

Le plus courant pour un film pour Internet est d'exporter en H.264 (compression devenue standard dans la diffusion). Le site Vimeo propose un débit de 5 Mbit/s pour les vidéos les plus grosses ; étant donné qu'il va procéder à une conversion supplémentaire avant la mise en ligne, il convient de fournir une vidéo la plus lourde possible (dans la limite du raisonnable).

La résolution peut être très variable, car les sites s'adaptent à la taille de votre vidéo. Cependant, certains sites sont particulièrement conçus pour les résolutions classiques de 1 280 × 720 et 1 920 × 1 080. De même, la fréquence images importe peu, car les lecteurs de vidéo sur ordinateur (en local ou sur le Web) s'adaptent facilement. Par conséquent, vous pouvez exporter votre film à sa fréquence native.

**La télévision.** La diffusion TV est soumise à des normes extrêmement contraignantes. La version finale du film pour diffusion TV s'appelle un « PAD » (Prêt à diffuser). La production d'un PAD suit un *process* très précis qui dépend des chaînes de diffusions, car les normes de PAD changent en fonction des chaînes… Le cahier des charges d'un PAD comporte, par exemple, des recommandations sur le *timecode*, le pré-roll, le niveau sonore. La plupart des sociétés de production font appel à un prestataire qui ne va s'occuper que du PAD.

Ceci étant dit, il faut tout de même proposer une version du film avant d'en faire un PAD. Les chaînes de télévision, aujourd'hui, diffusent très fréquemment en 16/9. Sur certain canaux, l'image est en HD. Enfin, la norme PAL est appliquée en France. Cela veut dire que votre film doit obligatoirement être en 25 i/s.

**Le DVD et le Blu-Ray.** Le DVD est maintenant un format vieillissant : il propose une résolution SD (720 × 576 pixels, avec un pixel ratio de 1,07, donc une image 4/3), compressé en MPEG-2, avec une image entrelacée. Pour sortir votre film sur DVD, il convient de demander

Vimeo est un site web communautaire destiné au partage de vidéos qui supporte la technologie des vidéos Full HD en 1080p.

© Sébastien Devaud

au logiciel de montage de procéder à l'export adéquat. En effet, quasiment tous les critères du flux vidéo DVD ne correspondent en rien aux normes actuelles.

Le Blu-Ray est le nouveau DVD, avec une résolution HD et une compression AVC similaire au H.264. Les vidéos fournies par les reflex vidéo se prêtent tout à fait à l'export sur Blu-Ray, puisqu'ils partagent les mêmes caractéristiques.

**Le cinéma.** Une production cinéma réserve bien évidemment l'export final à un département spécifique. Pour information toutefois, le standard en cinéma est le 2K, c'est-à-dire une image de 2 000 pixels de largeur. La hauteur dépend du format d'image du film. Manifestement, le Full HD de certains boîtiers reflex suffit pour une sortie cinéma. Plusieurs films ont déjà ou sont en train d'utiliser des boîtiers reflex. Leur utilisation dans un pipeline cinéma est déjà éprouvée. De plus, tous les HDLSR proposent la cadence images de 24 i/s (23,98 réelle), propre au cinéma.

## AVIS D'EXPERT

### Le point de vue de Grégoire Ausina

Après la finition, la livraison. Aujourd'hui, les supports sont multiples et il n'est pas rare qu'un client ait besoin d'une sortie sur bande HDCAM, d'un Blu-Ray, d'un DVD ou d'une version Flash de son film. Aucun problème : Cleaner, Procoder, Carbon coder, Squeeze, Compressor, Episode, etc., sont là pour faire ça. En matière de codecs et d'encodage, on peut faire ce qu'on veut, il faut juste savoir ce que l'on fait. Qu'il s'agisse de HD pour une diffusion télé ou d'une diffusion web, il faut connaître les normes techniques et paramétrer les softs en fonction. Rien de très créatif là-dedans, mais les contrôles qualité sont là et il faut s'y tenir sous peine de refus de diffusion – alors pas d'improvisation dans ce domaine !

Canon
EOS 40D
Canon
EOS 5D
Canon BATTERY GRIP BG-E4
BATTERY GRIP BG-E2N
430EX
EW-83H
Canon
Canon
ULTRASONIC
SIGMA
Canon
SIEMENS

/ CHAPITRE 10 /

# Entretien du matériel

Un bon entretien du matériel est synonyme de longévité. Cette opération doit être considérée comme une étape à part entière du processus de production, ce qui n'empêche pas qu'un entretien régulier doive être pratiqué dès l'achat du matériel, y compris en dehors des périodes de production. Les HDSLR représentent aujourd'hui une part importante du parc de reflex disponibles sur le marché, toutefois, bien qu'ils soient à la pointe de la technologie, l'inconvénient des problèmes liés à la poussière ne semble pas encore résolu pour eux non plus.

Dans ce chapitre court qui termine l'ouvrage, j'ai choisi de vous proposer quelques solutions sous forme de conseils et procédures types que je vous engage à respecter pour prolonger la durée de vie de votre matériel.

Picto du nouveau système d'autonettoyage proposé sur les EOS Canon.

## Un nettoyage régulier et rigoureux

La haute technologie privilégie de plus en plus les matériaux de fabrication anti-statique, néanmoins la poussière reste l'ennemi numéro un à combattre au quotidien – en particulier pour le capteur. À force d'utiliser son boîtier, des impuretés et des salissures viennent se déposer sur les différentes zones sensibles de l'appareil et dégradent la qualité de vos images. Un processus de nettoyage est alors nécessaire, mais, contrairement à ce que certains pourraient croire, il ne concerne pas seulement le capteur.

### Entretien du boîtier et des optiques

Pour garder en permanence son matériel opérationnel, voici quelques procédures à suivre.

#### Nettoyer son boîtier

Bien que la partie la plus sensible des HDSLR reste le capteur, il est important de commencer par nettoyer le boîtier lui-même pour empêcher que la poussière ne pénètre à l'intérieur. Pour effectuer le dépoussiérage externe du boîtier, équipez-vous, selon la nature de la poussière :

Lors de vos différentes manipulations, veillez à éviter de toucher les lamelles de l'obturateur, le miroir et le verre dépoli permettant la visée. Toute rayure ou altération impliquera un retour en service après-vente.

- d'une soufflette, d'un pinceau ou d'une bombe à air, pour la poussière sèche (notamment celle des interstices et des compartiments) ;
- d'un tissu microfibre anti-statique ou d'un kleenex imbibé d'alcool, pour la poussière poisseuse.

Une fois équipé, suivez la procédure ci-dessous.

1. Commencez par vérifier et nettoyer l'aspect général de l'appareil, puis contrôlez les différentes molettes de sélection ainsi que les glissières d'étanchéité selon le type de tropicalisation de votre boîtier, et enfin inspectez le contact griffe flash qui peut être oxydé (par une séance sous la pluie, par exemple).
2. Assurez-vous de bien nettoyer autour de la bague de l'objectif, de sorte à ne laisser aucune poussière pénétrer lors du contrôle de l'aspect intérieur du boîtier.
3. Vérifiez ensuite les parties électromagnétiques, comme les bagues de couplage (monture EF ou EF-S des EOS) et les organes de visée internes, pour vous assurer en particulier de la propreté du capteur CMOS.

### Nettoyer ses optiques

Les objectifs constituent, avec les éléments optiques des boîtiers EOS, la partie la plus sensible aux impuretés et salissures externes, car ils sont directement liés à la qualité de

## EN PRATIQUE

**Suivre le chemin de la lumière pour ne rien oublier**

Pour un entretien efficace de vos objectifs, le plus simple est de suivre le chemin de la lumière. Plusieurs étapes sont nécessaires, une check-list de contrôle peut ainsi être éditée.

1. État du pare-soleil et de son système de fixation.
2. Filtre avant et pas de vis.
3. Lentille avant.
4. Fluidité de la bague de mise au point.
5. Fluidité de la rampe de zooming.
6. État de propreté interne et externe.
7. État et fluidité de la bague de diaphragme (absente sur les nouvelles optiques EF et EF-S).
8. Contact électrique.
9. État de la lentille arrière.

Le nettoyage des objectifs ne pose pas de problème particulier aux « porteurs de lunettes » : ils ont déjà compris comment enlever une trace de doigt sans rayer ou altérer un traitement. Pour les autres, vous pouvez nettoyer votre « parc d'optiques » avec un chiffon doux pour verre optique ou avec un mouchoir en papier légèrement imbibé d'alcool éthylique dénaturé à 95 %. Veillez à toujours frotter en tournant, du centre vers les bords, afin d'exclure toutes les impuretés. Lors de chaque *check and clean*, vous pouvez vérifier d'une part si vos différentes bagues de mise au point et zoom ont des points durs, et d'autre part si la présélection du diaphragme répond normalement. Enfin, inutile de vous préciser l'effet d'une rayure sur une lentille arrière…

(Source : Nikon School, e-News n° 10 - *L'entretien de votre matériel*) l'image de vos séquences. Leur nettoyage peut considérablement améliorer celle-ci, mais prenez garde à ne pas rayer la lentille qui reste un élément très fragile.

Pour effectuer le nettoyage de vos objectifs équipez-vous :

- d'une bombe à air ou d'un pinceau soufflant, pour enlever la poussière ;
- de papier optique non abrasif (lingettes sèches), pour appliquer du liquide nettoyant sur les surfaces en verre des optiques (les deux lentilles avant et arrière). Avec le tissu, frottez doucement par petits mouvements circulaires, en allant du centre de la lentille vers les bords. Évitez les mouvements latéraux. Vous pouvez également en profiter pour nettoyer les écrans LCD de votre EOS, mais prenez soin d'utiliser plusieurs lingettes.

© Sébastien Devaud

Volutes de fumée de cigarette en contre-jour : à l'instar des particules de poussières, la fumée de cigarette est très nocive et peut, à long terme, créer un dépôt nuisible à la qualité des images.

## L'élément sensible : le capteur

Contrairement aux appareils photo compacts aux optiques fixes, les capteurs des boîtiers reflex sont en contact avec l'extérieur et doivent être nettoyés. Comme nous l'avons évoqué précédemment, quand vous nettoyez votre boîtier il est très important de contrôler la propreté du capteur. Réglez votre appareil sur une petite ouverture et prenez une photo d'une surface unie, comme un morceau de papier blanc ou un ciel clair.

1. Regardez la photo sur votre ordinateur.
2. Agrandissez l'image et partez à la recherche de défauts.
3. Augmentez le contraste pour que les taches se voient encore plus.

Si des taches sont visibles, un nettoyage du capteur s'avère nécessaire. Trois possibilités s'offrent à vous : le nettoyage intégré, le nettoyage manuel, le SAV.

© Sébastien Devaud

Sur cette photo réalisée sur une surface unie, on distingue parfaitement les poussières présentes sur le capteur et sur le filtre de l'objectif.

### Système EOS de nettoyage intégré

Les fabricants proposent des solutions de nettoyage de capteur intégrées, mais d'après les tests de la revue *Chasseur d'images*, leurs efficacités laissent à désirer. Seuls Olympus, et dans une moindre mesure Canon, proposent une solution efficace pour les poussières sèches, mais pas pour les taches de saleté. La solution de Sony et de Pentax, elle, n'est pas très convaincante, au pire elle déplace seulement la poussière sur le capteur !

Le système EOS de nettoyage propose trois solutions :

- la réduction de génération de poussières internes ;
- un mécanisme de nettoyage intégré ;
- la possibilité de cartographier les poussières résiduelles pour les éliminer à partir de DPP, Digital Photo Professional (cette dernière fonctionnalité n'est malheureusement disponible que pour le mode photo).

## EN PRATIQUE

### Nettoyage automatique du capteur

À chaque fois que vous positionnez le commutateur d'alimentation sur ON, ⤶ ou OFF, le dispositif d'autonettoyage du capteur s'active automatiquement pour secouer la poussière ayant adhéré à la surface du capteur. Normalement, vous n'avez pas à vous préoccuper de cette opération, toutefois vous pouvez procéder au nettoyage du capteur à tout moment ou vous pouvez désactiver cette fonction.

***Nettoyage immédiat du capteur***

1. Dans l'onglet 🔧, sélectionnez Nettoyage du capteur puis appuyez sur (SET).
2. Tournez la molette ◯ pour sélectionner *Nettoyage immédiat* ⌑, puis appuyez sur (SET) ; sélectionnez OK puis appuyez à nouveau sur (SET).

***Désactivation du nettoyage automatique***

À l'étape 2 précédente, sélectionnez *Nettoyage auto* ⌑ et réglez-le sur Désactivé. Le nettoyage ne sera plus effectué lorsque vous positionnez le commutateur d'alimentation sur ON, ⤶ ou OFF.

(Source : manuel de l'utilisateur EOS Canon de l'EOS 5D MkII)

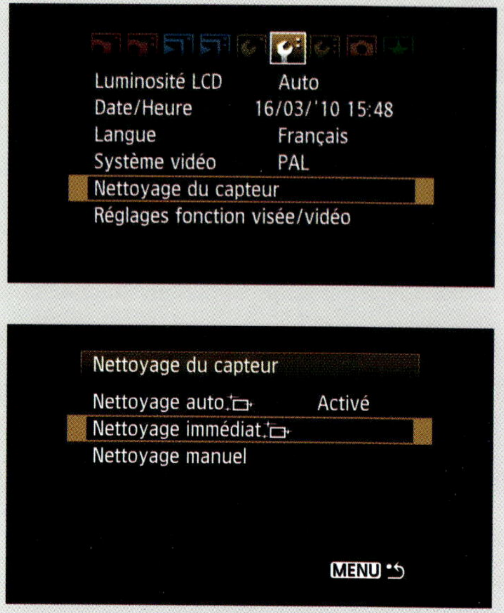


Les menus du nettoyage automatique des capteurs.

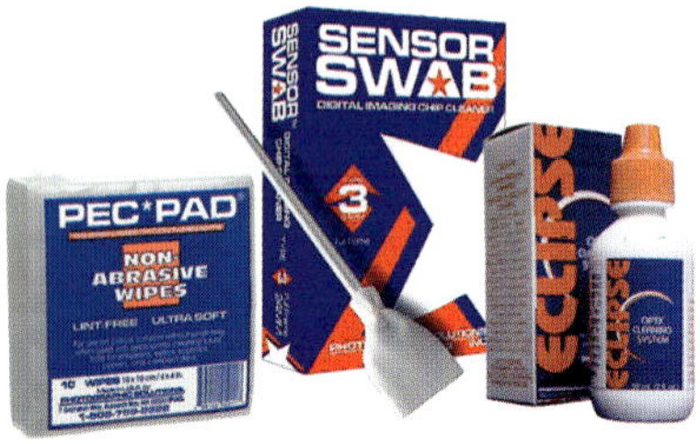


© Reid Imaging

Les kits de nettoyage spéciaux constituent un véritable investissement et nécessitent une bonne formation pour être correctement utilisés.

Dans la lignée des produits récents de la gamme Canon, le système de nettoyage intégré du capteur CMOS a évolué pour plus d'efficacité, notamment avec le nouveau traitement de surface en fluorine du filtre passe-bas afin que les poussières soient les moins adhérentes possibles. Cette solution proposée par Canon est assez efficace pour les poussières sèches, en revanche elle n'apparaît pas suffisante pour les taches plus persistantes.

## Le nettoyage manuel du capteur

Lorsque le système de nettoyage EOS intégré n'est pas suffisant et que des impuretés apparaissent toujours sur les images de vos séquences, il est recommandé d'acquérir un kit de nettoyage spécial. Ces kits, composés de liquide sans silicone et de bâtonnets stériles, sont accompagnés d'instructions à suivre scrupuleusement.

Pour accéder à la surface capteur, vous trouverez dans l'encadré ci-contre les instructions du manuel de l'appareil photo – bien qu'il recommande expressément de faire appel au SAV quand le nettoyage automatique n'est pas suffisant…

Pour pouvoir comparer les nombreuses techniques délicates et rigoureuses de nettoyage des capteurs CMOS et pour vous présenter l'ensemble des outils de nettoyage, voici une sélection de quelques liens pertinents :

- un tutoriel pour nettoyer son capteur, proposé par le passionné de photographie, Michel Bobillier : http://blog.athos99.com/explications-sur-la-technique-de-la-photographie/tutoriel-pour-nettoyer-son-capteur ;

## EN PRATIQUE

### Nettoyage manuel du capteur

Avant de nettoyer le capteur, détachez l'objectif de l'appareil photo.

1. Dans l'onglet 🔧:, sélectionnez Nettoyage du capteur puis appuyez sur (SET).
2. Tournez la molette ◯ pour sélectionner Nettoyage manuel, puis appuyez sur (SET) ; sélectionnez OK et appuyez de nouveau sur (SET). Instantanément, le miroir se verrouille en position relevée et l'obturateur s'ouvre. « CLn » clignote sur le petit écran LCD.
3. Après avoir terminé votre nettoyage, positionnez le commutateur sur OFF.

L'utilisation du kit adaptateur secteur ACK-E6 est recommandée pour alimenter l'appareil. Si vous utilisez la batterie, vérifiez qu'elle est complètement rechargée. Le nettoyage manuel du capteur n'est pas possible si une batterie grip renfermant des piles de format AA/LR6 est fixée au boîtier pour l'alimenter.

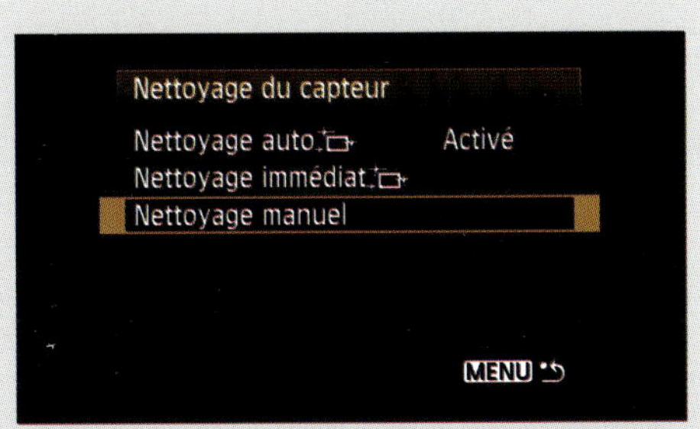


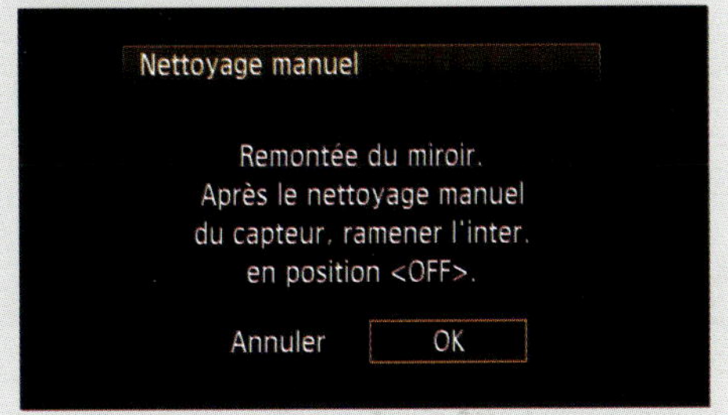


Les menus du nettoyage manuel du capteur.

#### *Précautions et avertissements*

Lorsque vous nettoyez le capteur, **n'effectuez aucune des opérations suivantes sinon l'alimentation se coupera et l'obturateur se refermera.** Les rideaux de l'obturateur et le capteur d'image pourront être endommagés :

- positionner le commutateur d'alimentation sur OFF ;
- ouvrir le couvercle du compartiment à batterie ;
- ouvrir le couvercle du logement de la carte.

Les quelques recommandations suivantes sont également importantes :

- la surface du capteur d'image est extrêmement délicate, nettoyez le capteur avec soin ;
- utilisez une poire soufflante simple, sans brosse (vous pourriez rayer le capteur) ;
- n'introduisez pas l'extrémité de la poire soufflante dans l'appareil plus loin que la monture d'objectif : si l'alimentation était interrompue, l'obturateur se refermerait ce qui risquerait d'endommager les rideaux ou le miroir reflex ;
- n'utilisez jamais d'air ou de gaz comprimé pour nettoyer le capteur : la pression risquerait d'endommager le capteur et l'aérosol pourrait le geler. Si vous ne parvenez pas à retirer les taches avec la poire soufflante, nous vous recommandons de confier le nettoyage du capteur à un SAV Canon.

(Source : manuel de l'utilisateur EOS Canon de l'EOS 5D MkII)

© Jan Shim Photography

© Jan Shim Photography

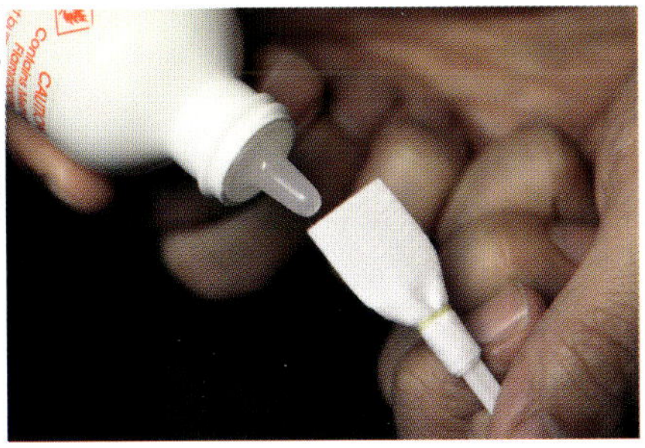

© Jan Shim Photography

Photos extraites de la procédure de nettoyage du verre de visée du photo journaliste Jan Shim (www.shimworld.com).

- une procédure de nettoyage du verre de visée du 5D MkII par le photojournaliste Jan Shim (en anglais). http://shimworld.wordpress.com/2009/08/24/cleaning-the-5d-mk-ii-viewfinder ;
- la page de Ramal (Alain), qui a pour but de regrouper quelques informations concernant le nettoyage du capteur d'un reflex numérique : http://ramal.free.fr/net_cap.htm ;
- une méthode simple et sans risque pour nettoyer son capteur numérique, proposée par Cédric Girard : http://blog.aube-nature.com/?2006/10/13/72-nettoyer-son-capteur ;
- la page très complète de Jean-Luc Coulon, qui présente l'ensemble des outils de nettoyage des capteurs CMOS des reflex numériques : http://pagesperso-orange.fr/jean-luc.coulon/photo-numerique/nettoyage-capteur.html.

### Le SAV Canon

« Si des taches sont toujours visibles après le nettoyage automatique du capteur, nous vous recommandons de confier son nettoyage à un service après-vente Canon. » (Extrait du manuel de l'utilisateur du 5D MkII.)

Si vous ne souhaitez pas prendre de risque et que le nettoyage EOS intégré ne s'avère pas suffisant pour enlever des saletés persistantes, adressez-vous au service après-vente Canon. J'ai opté pour cette alternative n'ayant pas les compétences et l'adresse des professionnels dont c'est le métier ou des photographes qui en ont pris l'habitude.

Quand on parle du nettoyage des capteurs des EOS, il est vrai qu'on ne touche qu'au filtre passe-bas qui protège ce capteur, cependant gardez toujours à l'esprit qu'en cas de mauvaise manipulation, vous pouvez endommager de manière irréversible votre boîtier.

# Conditionnement, transport et stockage des HDSLR

Bien que tous ces points aient déjà été étudiés au sein des précédents chapitres, je vous propose de les rappeler succinctement ici, agrémentés de quelques conseils supplémentaires, pour que vous puissiez les retrouver plus facilement.

## Protéger les HDSLR

La section consacrée à la protection des boîtiers contre les éléments, du chapitre 3 (voir page 128), évoque l'existence de tous les types de protection disponibles pour les HDSLR : les housses anti-pluie et thermiques, les caissons étanches, les coques de protection ainsi que tous les types de sacs (en bandoulière, à dos ou à roulettes), de caisses et de valises.

Le chapitre 9, consacré à la gestion de la lumière, présente également tous les accessoires des objectifs destinés à filtrer l'image et éviter les *flares* (Mattebox, pare-soleil, filtre UV). Pour autant, ces accessoires constituent aussi d'excellentes protections pour vos objectifs.

### Quatre règles pour conserver les EOS

1. Pour conserver votre appareil photo dans de bonnes conditions, placez-le dès que possible à l'abri de la poussière, de la chaleur ou de l'humidité dans un étui, un sac,

© Aquatica

© Camera Armor

© Light craft Workshop

De gauche à droite : caisson étanche, coque de protection et housse anti-pluie adaptées aux HDSLR.

emballé dans une peau de chamois, ou dans un sac fermé contenant des sachets de Silicagel.

2. Aspirez régulièrement la poussière de votre sac photo, laissez toujours le bouchon d'objectif lorsque l'appareil n'est pas utilisé et nettoyez régulièrement la bague de l'objectif, ce qui diminuera les risques de voir de la poussière pénétrer à l'intérieur de l'appareil.
3. Afin d'éviter tout couple de forces qui pourrait déformer, tordre ou vriller la baïonnette avant de votre appareil, évitez de laisser un objectif monté. La baïonnette est parallèle à l'obturateur et est réglée au 1/100 de millimètre près. Cette distance se nomme le « tirage mécanique », et un décalage dans l'un des axes engendrera du flou sur l'un des côtés de l'image (principe de l'optique à décentrement).

© Sébastien Devaud

L'utilisation de plusieurs boîtiers équipés d'optiques couvrant la plus large plage de focales permet d'éviter tout changement d'objectif en milieu hostile.

4. Pour éviter de faire rentrer de la poussière via la monture de l'objectif lorsque vous rangez ou changez d'optique, il est recommandé de :
   – remplacer rapidement les objectifs à l'abri du vent ;
   – toujours poser le bouchon du boîtier sur l'appareil lorsqu'aucun objectif n'y est fixé ;
   – remplacer les objectifs avec la monture tournée vers le bas ;
   – faire attention à ce qu'aucune poussière ne s'introduise dans le bouchon du boîtier ou dans le cache-poussière de l'objectif.

### Deux dernières précautions pour voyager avec ses boîtiers

1. Rangez toujours vos optiques avec la bague de mise au point toujours « sur l'infini », la bague de diaphragme positionnée sur la plus grande ouverture et la bague de zoom sur la plus longue focale.
2. Arrangez-vous pour que vos optiques voyagent verticalement avec la lentille frontale posée horizontalement, et qu'elles soient conditionnées dans des mousses d'une bonne densité.

## Entretenir les accessoires

Les batteries et les cartes mémoire comptent parmi les accessoires fondamentaux des HDSLR. La première règle à respecter est de ne pas oublier de les retirer des boîtiers quand vous n'utilisez pas votre matériel. Pour autant, d'autres procédures et conseils d'entretien vous seront d'un grand avantage sur l'ensemble de vos productions.

### Bien recharger ses batteries pour une meilleure longévité

La gestion de l'alimentation des HDSLR Canon a été étudiée précisément dans le chapitre 3, toutefois quelques règles supplémentaires concernant l'entretien adéquat des batteries vous permettront de prolonger leur durée de vie et d'optimiser leur utilisation.

- Nettoyez régulièrement les contacts des batteries et essayez de toujours garder une charge comprise entre 20 et 80 % de leur potentiel.
- Essayez toujours de fuir la chaleur et privilégiez les sources fraîches, sans humidité, pour stocker vos batteries.
- Si vous ne comptez pas vous servir d'une batterie pendant longtemps, mieux vaut d'abord la charger à 40 %. En effet, les batteries s'autodéchargent, qu'elles soient en activité ou non. Le fait de les recharger un peu avant de les ranger permet de s'assurer qu'elles ne se videront pas complètement, ce qui pourrait causer leur perte.
- Notez que les batteries lithium-ion LP-E6 et LP-E4 résistent à l'effet mémoire et n'imposent aucune manipulation lors de la première utilisation.
- Avant une utilisation, passez les contacts des batteries sur un corps légèrement humide (sur votre front par exemple), pour assurer une meilleure jonction. (Quand on dispose des électrodes sur un corps, on utilise toujours un fluide qui constitue un excellent conducteur.)

J'ai pu établir ces quelques règles en m'appuyant sur l'interview d'Isidor Buchmann (PDG de Cadex Electronix, entreprise canadienne spécialisée dans les testeurs de batteries), réalisée par Farhad Manjoo et traduite de l'anglais par Jean-Clément Nau (www.slate.fr/story/13027/quatre-trucs-essentiels-pour-ameliorer-la-duree-de-vos-batteries-dordinateur-telephone-c).

Le 5D MkII équipé de la coque de protection commercialisée par Camera Armor, qui laisse un accès libre aux compartiments de la batterie et de la carte mémoire.

## Un formatage actualisé et des sauvegardes archivées

Le stockage et le formatage des rushs des HDSLR Canon ont été étudiés précisément et largement dans le chapitre 3 ; gardez simplement en mémoire que des sauvegardes régulières associées à un bon archivage sont des sécurités sans équivalence pour l'ensemble de vos productions et permettent de libérer vos cartes rapidement pour de nouvelles utilisations.

### En conclusion

Il y aurait encore beaucoup à dire sur cette nouvelle technologie qui bouleverse le monde de la vidéo numérique depuis près de deux ans maintenant et la sortie du pionnier HDSLR 5D MkII. Mais à trop vouloir en faire, ce livre ne serait jamais sorti – et les évolutions liées aux boîtiers, aux firmwares, aux accessoires et autres suites logicielles ne cessent de se multiplier (et ont même déjà entraîné plusieurs petites mises à jour au cours de la rédaction) ! Cet ouvrage a néanmoins été conçu comme un manuel des techniques de tournages à l'usage des professionnels, les conseils qui y sont prodigués, les procédures qui y sont présentées ne sauraient donc trop souffrir des nouveautés technologiques à venir ces prochains mois. J'espère que vous y aurez trouvé toutes les informations utiles à votre pratique de la vidéo avec les boîtiers HDSLR, que ce soit en individuel ou dans le cadre d'une intégration à une unité de tournage, et je remercie à nouveau tous les professionnels passionnés qui ont collaboré de près ou de loin à sa réalisation.

Pour réellement conclure cet ouvrage et lui donner une suite, je suis en train de concevoir, comme un véritable prolongement au livre, une nouvelle plate-forme web (www.tourneren-hd.com).
Vous pourrez y trouver, sous forme de vidéos, de tutoriels, de blogs et d'articles divers, toutes les informations sur l'évolution de cette révolution et de mes productions HDSLR (la mise en ligne du site est prévue pour l'automne 2010 ; les adresses de mes contacts personnels sont disponibles dans la bio qui figure en quatrième de couverture).

# Chez le même éditeur

Dépôt légal : Août 2010
N° d'éditeur : 8094
IMPRIMÉ EN FRANCE

Cet ouvrage a été imprimé à l'imprimerie Moderne de l'Est 25110 Baume-les-Dames
sur un papier certifié PEFC pour le corpus et a une empreinte carbone de 14 331 Kg $CO_2$